Die Gleichstellung ausländischer mit inländischen Vollstreckungstiteln
durch die Verordnung zur Einführung eines Europäischen
Vollstreckungstitels für unbestrittene Forderungen

Studien zum vergleichenden und internationalen Recht -
Comparative and International Law Studies

Herausgeber: Bernd von Hoffmann, Erik Jayme
und Heinz-Peter Mansel

Band 124

PETER LANG
Frankfurt am Main · Berlin · Bern · Bruxelles · New York · Oxford · Wien

Sarah Gerling

Die Gleichstellung ausländischer mit inländischen Vollstreckungstiteln durch die Verordnung zur Einführung eines Europäischen Vollstreckungstitels für unbestrittene Forderungen

Im Vergleich zum bisherigen Recht
und zur Rechtslage in den USA

PETER LANG
Europäischer Verlag der Wissenschaften

Bibliografische Information Der Deutschen Bibliothek
Die Deutsche Bibliothek verzeichnet diese Publikation in der Deutschen Nationalbibliografie; detaillierte bibliografische Daten sind im Internet über <http://dnb.ddb.de> abrufbar.

Zugl.: Köln, Univ., Diss., 2005

D 38
ISSN 0930-4746
ISBN 3-631-54858-3

www.peterlang.de

Meinen lieben Eltern

Vorwort

Die vorliegende Arbeit wurde im Oktober 2004 bei der Juristischen Fakultät der Universität zu Köln als Dissertation eingereicht. Die mündliche Prüfung fand am 12. September 2005 statt. Berücksichtigt wurden das EG-Vollstreckungstitel-Durchführungsgesetz vom 18. August 2005, welches am 21. Oktober 2005 in Kraft trat, sowie Literatur und Rechtsprechung bis Januar 2006.

Für seine intensive und wohlwollende Betreuung danke ich meinem Doktorvater Herrn Professor Dr. Heinz-Peter Mansel herzlichst. Von Beginn meiner Arbeit an im März 2003 bot er mir durch zahlreiche Hinweise und Anregungen die Möglichkeit des fördernden Ideenaustauschs und verhalf mir dadurch zu neuen Perspektiven. Die Entwicklung der Arbeit begleitete er stets mit größtem Interesse. Herrn Professor Dr. Mansel als Mitherausgeber danke ich insbesondere für die Aufnahme der Arbeit in die Schriftenreihe Studien zum vergleichenden und internationalen Recht.

Mein bester Dank gebührt auch Herrn Professor Dr. Burkhard Schöbener, der das Koreferat übernommen hat. Er förderte meine Arbeit insbesondere durch seine wertvollen verfassungsrechtlichen Hinweise.

Weiterhin danke ich Herrn Professor Dr. Claus Kreß, der sich die Zeit nahm, um mir wichtige Hinweise hinsichtlich des Vergleichs der Verordnung zur Einführung eines Europäischen Vollstreckungstitels mit dem Rahmenbeschluss über den Europäischen Haftbefehl zu geben.

Köln, im Januar 2006

Sarah Gerling

Inhaltsverzeichnis

A Der Ursprung des Europäischen Vollstreckungstitels 33

I Der Vertrag von Amsterdam 34

II Die Ziele von Tampere und das Maßnahmenprogramm 34

III Die Abschaffung des Vollstreckbarerklärungsverfahrens 36

IV Zweck der Einführung eines Europäischen Vollstreckungstitels 37

V Der Werdegang der Rechtssetzung der EuVTVO 38

VI Kritik an der EuVTVO 39

VII Darstellung des Verlaufs der Untersuchung 39

B Möglichkeit und Umfang einer nachträglichen Kontrolle eines Europäischen Vollstreckungstitels 41

I Das internationale Zwangsvollstreckungsrecht 41

1. Definition 41
2. Der Interessenskonflikt 42
3. Grundsätze 43
   a) Territorialitätsgrundsatz 43
   b) Gleichbehandlung von Inlands- und Auslandsschuldnern und -gläubigern 44
   c) Lex-fori-Prinzip 45
   d) Vollstreckung nach Vollstreckbarerklärung 45
   e) Keine *executio non conveniens* 46
   f) Verbot der Doppelexequatur 46
   g) Wirkungserstreckung und Wirkungsverleihung 47
      aa) Wirkungserstreckung im Anerkennungsrecht 47
      bb) Wirkungsverleihung im Zwangsvollstreckungsrecht 47
   h) Verbot der *révision au fond* 48
      aa) Ausdrückliche Einschränkungen 48
      bb) Der ordre-public-Verstoß als besondere Einschränkung 49

(1) Unterscheidung anerkennungsrechtlicher – kollisionsrechtlicher ordre public ... 49
(2) Unterscheidung zwischen objektivem und subjektivem Element des ordre public ... 51
(3) Einfache oder zweifache ordre-public-Kontrolle bei Anerkennung und Vollstreckung ausländischer Entscheidungen ... 52
cc) Zwischenfazit ... 52
4. Zusammenfassung der Grundproblematiken ... 52

II Vergleichende Darstellung der bisherigen Zwangsvollstreckungsvoraussetzungen und diesbezüglichen Rechtsbehelfe ... 53
1. Zwangsvollstreckung ausländischer Entscheidungen ohne Berücksichtigung internationaler Übereinkommen ... 53
a) Vollstreckungsurteil ... 53
b) Voraussetzungen ... 54
c) Rechtsbehelfe in Deutschland ... 54
aa) Gegen das ausländische Urteil ... 54
bb) Gegen das deutsche Vollstreckungsurteil bzw. die Vollstreckungsklausel ... 55
(1) Rechtsmittel gegen das Vollstreckungsurteil ... 55
(2) Rechtsbehelfe im Zwangsvollstreckungsverfahren ... 55
(3) Zusammenfassung betreffend die Zwangsvollstreckung ausländischer Entscheidungen ... 56
2. Zwangsvollstreckung nach dem EuGVÜ ... 57
a) Das Europäische Gerichtsstands- und Vollstreckungsübereinkommen in Zivil- und Handelssachen ... 57
aa) Anwendungsbereich ... 58
bb) Das vereinfachte Verfahren im Überblick ... 58
b) Voraussetzungen der Vollstreckbarerklärung nach dem EuGVÜ ... 59
c) Rechtsbehelfe in Deutschland ... 60
aa) Beschwerdeverfahren nach dem AVAG ... 60
(1) Anerkennungsversagungsgründe ... 60
(a) Art. 27 EuGVÜ ... 61
(b) Art. 28 EuGVÜ ... 61
(2) Einwendungen gegen den Anspruch selbst ... 62
(3) Zwischenergebnis zum Beschwerdeverfahren ... 62
bb) Rechtsbehelfe im deutschen Zivilverfahrensrecht ... 63
d) Zusammenfassung betreffend die Zwangsvollstreckung nach dem EuGVÜ ... 63
3. Zwangsvollstreckung nach der EuGVVO ... 64
a) Die Europäische Gerichtsstands- und Vollstreckungsverordnung in Zivil- und Handelssachen ... 64
b) Voraussetzungen der Vollstreckbarerklärung nach der EuGVVO ... 65
c) Rechtsbehelfe gegen die Vollstreckbarerklärung ... 65

aa) Beschwerdeverfahren nach dem AVAG ... 66
(1) Anerkennungsversagungsgründe gemäß Art. 34 und 35 EuGVVO ... 66
(a) Art. 34 Nummer 1 EuGVVO ... 66
(b) Art. 34 Nummer 2 EuGVVO ... 68
(2) Einwendungen gegen den Anspruch selbst ... 69
bb) Rechtsbehelfe im deutschen Zivilverfahrensrecht ... 71
d) Zusammenfassung betreffend die Zwangsvollstreckung nach der EuGVVO ... 71

III Die Europäische Verordnung zur Einführung eines Europäischen Vollstreckungstitels für unbestrittene Forderungen ... 72

1. Zwangsvollstreckung nach der EuVTVO ... 72
a) Anwendungsbereich ... 72
aa) Sachlicher Anwendungsbereich ... 72
bb) Räumlicher Anwendungsbereich ... 75
cc) Zeitlicher Anwendungsbereich ... 76
b) Formelle Voraussetzungen der Vollstreckung nach der EuVTVO ... 76
aa) Formelle Voraussetzungen der Bestätigung über den Europäischen Vollstreckungstitel (Art. 20 Absatz 2 lit. b i.V.m. Art. 9 EuVTVO) ... 77
bb) AVAG ... 78
c) Materielle Voraussetzungen des Europäischen Vollstreckungstitels ... 78
aa) Vollstreckbarkeit (Art. 6 Absatz 1 lit. a EuVTVO) ... 79
bb) Internationale Zuständigkeit (Art. 6 Absatz lit. b und d EuVTVO) ... 83
(1) Vollstreckungsversagungsgründe hinsichtlich der internationalen Zuständigkeit ... 83
(a) Zuständigkeit für Versicherungssachen und ausschließliche Zuständigkeiten ... 83
(b) Zuständigkeit bei Verbrauchersachen ... 84
(2) Fehlende Überprüfbarkeit der internationalen Zuständigkeit des Erstgerichts ... 85
(3) Verfassungsrechtliche Würdigung des Art. 6 Absatz 1 lit. b und d EuVTVO ... 88
(a) Würdigung hinsichtlich des Anspruchs auf rechtliches Gehör ... 88
(aa) Ausgestaltung des Anspruchs auf rechtliches Gehör ... 88
(bb) Zweck der Vorschriften über die internationale Zuständigkeit in der EuGVVO ... 89
(b) Übertragung auf die EuVTVO ... 91
(c) Zwischenergebnis zu Art. 6 Absatz 1 lit. b EuVTVO ... 94
cc) Verfahrensrechtlicher Mindeststandard gemäß Kapitel III EuVTVO (Art. 6 Absatz 1 lit. c EuVTVO) ... 94
(1) Allgemeine Darstellung ... 94
(2) Die einzelnen Voraussetzungen des Kapitels III ... 96
(a) Zustellung ... 96
(aa) Hintergrund und Kritik ... 96

(bb) Zustellung mit Nachweis des Empfangs durch den Schuldner 99
(cc) Zustellung ohne Nachweis des Empfangs durch den Schuldner ... 101
(aaa) Darstellung der einzelnen Zustellungsarten ... 101
(bbb) Rechtfertigung der Gleichstellung der Zustellung mit und ohne Nachweis des Empfangs durch den Schuldner ... 104
(dd) Zusammenfassung ... 106
(b) Ordnungsgemäße Unterrichtung des Schuldners über die Forderung ... 107
(c) Ordnungsgemäße Unterrichtung über die Verfahrensschritte ... 108
(d) Heilung von Verfahrensmängeln infolge der Nichteinhaltung der Mindestvorschriften ... 110
(e) Mindestvorschriften für eine Überprüfung in Ausnahmefällen ... 113
(3) Zwischenergebnis zu den Mindestvorschriften in Kapitel III ... 114
(4) Exkurs: Bedürfnis nach einem gemeinsamen europäischen Mahnverfahren ... 114
d) Vorschriften zum gerichtlichen Vergleich und zur öffentlichen Urkunde .. 115
e) Kosten und Teilbarkeit ... 116
f) Rechtsbehelfe gegen die Bestätigung ... 117
aa) Darstellung und Kritik der bisherigen Rechtslage ... 117
bb) Berichtigung und Widerruf ... 121
cc) Verbesserungsvorschlag hinsichtlich der zuständigen Behörde ... 123
g) Rechtsbehelfe im Vollstreckungsverfahren (Art. 21 Absatz 2 EuVTVO)... 124
h) Das konkurrierende Verhältnis zwischen EuGVVO und EuVTVO ... 125
2. Konsequenz der Einführung der EuVTVO ... 126

IV Rechtsbehelfe auf gemeinschaftsrechtlicher Ebene ... 128

1. Art. 21 Absatz 1 EuVTVO ... 128
2. Art. 23 lit. c EuVTVO ... 129
3. Art. 230 EG ... 129
4. Art. 234 EG ... 130
5. Geltendmachung der Unanwendbarkeit einer Verordnung ... 131
6. Zwischenergebnis zu den Rechtsbehelfen auf Gemeinschaftsebene ... 131

V Rechtsbehelfe im deutschen Zivilverfahrens- und Zwangsvollstreckungsrecht ... 131

1. Vollstreckungsgegenklage ... 132
a) Anwendbarkeit von § 14 AVAG im Rahmen der EuVTVO ... 133
b) Europäischer Vollstreckungstitel = ausländischer Titel? ... 133
c) Mögliche Einwendungen trotz Art. 21 Absatz 2 EuVTVO ... 134
aa) Grammatische Auslegung ... 134
bb) Genetisch-historische Auslegung ... 135
cc) Teleologische Auslegung ... 136
(1) Prozessökomonie ... 136

(2) Vergleich mit der bisherigen Rechtslage ... 136
(3) Vergleich mit den Rechtsbehelfsmöglichkeiten gegen rein deutsche Vollstreckungstitel ... 137
dd) Zwischenergebnis zur Auslegung von Art. 21 Absatz 2 EuVTVO ... 137
d) Anwendbare Präklusionsnorm ... 138
aa) Gleichstellungstheorie ... 138
bb) Erstreckung der Präklusionswirkungen im Anerkennungsstaat ... 139
(1) Anwendung der lex fori des Erststaates ... 139
(2) Kumulationstheorie ... 139
cc) Auswertung ... 140
dd) Zwischenergebnis ... 141
(1) Bedeutung eines strengen Maßstabs an nachträgliche Einwendungen für die Wirkung der materiellen Rechtskraft eines Urteils ... 141
(2) Darstellung an Extrembeispielen ... 142
e) Begründetheit eines Vollstreckungseinwandes/Anwendbares Sachrecht ... 142
f) Zwischenergebnis zur Vollstreckungsgegenklage ... 143
2. Sonstige Rechtsbehelfe im deutschen Zwangsvollstreckungsrecht ... 143
a) Erinnerung gegen Erteilung der Vollstreckungsklausel ... 143
b) Klage wegen Unzulässigkeit der Vollstreckungsklausel ... 144
c) Vollstreckungserinnerung ... 145
d) Drittwiderspruchsklage ... 146
e) Sofortige Beschwerde ... 146
3. Abänderungsklage ... 146
a) Gegenstand und Wirkung der Abänderungsklage ... 146
b) Titel i.S.d. § 323 ZPO ... 147
c) Internationale Zuständigkeit deutscher Gerichte ... 148
d) Zwischenergebnis zur Abänderungsklage ... 148
4. Bereicherungsklage nach erfolgter Vollstreckung ... 149
5. Erfüllungseinwand gemäß § 775 Nummer 5 ZPO ... 149
6. Das EG-Vollstreckungstitel-Durchführungsgesetz ... 150
a) Einführung der §§ 1079 ff. ZPO ... 150
aa) Die Bestätigung inländischer Titel als Europäische Vollstreckungstitel ... 150
bb) Die Zwangsvollstreckung aus Europäischen Vollstreckungstiteln im Inland ... 152
b) Belehrungspflichten ... 154
7. Zwischenergebnis zum deutschen Zivilverfahrens- und Zwangsvollstreckungsrecht ... 154

VI Rechtsbehelfe auf verfassungsrechtlicher Ebene ... 155

1. Rechtsbehelfe im deutschen Verfassungsrecht ... 155
a) Verfassungsbeschwerde gegen die EuVTVO ... 156
aa) Zulässigkeit ... 156
(1) „Solange I und II“ ... 156

(2) „Maastricht“ ... 157
(3) „Tabakrichtlinie“ ... 158
(4) „Bananenmarkt-Entscheidung“ ... 158
(5) Grundrechtecharta ... 159
(6) Zwischenergebnis ... 160
bb) Fragen der Begründetheit ... 161
b) Verfassungsbeschwerde gegen das Zustimmungsgesetz des Bundes zur Kompetenzübertragung auf EG-Ebene ... 165
aa) Zulässigkeit ... 165
bb) Fragen der Begründetheit ... 166
c) Verfassungsbeschwerde gegen den Vollstreckungsakt ... 168
d) Ergebnis zu den deutschen verfassungsrechtlichen Rechtsbehelfen ... 168
2. Rechtsbehelf vor dem Europäischen Gerichtshof für Menschenrechte ... 169
a) Einordnung der EMRK ... 170
b) Zulässigkeit der Individualbeschwerde nach Art. 34 EMRK ... 170
aa) Beschwerdegegenstand ... 170
bb) Rechtswegerschöpfung und Subsidiarität ... 171
cc) Zuständigkeit ... 171
c) Fragen der Begründetheit ... 173
d) Ergebnis zur Individualbeschwerde ... 173
3. Ergebnis zu den verfassungsrechtlichen Rechtsbehelfen ... 173

VII Ergebnis zur Möglichkeit und zum Umfang der Überprüfbarkeit eines Europäischen Vollstreckungstitels ... 173

C Urteilsanerkennung und Vollstreckung innerhalb der USA ... 174

I Das US-amerikanische Gerichtssystem ... 174
1. Die *Federal Courts* ... 174
2. Die *State Courts* ... 175

II Quellen des US-amerikanischen Rechts ... 176
1. Quellen des Bundesrechts ... 176
2. Quellen des einzelstaatlichen Rechts ... 176

III Die Urteilsanerkennung und –vollstreckung im zwischenstaatlichen Rechtsverkehr ... 176
1. Wirkungen eines rechtskräftigen Urteils in den USA ... 176
a) Die *res judicata*-Wirkung (*claim preclusion*) ... 177
b) Collateral estoppel ... 177
2. Anerkennungsverfahren ... 177
a) Anerkennung von bundesgerichtlichen Entscheidungen ... 178

b) Anerkennung von einzelstaatlichen Gerichtsentscheidungen 178
aa) Klage auf Anerkennung und Vollstreckbarkeit nach der *full faith and credit clause* 178
(1) Wirkung der Klage auf Vollstreckbarkeit 179
(2) Einwendungen gegen die Anerkennung im Vollstreckungsstaat 179
(a) Eintragung der Befriedigung (*satisfaction*) 180
(b) Antrag auf Aufhebung des Urteils (*relief from judgment*) 180
(c) Zwischenergebnis zu den Einwendungen im Vollstreckungsstaat 182
bb) Exkurs: *Uniform Enforcement of Foreign Judgments Act* 182
(1) Ursprung 182
(2) Wirkung 182
(3) Verfahren 183
(4) Rechtsbehelf 184
(5) Zwischenergebnis zum *Uniform Enforcement of Foreign Judgments Act* 184
c) Grenzen der Rechtskrafterstreckung nach Anerkennung 184
d) Zwischenergebnis zu den Anerkennungsmöglichkeiten 185
3. Anerkennungsversagungsgründe 185
a) Verfahrensrechtliche Hindernisse 186
aa) Due process clause 186
(1) Interlokale Unzuständigkeit des Erstgerichts 187
(a) Territorial jurisdiction 188
(aa) Begründung der „Lehre der minimum contacts" durch "International Shoe v. Washington" 188
(bb) Einschränkung der Lehre der minimum contacts durch "World-Wide Volkswagen Corp. et al. v. Woodson" 188
(cc) Forum non conveniens 190
(b) Örtliche Zuständigkeit (*venue*) 191
(2) Rechtliches Gehör 191
(a) Gesetzliche Ausgestaltung 191
(b) Richtungweisende Urteile zum rechtlichen Gehör 192
bb) Fraud 192
b) Materiellrechtliche Hindernisse 193
c) Zwischenfazit zu den Anerkennungsversagungsgründen 194

IV Zusammenfassung zur US-amerikanischen Rechtslage 195

D Vergleiche und Bewertung 196

I Rechtslage in den USA im Gegensatz zur Rechtslage nach Einführung der EuVTVO 196

II Bisherige Rechtslage im Vergleich zur Rechtslage nach Einführung der EuVTVO: Bedürfnis nach einer ordre-public-Kontrolle im Vollstreckungsstaat? 198

1. Überprüfung des ordre public des Vollstreckungsstaates im Urteilsstaat 199
2. Einheitlicher europäischer ordre public 200
a) Abgrenzung eines gemeineuropäischen ordre public zum ordre public européen 200
b) Die Vorstellung eines gemeineuropäischen ordre public 201
aa) Grundsätzliche Bedenken 202
(1) Zeitliche und mathematische Probleme 202
(2) Verschiedenheit des Kollisionsrechts 204
(3) Zwischenergebnis 206
bb) Bisherige Anwendung der ordre-public-Kontrolle in der Praxis 206
(1) Unterschiedlicher verfahrensrechtlicher ordre public 206
(a) Verfahrensgrundrechte im deutschen und europäischen Recht 207
(aa) Schutz durch deutsches Verfassungsrecht 207
(bb) Schutz durch die Europäische Menschenrechtskonvention 208
(cc) Schutz durch die Europäische Grundrechtecharta 210
(dd) Zwischenergebnis zum verfahrensrechtlichen Mindeststandard 211
(b) „Krombach-Entscheidung“ des EuGH 212
(c) Prozessbetrug 214
(d) Fehlende Übersetzung der Klageschrift 214
(e) Beweisverbote 215
(f) Fazit für die Einführung der EuVTVO 215
(2) Unterschiedlicher materieller ordre public 216
(a) Einführung 216
(aa) Sittenwidrige Bürgschaftsverträge 218
(bb) Zwingender Haftungsausschluss in gesetzlicher Unfallversicherung 220
(cc) Einführung eines Strafschadensersatzes (*punitive damages*) 222
(dd) Sonstige Beispiele 224
(b) Auswertung zum unterschiedlichen materiellen ordre public 225
c) Zwischenergebnis zum Bedürfnis einer ordre-public-Kontrolle 227

III Vergleich mit dem Strafrecht 227

1. Einführung zu europäischen Regelungen im Strafrecht 227
2. Der Rahmenbeschluss über den Europäischen Haftbefehl 228

a) Vollstreckungsversagungsgründe im Allgemeinen 229
b) Der ordre-public-Vorbehalt im Sinne des § 73 IRG 231
3. Kritik am Europäischen Haftbefehl 232
4. Das Urteil des Bundesverfassungsgerichts zur Nichtigkeit des EuHbG 233
5. Rückschluss auf den Europäischen Vollstreckungstitel 234

IV Interessenabwägung zur Abschaffung der Kontrolle des inländischen ordre public 236
1. Unterschiede 237
2. Rechtfertigung der Benachteiligung 237
a) Vergleich mit dem Verfahren nach der EuGVVO 238
b) Ausschließliche Kontrolle des ordre public 239
c) Angemessener Interessenausgleich 239
aa) Prozessualer ordre public 239
bb) Materieller ordre public 240
cc) Abwägung im engeren Sinne 240
3. Ergebnis zur Interessenabwägung 242

V Lösungsvorschläge 242
1. Vorüberlegungen zur Entwicklung des Gemeinschaftsrechts 242
a) Schaffung gemeinsamen Rechts im Sinne des Art. 61 lit. c EG 243
b) Schaffung eines gemeineuropäischen materiellen ordre-public-Maßstabes 244
c) Zwischenfazit 244
2. Änderungsvorschlag hinsichtlich Art. 21 EuVTVO 245
3. Rechtliche Situation in Deutschland ohne die Einfügung eines Art. 21 Absatz 3 EuVTVO 246
a) Einfügung eines nationalen Rechtsbehelfs 246
b) Analoge Anwendung des § 767 ZPO 246
c) Sittenwidrige vorsätzliche Schädigung, § 826 BGB 248
aa) Internationale Zuständigkeit eines deutschen Gerichtes 248
bb) Anwendbarkeit der Vorschrift 248
cc) Rechtsprechung zu Vollstreckungsbescheiden 249
(1) Übertragbarkeit 249
(2) Materielle Unrichtigkeit des Titels 250
(3) Besondere Umstände 250
(4) Fazit zur Übertragung der BGH-Rechtsprechung auf den Europäischen Vollsteckungstitel 251
dd) Urteilsmissbrauch 252
(1) Sittenwidrigkeit 252
(2) Vorsatz 252
ee) Ergebnis zum Urteilsmissbrauch 253
4. Zwischenergebnis 253

E Gesamtbewertung ... 254

I Gegenseitiges Vertrauen wegen gleichwertiger Rechtspflege ... 254

II Harmonisierung statt Ermessensfreiheit ... 255

III Zivilverfahrensrechtliches Ergebnis zur Abschaffung der ordre-public-Kontrolle ... 256

IV Verfassungsrechtliches Ergebnis zur Abschaffung der ordre-public-Kontrolle ... 257

V Abschließende Überlegungen ... 258

VI Thesen ... 259

Literaturverzeichnis

Alber, Siegbert,	Die Selbstbindung der europäischen Organe an die Europäische Charta der Grundrechte, in: EuGRZ 2001, S. 349-353, (zit.: Alber, Die Selbstbindung der europäischen Organe an die Europäische Charta der Grundrechte, EuGRZ 2001),
Baumbach, Adolf / Lauterbach, Wolfgang / Albers, Jan / Hartmann, Peter,	Zivilprozessordnung, Kommentar, 64. Auflage, München 2006, (zit.: Baumbach/Lauterbach/Albers/Hartmann – Bearbeiter, § ZPO/o.a.),
Baur, Fritz / Stürner, Rolf,	Zwangsvollstreckungs-, Konkurs- und Vergleichsrecht, Band I, Einzelvollstreckungsrecht, 12. Auflage, Heidelberg 1995, (zit.: Baur/Stürner, Zwangsvollstreckungs-, Konkurs- und Vergleichsrecht, Band I),
Becker, Ulrich,	Grundrechtsschutz bei der Anerkennung und Vollstreckbarerklärung im europäischen Zivilverfahrensrecht, Dissertation Köln 2003, (zit.: Becker, Grundrechtsschutz bei der Anerkennung und Vollstreckbarerklärung im europäischen Zivilverfahrensrecht, Diss. Köln 2003),
Bernsdorff, Norbert / Borowsky, Martin,	Die Charta der Grundrechte der Europäischen Union – Handreichungen und Sitzungsprotokolle, Baden-Baden 2002, (zit.: Bernsdorff/Borowsky, Protokolle),
Bertele, Joachim,	Souveränität und Verfahrensrecht, Eine Untersuchung der aus dem Völkerrecht ableitbaren Grenzen staatlicher extraterritorialer Jurisdiktion im Verfahrensrecht, Tübingen 1998, (zit.: Bertele, Souveränität und Verfahrensrecht),
Bleckmann, Albert,	Europarecht, 6. Auflage, Köln, Berlin, München, Bonn 1997, (zit.: Bleckmann, Europarecht),
Broß, Siegfried,	Grundrechte und Grundwerte in Europa, in: JZ 2003, S. 429-433, (zit.: Broß, Grundrechte und Grundwerte in Europa, JZ 2003),
Brox, Hans / Walker, Wolf D.,	Zwangsvollstreckungsrecht, 7. Auflage, Köln, Berlin, Bonn, München 2003 (zit.: Brox/Walker, Zwangsvollstreckungsrecht),
Bruns, Alexander,	Der anerkennungsrechtliche ordre public in Europa und den USA, in: JZ 1999, S. 278-287, (zit.: Bruns, Der anerkennungsrechtliche ordre public in Europa und den USA, JZ 1999),

Bülow, Arthur / Böckstiegel, Karl-Heinz / Geimer, Reinhold / Schütze, Rolf,	Der Internationale Rechtsverkehr in Zivil- und Handelssachen, Quellensammlung mit Erläuterungen, München, Stand März 2005, 29. Ergänzungslieferung, Bände I und II, (zit.: Bülow/Böckstiegel/Geimer/Schütze (- Bearbeiter), Der Internationale Rechtsverkehr in Zivil- und Handelssachen),
Calliess, Christian / Ruffert, Matthias,	Kommentar zu EU-Vertrag und EG-Vertrag, 2. Auflage, Neuwied, Kriftel 2002, (zit.: Calliess/Ruffert - Bearbeiter, Artikel EU/EG),
Calliess, Christian,	Subsidiaritäts- und Solidaritätsprinzip in der Europäischen Union, Vorgaben für die Anwendung von Art. 5 (ex-Art. 3b) EGV nach dem Vertrag von Amsterdam, 2. Auflage, Baden-Baden 1999, (zit.: Calliess, Subsidiaritäts- und Solidaritätsprinzip in der Europäischen Union),
Coester-Waltjen, Dagmar,	Einige Überlegungen zu einem künftigen Europäischen Vollstreckungstitel, in: Festschrift für Kostas E. Beys, Athen 2003, S. 183-198, (zit.: Coester-Waltjen, Einige Überlegungen zu einem künftigen Europäischen Vollstreckungstitel, FS Beys 2003),
Correa Delcasso, Jean Paul,	Le titre exécutoire européen et l'inversion du contentieux, in : Revue internationale de droit comparé 2001, S. 61-82, (zit. : Correa Delcasso, Le titre exécutoire européen et l'inversion du contentieux, Rev. int. de dr. comp. 2001),
Dauses, Manfred A.,	Eine Lanze für « Solange III », in: EuZW 1997, S. 705, (zit.: Dauses, Eine Lanze für « Solange III », EuZW 1997),
Everling, Ulrich,	Durch die Grundrechtecharta zurück zu Solange I?, in: EuZW 2003, S. 225, (zit.: Everling, Durch die Grundrechtecharta zurück zu Solange I?, EuZW 2003),
Flint, Thomas,	Die Übertragung von Hoheitsrechten Zur Auslegung der Art. 23 Abs. 1 Satz 2 und Art. 24 Abs. 1 GG, Schriften zum öffentlichen Recht, Band 770, Dissertation Berlin 1998, (zit.: Flint, Die Übertragung von Hoheitsrechten, Diss. Berlin 1998),
Franzen, Martin,	Privatrechtsangleichung durch die Europäische Gemeinschaft, Berlin, New York 1999, (zit.: Franzen, Privatrechtsangleichung durch die Europäische Gemeinschaft),
Frowein, Jochen / Peukert, Wolfgang,	Europäische Menschenrechtskonvention, 2. Auflage, Kehl, Straßburg, Arlington 1996, (zit.: Frowein/Peukert - Bearbeiter, Artikel EMRK),
Geiger, Rudolf,	Vertrag über die Europäische Union und Vertrag zur Gründung der Europäischen Gemeinschaften, Kommentar, 4. Auflage, München 2004, (zit.: Geiger, Artikel EUV/EGV),

Geimer, Reinhold / Schütze, Rolf A., | Europäisches Zivilverfahrensrecht, Kommentar zum EuGVÜ u.a., München 1997, (zit.: Geimer/Schütze, Europäisches Zivilverfahrensrecht, 1. Auflage),

Geimer, Reinhold / Schütze, Rolf A., | Europäisches Zivilverfahrensrecht, Kommentar zur EuGVVO u.a., München 2004, (zit.: Geimer/Schütze, Europäisches Zivilverfahrensrecht, 2. Auflage),

Geimer, Reinhold / Schütze, Rolf A., | Internationale Urteilsanerkennung, Band I, 1. Halbband: Das EWG-Übereinkommen über die gerichtliche Zuständigkeit und die Vollstreckung gerichtlicher Entscheidungen in Zivil- und Handelssachen, München 1983, (zit.: Geimer/Schütze, Internationale Urteilsanerkennung, Band I/1),

Geimer, Reinhold / Schütze, Rolf A., | Internationale Urteilsanerkennung, Band I, 2. Halbband: Allgemeine Grundsätze und autonomes deutsches Recht, München 1984, (zit.: Geimer/Schütze, Internationale Urteilsanerkennung, Band I/2),

Geimer, Reinhold, | Der Wind dreht sich: Verschärfung der internationalen Prozessförderungsobliegenheit und Prozessführungslast des Beklagten – Urteilsanerkennung trotz mangelhafter Terminsladung (zu BGH, 18.9.2001 – IX ZB 104/00), in: IPRax 2002, S. 378-380, (zit.: Geimer, Der Wind dreht sich: Verschärfung der internationalen Prozessförderungsobliegenheit und Prozessführungslast des Beklagten – Urteilsanerkennung trotz mangelhafter Terminsladung, IPRax 2002),

Geimer, Reinhold, | Das EuGVVO-Beschwerdeverfahren an der Schnittstelle von europäischem Gemeinschaftsrecht und nationalem Recht (zu OLG Köln, 17.5.2002 – 16 W 13/02), in: IPRax 2003, S. 337-339, (zit.: Geimer, Das EuGVVO-Beschwerdeverfahren an der Schnittstelle von europäischem Gemeinschaftsrecht und nationalem Recht, IPRax 2003),

Geimer, Reinhold, | Verfassung, Völkerrecht und Internationales Zivilverfahrensrecht, in: Zeitschrift für Rechtsvergleichung, internationales Privatrecht und Europarecht 1992, Heft 5, S. 321-347, Heft 6, S. 401-420, (zit.: Geimer, Verfassung, Völkerrecht und Internationales Zivilverfahrensrecht, ZfRV 1992, Heft, S.),

Geimer, Reinhold, | Internationales Zivilprozessrecht, 5. Auflage, Köln 2005, (zit.: Geimer, Internationales Zivilprozessrecht),

Geimer, Reinhold, | Salut für die Verordnung (EG) Nummer 44/2001 (Brüssel I-VO), in: IPRax 2002, S. 69-74, (zit.: Geimer, Salut für die Verordnung (EG) Nummer 44/2001 (Brüssel I-VO), IPRax 2002),

Geimer, Reinhold, | Anerkennung ausländischer Entscheidungen in Deutschland, München 1995, (zit.: Geimer, Anerkennung ausländischer Entscheidungen in Deutschland),

Gottwald, Peter, | Anerkennung und Vollstreckung ausländischer Entscheidungen, in: Zeitschrift für Zivilprozess, Band 103 (1990), S. 257-293, (zit.: Gottwald, Anerkennung und Vollstreckung ausländischer Entscheidungen, ZZP Band 103 (1990)),

Gottwald, Peter, | Die internationale Zwangsvollstreckung, in: IPRax 1991, S. 285-292, (zit.: Gottwald, Die internationale Zwangsvollstreckung, IPRax 1991),

Gottwald, Peter, | Zwangsvollstreckung, Kommentierung der §§ 704 – 915h ZPO, 4. Auflage, Berlin 2002, (zit.: Gottwald, Zwangsvollstreckung),

Gressot-Leger, Séverine | Faut-il supprimer le contrôle de la loi appliquée par le juge étranger lors de l'instance en exequatur ?, in : Journal du Droit International 3, 2003, S. 767-790, (zit.: Gressot-Leger, Faut-il supprimer le contrôle de la loi appliquée par le juge étranger lors de l'instance en exequatur ?, J.D.I. 3, 2003),

Hay, Peter | U.S.-amerikanisches Recht, 3. Auflage, München 2005, (zit.: Hay, U.S.-amerikanisches Recht),

Heß, Burkhard / Hub, Thorsten, | Die vorläufige Vollstreckbarkeit ausländischer Urteile im Binnenmarkt, in: IPRax 2003, S. 93- 99, (zit.: Heß/Hub, Die vorläufige Vollstreckbarkeit ausländischer Urteile im Binnenmarkt, IPRax 2003),

Heß, Burkhard, | Die Europäisierung des internationalen Zivilprozessrechtes durch den Amsterdamer Vertrag – Chancen und Gefahren, in: NJW 2000, S. 23-32, (zit.: Heß, Die Europäisierung des internationalen Zivilprozessrechtes durch den Amsterdamer Vertrag – Chancen und Gefahren, NJW 2000),

Heß, Burkhard, | Urteilsfreizügigkeit und -vorbehalt bei Verstößen gegen Verfahrensgrundrechte und Marktfreiheiten (zu EuGH, 11. 5. 2000 – Rs. C-38/98 – Régie Nationale des Usines Renault SA / Mexicar SpA und Orazio Formento), in: IPRax 2001, S. 301-306, (zit.: Heß, Urteilsfreizügigkeit und ordre-public-Vorbehalt bei Verstößen gegen Verfahrensgrundrechte und Marktfreiheiten, IPRax 2001),

Heß, Burkhard, | Neues deutsches und europäisches Zustellungsrecht, in: NJW 2002, S. 2417-2426, (zit.: Heß, Neues deutsches und europäisches Zustellungsrecht, NJW 2002),

Heß, Burkhard, | Aktuelle Perspektiven der europäischen Prozessrechtsangleichung, in: JZ 2001, S. 673-583, (zit.: Heß, Aktuelle Perspektiven der europäischen Prozessrechtsangleichung, JZ 2001),

Heß, Burkhard, | Die Integrationsfunktion des Europäischen Zivilverfahrensrechts, in: IPRax 2001, S. 389-396, (zit.: Heß, Die Integrationsfunktion des Europäischen Zivilverfahrensrechts, IPRax 2001),

Heß, Burkhard,
Europäischer Vollstreckungstitel und nationale Vollstreckungsgegenklage, in: IPRax 2004, S. 493-494, (zit.: Heß, Europäischer Vollstreckungstitel und nationale Vollstreckungsgegenklage, IPRax 2004),

Hüßtege, Rainer,
Braucht die Verordnung über den europäischen Vollstreckungstitel eine ordre-public-Klausel?, in: Festschrift für Erik Jayme, München 2004, Band I, S. 371-385, (zit.: Hüßtege, Braucht die Verordnung über den europäischen Vollstreckungstitel eine ordre-public-Klausel?, FS Jayme 2004),

Hüßtege, Rainer,
Der europäische Vollstreckungstitel, in: Perspektiven der justiziellen Zusammenarbeit in der Europäischen Union, Hrsg. Peter Gottwald, S. 113-138, (zit.: *Hüßtege*, Der europäische Vollstreckungstitel, in: Gottwald (Hrsg.), Perspektiven der justiziellen Zusammenarbeit in der Europäischen Union),

Jarass, Hans / Pieroth, Bodo,
Grundgesetz für die Bundesrepublik Deutschland, 7. Auflage, München 2004, (zit.: Jarass/Pieroth – Bearbeiter, Artikel GG),

Jarass, Hans,
EG-Kompetenzen und das Prinzip der Subsidiarität nach Schaffung der Europäischen Union, in: EuGRZ 1994, S. 209-219, (zit.: Jarass, EG-Kompetenzen und das Prinzip der Subsidiarität nach Schaffung der Europäischen Union, EuGRZ 1994),

Jauernig, Othmar,
Zivilprozessrecht, 28. Auflage, München 2003, (zit. Jauernig, Zivilprozessrecht)

Jauernig, Othmar,
Zwangsvollstreckungs- und Insolvenzrecht, 21. Auflage, München 1999, (zit.: Jauernig, Zwangsvollstreckungs- und Insolvenzrecht),

Jayme, Erik / Kohler, Christian,
Europäisches Kollisionsrecht 2000: Interlokales Privatrecht oder universelles Gemeinschaftsrecht, in: IPRax 2000, S. 454-465, (zit.: Jayme/Kohler, Europäisches Kollisionsrecht, IPRax 2000),

Jayme, Erik,
Die kulturelle Dimension des Rechts – ihre Bedeutung für das Internationale Privatrecht und die Rechtsvergleichung, in: Rabels Zeitschrift für ausländisches und internationales Privatrecht, Band 67 (2003), S. 211-230, (zit.: Jayme, Die kulturelle Dimension des Rechts – ihre Bedeutung für das Internationale Privatrecht und die Rechtsvergleichung, RabelsZ Band 67 (2003)),

Junker, Abbo,
Der deutsch-amerikanische Rechtsverkehr in Zivilsachen – Zustellungen und Beweisaufnahmen, in: JZ 1989, S. 121-129, (zit.: Junker, Der deutsch-amerikanische Rechtsverkehr in Zivilsachen – Zustellungen und Beweisaufnahmen, JZ 1989),

Kegel, Gerhard,
Exequatur sur exequatur ne vaut, in : Festschrift für Müller-Freienfels, Baden-Baden 1986, S. 377- 393, (zit.: Kegel, Exequatur sur exequatur ne vaut, FS Müller-Freienfels 1986),

Kegel, Gerhard/ Schurig, Klaus, Internationales Privatrecht, 9. Auflage, München 2004, (zit.: Kegel/Schurig, Internationales Privatrecht),

Kerameus, Konstantinos D., Rechtsvergleichende Bemerkungen zur autonomen Urteilsvollstreckung im Ausland, in: Festschrift für Gerhard Lüke, München 1997, S. 337-352, (zit.: Kerameus, Rechtsvergleichende Bemerkungen zur autonomen Urteilsvollstreckung im Ausland, FS Lüke 1997),

Kleine-Cosack, Michael, Verfassungsbeschwerden und Menschenrechtsbeschwerde, Bonn 2001, (zit.: Kleine-Cosack, Verfassungsbeschwerden und Menschenrechtsbeschwerde),

Koch, Harald, Neuere Probleme der internationalen Zwangsvollstreckung einschließlich des einstweiligen Rechtsschutzes, in: Peter F. Schlosser (Hrsg.), Materielles Recht und Prozessrecht und die Auswirkungen der Unterscheidung im Recht der Internationalen Zwangsvollstreckung – eine rechtsvergleichende Untersuchung -, Bielefeld 1992, S. 171-207, (zit.: Koch, Neuere Probleme der internationalen Zwangsvollstreckung einschließlich des einstweiligen Rechtsschutzes),

Kohler, Christian, Der europäische Justizraum für Zivilsachen und das Gemeinschaftskollisionsrecht, in: IPRax 2003, S. 401-412, (zit.: Kohler, Der europäische Justizraum für Zivilsachen und das Gemeinschaftskollisionsrecht, IPRax 2003),

Kohler, Christian, Systemwechsel im europäischen Anerkennungsrecht: Von der EuGVVO zur Abschaffung des Exequaturverfahrens, in: Baur/Mansel (wiss. Leitung), Systemwechsel im europäischen Kollisionsrecht, Schriftenreihe der Bayer-Stiftung für deutsches und internationales Wirtschaftsrecht, Band 8 („Systemwechsel im europäischen Kollisionsrecht“), Fachtagung der Bayer-Stiftung am 17. und 18. Mai 2001, München 2002, S. 147-163, (zit.: Kohler, Systemwechsel im europäischen Anerkennungsrecht, in: Baur/Mansel, Systemwechsel im europäischen Kollisionsrecht),

Kohler, Christian, Vortrag: Europäisches Kollisionsrecht zwischen Amsterdam und Nizza, in: Gerte Reichelt (Hrsg.), Vorlesungen und Vorträge, Ludwig Boltzmann Institut für Europarecht, Wien 2001, (zit.: Kohler, Europäisches Kollisionsrecht zwischen Amsterdam und Nizza),

Kohler, Christian, Vom EuGVÜ zur EuGVVO: Grenzen und Konsequenzen der Vergemeinschaftung, in: Festschrift für Reinhold Geimer, München 2000, S. 461-484, (zit.: Kohler, Vom EuGVÜ zur EuGVVO: Grenzen und Konsequenzen der Vergemeinschaftung, FS Geimer 2000),

Kohler, Christian, Quantensprung im europäischen Justizraum, in: RIW 2003, S. 1, (zit.: Kohler, Quantensprung im europäischen Justizraum, RIW 2003),

Kohler, Christian, — Von der EuGVVO zum Europäischen Vollstreckungstitel – Entwicklungen und Tendenzen im Recht der Anerkennung und Vollstreckung ausländischer Entscheidungen,
in: Reichelt/Rechberger (Hrsg.), Europäisches Kollisionsrecht, Wien 2004, S. 63-112,
(zit.: Kohler, Von der EuGVVO zum Europäischen Vollstreckungstitel, in: Reichelt/Rechberger (Hrsg.), Europäisches Kollisionsrecht),

Kropholler, Jan, — Internationales Privatrecht,
5. Auflage, Tübingen 2004,
(zit.: Kropholler, Internationales Privatrecht),

Kropholler, Jan, — Europäisches Zivilprozessrecht,
Kommentar zum EuGVÜ und Lugano-Übereinkommen,
6. Auflage, Heidelberg 1998,
8. Auflage, Frankfurt am Main 2005,
(zit.: Kropholler, Europäisches Zivilverfahrensrecht; Auflage),

Lackmann, Rolf, — Zwangsvollstreckungsrecht mit Grundzügen des Insolvenzrechts,
7. Auflage, München 2005,
(zit.: Lackmann, Zwangsvollstreckungsrecht),

Lange, Dieter G., — Der Zivilprozess in den Vereinigten Staaten,
Heidelberg 1987,
(zit.: Lange, Der Zivilprozess in den Vereinigten Staaten),

Larenz, Karl,
Canaris, Claus-Wilhelm, — Methodenlehre der Rechtswissenschaft,
3. Auflage, Berlin u.a. 1999,
(zit.: Larenz/Canaris, Methodenlehre),

Lecheler, Helmut, — Zum Bananenmarktbeschluss des BVerfG, NJW 2000, 3124
in: JuS 2001, S. 120-123,
(zit.: Lecheler, Zum Bananenmarktbeschluss des BVerfG, NJW 2000, 3124; JuS 2001),

Lechner, Hans /
Zuck, Rüdiger, — Bundesverfassungsgerichtsgesetz,
4. Auflage, München 1996,
(zit.: Lechner/Zuck, § BVerfGG),

Lenz, Otto /
Borchardt, Klaus-Dieter
(Hrsg.), — EU- und EG-Vertrag, Kommentar zu dem Vertrag über die Europäische Union und zu dem Vertrag zur Gründung der Europäischen Gemeinschaften, jeweils in der durch den Vertrag von Nizza geänderten Fassung,
3. Auflage, Köln 2003,
(zit.: Lenz/Borchardt – Bearbeiter, Artikel EU/EG),

Linke, Hartmut, — Internationales Zivilprozessrecht,
Leitfaden für Verfahren mit Auslandsbezug,
3. Auflage, Köln 2001,
(zit.: Linke, Internationales Zivilprozessrecht),

Looschelders, Dirk, — Internationales Privatrecht – Art. 3-46 EGBGB,
Heidelberg 2004,
(zit.: Looschelders, Internationales Privatrecht),

Lüke, Gerhard /
Wax, Peter, — Münchner Kommentar zur Zivilprozessordnung mit Gerichtsverfassungsgesetz und Nebengesetzen,
- Band 2, §§ 355-802 ZPO, 2. Auflage, München 2000,
- Band 3, §§ 803-1066 ZPO, EGZPO, GVG, EGGVG, Internationales Zivilprozessrecht, 2. Auflage, München 2001,

- Aktualisierungsband ZPO-Reform 2002 und weitere Reformgesetze, 2. Auflage, München 2002,

(zit.: MüKo ZPO – Bearbeiter, Band, Auflage),

Mankowski, Peter, — Gläubigerinteressen und Grundsatz des kontradiktorischen Verfahrens im Zielkonflikt bei der Beschwerde im Vollstreckbarerklärungsverfahren (zu OLG Düsseldorf 7.4.2003 – 3 W 91/03), in: IPRax 2004, Heft 3, S. 220-223, (zit.: Mankowski, Gläubigerinteressen und Grundsatz des kontradiktorischen Verfahrens im Zielkonflikt bei der Beschwerde im Vollstreckbarerklärungsverfahren (zu OLG Düsseldorf 7.4.2003 – 3 W 91/03)),

Mansel, Heinz-Peter, — Zum Systemwechsel im europäischen Kollisionsrecht nach Amsterdam und Nizza, in: Baur/Mansel (wiss. Leitung), Systemwechsel im europäischen Kollisionsrecht, Schriftenreihe der Bayer-Stiftung für deutsches und internationales Wirtschaftsrecht, Band 8 („Systemwechsel im europäischen Kollisionsrecht"), Fachtagung der Bayer-Stiftung am 17. und 18. Mai 2001, München 2002, S. 1-15, (zit.: Mansel, Zum Systemwechsel im europäischen Kollisionsrecht nach Amsterdam und Nizza, in Baur/Mansel, Systemwechsel im europäischen Kollisionsrecht)

Martiny, Dieter, — Handbuch des Internationalen Zivilverfahrensrechts, Band III/1, Max-Planck-Institut für ausländisches und internationales Privatrecht, Tübingen 1984, (zit.: Martiny, Handbuch des Internationalen Zivilverfahrensrechts, Band III/1),

Martiny, Dieter/ Waehler, Jan Peter/ Wolff, Martin K., — Handbuch des Internationalen Zivilverfahrensrechts, Band III/2, Max-Planck-Institut für ausländisches und internationales Privatrecht, Tübingen 1984, (zit.: Handbuch des Internationalen Zivilverfahrensrechts – Autor, Band III/2),

Maunz, Theodor / Dürig, Günter, — Grundgesetz, Kommentar, Band III, Art. 17-27, Band VI, Art. 100-146, 44. Lieferung, Februar 2005, München, (zit.: Maunz/Dürig - Bearbeiter, Band, Artikel GG),

Meyer, Jürgen (Hrsg.), — Kommentar zur Charta der Grundrechte der Europäischen Union, 1. Auflage, Baden-Baden 2003, (zit.: Jürgen Meyer - Bearbeiter, Artikel EGRC),

Meyer-Ladewig, Jens, — Konvention zum Schutze der Menschenrechte und Grundfreiheiten, Handkommentar, 1. Auflage, Baden-Baden 2003, (zit.: Meyer-Ladewig, Artikel EMRK),

Millgramm, Karl-Heinz, — Föderalismus und Individuum, in: DVBl. 1990, S. 740-748, (zit.: Millgramm, Föderalismus und Individuum, DVBl. 1990),

Müller, Klaus, | Zum Begriff der „Anerkennung" von Urteilen in § 328 ZPO, in: ZZP Band 79 (1966), S. 199-245, (zit.: Müller, Zum Begriff der „Anerkennung" von Urteilen in § 328 ZPO, ZZP Band 79 (1966)),

Musielak, Hans-Joachim, | Kommentar zur Zivilprozessordnung mit Gerichtsverfassungsgesetz, 4. Auflage, München 2005, (zit.: Musielak – Bearbeiter, § ZPO),

Nagel, Heinrich / Gottwald, Peter, | Internationales Zivilprozessrecht, 5. Auflage, Köln 2002, (zit.: Nagel/Gottwald, Internationales Zivilprozessrecht),

Nelle, Andreas, | Anspruch, Titel und Vollstreckung im internationalen Rechtsverkehr, Beiträge zum ausländischen und internationalen Privatrecht, Band 71, Herausgegeben vom Max-Planck-Institut für ausländisches und internationales Privatrecht, Tübingen 2000, (zit.: Nelle, Anspruch, Titel und Vollstreckung),

Oppermann, Thomas, | Europarecht, 3. Auflage, München 2005, (zit.: Oppermann, Europarecht),

Palandt, Otto, | Bürgerliches Gesetzbuch, Becksche Kurzkommentare, Band 7, 65. Auflage, München 2006, (zit.: Palandt – Bearbeiter, § BGB/EGBGB),

Pernice, Ingolf, | Europäische Union: Gefahr oder Chance für den Föderalismus in Deutschland, Österreich und der Schweiz?, in: DVBl. 1993, S. 909-924, (zit.: Pernice, Europäische Union: Gefahr oder Chance für den Föderalismus in Deutschland, Österreich und der Schweiz?, DVBl. 1993),

Peters, Anne, | Einführung in die Europäische Menschenrechtskonvention, Schriftenreihe der Juristischen Schulung, Band 161, München 2003, (zit.: Peters, Einführung in die Europäische Menschenrechtskonvention),

Pfeiffer, Thomas, | Einheitliche unmittelbare und unbedingte Urteilsgeltung in Europa, in: Festschrift für Erik Jayme, München 2004, Band I, S. 675-690, (zit.: Pfeiffer, Einheitliche unmittelbare und unbedingte Urteilsgeltung in Europa, FS Jayme 2004),

Pfeiffer, Thomas, | Internationale Zuständigkeit und prozessuale Gerechtigkeit – Die internationale Zuständigkeit im Zivilprozess zwischen effektivem Rechtsschutz und nationaler Zuständigkeitspolitik, Frankfurt am Main 1995, (zit.: Pfeiffer, Internationale Zuständigkeit und prozessuale Gerechtigkeit),

Pfeiffer, Thomas, | Kooperative Reziprozität bei § 328 I Nummer 5 ZPO, in: Rabels Zeitschrift für ausländisches und internationales Privatrecht, Band 55 (1991), S. 734-768, (zit.: Pfeiffer, Kooperative Reziprozität bei § 328 I Nummer 5 ZPO, RabelsZ Band 55 (1991)),

Pieroth, Bodo / Schlink, Bernhard, | Grundrechte, Staatsrecht II, 21. Auflage, Heidelberg 2005, (zit.: Pieroth/Schlink, Grundrechte),

Pietsch, Jörg, | Die Grundrechtecharta im Verfassungskonvent, in: ZRP 2003, S. 1-4, (zit.: Pietsch, Die Grundrechtecharta im Verfassungskonvent, ZRP 2003),

Rauscher, Thomas (Hrsg.), | Europäisches Zivilprozessrecht, Kommentar, München 2004, (zit.: Rauscher - Bearbeiter, Europäisches Zivilprozessrecht),

Rauscher, Thomas, | Der Europäische Vollstreckungstitel für unbestrittene Forderungen, Heidelberg 2004, (zit.: Rauscher, Der Europäische Vollstreckungstitel für unbestrittene Forderungen),

Rebmann, Kurt (Hrsg.), | Münchner Kommentar zum Bürgerlichen Gesetzbuch,

- Band 5, Schuldrecht Besonderer Teil III, §§ 705-853, 4. Auflage München 2004, (zit.: MüKo BGB – Bearbeiter, Band 5, Besonderes Schuldrecht III),
- Band 10, Einführungsgesetz zum Bürgerlichen Gesetzbuche (Artikel 1-38), Internationales Privatrecht, 4. Auflage, München 2006, (zit.: MüKo BGB– Bearbeiter, Band 10, Internationales Privatrecht),

Rohlff, Daniel, | Der Europäische Haftbefehl, Dissertation Universität Regensburg 2003, Frankfurt am Main u.a. 2003, (zit.: Rohlff, Der Europäische Haftbefehl, Diss. Regensburg 2003),

Rosengarten, Joachim, | Der Präventionsgedanke im deutschen Zivilrecht, in: NJW 1996, S. 1935-1938, (zit.: Rosengarten, Der Präventionsgedanke im deutschen Zivilrecht, NJW 1996),

Rupp, Hans Heinrich, | Bemerkungen zum europarechtlichen Schutz der „nationalen Identität" der EU-Mitgliedstaaten, in: Festschrift für Walter Rudolf zum 70. Geburtstag, München 2001, S. 173-187, (zit.: Rupp, Bemerkungen zum europarechtlichen Schutz der „nationalen Identität" der EU-Mitgliedstaaten, FS Rudolf 2001),

Sachs, Michael, | Grundgesetz, Kommentar, 3. Auflage, München 2003, (zit.: Sachs – Bearbeiter, Artikel GG),

Saenger (Hrsg.) | Zivilprozessordnung, Handkommentar, 1. Auflage, Baden-Baden 2006, (zit.: Saenger – Bearbeiter, Zivilprozessordnung)

Schack, Haimo, | Einführung in das US-amerikanische Zivilprozessrecht, 3. Auflage, München 2003, (zit.: Schack, Einführung in das US-amerikanische Zivilprozessrecht),

Schack, Haimo, | Internationales Zivilverfahrensrecht, 3. Auflage, München 2002, (zit.: Schack, Internationales Zivilverfahrensrecht),

Schilken, Eberhard,
Die Vorschläge der Kommission für ein europäisches Zivilprozessbuch – einstweiliger und summarischer Rechtsschutz und Vollstreckung,
in: ZZP Band 109 (1996), S. 315-336,
(zit.: Schilken, Die Vorschläge der Kommission für ein europäisches Zivilprozessbuch – einstweiliger und summarischer Rechtsschutz und Vollstreckung, ZZP Band 109 (1996)),

Schilken, Eberhard,
Zivilprozessrecht,
4. Auflage, Köln, Berlin, Bonn, München 2002,
(zit.: Schilken, Zivilprozessrecht),

Schlosser, Peter F.,
Das Internationale Zivilverfahrensrecht der Europäischen Wirtschaftsgemeinschaft und Österreich,
in: Festschrift für Winfried Kralik,
Wien 1986, S. 287-299,
(zit.: Schlosser, Das Internationale Zivilverfahrensrecht der Europäischen Wirtschaftsgemeinschaft und Österreich, FS Kralik 1986),

Schlosser, Peter F.,
EuGVÜ, Europäisches Gerichtsstands- und Vollstreckungsübereinkommen mit Luganer Übereinkommen und den Haager Übereinkommen über Zustellung und Beweisaufnahme,
München 1996,
(zit.: Schlosser, 1. Auflage, Artikel EuGVÜ),

Schlosser, Peter F.,
EU-Zivilprozessrecht, Kommentar EuGVVO,
EuEheVO, EuBVO, EuZVO,
2. Auflage, München 2003,
(zit.: Schlosser, 2. Auflage, Artikel EuGVVO/u.a.),

Schmid, Christoph,
Ein enttäuschender Rückzug, Anmerkungen zum „Bananenbeschluss“ des BVerfG,
in: NVwZ 2001, 249-258,
(zit.: Schmid, Ein enttäuschender Rückzug, NVwZ 2001),

Schmidt-Bleibtreu, Bruno / Klein, Franz,
Kommentar zum Grundgesetz,
10. Auflage, Neuwied, Kriftel 2004,
(zit.: Schmidt-Bleibtreu/Klein-Bearbeiter, Artikel GG),

Schollmeyer, Eberhard,
Europäisches Mahnverfahren,
in: IPRax 2002, S. 478-484,
(zit.: Schollmeyer, Europäisches Mahnverfahren, IPRax 2002),

Schünemann, Bernd,
Europäischer Haftbefehl und EU-Verfassungsentwurf auf schiefer Ebene – Die Schranken des Grundgesetzes,
in: ZRP 2003, S. 185-189,
(zit.: Schünemann, Europäischer Haftbefehl und EU-Verfassungsentwurf auf schiefer Ebene – Die Schranken des Grundgesetzes, ZRP 2003),

Seidel, Martin,
Pro futuro: Kraft Gemeinschaftsrechts Vorrang des höheren einzelstaatlichen Grundrechtsschutzes?,
in: EuZW 2003, S. 97,
(zit.: Seidel, Pro futuro: Kraft Gemeinschaftsrechts Vorrang des höheren einzelstaatlichen Grundrechtsschutzes?, EuZW 2003),

Stadler, Astrid,
Das Europäische Zivilprozessrecht – Wie viel Bescheunigung verträgt Europa?,
in: IPRax 2004, S. 2-11,
(zit.: Stadler, Das Europäische Zivilprozessrecht – Wie viel Bescheunigung verträgt Europa?, IPRax 2004),

Staudinger, J. von (Hrsg.)
Kommentar zum Bürgerlichen Gesetzbuch mit Einführungsgesetz und Nebengesetzen,
Buch 2, Recht der Schuldverhältnisse, §§ 826-829, Produkthaftungsgesetz,
Neubearbeitung der 13. Auflage, Berlin 2003,
(zit.: Staudinger – Bearbeiter)

Stein, Andreas,
Neuere Entwicklungen bei der gegenseitigen Anerkennung und Vollstreckung von zivilrechtlichen Urteilen in Europa,
in: WiRO 2003, Heft 10, S. 289-294,
(zit.: Stein, Neuere Entwicklungen bei der gegenseitigen Anerkennung und Vollstreckung von zivilrechtlichen Urteilen in Europa, WiRO 2003),

Stein, Andreas,
Der Europäische Vollstreckungstitel für unbestrittene Forderungen tritt in Kraft – Aufruf zu einer nüchternen Betrachtung,
in: IPRax 2004, Heft 3, S. 181-191,
(zit.: Stein, Der Europäische Vollstreckungstitel für unbestrittene Forderungen tritt in Kraft – Aufruf zu einer nüchternen Betrachtung, IPRax 2004),

Stein, Friedrich / Jonas, Martin,
Kommentar zur Zivilprozessordnung,
Band 4, Teilband 1, §§ 300-347, 21. Auflage, Tübingen 1998,
Band 7, §§ 704-827, 22. Auflage, Tübingen 2002,
(zit.: Stein/Jonas - Bearbeiter, Band, § ZPO),

Storme, Marcel,
Ein einheitlicher Europäischer Vollstreckungstitel als Vorbote eines weltweiten Titels,
in: Festschrift für Hideo Nakamura,
Tokio 1996,
(zit.: Storme, Ein einheitlicher Europäischer Vollstreckungstitel als Vorbote eines weltweiten Titels, FS Nakamura 1996),

Streinz, Rudolf (Hrsg.),
EUV/EGV, Vertrag über die Europäische Union und Vertrag zur Gründung der Europäischen Gemeinschaft,
München 2003,
(Streinz - Bearbeiter, Artikel EUV/EGV),

Streinz, Rudolf,
Europarecht,
7. Auflage, Heidelberg 2005,
(zit.: Streinz, Europarecht),

Streinz, Rudolf,
Der Vertrag von Amsterdam,
in: EuZW 1998, S. 137-147,
(zit.: Streinz, Der Vertrag von Amsterdam, EuZW 1998),

Stürner, Rolf,
Das grenzüberschreitende Vollstreckungsverfahren in der Europäischen Union,
in: Festschrift für Wolfram Henckel,
Berlin, New York 1995, S. 863-875,
(zit.: Stürner, Das grenzüberschreitende Vollstreckungsverfahren in der Europäischen Union, FS Henckel 1995),

Stürner, Rolf,
Prinzipien der Einzelzwangsvollstreckung,
in: ZZP Band 99 (1986), S. 291-332,
(zit.: Stürner, Prinzipien der Einzelzwangsvollstreckung, ZZP Band 99 (1986)),

Tarzia, Giuseppe, | Aussichten für eine Harmonisierung des Zwangswollstreckungsrechts in der Europäischen Union,
in: ZEuP 1996, S. 231-242,
(zit.: Tarzia, Aussichten für eine Harmonisierung des Zwangswollstreckungsrechts in der Europäischen Union, ZEuP 1996),

Thomas, Heinz,
Putzo, Hans,
Zivilprozessordnung, Kommentar,
27. Auflage, München 2005,
(zit.: Thomas/Putzo – Bearbeiter, § ZPO/Artikel EuGVVO),

Trüe, Christiane,
Das System der Rechtssetzungskompetenzen der Europäischen Gemeinschaft und der Europäischen Union,
Baden-Baden 2002, Schriftenreihe Europäisches Recht, Politik und Wirtschaft herausgegeben von Prof. Dr. Jürgen Schwarze, Band 282,
(zit.: Trüe, Das System der Rechtssetzungskompetenzen der Europäischen Gemeinschaft und der Europäischen Union),

Umbach, Dieter /
Clemens, Thomas,
Dollinger, Franz-Wilhelm,
Bundesverfassungsgerichtsgesetz, Mitarbeiterkommentar und Handbuch,
2. Auflage, Heidelberg 2005,
(zit.: Umbach/Clemens/Dollinger – Bearbeiter, § BVerfGG),

Voegele, Katja,
Full Faith and Credit – Die Anerkennung zivilrechtlicher Entscheidungen zwischen den US-amerikanischen Bundesstaaten,
Dissertation Berlin 2003,
(zit.: Voegele, Full Faith and Credit – Die Anerkennung zivilrechtlicher Entscheidungen zwischen den US-amerikanischen Bundesstaaten, Diss. Berlin 2003),

Vogl, Thorsten,
Die Unbeachtlichkeit der Verjährungsregeln des Vollstreckungsstaates bei der Vollstreckbarerklärung ausländischer Titel (zu OLG Trient – Außenabteilung Bozen, 14.3.2001 – 76/2000),
in: IPRax 2003, S. 462-464,
(zit.: Vogl, Die Unbeachtlichkeit der Verjährungsregeln des Vollstreckungsstaates bei der Vollstreckbarkeitserklärung ausländischer Titel, IPRax 2003),

von Bar, Christian /
Mankowski, Peter,
Internationales Privatrecht,
Band I, Allgemeine Lehren,
2. Auflage; München 2003,
(zit.: v. Bar/Mankowski, Internationales Privatrecht, Band 1),

von Danwitz, Thomas,
Verfassungsfragen des deutsch-amerikanischen Rechtshilfeverkehrs,
in: DÖV 2004, Heft 12, S. 501-510,
(zit.: v. Danwitz, Verfassungsfragen des deutsch-amerikanischen Rechtshilfeverkehrs, DÖV 2004),

von Hoffmann, Bernd,
Thorn, Karsten,
Internationales Privatrecht,
8. Auflage, München 2005,
(zit.: v. Hoffmann/Thorn, Internationales Privatrecht),

von Heintschel-Heinegg, Bernd /
Rohlff, Daniel,
Der Europäische Haftbefehl,
in: GA 2003, S. 44-51,
(zit.: v. Heintschel-Heinegg/Rohlff, Der Europäische Haftbefehl, GA 2003),

Wagner, Rolf,
Zur Vereinheitlichung des internationalen Zivilverfahrensrechts vier Jahre nach In-Kraft-Treten des Amsterdamer Vertrags,
in: NJW 2003, S. 2344-2348,
(zit.: Wagner, Zur Vereinheitlichung des internationalen Zivilverfahrens-

rechts vier Jahre nach In-Kraft-Treten des Amsterdamer Vertrags, NJW 2003),

Wagner, Rolf, Vom Brüsseler Übereinkommen über die Brüssel I-Verordnung zum Europäischen Vollstreckungstitel,
in: IPRax 2002, S. 75-95,
(zit.: Wagner, Vom Brüsseler Übereinkommen über die Brüssel I-Verordnung zum Europäischen Vollstreckungstitel, IPRax 2002),

Wagner, Rolf, Die neue EG-Verordnung zum Europäischen Vollstreckungstitel
in: IPRax 2005, S. 189-200,
(zit.: Wagner, Die neue EG-Verordnung zum Europäischen Vollstreckungstitel, IPRax 2005),

Wagner, Rolf, Das Gesetz zur Durchführung der Verordnung (EG) Nr. 805/2004 zum Europäischen Vollstreckungstitel – unter besonderer Berücksichtigung der Vollstreckungsabwehrklage,
in: IPRax 2005, S. 401-410,
(zit.: Wagner, Das Gesetz zur Durchführung der Verordnung (EG) Nr. 805/2004 zum Europäischen Vollstreckungstitel, IPRax 2005)

Wehnert, Anne, Europäischer Haftbefehl,
in: Strafverteidiger Forum 2003, S. 356-360,
(zit.: Wehnert, Europäischer Haftbefehl, StraFo 2003),

Weinschenk, Fritz, Die Anerkennung und Vollstreckung bundesdeutscher Urteile in den Vereinigten Staaten unter den „Foreign Country Money Judgment Recognition Acts“,
Berlin 1988, Dissertation Mainz 1986,
(zit.: Weinschenk, Die Anerkennung und Vollstreckung bundesdeutscher Urteile in den Vereinigten Staaten unter den „Foreign Country Money Judgment Recognition Acts“, Diss. Mainz 1986),

Yessiou-Faltsi, Pelayia, Der Europäische Vollstreckungstitel und die Folgen für das Vollstreckungsrecht in Europa,
in: Perspektiven der justiziellen Zusammenarbeit in der Europäischen Union, Hrsg. Peter Gottwald, S. 213-248,
(zit.: Yessiou-Faltsi, Der Europäische Vollstreckungstitel und die Folgen für das Vollstreckungsrecht in Europa, in: Gottwald (Hrsg.), Perspektiven der justiziellen Zusammenarbeit in der Europäischen Union),

Zöller, Richard, Zivilprozessordnung, Kommentar,
25. Auflage, Köln 2005,
(zit.: Zöller – Bearbeiter, § ZPO/u.a.).

A Der Ursprung des Europäischen Vollstreckungstitels

Grundlage des Konzeptes der gegenseitigen Anerkennung und Vollstreckung gerichtlicher Entscheidungen innerhalb der Europäischen Gemeinschaft ist das gegenseitige Vertrauen in die Gleichwertigkeit der Rechtspflege der Mitgliedstaaten[1]. Dieses Prinzip wurde zum ersten Mal in der so genannten Cassis-de-Dijon-Formel des Europäischen Gerichtshofs (im Folgenden „EuGH") formuliert[2]. Erste Ansätze mit dem Ziel eines gemeinsamen „Europäischen Zivilgesetzbuches" erarbeitete im Jahre 1987 eine Gruppe aus Prozessrechtlern aus den damaligen EG-Staaten. Der 1988 begonnene und 1993 fertig gestellte Text der so genannten „Storme-Kommission" unter dem Vorsitz von Marcel Storme wurde jedoch nicht weiterverfolgt[3]. Ziel des europäischen Gesetzgebers ist es auch heute, die zeitaufwendigen und kostenintensiven Vollstreckbarerklärungsverfahren zu vereinfachen und mittelfristig abzuschaffen[4]. Ein entscheidender Schritt in diese Richtung ist die Schaffung der Verordnung des Rates zur Einführung eines Europäischen Vollstreckungstitels für unbestrittene Forderungen (im Folgenden „EuVTVO"), die am 18. April 2002 von der Kommission erstmals als Entwurf vorgestellt wurde[5]. Die Verordnung des Europäischen Parlaments und des Rates vom 21. April 2004 trägt die Nummer 805/2004 und wurde am 30. April 2004 im Amtsblatt der Europäischen Gemeinschaft veröffentlicht[6]. Nach Art. 33 der Verordnung trat sie am 21. Januar 2005 in Kraft und gilt in vollem Umfang seit dem 21. Oktober 2005.

Auch auf höherer Ebene wurde das Zusammenwachsen der Europäischen Gemeinschaft hinsichtlich der gegenseitigen Anerkennung gerichtlicher Entscheidungen unterstrichen: In jüngster Zeit wurde in Art. 41 Absatz 1 2. Spiegelstrich des Entwurfs für eine Europäische Verfassung[7] die Bildung eines EG-weiten Raumes der Freiheit, der Sicherheit und des Rechts durch „die Förderung des gegenseitigen Vertrauens zwischen den zuständigen Behörden der Mitgliedstaaten, insbesondere auf der Grundlage der gegenseitigen Anerkennung der gerichtlichen und außergerichtlichen Entscheidungen" formuliert.

---

[1] Erwägungsgrund (18) der EuVTVO, Dokument 16041/1/2003 REV 1 – C5-0067/2004 – 2002/0090 (COD); *Kohler*, Europäisches Kollisionsrecht zwischen Amsterdam und Nizza, S. 17; *Geimer*, Internationales Zivilprozessrecht, Rn. 2751 („Fiktion der Gleichwertigkeit der Gerichte"); Rauscher - *Leible*, Europäisches Zivilprozessrecht, Artikel 34 EuGVVO Rn. 4 (zur EuGVVO).

[2] EuGHE 1979, 649 ff., vom 20. Februar 1979, Rs. 120/78 – *Rewe Zentral AG/Bundesmonopolverwaltung für Branntwein*; *Oppermann*, Europarecht, Rn. 1299 ff.; *Heß*, Aktuelle Perspektiven der europäischen Prozessrechtsangleichung, JZ 2001, 573, 582.

[3] *Schollmeyer*, Europäisches Mahnverfahren, IPRax 2002, 478, 479 f.; *Geimer*, Internationales Zivilprozessrecht, Rn. 248; *Schilken*, Die Vorschläge der Kommission für ein europäisches Zivilprozessbuch – einstweiliger und summarischer Rechtsschutz und Vollstreckung, ZZP Band 109 (1996), 315 ff.; *v. Bar/Mankowski*, Internationales Privatrecht, Band 1, § 5 Rn. 9.

[4] Schlussfolgerungen von Tampere, Maßnahmenprogramm zur Umsetzung des Grundsatzes der gegenseitigen Anerkennung gerichtlicher Entscheidungen in Zivil- und Handelssachen, 2001/C 12/01; *Heß/Hub*, Die vorläufige Vollstreckbarkeit ausländischer Urteile im Binnenmarkt, IPRax 2003, 93.

[5] Vorschlag KOM (2002) 159 endgültig.

[6] Amtsblatt der Europäischen Gemeinschaften L 143 vom 30. April 2004, S. 15-39.

[7] Entwurf eines Vertrags über eine Verfassung von Europa (CONV 820/1/03, REV 1) vom 20. Juni 2003, S. 37.

I Der Vertrag von Amsterdam

Einen großen Fortschritt in der Entwicklung der Rechtsangleichung in der Europäischen Gemeinschaft auf dem Gebiet des internationalen Verfahrensrechts stellte die Einführung der Art. 61 lit. c und 65 des Vertrags zur Gründung der Europäischen Gemeinschaft vom 25. März 1957 (im Folgenden „EG") durch den Vertrag von Amsterdam vom 1. Januar 1999 dar. Durch diesen so genannten „Säulenwechsel" sind im Bereich der justitiellen Zusammenarbeit in Zivilsachen Kompetenzen eröffnet worden, die im Rahmen des Vertrags von Maastricht von 1992 noch Gegenstand der intergouvernementalen Zusammenarbeit waren. Der bedeutende Unterschied liegt darin, dass dieser Bereich nun nicht mehr in der Verantwortung des nationalen Gesetzgebers der Mitgliedstaaten steht, sondern die Organe auf Gemeinschaftsebene verbindliche Entscheidungen beispielsweise in Form von Verordnungen treffen können. Insbesondere Art. 65 lit. c EG, der die Ermächtigungsgrundlage für solche Maßnahmen darstellt, welche die „Beseitigung der Hindernisse für eine reibungslose Abwicklung von Zivilverfahren, erforderlichenfalls durch die Förderung der Vereinbarkeit der in den Mitgliedstaaten geltenden zivilrechtlichen Verfahrensvorschriften" zum Ziel haben, begünstigt die Europäisierung des Zivilverfahrensrechts. Durch die Schaffung eines Raums der Freiheit, der Sicherheit und des Rechts soll das tägliche Leben der EG-Bürger erleichtert und der Binnenmarkt gestärkt werden.

II Die Ziele von Tampere und das Maßnahmenprogramm

Der Vorschlag der Kommission für eine Verordnung des Rates zur Einführung eines Europäischen Vollstreckungstitels für unbestrittene Forderungen ist ein Resultat der Sondertagung des Europäischen Rates vom 15. und 16. Oktober 1999 im finnischen Tampere. Dort ist erklärt worden, dass „eine verbesserte gegenseitige Anerkennung von gerichtlichen Entscheidungen und Urteilen und die notwendige Annäherung der Rechtsvorschriften die Zusammenarbeit zwischen den Behörden und den Schutz der Rechte des Einzelnen durch die Justiz erleichtern würde"[8]. Bei der Formulierung dieses Ziels wurde auch die Schaffung eines Europäischen Vollstreckungstitels ausdrücklich initiiert. Am 30. November 2000 stellten Rat und Kommission schließlich das gemeinsame Maßnahmenprogramm vor, in dem die Ergebnisse von Tampere ausgeführt wurden:
Hinsichtlich der Anerkennung und Vollstreckung gerichtlicher Entscheidungen im Zivil- und Handelsrecht ist vom Rat Folgendes festgestellt und beschlossen worden: Bei der Umwandlung des Brüsseler Übereinkommens vom 27. September 1968 (im Folgenden „EuGVÜ"), welches die gerichtliche Zuständigkeit, die Anerkennung und Vollstreckung gerichtlicher Entscheidungen in Zivil- und Handelssachen zwischen den Mitgliedstaaten regelt, in eine Verordnung (im Folgenden „Brüssel I-VO" bzw. „EuGVVO") seien zwar diverse Änderungen vorgenommen worden, jedoch das Zwi-

[8] Die Ziele von Tampere wurden schließlich im Maßnahmenprogramm zur Umsetzung des Grundsatzes der gegenseitigen Anerkennung gerichtlicher Entscheidungen in Zivil- und Handelssachen vom 30. November 2000 formuliert; im Amtsblatt EG (2001/C12/01). Der Wortlaut der Schlussfolgerungen von Tampere ist abgedruckt in NJW 2002, 1925.

schenverfahren, welches die Vollstreckung der in einem anderen Mitgliedstaat ergangenen Entscheidung ermöglicht, sei immer noch zu schwerfällig. Dem freien Verkehr von Gerichtsentscheidungen stünden noch zu viele Hindernisse im Weg, die durch den Wegfall des Vollstreckbarerklärungsverfahrens im Vollstreckungsstaat[9] beseitigt werden könnten[10]. Die EuVTVO ist schließlich ein Ergebnis dieser Überlegungen.

Zu den Zielen von Tampere zählen weitere geplante Entwicklungen: Die Schaffung von Maßnahmen der Vereinfachung und Beschleunigung der Beilegung von grenzüberschreitenden Streitigkeiten mit geringem Streitwert und die Abschaffung des Vollstreckbarerklärungsverfahrens für Unterhaltsansprüche werden neben der EuVT-VO als erste Stufe des Programms von Tampere bezeichnet. Weiterhin ist im Bereich der EuGVVO als zweite Stufe geplant, jüngste Entwicklungen zu berücksichtigen, das Vollstreckbarerklärungsverfahren weiter abzubauen und Maßnahmen zur Stärkung der Rechtsfolgen einzuleiten, welche im Erststaat ergangene Entscheidungen im ersuchten Staat nach sich ziehen (vorläufige Vollstreckung, Sicherungsmaßnahmen einschließlich der Beschlagnahme von Bankguthaben). Schlussendlich soll das Vollstreckbarerklärungsverfahren im gesamten Anwendungsbereich der EuGVVO abgeschafft werden[11]. Auch im Bereich des Familienrechts, also im Rahmen der „Brüssel II-VO"[12] und außerehelich entstandener Familienstände, im Bereich der Auflösung ehelicher Güterstände und Folgen der Trennung von nicht verheirateten Paaren für das Vermögen und im Erbrecht („Testament und Erbrechtssachen") ist nach dem Maßnahmenprogramm die Abschaffung des Vollstreckbarerklärungsverfahrens geplant worden[13]. Eine teilweise Umsetzung dieses Vorhabens erfolgte bereits hinsichtlich der Umgangsrechtsentscheidungen durch das Inkrafttreten der so genannten „Brüssel III-Verordnung"[14]. Die Kommission hatte im Mai 2002 einen Vorschlag für eine Verordnung des Rates über die Zuständigkeit und die Anerkennung und Vollstreckung von Entscheidungen in Ehesachen und in Verfahren betreffend die elterliche Verantwortung vorgelegt, der auch das grenzüberschreitende Umgangsrecht mitregelt, welches auf französische Initiative hin Bedeutung erlangte. Nunmehr ist diese Verordnung des

---

9 Nach der Legaldefinition in Artikel 4 Nummer 5 EuVTVO handelt es sich bei einem Vollstreckungsmitgliedstaat um einen „Mitgliedstaat, in dem die Vollstreckung der/des als Europäischer Vollstreckungstitel bestätigten Entscheidung, gerichtlichen Vergleichs oder öffentlichen Urkunde betrieben wird".

10 Maßnahmenprogramm zur Umsetzung des Grundsatzes der gegenseitigen Anerkennung gerichtlicher Entscheidungen in Zivil- und Handelssachen, S. 2, im Amtsblatt EG 2001/C12/02.

11 Maßnahmenprogramm zur Umsetzung des Grundsatzes der gegenseitigen Anerkennung gerichtlicher Entscheidungen in Zivil- und Handelssachen, S. 7, im Amtsblatt EG 2001/C12/07.

12 EG-Verordnung des Rates über die Zuständigkeit und die Anerkennung und Vollstreckung von Entscheidungen in Ehesachen und in Verfahren betreffend die elterliche Verantwortung für die gemeinsamen Kinder der Ehegatten, 1347/2000 vom 29. Mai 2000, im Amtsblatt EG L 160, S. 19.

13 Maßnahmenprogramm zur Umsetzung des Grundsatzes der gegenseitigen Anerkennung gerichtlicher Entscheidungen in Zivil- und Handelssachen, S. 7 und 8, im Amtsblatt EG 2001/C12/7,8.

14 „Vorschlag für eine Verordnung des Rates über die Zuständigkeit und die Anerkennung und Vollstreckung von Entscheidungen in Ehesachen und Verfahren betreffend die elterliche Verantwortung zur Aufhebung der Verordnung (EG) Nr. 1347/2000 und zur Änderung der Verordnung (EG) Nr. 44/2001 in Bezug auf Unterhaltssachen, KOM (2002) 222 endgültig – Amtsblatt EG Nr. L 338 (vom 23. Dezember 2003), S. 1 ff.

Rates vom 27. November 2003 am 1. August 2004 in Kraft getreten. Sie gilt seit dem 1. März 2005 in vollem Umfang.
Als so genannte flankierende Maßnahmen wurden folgende vorgesehen: Zunächst sollen grundsätzlich zivilprozessrechtliche Mindeststandards geschaffen werden. Bezüglich der Forderung nach Harmonisierung der Vorschriften oder Mindeststandards für die Zustellung gerichtlicher Schriftstücke war bereits die Verordnung (EG) Nummer 1348/2000 des Rates über die Zustellung gerichtlicher und außergerichtlicher Schriftstücke in Zivil- und Handelssachen in den Mitgliedstaaten vom 29. Mai 2000[15] ergangen (im Folgenden „EuZVO"). Als Rechtsinstrument betreffend die Beweisaufnahme wurde die Verordnung Nr. 1206/2001[16] über die gerichtliche Zusammenarbeit auf diesem Gebiet eingeführt. Weiterhin sind Maßnahmen zur Erleichterung der Vollstreckung von gerichtlichen Entscheidungen, einschließlich von neuen Methoden zur vereinfachten Ermittlung der Vermögenswerte eines Schuldners geplant. Der Zugang zur Justiz und die Unterrichtung der Öffentlichkeit sollen erleichtert werden. Als letzte flankierende Maßnahme wurde die Harmonisierung von Kollisionsnormen festgelegt.
Es stellt sich die Frage, ob aufgrund der uneinheitlichen Rechtssysteme und der fraglichen Gleichwertigkeit der Rechtspflege der Mitgliedstaaten die Abschaffung des Vollstreckbarerklärungsverfahrens einen unangemessenen Eingriff in die Rechte der EU-Bürger darstellt.

III Die Abschaffung des Vollstreckbarerklärungsverfahrens

Die Kommission hat auf lange Sicht das Ziel, einen Europäischen Vollstreckungstitel im gesamten Bereich der Brüssel I-VO einzuführen, folglich die Beschränkung auf unbestrittene Forderungen aufzuheben[17]. Zur Unterstützung dieses Plans sind folgende Schritte geplant:
Zunächst werden im Anwendungsbereich der EuVTVO Zwischenmaßnahmen als Vorbedingung für die Vollstreckung über eine Forderung, die der Schuldner nicht bestritten hat, beseitigt. Hierbei geht es im Wesentlichen um die Abschaffung des Vollstreckbarerklärungsverfahrens (Art. 5 EuVTVO). Parallel verfolgt die Kommission das Ziel, ein einheitliches oder harmonisiertes Verfahren für einen europäischen Zahlungsbefehl (Europäisches Mahnverfahren) einzuführen[18]. Dieses Ziel hat den problematischen Hintergrund, dass die nationalen Mahnverfahren in den Mitgliedstaa-

[15] Amtsblatt EG 2000 L 160, S. 37; abgedruckt in Jayme/Hausmann, Nummer 224.
[16] Amtsblatt EG 2001 L 174, S. 1; abgedruckt in Jayme/Hausmann, Nummer 225.
[17] Dies ist als dritte Stufe im Maßnahmenprogramm geplant: im Amtsblatt EG 2001/C12/07; siehe auch Rauscher - *Leible*, Europäisches Zivilprozessrecht, Artikel 34 EuGVVO Rn. 4.
[18] Vorschlag für eine Verordnung des Europäischen Parlaments und des Rates zur Einführung eines Europäischen Mahnverfahrens in der aktualisierten Fassung vom 25. Mai 2004, KOM (2004) 173 endg./3. Der Vorschlag ersetzt die ursprüngliche Fassung des Verordnungsvorschlags vom 19. März 2004, KOM (2004) 173 endg. Beiden Vorschlägen war vorausgegangen das Grünbuch über ein europäisches Mahnverfahren und über Maßnahmen zur einfacheren und schnelleren Beilegung von Streitigkeiten mit geringem Streitwert vom 20. Dezember 2002, KOM (2002) 746.

ten äußerst unterschiedlich ausgestaltet sind[19]. Die bisherigen Versuche in der Vergangenheit, das Mahnverfahren in Europa zu harmonisieren, waren gescheitert[20]. Die Einführung eines einheitlichen Mahnverfahrens innerhalb der Europäischen Gemeinschaft ist durch die Schaffung der EuVTVO dringend notwendig geworden. Relevant wäre eine solche Harmonisierung für die Schuldner, gegen die eine Forderung besteht, welche im Sinne von Art. 3 Absatz 1 lit. b EuVTVO unbestritten ist.
Im Übrigen ist zu berücksichtigen, dass laut der amtlichen Begründung des ehemaligen Art. 24 EuVTVO die Verordnung nicht auf die Harmonisierung des Vollstreckungsverfahrens selbst abzielt. Durch die Abschaffung des Vollstreckbarerklärungsverfahrens werde nur versucht, die Vollstreckung einer Entscheidung in einem anderen Mitgliedstaat zu erleichtern. Dadurch sollen jedoch nicht die beträchtlichen Unterschiede des nationalen Vollstreckungsrechts angeglichen werden[21].
Insofern ist es bereits im Vorfeld dieser Untersuchung mangels ausreichender vorbereitender Zwischenschritte im Gemeinschaftsrecht zweifelhaft, ob die Abschaffung des Vollstreckbarerklärungsverfahren für den gesamten Anwendungsbereich der EuGVVO gerechtfertigt bzw. den EU-Bürgern zumutbar ist.

IV Zweck der Einführung eines Europäischen Vollstreckungstitels

Die Vereinfachung der grenzüberschreitenden Vollstreckung von Entscheidungen durch die Einführung eines europäischen Vollstreckungstitels fördert zunächst den Handel unter den Mitgliedstaaten. Insbesondere sollen die Grundfreiheiten der Warenverkehrs- (Art. 28 ff. EG), Dienstleistungs- (Art. 43 ff. EG) und Niederlassungsfreiheit (Art. 49 ff. EG) eine Verstärkung erfahren[22]. Zurzeit sind grenzüberschreitende Geschäfte meist kostspieliger und daher unbeliebter als inländische Abwicklungen, da die Parteien das Risiko eingehen, den titulierten Anspruch unter einem Aufwand, den sie nur schwer abschätzen können, im Ausland vollstrecken zu lassen. Zudem soll der schlechten Zahlungsmoral und der unverhältnismäßig langen Dauer grenzüberschreitender Gerichtsverfahren entgegengewirkt werden. Ob das bisher anwendbare Verfahren nach der EuGVVO bereits ausreichend zum Abbau von Handelsbarrieren beiträgt, bleibt noch zu diskutieren. Jedenfalls ist die Langwierigkeit selbst des EG-internen

---

[19] *Correa Delcasso*, Le titre exécutoire européen et l'inversion du contentieux, Rev. int. de droit comp. 2001, 61, 72; *Heß*, Aktuelle Perspektiven der europäischen Prozessrechtsangleichung, JZ 2001, 573, 581.

[20] Dazu ausführlich zum Vorschlag der Storme-Kommission auf der Grundlage eines von Prütting entwickelten Entwurfs: *Schilken*, Die Vorschläge der Kommission für ein europäisches Zivilprozessbuch – einstweiliger und summarischer Rechtsschutz und Vollstreckung, ZZP Band 109 (1996), 315, 317 ff. Die Notwendigkeit eines einheitlichen Mahnverfahrens begründet auch *Tarzia*, Aussichten für eine Harmonisierung des Zwangsvollstreckungsrechts in der Europäischen Union, ZEuP 1996, 230, 235 f. Dagegen sieht *Roth* (Die Vorschläge der Kommission für ein europäisches Zivilprozessgesetzbuch – das Erkenntnisverfahren, ZZP Band 109 (1996). 271, 311) keine praktischen Probleme in der Verschiedenheit der nationalen Prozessrechtssysteme. Es fehle an der „Nachfrage der beteiligten Verkehrskreise" an angeglichenem Prozessrecht wie zum Beispiel europaweit tätige Unternehmen.

[21] Amtliche Begründung zu KOM (2002) 159 endgültig, S. 15.

[22] *Hüßtege*, Braucht die Verordnung über den europäischen Vollstreckungstitel eine ordre-public-Klausel?, FS Jayme 2004, 371; *Hüßtege*, Der europäische Vollstreckungstitel, in: Gottwald (Hrsg.), Perspektiven der justiziellen Zusammenarbeit in der Europäischen Union, 113, 115.

Urteilsverkehrs vielfach dadurch bedingt, dass die Prozessbevollmächtigten und auch die Richter die Vorschriften des internationalen Vollstreckungsrechts, welches sich aus nationalen und internationalen bzw. europäischen Vorschriften zusammensetzt, nicht genügend beherrschen und viele Fehler im prozessualen Bereich unterlaufen[23]. Dieser unnötigen Prozessverlängerung will die Kommission zum schrittweisen Aufbau eines Raumes der Freiheit, der Sicherheit und des Rechts und insbesondere zur Förderung des Binnenmarktes entgegenwirken.

V Der Werdegang der Rechtssetzung der EuVTVO[24]

Nachdem der erste Entwurf der EuVTVO am 18. April 2002 von der Kommission angenommen worden war, wurde er an den Rat und das Europäische Parlament übermittelt. Die Weiterleitung an das Parlament war erforderlich, weil die EuVTVO auf der Rechtsgrundlage des Art. 61 lit. c EG im Rahmen eines Mitentscheidungsverfahrens nach Art. 251 EG ergehen muss. Am 11. Dezember 2002 nahm der Europäische Wirtschafts- und Sozialausschuss Stellung[25]. Das Europäische Parlament billigte schließlich auf der Plenartagung am 8. April 2003 den Vorschlag der Kommission für eine Verordnung zur Einführung eines Europäischen Vollstreckungstitels für unbestrittene Forderungen, wobei es sich jedoch einige Änderungen vorbehielt[26]. Diese wurden von der Kommission in einem Standpunkt einerseits abgelehnt und andererseits ganz bzw. teilweise übernommen[27]. Am 5. Mai 2003 war die EuVTVO schließlich Gegenstand von Diskussionen im Rat[28], woraufhin am 11. Juni 2003 ein geänderter Vorschlag von der Kommission angenommen wurde[29]. Ebendieser wurde einen Tag später sowohl an den Rat als auch an das Europäische Parlament übermittelt. Am 27. November 2003 diskutierte der Rat diesen geänderten Vorschlag[30]. Die Annahme eines gemeinsamen Standpunktes erfolgte am 6. Februar 2004[31], woraufhin am 9. Februar 2004 eine „Mitteilung der Kommission an das Europäische Parlament gemäß Art. 251 Absatz 2 Unterabsatz 2 EG betreffend dieses gemeinsamen Standpunktes des Rates im Hinblick auf den Erlass einer Verordnung des Europäischen Parlaments und des Rates zur Einführung eines Europäischen Vollstreckungstitels für unbestrittene Forderungen“ erging[32], welche wieder an Rat und Parlament weitergeleitet wurde. Schließlich billigte das Europäische Parlament die EuVTVO am 30. März 2004 in Form des gemeinsamen

[23] So auch *Hüßtege*, Braucht die Verordnung über den europäischen Vollstreckungstitel eine ordre-public-Klausel?, FS Jayme 2004, 371; *Hüßtege*, Der europäische Vollstreckungstitel, in: Gottwald (Hrsg.), Perspektiven der justiziellen Zusammenarbeit in der Europäischen Union, 113, 115; *Stadler*, Das Europäische Zivilprozessrecht – Wie viel Bescheunigung verträgt Europa?, IPRax 2004, 2, 7.
[24] Abrufbar unter http://europa.eu.int./prelex.
[25] EWAS/2002/1348, im Amtsblatt EG C/2003/85/1.
[26] Amtliche Begründung KOM (2003) 341, S. 2.
[27] Amtliche Begründung KOM (2003) 341, S. 6 ff.
[28] PRES/2003/150.
[29] KOM (2003) 341 endgültig, im Amtsblatt C/2004/76/22.
[30] PRES/2003/334.
[31] Im Amtsblatt EG C E/2004/79/59.
[32] Dokument 16041/1/2003 REV 1 – C5-0067/2004 – 2002/0090 (COD).

Standpunktes ohne Abänderungen[33]. Nach der Unterzeichnung der EuVTVO durch die Präsidenten des Europäischen Parlaments und des Rates am 21. April 2004 folgte die Veröffentlichung im Amtsblatt.

VI Kritik an der EuVTVO

Im Vorfeld wird im Folgenden kurz die Kritik an der Einführung eines Europäischen Vollstreckungstitels, welche die Verfasserin mit einigen Vertretern der Literatur[34] teilt, in Grundzügen dargestellt:
Vor allem die Prämisse des uneingeschränkten gegenseitigen Vertrauens in die Rechtspflege der Mitgliedstaaten wird insofern angezweifelt, als dass eine bedingungslose Anerkennung und Vollstreckung vor dem Hintergrund unterschiedlicher Rechts- und Wertungssysteme weder unter Berücksichtigung der aktuellen Mitgliedstaaten noch im Hinblick auf die EU-Erweiterung zum jetzigen Zeitpunkt angebracht ist. Weiterhin ist fraglich, ob die Pflicht zur Vollstreckung eines Europäischen Vollstreckungstitels auch dann gerechtfertigt ist, wenn der bestätigte ausländische Titel in der Sache gegen den ordre public des Vollstreckungsstaates verstößt.

VII Darstellung des Verlaufs der Untersuchung

Zunächst werden die Möglichkeit und der Umfang einer nachträglichen Kontrolle eines Europäischen Vollstreckungstitels mit einem Überblick über das internationale und europäische Zwangsvollstreckungsrecht eingeleitet, in dem die grundsätzlichen Problematiken in diesem Bereich in Bezug zur EuVTVO gesetzt werden. Dem folgt eine vergleichende Darstellung der Zwangsvollstreckungsvoraussetzungen und der diesbezüglichen Rechtsbehelfe sowohl hinsichtlich ausländischer Entscheidungen ohne Berücksichtigung internationaler Übereinkommen als auch im Anwendungsbereich des EuGVÜ und der EuGVVO. Dadurch soll die Tragweite der veränderten Vollstreckungsvoraussetzungen bei unbestrittenen Forderungen im Detail vergegenwärtigt werden. Im Rahmen der Darstellung des Ablaufs der Zwangsvollstreckung nach der EuVTVO werden die entsprechenden durch das EG-Vollstreckungstitel-Durchführungsgesetz[35] eingeführten ZPO-Vorschriften erläutert. Anschließend werden die Möglichkeiten des Schuldners geprüft, gegen die dem Europäischen Vollstreckungstitel zugrunde liegende Entscheidung in der Sache Rechtsbehelfe auf europäischer Ebene und in Deutschland einzulegen. Ein Vergleich mit dem Anerkennungs- und Vollstreckungssystem von bundesstaatlichen Urteilen innerhalb der USA soll schließlich Aufschluss über die Erforderlichkeit des Vollstreckbarerklärungsverfahrens, also der Überprüfbarkeit einer fremden Gerichtsentscheidung vor deren Aner-

---

[33] A5-187/2004.

[34] Insbesondere: *Kohler*, Systemwechsel im europäischen Anerkennungsrecht, in: Baur/Mansel, Systemwechsel im europäischen Kollisionsrecht, 147 ff.; *Kohler*, Der europäische Justizraum für Zivilsachen und das Gemeinschaftskollisionsrecht, IPRax 2003, 401 ff.; *Coester-Waltjen*, Einige Überlegungen zu einem künftigen Europäischen Vollstreckungstitel, FS Beys 2003, 183 ff.; *Stadler*, Das Europäische Zivilprozessrecht – Wie viel Bescheunigung verträgt Europa?, IPRax 2004, 2 ff.

[35] BT-Drucks 15/5222.

kennung in einem Staatenzusammenschluss geben. Um beurteilen zu können, ob die widerstreitenden Interessen bei der Abschaffung der ordre-public-Kontrolle angemessen abgewogen wurden, erfolgt neben dem Vergleich mit der US-Rechtslage ein Vergleich zum Verfahren nach der EuGVVO, welcher mit einer Interessenabwägung abgeschlossen wird. Diese Abwägung beruht maßgeblich auf der Überlegung, ob ein Bedürfnis nach einer Kontrolle des nationalen ordre public im Vollstreckungsstaat Deutschland besteht. Aufgrund des Abwägungsergebnisses werden Lösungen in zivilrechtlicher Hinsicht vorgeschlagen.

Folgende Begriffe werden aufgrund der uneinheitlichen Terminologie in der Literatur definiert: Mit Ursprungs- oder Erststaat ist der Staat gemeint, in dem das Erkenntnisverfahren stattgefunden hat. Der Anerkennungs-/Vollstreckungs- oder Zweitstaat ist der Staat, in dem die ergangene Entscheidung Wirkungen entfalten soll, indem sie anerkannt und vollstreckt wird. Der Begriff des Exequaturs stammt aus dem französisch-europäischen Sprachraum und bezeichnet das Vollstreckbarerklärungsverfahren[36]. Erst in der endgültigen Fassung der EuVTVO vom 6. Februar 2004 wurde der Begriff Exequaturverfahren durch Vollstreckbarerklärungsverfahren ersetzt.

---

[36] *Schack*, Internationales Zivilverfahrensrecht, Rn. 931; *Linke*, Internationales Zivilprozessrecht, Rn. 335.

B Möglichkeit und Umfang einer nachträglichen Kontrolle eines Europäischen Vollstreckungstitels

Die Zwangsvollstreckung bringt schwerwiegende Eingriffe in das Vermögen des Schuldners mit sich, weshalb ihre Rechtmäßigkeit gewährleistet sein sollte. Es stellt sich vorliegend die Frage, ob der Schuldner die Möglichkeit hat, den Vollstreckungstitel im Zweitstaat, in dem die Vollstreckung stattfinden soll, auf seine Rechtmäßigkeit hin gerichtlich überprüfen zu lassen.

I Das internationale Zwangsvollstreckungsrecht

Um die EuVTVO rechtlich beurteilen zu können, sind die Grundlagen des internationalen Zwangsvollstreckungsrechts zu berücksichtigen.

1. Definition

Zur Darstellung des Rechtsgebietes der internationalen Zwangsvollstreckung – ein Teil des internationalen Zivilverfahrensrechts - bedarf es einer Abgrenzung zwischen internationalem Privatrecht und Zivilverfahrensrecht:
Bei beiden abzugrenzenden Rechtsgebieten handelt sich um nationales, teilweise international vereinheitlichtes Recht[37]. Das Internationale Privatrecht bietet gemäß Art. 3 Absatz 1 Satz 1 EGBGB für sämtliche grenzüberschreitende Rechtsverhältnisse unabhängig von deren territorialem Bezug aufgrund von allseitigen Kollisionsnormen ein Ergebnis. Beim internationalen Verfahrensrecht handelt es sich dagegen um nationale Regeln für Prozessverhältnisse, die ein grenzüberschreitendes Element aufweisen[38]. Es ist jedoch im Gegensatz zum Internationalen Privatrecht nur an die inländischen Organe gerichtet, da es das Verfahren und die Wirkung ausländischer Verfahrensergebnisse im Inland regelt[39]. Die inländischen Vollstreckungsorgane nehmen Verhaltensanweisungen nur von einem inländischen Gericht entgegen, zumal beispielsweise der Gerichtsvollzieher mit der Prüfung eines ausländischen Titels auf seine Vollstreckbarkeit hin überfordert wäre[40]. Bei der EuVTVO handelt es sich um eine europäische Verordnung, welche die nationalen Regeln des internationalen Zivilverfahrensrechts in Deutschland ergänzt.
Weiterhin bedarf es einer Abgrenzung zwischen den Voraussetzungen für die Anerkennungsfähigkeit und der Vollstreckbarkeit, da diese sich nicht decken: Die Anerkennungsfähigkeit reicht nämlich einerseits für die Vollstreckbarkeit einer ausländischen Entscheidung nicht aus: Zunächst können solche Urteile nicht Gegenstand einer Vollstreckbarerklärung sein, die nach dem Recht des Erststaates schon nicht vollstreckbar sind. Gestaltungsurteile sind beispielsweise nur anerkennungsfähig, jedoch

[37] *Nagel/Gottwald*, Internationales Zivilprozessrecht, § 1 Rn. 38; *Schack*, Internationales Zivilverfahrensrecht, Rn. 2.
[38] *Schack*, Internationales Zivilverfahrensrecht, Rn. 1; *Geimer*, Internationales Zivilprozessrecht, Rn. 9; *Nagel/Gottwald*, Internationales Zivilprozessrecht, § 1 Rn. 38.
[39] *Geimer*, Internationales Zivilprozessrecht, Rn. 19; *Nagel/Gottwald*, Internationales Zivilprozessrecht, § 1 Rn. 40 f.
[40] *Schack*, Internationales Zivilverfahrensrecht, Rn. 930.

nicht vollstreckbar, wobei die Bezeichnung der Entscheidungen unerheblich ist. Weiterhin ist zu beachten, dass nur Entscheidungen, die eine Leistung zum Inhalt haben, vollstreckbar sind[41]. Auf der anderen Seite kann eine Entscheidung, die mangels Rechtskraft nicht anerkennungsfähig ist, zumindest vorläufig vollstreckbar sein. Da es sich bei dem Gegenstand der EuVTVO immer um Geldforderungen handelt, hat die erststaatliche Entscheidung immer eine Leistung zum Inhalt. Eine Anerkennung im Zweitstaat würde daher nicht ausreichen.

2. Der Interessenskonflikt

Im internationalen Anerkennungs- und Zwangsvollstreckungsrecht gilt es, einen angemessenen Ausgleich zwischen den Interessen der Staaten, des Gläubigers, des Schuldners und gegebenenfalls Dritter zu finden. Das einzige gemeinsame Ziel sind die Rechtsklarheit und Rechtssicherheit. Naturgemäß erschweren nationale Grenzen sowohl die Durchsetzung der Gläubigerinteressen an rascher Befriedigung als auch den Schutz des Vollstreckungsschuldners und die Revision einmal veränderter Vermögenslagen. Bedingt ist der Unterschied zum inländischen Verfahren einerseits durch mangelnde Routine der Rechtsanwender, also der Gerichte und Behörden, bei grenzüberschreitender Zwangsvollstreckung aufgrund der teilweise unübersichtlichen Vielzahl internationaler Vereinbarungen auf diesem Gebiet. Andererseits besteht trotz der fortschreitenden Vereinheitlichung des Rechts in der EU eine besondere Bindung zum Staat des Wohnsitzes, so dass der Weg ins Ausland - sei es zum Prozess, sei es zum Zwecke der Zwangsvollstreckung - nur ungern angetreten wird.
Das Interesse der anerkennenden und vollstreckenden Staaten liegt häufig darin, durch das Wegfallen der erneuten Überprüfung der Sache im eigenen Staat, Zeit und Geld zu sparen, indem bereits ergangene Entscheidungen ihre Rechtswirkung durch Anerkennung im Vollstreckungsstaat entfalten. Bei versagter Anerkennung bzw. Vollstreckung eines ausländischen Urteils muss der Staat bei ausreichendem Rechtsschutzinteresse ein Gericht zur Verfügung stellen, welches den Rechtsstreit neu aufrollt. Diese Belastung möchten der Staat und seine Gerichte, wenn möglich, vermeiden. Schließlich besteht auch ein Interesse an internationaler Entscheidungsharmonie zur Förderung des grenzüberschreitenden Rechtsverkehrs aus politischen und wirtschaftlichen Gründen. Innerhalb der Europäischen Gemeinschaft geht es dabei insbesondere um die Förderung des so genannten Binnenmarktes und die Schaffung eines einheitlichen Rechtsraumes. Eine Grenze bildete bisher uneingeschränkt die Möglichkeit der Überprüfung der Vereinbarkeit der anzuerkennenden bzw. zu vollstreckenden ausländischen Entscheidung mit dem inländischen ordre public. Gegen eine Anerkennung und Vollstreckung sprechen mit diesem Rechtsinstrument durchsetzbare zwingende Rechtssätze, welche der Staat zur Garantie der Grundlagen seines kulturellen, gesellschaftlichen und politischen Lebens und zur Durchsetzung seiner nationalen Gerechtigkeitsvorstellungen aufgestellt hat.
Neben diesen Interessen des Staates möchte der erfolgreiche Gläubiger seine im Erststaat titulierten Ansprüche schnell, billig und ohne neue Antragsverfahren durchsetzen

[41] *Schack*, Internationales Zivilverfahrensrecht, Rn. 932 f.; *Geimer*, Internationales Zivilprozessrecht, Rn. 3104, 3106, 3114.

können. Durch die Anerkennung einer Entscheidung entgeht er der Gefahr, dass das Zweitgericht anders entscheidet. Diesbezüglich ist dem Gläubiger auch daran gelegen, dass die unterlegene Partei im Anerkennungs- und Vollstreckungsstaat möglichst keine oder nur eingeschränkte neue Einwendungen in einem Vollstreckbarkeitsverfahren geltend machen kann. Die komplette Abschaffung des Exequaturverfahrens ist in diesem Sinne eine gläubigerfreundliche Maßnahme.

Der im Erststaat unterlegene Vollstreckungsschuldner hat auf der anderen Seite ein Interesse daran, dass das Urteil nicht anerkannt bzw. nicht ohne eingehende Prüfung im Zweitstaat vollstreckt wird. So verbliebe die Chance, dass der Rechtsstreit im Zweitstaat anders entschieden bzw. Anerkennungs- und Vollstreckungsversagungsgründe angeführt würden. Daher liegt es im Interesse des Schuldners, die Entscheidung im Vollstreckungsstaat so weit wie möglich überprüfen lassen und nachträgliche Einwendungen und Rechtsbehelfe im Anerkennungs- und Vollstreckungsverfahren erheben zu können.

3. Grundsätze

Das internationale Zwangsvollstreckungsrecht wird von folgenden Grundsätzen getragen:

a) Territorialitätsgrundsatz

Der Territorialitätsgrundsatz (bzw. Souveränitätskonzept) hat zum Inhalt, dass jeder Staat Zwangsmaßnahmen nur innerhalb seines eigenen Staatsgebiets anordnen und durchsetzen kann, es sei denn, dass allgemeine Regeln des Völkerrechts oder zwischenstaatliche vertragliche Regeln eingreifen[42]. Durch dieses Prinzip kommt unter anderem das Gebot demokratischer Repräsentation zum Ausdruck[43]. Auf der einen Seite verpflichtet das Völkergewohnheitsrecht keinen Staat, Entscheidungen anderer Staaten anzuerkennen und in seinem Souveränitätsbereich zu vollstrecken[44]; denn durch die Weigerung anzuerkennen, greift er nicht in die ausländische Gerichtsgewalt ein[45]. Andererseits ist nach Völkergewohnheitsrecht verboten, solche Entscheidungen anzuerkennen und zu vollstrecken, im Rahmen derer der Ursprungsstaat[46] seine Gerichtsbarkeit überschritten hat. Eine solche Verfehlung ist beispielsweise bei einer

---

[42] BVerfGE 64, 1, 19; *Geimer*, Internationales Zivilprozessrecht, Rn. 3200; *Nagel/Gottwald*, Internationales Zivilprozessrecht, § 17 Rn. 2; *Koch*, Neuere Probleme der internationalen Zwangsvollstreckung einschließlich des einstweiligen Rechtsschutzes, 171, 205; *Geimer/Schütze*, Internationale Urteilsanerkennung, Band I/2, S. 1386.

[43] *Pfeiffer*, Einheitliche unmittelbare und unbedingte Urteilsgeltung in Europa, FS Jayme 2004, 675, 678.

[44] BVerfGE 63, 343, 361; *Geimer*, Internationales Zivilprozessrecht, Rn. 151, 2757; *Geimer*, Anerkennung ausländischer Entscheidungen in Deutschland, S. 10; *Schack*, Internationales Zivilverfahrensrecht, Rn. 775.

[45] BGHZ 112, 127, 133; *Schack*, Internationales Zivilverfahrensrecht, Rn. 775.

[46] Nach der Legaldefinition in Artikel 4 Nummer 4 EuVTVO handelt es sich bei einem Ursprungsmitgliedstaat im Sinne der EuVTVO um einen „Mitgliedstaat, in dem die Vollstreckung der/des als Europäischer Vollstreckungstitel bestätigten Entscheidung, gerichtlichen Vergleichs oder öffentlichen Urkunde ausgestellt wurde und in dem diese als Europäische Vollstreckungstitel zu bestätigen sind“.

Verletzung der Regeln über die Staatenimmunität oder bei sonstigen Befreiungen von der ausländischen Gerichtsbarkeit anzunehmen[47].

Der Territorialitätsgrundsatz wird beispielsweise in dem Rechtsinstitut der *jurisdiction to enforce* aus dem US-amerikanischen Recht[48] formuliert, welches die staatliche Rechtsetzungshoheit oder Vollstreckungszuständigkeit regelt[49]. Das Verbot, die Staatsgewalt in irgendeiner Form auf fremdem Territorium auszuüben, wird nicht nur auf das einem Staat zurechenbare physische Handeln im Ausland bezogen, sondern auch auf bloße Überwirkungen auf das fremde Territorium, die im Zuge der Durchsetzung öffentlichen Rechts erfolgen[50]. Durch die Vollstreckung von Urteilen als innerstaatlicher Hoheitsakt öffnet sich die Rechtsordnung des Vollstreckungsstaates der Rechtsordnung, die der zu vollstreckenden Entscheidung zugrunde liegt[51].

Der Territorialitätsgrundsatz könnte durch die EuVTVO berührt sein, weil die Wirkungen des Akts ausländischer Zwangsgewalt, nämlich die Bestätigung über den Europäischen Vollstreckungstitel, nicht auf das ausländische Staatsgebiet beschränkt bleibt, sondern die ausländische Staatsgewalt Befehle an inländische Vollstreckungsorgane erteilen kann.

b) Gleichbehandlung von Inlands- und Auslandsschuldnern und -gläubigern

Zudem sind Inlands- und Auslandsschuldner sowie Inlands- und Auslandsgläubiger gleich zu behandeln[52]. Dies ist in der überwiegenden Zahl internationaler Übereinkommen[53] und auch im Rahmen der EuVTVO dadurch gewährleistet, dass keine An-

---

[47] *Geimer*, Internationales Zivilprozessrecht, Rn. 153, 533, 3115; *Nagel/Gottwald*, Internationales Zivilprozessrecht, § 1 Rn. 24 ff.

[48] Restatement of the Law Third – The Foreign Relations Law of the United States, 1987, § 431 (Jurisdiction to enforce):

(1) A state may employ judicial or nonjudicial measures to induce or compel compliance or punish noncompliance with its laws or regulations, provided it has jurisdiction to prescribe in accordance with §§ 402 and 403.

(2) Enforcement measures must be reasonably related to the laws or regulations to which they are directed; punishment for noncompliance must be preceded by an appropriate determination of violation and must be proportional to the gravity to the violation.

(3) A state may employ enforcement measures against a person located outside its territory

(a) if the person is given notice of the claims or charges against him that is reasonable in the circumstances;

(b) if the person is given an opportunity to be heard, ordinarily in advance of enforcement, whether in person or by counsel or other representative; and

(c) when the enforcement is through the courts, if the state has jurisdiction to adjudicate.

[49] *Bertele*, Souveränität und Verfahrensrecht, S. 100.

[50] *Bertele*, Souveränität und Verfahrensrecht, S. 99.

[51] *V. Danwitz*, Verfassungsfragen des deutsch-amerikanischen Rechtshilfeverkehrs, DÖV 2004, 501, 502.

[52] *Geimer*, Internationales Zivilprozessrecht, Rn. 3236; *Nagel/Gottwald*, Internationales Zivilprozessrecht, § 17 Rn. 5; *Schack*, Internationales Zivilverfahrensrecht, Rn. 792; *Gottwald*, Anerkennung und Vollstreckung ausländischer Entscheidungen, ZZP Band 103 (1990), 257, 269.

[53] *Geimer*, Anerkennung ausländischer Entscheidungen in Deutschland, S. 92 f.

knüpfung an die Staatsangehörigkeit vorgenommen wird[54]. Der Nichtdiskriminierungsgrundsatz aufgrund der Staatsangehörigkeit ist auch in Art. 12 EG, in Art. 21 Absatz 2 der Europäischen Grundrechtecharta und in Art. 14 EMRK („Geburt") verankert und stellt somit ein verfestigtes Prinzip auch über die Grenzen der Europäischen Gemeinschaft hinaus dar.

c) Lex-fori-Prinzip

Im deutschen internationalen Zivilprozess- und Zwangsvollstreckungsrecht gilt das lex-fori-Prinzip[55]. Danach legt jeder Staat aufgrund seiner Hoheitsgewalt selbst fest, unter welchen Voraussetzungen und in welcher Art und Weise Erkenntnisverfahren und Zwangsvollstreckungsmaßnahmen durchgeführt werden und wie sich der Bürger dagegen wehren kann. Die ausländische Entscheidung wird folglich wie eine inländische vollstreckt[56]. Dieser Grundsatz führt im Rahmen der EuVTVO dazu, dass die Vereinheitlichung der formalen Voraussetzungen der vollstreckbaren Ausfertigung nichts daran ändert, dass unterschiedliches nationales Zwangsvollstreckungsrecht angewandt wird.

d) Vollstreckung nach Vollstreckbarerklärung

Die ausländischen Titel werden grundsätzlich erst nach Vollstreckungsurteil bzw. Vollstreckbarerklärung im Inland vollstreckt[57]. Das Exequaturverfahren hat zwei Funktionen: Es geht einerseits um die Feststellung der Anerkennungsfähigkeit des ausländischen Verfahrensakts[58]. Andererseits soll die ausländische Entscheidung in das inländische Verfahren implementiert werden[59], wodurch der internationale Entscheidungseinklang gefördert wird. Bei der so erfolgenden Gleichstellung des ausländischen mit einem funktionsäquivalenten inländischen Verfahrensakts handelt es sich um eine Substitution. Die erststaatliche Vollstreckbarkeit ist dabei grundsätzlich Voraussetzung für die Verleihung der deutschen Vollstreckbarkeit an ein ausländisches Urteil[60].

---

[54] An die Staatsangehörigkeit wird dagegen insbesondere im prozessualen Bereich des internationalen Familienrechts angeknüpft (zum Beispiel § 606a ZPO).

[55] OLG Koblenz RIW 1997, 328; *Nagel/Gottwald*, Internationales Zivilprozessrecht, § 1 Rn. 41; *v. Hoffmann/Thorn*, Internationales Privatrecht, § 3 Rn. 5.

[56] *Geimer*, Internationales Zivilprozessrecht, Rn. 3239; *Nagel/Gottwald*, Internationales Zivilprozessrecht, § 17 Rn. 4; *Gottwald*, Die internationale Zwangsvollstreckung, IPRax 1991, 285, 288; *Kerameus*, Rechtsvergleichende Bemerkungen zur autonomen Urteilsvollstreckung im Ausland, FS Lüke 1997, 337, 340.

[57] *Nagel/Gottwald*, Internationales Zivilprozessrecht, § 17 Rn. 6; *Kohler*, Der europäische Justizraum für Zivilsachen und das Gemeinschaftskollisionsrecht, IPRax 2003, 401, 402; *Schack*, Internationales Zivilverfahrensrecht, Rn. 931.

[58] Siehe § 723 Absatz 2 Satz 2 ZPO, der auf § 328 ZPO verweist, und Artikel 34 Absatz 2 EuGVÜ bzw. Artikel 45 EuGVVO, die auf Artikel 27/28 EuGVÜ bzw. Artikel 34/35 EuGVVO verweisen.

[59] *Heß*, Aktuelle Perspektiven der europäischen Prozessrechtsangleichung, JZ 2001, 573, 582; *Nagel/Gottwald*, Internationales Zivilprozessrecht, § 17 Rn. 13.

[60] *Geimer*, Internationales Zivilprozessrecht, Rn. 3104.

Von diesem Grundsatz wird gemäß Art. 5 ff. EuVTVO unter bestimmten Voraussetzungen eine Ausnahme gemacht.

e) Keine *executio non conveniens*

Schließlich hat der Gläubiger bei Erfüllung aller formalen Voraussetzungen einen Vollstreckungsanspruch gegen den Vollstreckungsstaat, welcher ihn nicht ins Ausland verweisen darf[61]. Das heißt, wo, wann und wie der Gläubiger vollstrecken will, kann er selbst entscheiden[62]. Dies kann dazu führen, dass der Gläubiger in den Staaten vollstrecken lässt, deren Zwangsvollstreckungsrecht am effektivsten und für ihn am günstigsten ist, soweit dieser Staat Zugriff auf das Vermögen des Schuldners hat. Ein „*enforcement shopping*“ muss also im internationalen Rechtsverkehr akzeptiert werden[63]. Die Effizienz eines bestimmten nationalen Vollstreckungsrechts darf als Argument für die Auslandsvollstreckung angeführt werden.

f) Verbot der Doppelexequatur

Ausländische Vollstreckungsurteile (Exequaturурteile) können nicht für vollstreckbar erklärt werden: *Exequatur sur exequatur ne vaut*[64]. Dieses Prinzip rührt daher, dass jeder Staat selbständig entscheidet, welche Urteile er anerkennt und vollstreckt. In der EuVTVO wird geregelt, dass ein im Urteilsstaat gefälltes Vollstreckungsurteil in Deutschland gilt. Bei internationalen Abkommen oder Übereinkommen über die Anerkennung und Vollstreckung ausländischer Entscheidungen muss das anscheinend fehlende ausdrückliche Verbot der Doppelexequatur nach den üblichen Auslegungsregeln beurteilt werden; es wird in diesem Bereich der „automatischen“ Anerkennung als selbstverständlich angesehen[65]. Durch das EuGVÜ und die EuGVVO haben sich die Mitgliedstaaten ihr Vertrauen bezüglich der Entscheidungspraxis, aber nicht der Anerkennungspraxis ausgesprochen. Das Verbot der Doppelexequatur gilt also trotz des scheinbar ausreichenden Filters der ordre-public-Prüfung auch in diesen Verträgen, weil sich die Mitgliedstaaten nicht zur Anerkennung von anerkannten Urteilen von Drittstaaten verpflichten möchten[66]. „Man vertraut seinen Freunden, aber nicht den Freunden seiner Freunde“.[67]

---

[61] *Geimer*, Internationales Zivilprozessrecht, Rn. 3236; Nagel/Gottwald, Internationales Zivilprozessrecht, § 17 Rn. 6, 7.
[62] Zöller – *Geimer*, § 722 ZPO Rn. 100.
[63] *Schlosser*, 2. Auflage, Artikel 38 EuGVVO Rn. 1; Rauscher – *Mankowski*, Europäisches Zivilprozessrecht, Artikel 38 EuGVVO Rn. 5.
[64] *Kegel*, Exequatur sur exequatur ne vaut, FS Müller-Freifels 1986, 377, 378 und 379; *Storme*, Ein einheitlicher Europäischer Vollstreckungstitel als Vorbote eines weltweiten Titels, FS Nakamura 1996, 581, 593; *Kropholler*, Internationales Privatrecht, § 60 III 2 a); *Schack*, Internationales Zivilverfahrensrecht, Rn. 936; *Geimer*, Internationales Zivilprozessrecht, Rn. 3110, 2848.
[65] *Kegel*, Exequatur sur exequatur ne vaut, FS Müller-Freifels 1986, 377, 389; *Linke*, Internationales Zivilprozessrecht, Rn. 355.
[66] EuGHE 1994 I, 117, 146, vom 20. Januar 1994 – *Owens/Bracco* = IPRax 1995, 240; *Kegel*, Exequatur sur exequatur ne vaut, FS Müller-Freifels 1986, 377, 391 f.
[67] *Kegel*, Exequatur sur exequatur ne vaut, FS Müller-Freifels 1986, 377, 392.

Fraglich ist, was das Verbot der Doppelexequatur für Auswirkungen auf die EuVTVO hat. Durch einen Europäischen Vollstreckungstitel werden keine von anderen Mitgliedstaaten anerkannten Entscheidungen für vollstreckbar erklärt, sondern nur deren eigene Entscheidungen in der Sache. Folglich ergeben sich hinsichtlich des Verbots der Doppelexequatur keine Änderungen in der neuen Verordnung.

g) Wirkungserstreckung und Wirkungsverleihung

Im internationalen Zwangsvollstreckungsrecht tauchen die Begriffe Wirkungserstreckung und Wirkungsverleihung im Zusammenhang mit der Anerkennung und Vollstreckung ausländischer Entscheidungen auf.

aa) Wirkungserstreckung im Anerkennungsrecht

Im Rahmen der Art. 26 EuGVÜ und 33 Absatz 1 EuGVVO, welche die Anerkennung ausländischer Urteile regeln, wird grundsätzlich die Theorie der Wirkungserstreckung angewandt[68]. Kodifiziert findet man sie allerdings nur in wenigen internationalen Verträgen, zum Beispiel in Art. 1 Absatz 1 Satz 3 des deutsch-belgischen Abkommens[69]: „Die Anerkennung hat zur Folge, dass den Entscheidungen die Wirkung beigelegt wird, die ihnen in dem Staat, in dessen Hoheitsgebiet sie ergangen sind, zukommt.". Im EuGVÜ und in der EuGVVO wird grundsätzlich von einer Anerkennung der Entscheidungen aller Gerichte innerhalb der Europäischen Gemeinschaft ausgegangen, die nur wegen ausgesuchter Versagungsgründe zurückgewiesen werden kann. Grundsätzlich ist die Anerkennung auf die prozessrechtlichen Urteilswirkungen beschränkt. Nur solche Wirkungen erstrecken sich automatisch auf das Inland: die materielle Rechtskraft, die Präklusionswirkung, die Gestaltungswirkung, die Streitverkündungswirkung und die Interventionswirkung[70]. Der Europäische Gerichtshof hat durch sein Urteil vom 4. Februar 1988 in der Sache „Hoffmann/Krieg" eine Grundsatzentscheidung für die gemeinschaftsrechtliche Anerkennung getroffen. Er stellte die Regel auf, dass eine nach Art. 26 EuGVÜ anerkannte Entscheidung im Anerkennungsstaat „dieselbe Wirkung" entfalten muss wie im Urteilsstaat[71].

bb) Wirkungsverleihung im Zwangsvollstreckungsrecht

Von der Anerkennung ist die Vollstreckbarkeit streng zu trennen: Die Vollstreckbarkeit gehört nicht zu den Urteilswirkungen, die im Zweitstaat anerkannt werden[72]. Erst

---

[68] EuGHE 1988-645 Rn. 11, vom 4. Februar 1988, Rs. 145/86 - *Hoffmann/Krieg*; *Schack*, Internationales Zivilverfahrensrecht, Rn. 791; *Nagel/Gottwald*, Internationales Zivilprozessrecht, § 11 Rn. 20.

[69] Ebenso Artikel 1 Absatz 1 Satz 2 des deutsch-niederländischen Abkommens (Beide Abkommen sind abgedruckt in Bülow/Böckstiegel/Geimer/Schütze, Der Internationale Rechtsverkehr in Zivil- und Handelssachen, B II, 610 und 640).

[70] *Geimer*, Anerkennung ausländischer Entscheidungen in Deutschland, S. 46; *Linke*, Internationales Zivilprozessrecht, Rn. 356; *Martiny*, Handbuch des Internationalen Zivilverfahrensrechts, Band III/1, Rn. 374 ff.; *Kropholler*, Internationales Privatrecht, § 60 V 2. a) bis f).

[71] EuGHE 1988-645 Rn. 11, vom 4. Februar 1988, Rs. 145/86 - *Hoffmann/Krieg*.

[72] *Schlosser*, 2. Auflage, Artikel 38 EuGVVO Rn. 1; *Schack*, Internationales Zivilverfahrensrecht, Rn. 778.

durch die Ausstellung einer Vollstreckbarerklärung werden ausländische Urteile inländischen im Rahmen eines Exequaturverfahrens gleichgestellt[73]. Das heißt, es bedurfte bisher immer einer deutschen Vollstreckbarerklärung, ein Mechanismus, welcher die automatische Wirkungserstreckung hinsichtlich der Vollstreckbarkeit ausschließt. Die Vollstreckbarkeit der ausländischen Entscheidung im Zweitstaat muss nach dessen inländischem Recht originär verliehen werden[74]. Für die Vollstreckung ist also festzustellen, dass im Gegensatz zur Wirkungserstreckung im Anerkennungsrecht eine „Wirkungsverleihung" erforderlich ist[75]. Diese Wirkung des ausländischen Urteils im Inland beschränkt sich auf dessen Vollstreckbarkeit.
Die Verschiedenheit der Wirkungserstreckung und der Wirkungsverleihung zeigt folgender Fall: Wenn ein im Ausland vollstreckbar erklärtes Urteil im Inland seine Vollstreckbarkeit (etwa durch ein Aufhebungsverfahren) verliert, berührt dies die Vollstreckbarkeit der Entscheidung im Ausland nicht. Zwar ist die Vollstreckbarkeit im Urteilsstaat Voraussetzung für die Vollstreckbarerklärung im Vollstreckungsstaat, jedoch ist diese isoliert vom Schicksal der zugrunde liegenden Entscheidung zu behandeln.

h) Verbot der *révision au fond*

Ein weiterer Grundsatz im internationalen Zwangsvollstreckungsrecht stellt das Verbot der *révision au fond* dar. Demnach darf der deutsche Richter die Richtigkeit der ausländischen Entscheidung nicht nachprüfen, und zwar weder das dem ausländischen Urteil vorangegangene Verfahren noch die tatsächlichen oder rechtlichen Feststellungen im Urteil selbst[76]. Der Grundsatz der *révision au fond* wird auf der einen Seite dann eingeschränkt, wenn man dem Vollstreckungsschuldner im Zweitstaat die Geltendmachung nachträglicher Einwendungen gestattet. Als wichtige Ausnahme von diesem Grundsatz ist die Überprüfung der ausländischen Entscheidung auf ihre Vereinbarkeit mit dem zweitstaatlichen ordre public aufgrund höherrangiger innerstaatlicher Interessen zu nennen.

aa) Ausdrückliche Einschränkungen

In § 328 Absatz 1 Zivilprozessordnung (ZPO), Art. 27, 28 EUGVÜ und Art. 34, 35 EuGVVO sind Ausnahmen vom Grundsatz der *révision au fond* formuliert, welche sich insgesamt auf sechs verschiedene Gründe beschränken.

---

[73] *Schack*, Internationales Zivilverfahrensrecht, Rn. 931; *Geimer*, Anerkennung ausländischer Entscheidungen in Deutschland, S. 86; *Gottwald*, Die internationale Zwangsvollstreckung, IPRax 1991, 285, 286; *Geimer*, Internationales Zivilprozessrecht, Rn. 3100 f.

[74] BGHZ 118, 315 f.: *Geimer*, Anerkennung ausländischer Entscheidungen in Deutschland, S. 86.; *Gottwald*, Die internationale Zwangsvollstreckung, IPRax 1991, 285; Stein/Jonas - *Münzberg*, Band 7, § 722 ZPO Rn. 3 f.

[75] Diesen Begriff verwendet *Geimer* (Internationales Zivilprozessrecht, Rn. 3101).

[76] *Geimer*, Anerkennung ausländischer Entscheidungen in Deutschland, S. 57; *Nagel/Gottwald*, Internationales Zivilprozessrecht, § 12 Rn. 120; *Schack*, Internationales Zivilverfahrensrecht, Rn. 786.

bb) Der ordre-public-Verstoß als besondere Einschränkung

Der ordre-public-Verstoß gilt in § 328 Absatz 1 Nummer 4 ZPO, Art. 27 Nummer 1 EUGVÜ und Art. 34 Nummer 1 EuGVVO übereinstimmend als besondere Einschränkung des Grundsatzes des *révision au fond* bei der Anerkennung ausländischer Entscheidungen[77]. Ein Verstoß gegen den innerstaatlichen ordre public liegt dann vor, wenn wesentliche Prinzipien und Wertvorstellungen des eigenen Rechts verletzt, insbesondere rechtsstaatliche Mindestanforderungen unterschritten werden, deren Beachtung selbst bei staatenübergreifenden Sachverhalten unverzichtbar sind[78]. Es muss sich dabei um die Grundlagen des deutschen staatlichen, rechtlichen und wirtschaftlichen Lebens[79], also um die Grundwerte der deutschen Rechtsordnung handeln[80]. Der Begriff des nationalen ordre public kann zwar von den Mitgliedstaaten mit Hilfe ihrer nationalen Vorstellungen definiert werden[81], jedoch hat der EuGH über die Grenzen zu wachen, innerhalb derer sich ein Mitgliedstaat auf diesen Anerkennungsversagungsgrund beruft[82].

Durch die Einführung der EuVTVO scheint wegen der Abschaffung des Exequaturverfahrens die Möglichkeit der ordre-public-Kontrolle als bisher allgemein anerkannte Einschränkung des Prinzips der *révision au fond* in Gefahr. Zur Einführung in diese Problematik wird der ordre public durch interne Abgrenzungen dargestellt.

(1) Unterscheidung anerkennungsrechtlicher – kollisionsrechtlicher ordre public

Zunächst ist der hier relevante anerkennungsrechtliche (z. B. § 328 Absatz 1 Nummer 4 ZPO, Art. 27 Nummer 1 EuGVÜ, Art. 34 Nummer 1 EuGVVO) vom kollisionsrechtlichen ordre public (Art. 6 EGBGB) zu unterscheiden:

Ersterer hat einen weiteren Anwendungsbereich. Er wird vom Richter des Zweitstaats bezüglich der Frage herangezogen, ob er das Ergebnis der ausländischen Entscheidung anerkennen möchte oder ob die Anerkennung der öffentlichen Ordnung des Zweitstaates widerspricht[83]. Mit dem anerkennungsrechtlichen ordre public darf der Vollstreckungsschuldner nur solche Rechtswirkungen angreifen, die sich in der innerstaatli-

---

[77] Zöller – *Geimer*, § 328 ZPO Rn. 152; *Nagel/Gottwald*, Internationales Zivilprozessrecht; § 11 Rn. 57.

[78] *V. Hoffmann/Thorn*, Internationales Privatrecht, § 6 Rn. 136 ff.; Rauscher - *Leible*, Europäisches Zivilprozessrecht, Artikel 34 EuGVVO Rn. 4; *Kropholler*, Internationales Privatrecht, § 36 I und IV; *Looschelders*, Internationales Privatrecht, Artikel 6 EGBGB Rn. 13.

[79] BayObLG FGPrax 2001, 112; Baumbach/Lauterbach/Albers/Hartmann – *Hartmann*, § 328 ZPO Rn. 31.

[80] BGH NJW 1992, 3096; NJW 1993, 2312, 2314; Baumbach/Lauterbach/Albers/Hartmann – *Hartmann*, § 328 ZPO Rn. 31.

[81] BGHZ 75, 167, 171; *Schack*, Internationales Zivilverfahrensrecht, Rn. 862.

[82] EuGHE 2000 I-1935, vom 28. März 2000, Rs. C-7/98 – *Krombach/Bamberski* = IPRax 2000, 406 ff.; EuGH, 11.5.2000, Rs. C-38/98 - *Renault/Maxicar* = IPRax 2001, 328 ff.; *Schack*, Internationales Zivilverfahrensrecht, Rn. 862; *Kropholler*, Europäisches Zivilprozessrecht, 7. Auflage, Artikel 34 EuGVVO Rn. 6; siehe auch zur „Vorstellung eines gemeineuropäischen ordre public" Punkt D II 2. b).

[83] *Nagel/Gottwald*, Internationales Zivilprozessrecht, § 11 Rn. 26; *Geimer*, Internationales Zivilprozessrecht, Rn. 2912, 26.

chen Anerkennung und Vollstreckung niederschlagen könnten[84]. Somit ist der anerkennungsrechtliche ordre public im internationalen Zivilverfahrensrecht anzusiedeln. Der kollisionsrechtliche ordre public wird hingegen nur dann als Maßstab gewählt, wenn der inländische Richter ausländisches Recht anwendet und das so erlangte Ergebnis überprüft. Der Bundesgerichtshof formulierte, dass der ordre-public-Vorbehalt dann gelte, wenn „das Ergebnis der Anwendung ausländischen Rechts (...) im Einzelfall zu den Grundgedanken der deutschen Regelung und den in ihnen liegenden Gerechtigkeitsvorstellungen (...) in einem so schwerwiegenden Widerspruch steht, dass seine Anwendung für untragbar angesehen werden muss“[85]. Erwähnenswert ist in diesem Zusammenhang der „Spanier-Beschluss“ des Bundesverfassungsgerichts vom 4. Mai 1971[86], der die deutsche Grundrechtsordnung bei der Beurteilung des deutschen ordre public in den Vordergrund stellte. Darauf basierend wurde 1986 mit der IPR-Reform Art. 6 EGBGB neu formuliert, welcher nunmehr als Einbruchstelle der Grundrechte in das Internationale Privatrecht bezeichnet wird[87]. Voraussetzung einer Grundrechtsverletzung im Wege des Art. 6 Satz 2 EGBGB[88] ist laut dem Bundesverfassungsgericht[89], „dass das betroffene spezielle Grundrecht nach Wortlaut, Inhalt und Funktion unter Berücksichtigung der Gleichstellung anderer Staaten und der Eigenständigkeit ihrer Rechtsordnungen für auslandsbezogene Sachverhalte Geltung verlangt.“

Mit dem anerkennungsrechtlichen ordre public setzt der inländische Richter grundsätzlich auch das zwingende Recht durch, welches er angewandt hätte, gesetzt den Fall, er hätte den Prozess selbst entschieden[90]. Insofern ist der anerkennungsrechtliche ordre public an Art. 6 EGBGB anzulehnen. Allerdings weist er eine geringere Eingriffsintensität als der kollisionsrechtliche ordre public auf (Theorie des „ordre public atténué“)[91]. Das heißt, dass eine ausländische Entscheidung auch dann anerkannt wird, wenn der Richter des Zweitstaates an der Stelle des Richters des Erststaates im Erkenntnisverfahren gemäß Art. 6 EGBGB international zwingendes Recht angewendet, also einen Verstoß gegen den kollisionsrechtlichen ordre public festgestellt hätte[92]. Bei der Anerkennung ist also ein anderer Maßstab an die ordre-public-Kontrolle zu legen:

---

[84] *V. Danwitz*, Verfassungsfragen des deutsch-amerikanischen Rechtshilfeverkehrs, DÖV 2004, 501, 505.

[85] BGHZ 50, 370, 375; 54, 123, 130, 132, 140; *Kropholler*, Internationales Privatrecht, § 60 IV 2; *Kegel/Schurig*, Internationales Privatrecht, § 16 II.

[86] BVerfGE 31, 58 ff.; MüKo BGB – *Sonnenberger*, Band 10, Internationales Privatrecht, Artikel 6 EGBGB Rn. 51.

[87] BVerfGE 31, 58, 86; Palandt – *Heldrich*, Artikel 6 EGBGB Rn. 7; MüKo BGB – *Sonnenberger*, Band 10, Internationales Privatrecht, Artikel 6 EGBGB Rn. 53; *Looschelders*, Internationales Privatrecht, Artikel 6 EGBGB Rn. 4.

[88] Wortlaut des Artikels 6 Absatz 2 EGBGB: „Sie [eine Rechtsnorm eines anderen Staates] ist insbesondere nicht anzuwenden, wenn die Anwendung mit den Grundrechten unvereinbar ist.“

[89] BVerfGE 31, 58, 86.

[90] BGH NJW 1998, 2358 ff.; *Geimer*, Anerkennung ausländischer Entscheidungen in Deutschland, S. 59 f.; *Geimer*, Internationales Zivilprozessrecht, Rn. 26.

[91] *Geimer*, Internationales Zivilprozessrecht, Rn. 27; *Linke*, Internationales Zivilprozessrecht, Rn. 420; *Martiny*, Handbuch des Internationalen Zivilverfahrensrechts, Band III/1, Rn. 1014.

[92] *Geimer*, Anerkennung ausländischer Entscheidungen in Deutschland, S. 61; *Geimer/Schütze*, Europäisches Zivilverfahrensrecht, 1. Auflage, Artikel 27 EuGVÜ Rn. 20.

Hier gilt es, nicht das Ergebnis der Anwendung ausländischen Rechts, sondern die Konsequenzen der Anerkennung zu beurteilen. Der anerkennende Richter hat folglich bei der Begründung eines ordre-public-Verstoßes noch weniger Spielraum als der Richter im Erkenntnisverfahren bei der Anwendung ausländischen Rechts.

(2) Unterscheidung zwischen objektivem und subjektivem Element des ordre public

Die Unterscheidung zwischen dem „objektiven und subjektiven Element"[93] des ordre public verdeutlicht dessen schwer zugänglichen Inhalt und schafft die Verbindung dieses Rechtsinstituts zu verfassungsrechtlichen Grundlagen. Das objektive Element deckt die elementaren staatspolitischen Zielsetzungen und Grundwerte des anerkennenden oder vollstreckenden Staates[94] ab, deren Berücksichtigung nicht zur Förderung des zwischenstaatlichen Urteilsverkehrs entfallen darf. In Deutschland sind damit im Wesentlichen die in Art. 20 GG festgelegten Grundsätze der Rechtsstaatlichkeit (Absatz 3), der Demokratie und der Sozialstaatlichkeit (Absatz 1) gemeint. Mit diesem Mindesterfordernis der Einhaltung des objektiven Elements des ordre public wird die Übertragung der Staatsgewalt des Anerkennungs- und Vollstreckungsstaates auf den Ursprungsstaat, die sich in der grundsätzlich prüfungsfreien Anerkennung und Vollstreckung der ausländischen Entscheidung manifestiert, ausgeglichen. Aufgrund der vordergründigen staatlichen Interessen kann die unzureichende Berücksichtigung der objektiven Seite des inländischen ordre public durch den Bürger nur geltend gemacht werden, wenn diese staatspolitischen Grundsätze Grundrechte ergänzen bzw. ausfüllen.

Das subjektive Element umfasst hingegen die Wahrung bestimmter Grundrechte der Parteien aus Art. 1 bis 19 des Grundgesetzes[95], auf deren Berücksichtigung aus Sicht des Zweitstaates nicht verzichtet werden kann. Die Grundrechte beschreiben und konturieren sowohl die Sphären von Bürger und Staat als auch eine im Einzelnen gegliederte Werteordnung[96]. Der Anerkennungs- und Vollstreckungsstaat hat bezüglich des Verzichts auf Wahrung von Grundrechten nur den Spielraum, welcher ihm durch seine Verfassung eingeräumt wird. Voraussetzung für einen verfassungsmäßigen Eingriff in Grundrechte des deutschen Grundgesetzes sind die Einschränkbarkeit der Grundrechte und die Verhältnismäßigkeit dieser Einschränkung.

Die Verhältnismäßigkeit des Grundrechtseingriffs durch die Einführung der EuVTVO stellt einen Teil dieser Untersuchung dar.

---

[93] Diese Begriffe verwendet *Becker*, Grundrechtsschutz bei der Anerkennung und Vollstreckbarerklärung im europäischen Zivilverfahrensrecht; Diss. Köln 2003, S. 110.

[94] *Geimer/Schütze*, Internationale Urteilsanerkennung, Band I/2, S. 1467; Baumbach/Lauterbach/Albers/Hartmann – *Hartmann*, § 328 ZPO Rn. 31.

[95] BGH MDR 94, 40; AG HH-Altona FamRZ 92, 83; Baumbach/Lauterbach/Albers/Hartmann – *Hartmann*, § 328 ZPO Rn. 33; Zöller – *Geimer*, § 328 ZPO Rn. 153.

[96] BVerfGE 7, 198; *Broß*, Grundrechte und Grundwerte in Europa, JZ 2003, 429, 430; Sachs – *Sachs*, vor Artikel 1 GG Rn. 123; Jarass/Pieroth – *Jarass*, Vorb. vor Artikel 1 Rn. 3.

(3) Einfache oder zweifache ordre-public-Kontrolle bei Anerkennung und Vollstreckung ausländischer Entscheidungen

Im Anerkennungs- und Vollstreckungsrecht koexistieren zwei Modelle[97], welche beide Möglichkeiten zur ordre-public-Kontrolle der Entscheidung des Erstgerichts bieten: Zunächst gibt es die Variante, dass die Kontrolle ausschließlich auf den Instanzenzug im Erststaat beschränkt ist. Bei diesem auch als „vertikale Kontrolle“[98] bezeichneten Modell ist im Zweitstaat die Überprüfung der Einhaltung des ordre public ausgeschlossen. Damit erfolgt nur eine Überprüfung des Ergebnisses der Rechtsanwendung am Maßstab des nationalen ordre public des Erststaates. Es kommt gegebenenfalls die Anrufung eines gemeinsamen höchsten Gerichts in Betracht, welches jedoch hinsichtlich dieses Aspekts innerhalb der Europäischen Gemeinschaft nicht zur Verfügung steht[99]. Auf der anderen Seite ist die Möglichkeit einer zweifachen ordre-public-Kontrolle denkbar, nämlich dass die Überprüfung des ordre public des Anerkennungsstaates im Anerkennungsstaat zusätzlich zu der im Erststaat erfolgt.
Die Anerkennung von Urteilen innerhalb der Europäischen Gemeinschaft nach der EuGVVO und auch schon nach dem EuGVÜ erfolgte bisher nach dem Prinzip der grundsätzlich automatischen Anerkennung, die nur durch explizit aufgezählte Gründe (u.a. der ordre-public-Kontrolle) versagt werden konnte. Somit handelte es sich um eine Mischform der beiden Modelle, welche im Übrigen auch in den USA Anwendung findet: Es erfolgt zwar eine Zweitprüfung, die sich jedoch nur auf eingeschränkte Aspekte beziehen darf.
Seit Inkrafttreten der EuVTVO ist das Exequaturverfahren durch dessen Art. 5 ausdrücklich weggefallen. Dies könnte zur Folge haben, dass innerhalb der EU im Anwendungsbereich der EuVTVO (bei unbestrittenen Forderungen im Sinne der Verordnung) nunmehr ausschließlich das so genannte „vertikale“ einfache Prüfungssystem gilt. Dadurch dass die erststaatliche Entscheidung nicht zusätzlich im Zweitstaat überprüft werden kann, könnte eine Rechtsschutzlücke entstanden sein.

cc) Zwischenfazit

Vom Verbot der *révision au fond* soll im Rahmen der EuVTVO mangels Exequaturverfahrens keine Ausnahme mehr möglich sein.

4. Zusammenfassung der Grundproblematiken

Im internationalen Rechtsverkehr, insbesondere bei der Frage der Anerkennung und Vollstreckung von ausländischen Urteilen, liegen viele Probleme in der Frage nach dem Umfang der Möglichkeit der unterlegenen Partei, im Anerkennungs- und Vollstreckungsverfahren das Ersturteil anzugreifen. Es herrscht Uneinigkeit darüber, ob und inwieweit die genannten Grundsätze eingeschränkt werden dürfen oder müssen. Dabei geht es um eine gerechte Abwägung der Interessen des Staates, des Gläubigers

[97] Dazu auch *Becker*, Grundrechtsschutz bei der Anerkennung und Vollstreckbarerklärung im europäischen Zivilverfahrensrecht, Diss. Köln 2003, S. 151.
[98] *Bruns*, Der anerkennungsrechtliche ordre public in Europa und den USA, JZ 1999, 278, 284.
[99] Siehe zu „Rechtsbehelfe auf Gemeinschaftsebene“ Punkt B IV.

und des Schuldners. Thema dieser Arbeit sind insbesondere die Nachteile der rein „vertikalen" Überprüfung des ordre public. Der Europäische Vollstreckungstitel beruht zwar auf gemeinschaftsrechtlichen zwangsvollstreckungsrechtlichen Vorschriften, wird jedoch mit den Mitteln des nationalen Zwangsvollstreckungsrechts wie ein inländischer Vollstreckungstitel durchgesetzt.

II Vergleichende Darstellung der bisherigen Zwangsvollstreckungsvoraussetzungen und diesbezüglichen Rechtsbehelfe

Die Veränderungen durch die EuVTVO und deren Verhältnismäßigkeit sind am besten im Vergleich zu den bisherigen Voraussetzungen und Rechtsbehelfen im (deutschen) internationalen Zwangsvollstreckungsrecht erkennbar:

1. Zwangsvollstreckung ausländischer Entscheidungen ohne Berücksichtigung internationaler Übereinkommen

Es geht zunächst um die Vollstreckung in Deutschland von Entscheidungen solcher Länder, mit denen die Bundesrepublik Deutschland keinen völkerrechtlichen Vertrag geschlossen hat, welcher die Regelungen der ZPO abbedingen würde[100]. Während die bloße Anerkennung einer ausländischen Entscheidung - abgesehen von Ehesachen[101] - formlos, also automatisch, erfolgt[102], bedarf die Vollstreckbarerklärung in Deutschland grundsätzlich einer besonderen gerichtlichen Entscheidung, es sei denn, ein internationales Übereinkommen bestimmt etwas anderes[103].

a) Vollstreckungsurteil

Wenn der Gläubiger ein Leistungsurteil in Deutschland vollstrecken lassen will, muss er gemäß §§ 722 ff. ZPO darauf Klage erheben, dass das Urteil in Deutschland durch Vollstreckungsurteil für vollstreckbar erklärt wird[104]. Die dem ausländischen Urteil zukommende Vollstreckbarkeit erstreckt sich nämlich nicht auf das Inland; es ist also nicht mit einem Vollstreckungstitel gleichzustellen (Verbot der Doppelexequatur)[105].

---

[100] Celle FamRZ 93, 439; Köln FamRZ 95, 306; Baumbach/Lauterbach/Albers/Hartmann – *Hartmann*, § 328 ZPO Rn. 5.

[101] Für Ehesachen gilt, wenn keine multilateralen Übereinkommen oder EU-Verordnungen eingreifen, Artikel 7 § 1 FamRÄG als eine § 328 ZPO vorgehende Sonderregelung (Baumbach/Lauterbach/Albers/Hartmann – *Hartmann*, § 328 ZPO Rn. 49; *Kegel/Schurig*, Internationales Privatrecht, § 22 V 1; *Schack*, Internationales Zivilverfahrensrecht, Rn. 891, 892). Die Anerkennung ausländischer Entscheidungen in Ehesachen ist abhängig von einer positiven Feststellung der Landesjustizverwaltung hinsichtlich der Anerkennungsvoraussetzungen.

[102] *Kropholler*, Internationales Privatrecht, § 60 II 2; *Schack*, Internationales Zivilverfahrensrecht, Rn. 879; MüKo ZPO – *Gottwald*, Band 2, 2. Auflage, § 722 ZPO Rn. 3.

[103] *Gottwald*, Anerkennung und Vollstreckung ausländischer Entscheidungen, ZZP Band 103 (1990), 257, 284; *v. Bar/Mankowski*, Internationales Privatrecht, Band 1, § 5 Rn. 117; *Schack*, Internationales Zivilverfahrensrecht, Rn. 930.

[104] BGHZ 118, 315 f.; 122, 18; *Brox/Walker*, Zwangsvollstreckungsrecht, Rn. 50.

[105] *Jauernig*, Zwangsvollstreckungs- und Insolvenzrecht, § 2 V 1; Zöller – *Geimer*, § 722 ZPO Rn. 2; *Geimer*, Internationales Zivilprozessrecht, Rn. 3100, 2779, 2824, 3368.

Durch das in Deutschland erforderliche Vollstreckungsurteil, wird die Vollstreckbarkeit nicht etwa anerkannt, sondern diese wird für Deutschland originär verliehen[106]. Durch diese Notwendigkeit kommt der Territorialitätsgrundsatz zum Ausdruck.

b) Voraussetzungen

Es ist zu berücksichtigen, dass das deutsche Gericht gemäß § 723 Absatz 1 Satz 1 ZPO weder die materielle Richtigkeit des Urteils noch die Einhaltung der ausländischen Verfahrensvorschriften prüft, da die Rechtskraft des ausländischen Urteils anerkannt ist (Verbot der *révision au fond*)[107]. Vielmehr ist es als prozessuales Gestaltungsurteil aufzufassen. Allerdings werden gemäß § 723 Absatz 2 ZPO die formelle bzw. äußere Rechtskraft, das heißt die Unanfechtbarkeit des zu vollstreckenden ausländischen Urteils (Satz 1)[108], die Voraussetzungen der Anerkennung des Urteils nach § 328 ZPO (Satz 2)[109] und das Vorliegen der deutschen Gerichtsbarkeit geprüft[110]. Wird der ausländische Titel den Bestimmtheitserfordernissen des deutschen Rechts nicht gerecht, kann er im Verfahren der Vollstreckbarerklärung konkretisiert werden[111].

c) Rechtsbehelfe in Deutschland

Über die Rechtsbehelfe und damit über die Art der möglichen Einwendungen innerhalb des Zwangsvollstreckungsverfahrens und gegen innerstaatliche Urteile bestimmt nach dem lex-fori-Prinzip allein das Recht des Vollstreckungsstaates[112].

aa) Gegen das ausländische Urteil

Vor Verleihung der Vollstreckbarkeit des ausländischen Urteils, also vor Vollstreckbarerklärung, besteht zwar kein Rechtsschutzbedürfnis für eine Vollstreckungsabwehrklage nach § 767 ZPO gegen das ausländische Urteil, jedoch kann der Schuldner eine negative Feststellungsklage gemäß § 256 ZPO mit dem Antrag erheben, das Fehlen der Voraussetzungen für die Vollstreckbarkeit in Deutschland zu bestätigen[113]. Das Rechtsschutzbedürfnis für diese Klage ergibt sich daraus, dass ihm das Abwarten auf das Vorgehen des Gläubigers gemäß §§ 722, 723 ZPO nicht zuzumuten ist.

---

[106] BGHZ 122, 18; *Schack*, Internationales Zivilverfahrensrecht, Rn. 778; Baumbach/Lauterbach/Albers/Hartmann – *Hartmann*, § 722 ZPO Rn. 4; Zöller – *Geimer*, § 722 ZPO Rn. 3.
[107] BayObLG FamRZ 93, 1469; *Jauernig*, Zwangsvollstreckungs- und Insolvenzrecht, § 2 V 1; Zöller – *Geimer*, § 723 ZPO Rn. 1.
[108] Baumbach/Lauterbach/Albers/Hartmann – *Hartmann*, Einf §§ 322-327 ZPO Rn. 1, § 723 ZPO Rn. 4; *Nagel/Gottwald*, Internationales Zivilprozessrecht, § 12 Rn. 113.
[109] *Brox/Walker*, Zwangsvollstreckungsrecht, Rn. 50; *Geimer*, Internationales Zivilprozessrecht, Rn. 3115; MüKo ZPO – *Gottwald*, Band 2, 2. Auflage, § 723 ZPO Rn. 3.
[110] Zöller – *Geimer*, § 723 ZPO Rn. 1.
[111] BGH NJW 1986, 1440; MüKo ZPO – *Gottwald*, Band 2, 2. Auflage, § 722 ZPO Rn. 17; Zöller – *Geimer*, § 722 ZPO Rn. 58.
[112] *Schack*, Internationales Zivilverfahrensrecht, Rn. 989; Zöller – *Geimer*, § 722 ZPO Rn. 92, 95, 101; *Nagel/Gottwald*, Internationales Zivilprozessrecht, § 17 Rn. 4.
[113] Zöller – *Geimer*, § 722 ZPO Rn. 102; *Geimer*, Internationales Zivilprozessrecht, Rn. 3169; MüKo ZPO - *Gottwald*, Band 2, 2. Auflage, § 722 ZPO Rn. 27.

bb) Gegen das deutsche Vollstreckungsurteil bzw. die Vollstreckungsklausel

Als Voraussetzung für Rechtsbehelfe im Vollstreckungsstaat Deutschland müssen nicht alle Rechtsbehelfe im Urteilsstaat ausgeschöpft worden sein[114], weil bei der Vollstreckung eines deutschen Endurteils auch eine rechtskräftige, also vollstreckbare Entscheidung ausreicht.

(1) Rechtsmittel gegen das Vollstreckungsurteil

Als Rechtsmittel gegen das Vollstreckungsurteil stehen der unterlegenen Partei grundsätzlich unter den jeweiligen Voraussetzungen Berufung und Revision zur Verfügung[115]. In diesem Zusammenhang können jedoch keine Einwendungen gegen das zugrunde liegende ausländische Urteil in der Sache geltend gemacht werden, sondern die Einwendungen beschränken sich darauf, was das deutsche Gericht gemäß § 723 Absatz 2 ZPO geprüft hat. Der Streitgegenstand der Klage des Gläubigers auf Vollstreckung (eine Gestaltungsklage) ist nämlich sein Anspruch auf Verleihung der Vollstreckbarerklärung, welchen er aus § 723 in Verbindung mit § 328 ZPO herleitet[116]. Bei der Erhebung eines Rechtsmittels gegen das Vollstreckungsurteil kann daher insbesondere eingewandt werden, dass einer der Versagungsgründe gemäß § 328 Absatz 1 ZPO vorliege: Fehlende Zuständigkeit (Nummer 1), Versagung verfahrensrechtlicher Garantien (Nummer 2), Unvereinbarkeit mit einem bereits ergangenen Urteil (Nummer 3), Verstoß gegen den deutschen ordre public (Nummer 4) oder fehlende verbürgte Gegenseitigkeit (Nummer 5).

(2) Rechtsbehelfe im Zwangsvollstreckungsverfahren

Daneben kann der Schuldner auch Rechtsbehelfe im Rahmen des deutschen Zwangsvollstreckungsverfahrens ergreifen. Insbesondere ist die Vollstreckungsgegenklage zu nennen, mit der – im Gegensatz zum Rechtsmittel gegen das Vollstreckungsurteil - auch Einwendungen gegen den titulierten Anspruch selbst geltend gemacht werden können, insbesondere rechtsvernichtende und rechtshemmende Einwendungen und Einreden im Sinne des materiellen Rechts[117]. Jedoch dürfen diese Einwendungen nicht gemäß § 767 Absatz 2 ZPO präkludiert sein. Das ist grundsätzlich der Fall, wenn die Gründe, auf denen sie beruhen, vor der letzten mündlichen Verhandlung nach der letzten Tatsachenverhandlung entstanden sind[118]. Die Präklusionsvorschrift umfasst nach der strengen Auslegung der Rechtsprechung und einem Teil der Literatur sogar die Einwände, welche der Schuldner objektiv hätte vorbringen können. Folglich sind selbst solche Gründe ausgeschlossen, die er vor Abschluss der letzten mündlichen

[114] Zöller – *Geimer*, § 722 ZPO Rn. 87; *Geimer*, Internationales Zivilprozessrecht, Rn. 3145; *Schack*, Internationales Zivilverfahrensrecht, Rn. 945.

[115] *Brox/Walker*, Zwangsvollstreckungsrecht, Rn. 50; Zöller – *Geimer*, § 722 ZPO Rn. 92.

[116] OLG Bamberg FamRZ 1980, 67; MüKo ZPO - *Gottwald*, Band 2, 2. Auflage, § 722 ZPO Rn. 20; Thomas/Putzo – *Hüßtege*, §§ 722, 723 ZPO Rn. 13.

[117] BGHZ 100, 211, 212; *Lackmann*, Zwangsvollstreckungsrecht, Rn. 513.

[118] *Baur/Stürner*, Zwangsvollstreckungs- Konkurs- und Vergleichsrecht, Band I, Rn. 42.2; Baumbach/Lauterbach/Albers/Hartmann – *Hartmann*, § 767 ZPO Rn. 51; Musielak – *Lackmann*, § 767 ZPO Rn. 30 ff.

Verhandlung nicht kannte bzw. hätte kennen müssen oder deren Entstehen von der Ausübung eines gesetzlichen Gestaltungsrechts abhängen[119]. Ein Rechtsschutzinteresse des Vollstreckungsschuldners zur Erhebung der Vollstreckungsgegenklage liegt vor, wenn die Zwangsvollstreckung droht, also nicht erst, wenn ein Vollstreckungstitel vorliegt. Eine Vollstreckungsabwehrklage wird unzulässig, sobald der Verwertungserlös ausgekehrt ist[120].

Zu beachten ist, dass die Präklusion gemäß § 767 Absatz 2 ZPO nicht für vollstreckbare Urkunden und gerichtliche Vergleiche gilt (§ 797 Absatz 4 ZPO direkt oder analog)[121]. Mangels eines kontradiktorischen Verfahrens bei der Ausstellung von Urkunden verlangen die Rechtssicherheit und der Schuldnerschutz bei der vollstreckbaren Urkunde eine stärkere Einschränkung der Rechtskraft. Bei gerichtlichen Vergleichen lässt sich die Zulässigkeit sämtlicher Einwendungen gegen den Anspruch im Sinne des § 767 Absatz 1 ZPO darauf begründen, dass sie keine Rechtskraftwirkung[122] entfalten.

Das deutsche Gericht ist bei drohender Vollstreckung eines ausländischen Urteils in Deutschland nach den gleichen Vorschriften zuständig wie bei der Vollstreckung eines deutschen Urteils (§§ 766, 771 Absatz 1 ZPO). Anders ist es bei der Vollstreckungsabwehrklage, weil das Prozessgericht in diesem Sinne ein ausländisches Gericht ist. Daher wird das nach § 722 Abs. 2 ZPO bestimmbare Gericht als „Prozessgericht“ im Sinne des § 767 Absatz 1 ZPO angesehen, wenn ein ausländischer Titel zugrunde liegt[123].

(3) Zusammenfassung betreffend die Zwangsvollstreckung ausländischer Entscheidungen

Zusammenfassend lässt sich bezüglich der Zwangsvollstreckung ausländischer Entscheidungen ohne Berücksichtigung internationaler Überkommen grundsätzlich sagen, dass für die Vollstreckbarkeit eines ausländischen Urteils in Deutschland ein Vollstreckungsurteil erforderlich ist. Diese Bedingung für die Durchsetzung der Ansprüche des Gläubigers bedeutet für diesen ein aufwändiges, schwerfälliges, kosten- und zeitaufwändiges Verfahren[124]. Die komplizierte Verfahrensweise hat den Hintergrund, dass Deutschland den Staaten, mit denen er bezüglich der Anerkennung und Vollstreckung von Urteilen keine Übereinkommen geschlossen hat, kein Vertrauen entgegenbringt. Spiegelbildlich ist der inländische Schuldner in hohem Maße vor einer rechts-

---

[119] BGH NJW 2001, 231, 232; Baumbach/Lauterbach/Albers/Hartmann – *Hartmann*, § 767 ZPO Rn. 52; MüKo ZPO – *Karsten Schmidt*, Band 2, 2. Auflage, § 767 ZPO Rn. 77.

[120] *Lackmann*, Zwangsvollstreckungsrecht, Rn. 7 ff., 507; *Brox/Walker*, Zwangsvollstreckungsrecht, Rn. 1332; zum Beginn und Ende der Zwangsvollstreckung: Baumbach/Lauterbach/Albers/Hartmann – *Hartmann*, Grundz § 704 ZPO Rn. 51 ff.

[121] *Nelle*, Anspruch, Titel und Vollstreckung, S. 12 f.; Musielak - *Lackmann*, § 767 ZPO Rn. 31; MüKo ZPO – *Karsten Schmidt*, Band 2, 2. Auflage, § 767 ZPO Rn. 75.

[122] BGH NJW-RR 1987, 1022 m. w. Nachweisen; Musielak - *Lackmann*, § 767 ZPO Rn. 31

[123] *Schack*, Internationales Zivilverfahrensrecht, Rn. 990; Handbuch des Internationalen Zivilverfahrensrechts – *Wolff*, Band III/2, Kap IV, Rn. 92; *Nelle*, Anspruch, Titel und Vollstreckung, S. 342 ff, 355.

[124] *Schack*, Internationales Zivilverfahrensrecht, Rn. 948; *Geimer*, Anerkennung ausländischer Entscheidungen in Deutschland, S. 74.

widrigen Vollstreckung in sein Vermögen geschützt. Beachtenswert ist allerdings, dass in mehr als 95 % der Fälle die Vollstreckung ausländischer Urteile in Deutschland auf der Grundlage eines vereinfachten Verfahrens stattfindet, also kein Vollstreckungsurteil gefällt werden muss[125]. Solche vereinfachten Verfahren sehen das EuGVÜ und die EuGVVO vor.

2. Zwangsvollstreckung nach dem EuGVÜ

a) Das Europäische Gerichtsstands- und Vollstreckungsübereinkommen in Zivil- und Handelssachen

Das EuGVÜ ist ein völkerrechtliches Übereinkommen zwischen den Mitgliedstaaten der Europäischen Gemeinschaft, das in seiner Fassung vom 27. September 1968 am 1. Februar 1973 für die damaligen Mitgliedstaaten der EG, also auch Deutschland, in Kraft trat[126]. Rechtliche Grundlage des EuGVÜ ist der Art. 293 EG (Ex-Art. 220 EGV), der bestimmt, dass die Mitgliedstaaten untereinander Verhandlungen einleiten, um zugunsten ihrer Staatsangehörigen unter anderem die Vereinfachung der Förmlichkeiten für die gegenseitige Anerkennung und Vollstreckung richterlicher Entscheidungen zu garantieren. Das EuGVÜ wird als „convention double" bezeichnet, da es erstens die internationale Zuständigkeit und zweitens die Anerkennung und Vollstreckung von Entscheidungen innerhalb der Europäischen Gemeinschaft regelt[127]. Das Übereinkommen ist im Übrigen von Amts wegen anzuwenden[128].

Um eine einheitliche Auslegung der im EuGVÜ verwendeten Rechtsbegriffe zu garantieren und einer Interpretation aus dem Blickwinkel des nationalen Rechts vorzubeugen, wurde das Luxemburger Auslegungsprotokoll vom 3. Juni 1971 geschaffen[129]. Damit der EuGH in der Lage ist, die einheitliche Anwendung des Übereinkommens in den Vertragsstaaten zu garantieren, ist er nach Art. 1 des Protokolls für die Auslegung des Textes zuständig.

---

[125] MüKo ZPO – *Gottwald*, Band 2, 2. Auflage, § 722 ZPO Rn. 4; *Schack*, Internationales Zivilverfahrensrecht, Rn. 930; zur quantitativen Dimension der Anerkennung im Jahre 1984: *Martiny*, Handbuch des Internationalen Zivilverfahrensrechts, Band III/1, Rn. 72.

[126] BGBl. 1972 II 773, 1973 II 60; *Kropholler*, Europäisches Zivilprozessrecht, 8. Auflage, Einleitung EuGVVO Rn. 6.

[127] *Schack*, Internationales Zivilverfahrensrecht, Rn. 79; *Kropholler*, Europäisches Zivilprozessrecht, 6. Auflage, Einleitung Rn. 14; Rauscher - *Staudinger*, Europäisches Zivilprozessrecht, Einl Brüssel I-VO Rn. 2; *Voegele*, Full Faith and Credit – Die Anerkennung zivilrechtlicher Entscheidungen zwischen den US-amerikanischen Bundesstaaten, Diss. Berlin 2003, S. 89; *Gressot-Leger*, Faut-il supprimer le contrôle de la loi appliquée par le juge étranger lors de l'instance en exequatur ?, J.D.I. 3, 2003, 767, 770.

[128] *Kropholler*, Europäisches Zivilprozessrecht, 6. Auflage, Einleitung Rn. 15; *Pfeiffer*, Internationale Zuständigkeit und prozessuale Gerechtigkeit, S. 351; Baumbach/Lauterbach/Albers/Hartmann – *Albers*, AnerkVollstrAbk, EuGVÜ, Übersicht Rn. 5; *Nagel/Gottwald*, Internationales Zivilprozessrecht, § 3 Rn. 9 f.

[129] BGBl. 1972 II 846, in Kraft seit dem 1. September 1975, BGBl. II 1138. Ergänzend Artikel 2 und 3 des Zustimmungsgesetzes vom 7. August 1972, BGBl II 845; Baumbach/Lauterbach/Albers/Hartmann – *Albers*, AnerkVollstrAbk, EuGVÜ 3. (zum Protokoll betreffend die Auslegung des EuGVÜ) Rn. 1; *Nagel/Gottwald*, Internationales Zivilprozessrecht, § 3 Rn. 19 ff.

aa) Anwendungsbereich

Der sachliche Anwendungsbereich[130] des Übereinkommens wird in Art. 1 definiert: „Zivil- und Handelssachen (...), ohne dass es auf die Art der Gerichtsbarkeit ankommt". Erfasst ist weder Steuer-, Zoll- und Verwaltungsrecht (Absatz 1) noch Streitigkeiten, die sich auf den Personenstand, die Rechts- und Handlungsfähigkeit, die gesetzliche Vertretung von Personen, die ehelichen Güterstände, das Gebiet des Erbrechts einschließlich des Testamentsrechts, Konkurse, Vergleiche und ähnliche Verfahren, die soziale Sicherheit und die Schiedsgerichtsbarkeit bezieht (Absatz 2).
Der persönliche bzw. räumliche Anwendungsbereich[131] ist grundsätzlich dann eröffnet, wenn gemäß Art. 2 Absatz 1 EuGVÜ der Beklagte seinen Wohnsitz in einem Vertragsstaat hat. Eine Klage in einem anderen Vertragsstaat als dem, in welchem der Beklagte seinen Wohnsitz hat, ist bei Begründung eines besonderen fakultativen Gerichtsstandes gemäß Art. 3 Absatz 1 EuGVÜ unter den Voraussetzungen der Abschnitte 2 bis 6 möglich. Exorbitante Gerichtsstände werden gemäß Art. 3 Absatz 2 EuGVÜ ausgeschlossen. Auch Art. 4 EuGVÜ regelt eine Abweichung des Grundsatzes aus Art. 2 EuGVÜ.

bb) Das vereinfachte Verfahren im Überblick

Die §§ 722 ff. ZPO werden verdrängt, wenn ein Staatsvertrag, der wirksam in das nationale Recht übernommen wurde, ein vereinfachtes Anerkennungsverfahren vorsieht[132]. Ein solches bietet das EuGVÜ mit dem Vollstreckungsklauselerteilungsverfahren gemäß Art. 31 ff.[133]:
Der Gläubiger kann nach Antragstellung beim Landgericht gemäß §§ 3, 4 des Gesetzes zur Ausführung zwischenstaatlicher Anerkennungs- und Vollstreckungsverträge in Zivil- und Handelssachen (AVAG) in diesem einseitigen Verfahren ohne Anwaltszwang (§ 5 Absatz 1 Satz 2 AVAG) binnen weniger Tage die Vollstreckungsklausel erlangen[134]. Das AVAG ist gemäß § 1 i.V.m. § 35 Absatz 1 Nummer 1 AVAG auf das Vollstreckbarerklärungsverfahren nach dem EuGVÜ anwendbar. Es ist vorgesehen, dass das erstinstanzliche Verfahren mit der Anordnung oder Ablehnung der Klauselerteilung (§ 8 AVAG) und deren tatsächlicher Erteilung durch den Urkundsbeamten der Geschäftsstelle (§ 9 AVAG) endet, wodurch die ausländische Entscheidung einem inländischen Vollstreckungstitel gleichgestellt wird[135].

---

[130] Dazu Baumbach/Lauterbach/Albers/Hartmann – *Albers*, AnerkVollstrAbk, EuGVÜ, Übersicht Rn. 2; *Nagel/Gottwald*, Internationales Zivilprozessrecht, § 3 Rn. 12 ff.; *v. Hoffmann/Thorn*, Internationales Privatrecht, § 3 Rn. 194 ff. zur EuGVVO.
[131] Dazu *Linke*, Internationales Zivilprozessrecht, Rn. 127 ff., Rn. 137 ff.; *v. Hoffmann/Thorn*, Internationales Privatrecht, § 3 Rn. 203 zur EuGVVO.
[132] *Linke*, Internationales Zivilprozessrecht, Rn. 138; *Schack*, Internationales Zivilverfahrensrecht, Rn. 62; *Nagel/Gottwald*, Internationales Zivilprozessrecht, § 12 Rn. 104.
[133] MüKo ZPO – *Gottwald*, Band 3, 2. Auflage, Artikel 31 EuGVÜ Rn. 3; *Brox/Walker*, Zwangsvollstreckungsrecht, Rn. 51, 52.
[134] MüKo ZPO – *Gottwald*, Band 3, 2. Auflage, Artikel 31 EuGVÜ Rn. 12 ff.; *Schlosser*, 1. Auflage, Artikel 31 EuGVÜ Rn. 1.
[135] *Geimer/Schütze*, Europäisches Zivilverfahrensrecht, 1. Auflage, Artikel 31 EuGVÜ Rn. 8 ; MüKo ZPO – *Gottwald*, Band 3, 2. Auflage, Artikel 31 EuGVÜ Rn. 21; *Schlosser*, 1. Auflage, Artikel 31

Es ist demnach kein Vollstreckungsurteil erforderlich. Das Vollstreckbarerklärungsverfahren gemäß Art. 31 ff. EuGVÜ bildet eine Verknüpfung zwischen dem Erkenntnisverfahren im Urteilsstaat nach dessen lex fori und dem Zwangsvollstreckungsverfahren im Vollstreckungsstaat nach dessen Vollstreckungsrecht[136]. Die Vollstreckbarerklärung für das Hoheitsgebiet der Bundesrepublik Deutschland erfolgt durch die Erteilung der Vollstreckungsklausel[137].
Trotz der Tatsache, dass das EuGVÜ nunmehr nur noch gegenüber Dänemark anwendbar ist[138], sind die Voraussetzungen und die möglichen Rechtsbehelfe für die Beurteilung der EuVTVO von Bedeutung, da das EuGVÜ von 1968 bis 2002 auch für das Verhältnis zwischen Deutschland und den übrigen Mitgliedstaaten gegolten hat und immer noch bei Altfällen anwendbar ist. Allerdings hat der Rat der Europäischen Gemeinschaft am 20. September 2005 beschlossen, im Namen der Europäischen Gemeinschaft das Abkommen zwischen der Europäischen Gemeinschaft und dem Königreich Dänemark über die gerichtliche Zuständigkeit und die Anerkennung und Vollstreckung von Entscheidungen in Zivil- und Handelssachen zu unterzeichnen[139].

b) Voraussetzungen der Vollstreckbarerklärung nach dem EuGVÜ

Es sind solche Entscheidungen nach dem EuGVÜ anerkennungs- und vollstreckungsfähig, die gemäß Art. 25 EuGVÜ von einem Gericht eines Vertragsstaates erlassen wurden. Wie diese Entscheidung im Ursprungsstaat bezeichnet wird, ist insofern nicht von Bedeutung[140]. Gemäß Art. 31 Absatz 1 EuGVÜ sind die weiteren Voraussetzungen für die Vollstreckung in einem anderen Vertragsstaat, dass die Entscheidung erstens im Ursprungsstaat vollstreckbar ist, und zweitens, dass sie auf Antrag des Berechtigten im Vollstreckungsstaat für vollstreckbar erklärt worden ist. Der zuständige Kammervorsitzende prüft, ob das ausländische Dokument eine vollstreckbare Entscheidung beinhaltet, ob die nach Art. 46 f. EuGVÜ erforderlichen Dokumente vorliegen und ob der Leistungsbefehl hinreichend bestimmt ist[141]. Wie bereits als Voraussetzung des Vollstreckungsurteils genannt, darf die Vollstreckbarerklärung nicht daran scheitern, dass der ausländische Titel den Bestimmtheitserfordernissen des deutschen Rechts nicht gerecht wird[142].
Theoretisch kann der Antrag auf Vollstreckung gemäß Art. 34 Absatz 2 EuGVÜ aus einem der in den Art. 27 und 28 angeführten Gründe abgelehnt werden. Die Ableh-

---

EuGVÜ Rn. 14; *Stürner*, Das grenzübergreifende Vollstreckungsverfahren in der Europäischen Union, FS Henckel 1995, 863, 868 ff.

136 *Stürner*, Das grenzübergreifende Vollstreckungsverfahren in der Europäischen Union, FS Henckel 1995, 863.

137 Zöller – *Geimer*, Anh III, § 4 AVAG Rn. 1; *Linke* , Internationales Zivilprozessrecht, Rn. 335.

138 *Geimer*, Salut für die Verordnung (EG) Nummer 44/2001 (Brüssel I-VO), IPRax 2002, 69; *v. Bar/Mankowski*, Internationales Privatrecht, Band 1, § 5 Rn. 12.

139 Beschluss 2005/790/EG, Amtsblatt der Europäischen Union vom 16. 11. 2005, L 299/61.

140 *Kropholler*, Europäisches Zivilprozessrecht, 6. Auflage, Artikel 25 EuGVÜ Rn. 9 ff.; *Schlosser*, 1. Auflage, Artikel 25 EuGVÜ Rn. 1 ff.; *Schack*, Internationales Zivilverfahrensrecht, Rn. 810 ff.

141 *Schlosser*, 1. Auflage, Artikel 31 EuGVÜ Rn. 10; MüKo ZPO – *Gottwald*, Band 3, 2. Auflage, Artikel 31 EuGVÜ Rn. 8.

142 BGH NJW 1986, 1440 = FamRZ 1986, 45; MüKo ZPO – *Gottwald*, Band 2, 2. Auflage, § 722 ZPO Rn. 17; Zöller – *Geimer*, § 722 ZPO Rn. 58; *Schlosser*, 1. Auflage, Artikel 31 EuGVÜ Rn. 13.

nungsgründe sind insbesondere von Amts wegen zu prüfen, jedoch ist der Richter im Rahmen der Anwendung des EuGVÜ nicht zur Ermittlung der entscheidungserheblichen Tatsachen von Amts wegen verpflichtet[143]. Da der Antragsgegner, also der künftige Vollstreckungsschuldner, die Darlegungs- und Beweislast für das Vorliegen der die Anerkennungsversagung begründenden Tatsachen trägt, verweigert der Richter nur dann die Vollstreckbarkeit, wenn diese Tatsachen vorgetragen und in liquider Weise bewiesen werden[144]. Aufgrund dieser für den Vollstreckungsschuldner nachteilhaften Beweislastverteilung und mangels Gelegenheit zur Abgabe einer Erklärung (Art. 34 Absatz 1 EuGVÜ) wird der Antrag auf Anerkennung in der Praxis somit nur in Einzelfällen wegen Vorliegens eines Anerkennungsversagungsgrundes bereits vor Ausstellung der Vollstreckbarerklärung abgelehnt. Vielmehr setzt der Schuldner in der Praxis seine Interessen regelmäßig erst auf Rechtsbehelfsebene durch.

c) Rechtsbehelfe in Deutschland

Im Folgenden werden Rechtsbehelfsmöglichkeiten aufgeführt, die dem Schuldner in Deutschland gegen die angeordnete Klauselerteilung zustehen.

aa) Beschwerdeverfahren nach dem AVAG

Der Schuldner hat nach Zulassung der Zwangsvollstreckung gemäß Art. 36 Absatz 1 EuGVÜ die Möglichkeit, gegen die Entscheidung binnen eines Monats nach Zustellung Beschwerde gemäß §§ 11 ff. AVAG beim Oberlandesgericht (OLG) einzulegen[145]. Der in Art. 36 EuGVÜ bezeichnete Rechtsbehelf wird in § 11 AGVG Beschwerde genannt, weil ihm Devolutiveffekt zukommt, Art. 37 EuGVÜ[146]. Der Rechtsbehelf gegen die zweitinstanzliche Entscheidung ist als „Rechtsbeschwerde" gemäß §§ 15 ff. AVAG beim Bundesgerichtshof einzulegen und revisionsähnlich ausgestaltet[147]. Vorliegend ist nur die Beschwerde nach § 11 AVAG von Interesse:
Fraglich ist, welche Art von Einwendungen vom Schuldner im Rahmen der Beschwerde geltend gemacht werden können, weil Art. 36 EuGVÜ keine konkreten Gründe festlegt, auf die die Beschwerde gestützt werden kann.

(1) Anerkennungsversagungsgründe

Aus Art. 34 Absatz 2 EuGVÜ folgt, dass grundsätzlich die Anerkennungsversagungsgründe gemäß Art. 27 f. EuGVÜ geltend gemacht werden können[148]. Nach § 12

[143] *Kropholler*, Europäisches Zivilprozessrecht, 6. Auflage, Artikel 34 EuGVÜ Rn. 7.
[144] *Schlosser*, 1. Auflage, Artikel 31 EuGVÜ Rn. 10; Artikel 34 EuGVÜ Rn. 3; *Kohler*, Von der EuGVVO zum Europäischen Vollstreckungstitel, in: Reichelt/Rechberger (Hrsg.), Europäisches Kollisionsrecht, 63, 66 f.
[145] *Geimer*, Internationales Zivilprozessrecht, Rn. 3139; *Kropholler*, Europäisches Zivilprozessrecht, 6. Auflage, Artikel 36 EuGVÜ Rn. 2.
[146] *Schlosser*, 1. Auflage. Artikel 36 EuGVÜ Rn. 1.
[147] *Schlosser*, 1. Auflage, Artikel 37 EuGVÜ Rn. 2; *Kropholler*, Europäisches Zivilprozessrecht, 6. Auflage, Artikel 37 EuGVÜ Rn. 8.
[148] MüKo ZPO – *Gottwald*, Band 3, 2. Auflage, Artikel 36 EuGVÜ Rn. 3; *Kropholler*, Europäisches Zivilprozessrecht, 6. Auflage, Artikel 36 EuGVÜ Rn. 15.

AVAG kann der Schuldner „auch Einwendungen gegen den Anspruch selbst (...) geltend machen“. Somit sind auch materiellrechtliche Einwendungen, welche sich aus den Anerkennungsversagungsgründen ergeben, im Beschwerdeverfahren nicht ausgeschlossen. Die Möglichkeit der Geltendmachung von Einwendungen ist auch unter dem Gesichtspunkt des rechtlichen Gehörs erforderlich, da der Schuldner gemäß Art. 34 Absatz 1 EuGVÜ im erstinstanzlichen Verfahren nicht angehört wird, damit die Effektivität der Zwangsvollstreckung erhöht und ein Überraschungseffekt zur Sicherung des Schuldnervermögens gewährleistet wird. Versäumt es der Schuldner, die Versagungsgründe im Vollstreckbarerklärungsverfahren vorzubringen, können sie - wie bereits erwähnt - aus prozessökonomischen Gründen im Rahmen der Rechtsbehelfe im Zwangsvollstreckungsverfahren nicht mehr geltend gemacht werden. Sie sind also auch dann präkludiert, wenn sie einen Widerspruch der ausländischen Entscheidung zum inländischen ordre public aufzeigen[149]. Allerdings steht dem Schuldner in diesem Fall noch die nachträgliche Beschwerde offen, und vorerst sind gemäß Art 39 EuGVÜ nur Zwangsvollstreckungsmaßnahmen zulässig, die der Sicherheit dienen[150].

(a) Art. 27 EuGVÜ

Bei den Versagungsgründen im Rahmen des Art. 27 EuGVÜ handelt es sich um den ordre-public-Vorbehalt (Nummer 1), verfahrensrechtliche Mindesterfordernisse an die Zustellung (Nummer 2), die Unvereinbarkeit mit einer bereits im Vollstreckungsstaat ergangenen Entscheidung oder mit einem früher dort rechtshängigen Verfahren (Nummer 3), den Widerspruch bezüglich des Ergebnisses einer Vorfrage hinsichtlich der gemäß Art. 1 Absatz 2 Nummer 1 EuGVÜ ausgeklammerten Themen (Nummer 4) und die Unvereinbarkeit mit einer anerkennungsfähigen Entscheidung über denselben Anspruch zwischen den Parteien, welche in einem Drittstatt ergangen ist (Nummer 5). Im Vergleich zu § 328 ZPO fehlt die Anforderung an die verbürgte Gegenseitigkeit, wohingegen der Widerspruch zu bestimmten Kollisionsnormen (Art. 27 Nummer 4 EuGVÜ) in der ZPO nicht zu finden ist. Bis auf geringe Abweichungen ähneln sich die Anerkennungsversagungsgründe jedoch gerade mit Blick auf den ordre-public-Vorbehalt.

(b) Art. 28 EuGVÜ

In Art. 28 Absatz 1 und 2 EuGVÜ finden sich weiterhin Versagungsgründe aufgrund des Verstoßes gegen ausgewählte Zuständigkeitsvorschriften. Diese mögliche Versagung hat zum Ziel, das *forum shopping* innerhalb der Vertragsstaaten des EuGVÜ zu verhindern. *Forum shopping* bedeutet, dass der Kläger in dem Staat seine Klage einreicht, in dem er sich den größtmöglichen rechtlichen oder tatsächlichen Erfolg erhofft[151]. Diese Vorteile können durch die Anwendung günstigen Sachrechts oder auch

---

[149] *Schlosser*, 1. Auflage, Artikel 36 EuGVÜ Rn. 7.

[150] *Schlosser*, 1. Auflage, Artikel 34 EuGVÜ Rn. 1; MüKo ZPO – *Gottwald*, Band 3, 2. Auflage, Artikel 34 EuGVÜ Rn. 1; *Baur/Stürner*, Zwangsvollstreckungs- Konkurs- und Vergleichsrecht, Band I, Rn. 55.12.

[151] Zöller – *Geimer*, Abschnitt Internationales Zivilprozessrecht Rn. 58; *v. Hoffmann/Thorn*, Internationales Privatrecht, § 1 Rn. 48.

prozessuale Unterschiede wie geringere Verfahrenskosten bedingt sein. Die Nachprüfung der internationalen Zuständigkeit des Erstgerichts ist jedoch auf die Bereiche Versicherungs- und Verbrauchersachen und die ausschließliche Zuständigkeit bzw. Zwangsgerichtsstände in Art. 16 EuGVÜ beschränkt, so dass der Schuldner nur in bestimmten Fällen davor geschützt ist, trotz Unzuständigkeit des Erstgerichts in einem anderen Vertragsstaat das Urteil gegen sich geltend lassen zu müssen.

(2) Einwendungen gegen den Anspruch selbst

Die Geltendmachung von Einwendungen gegen den Anspruch selbst ist grundsätzlich nur während des Erkenntnisverfahrens im Ursprungsstaat vorgesehen[152]. Gemäß § 12 Absatz 1 AVAG können jedoch auch Einwendungen berücksichtigt werden, soweit - entsprechend den §§ 767 Absatz 2, 797 Absatz 4 ZPO[153] - die Gründe, auf denen sie beruhen, erst nach dem Erlass der Entscheidung des Ursprungsstaates entstanden sind[154]. Insofern kombiniert das deutsche AVAG die Schuldnerbeschwerde mit der Vollstreckungsgegenklage[155]. Diese Möglichkeit resultiert aus dem Gebot des effektiven Rechtsschutzes (Art. 6 Europäische Menschenrechtskonvention, im Folgenden „EMRK"), wonach dem Schuldner Vollstreckungsgegeneinwände unabhängig davon zu gestatten sind, ob und wie er sie im Ursprungsstaat geltend machen könnte[156]. Für die Präklusion der Einwendungen kommt es hier nicht wie bei § 767 Absatz 2 ZPO auf die letzte mündliche Verhandlung im Erkenntnisverfahren an, sondern auf den Zeitpunkt des Erlasses der Entscheidung. Das Gesetz meint hiermit genau genommen den Zeitpunkt, zu dem im Rahmen des Verfahrens im Ursprungsstaat solche Einwendungen nicht mehr geltend gemacht werden können[157].

(3) Zwischenergebnis zum Beschwerdeverfahren

Im Rahmen des EuGVÜ kann der Schuldner im Rechtsbehelfsverfahren gegen die Vollstreckbarerklärung sowohl das Vorliegen von Anerkennungsversagungsgründen als auch Einwendungen gegen den Anspruch selbst geltend machen, sofern diese nicht präkludiert sind. Insbesondere besteht auch die Möglichkeit, dass der Schuldner im Rahmen eines ordre-public-Verstoßes gemäß den Art. 31, 34, 27 Absatz 1 EuGVÜ oder im Rechtsbehelfsverfahren gemäß Art. 36, 27 Absatz 1 EuGVÜ Einwendungen gegen den Anspruch selbst geltend macht.
Aufgrund der festgelegten Versagungsgründe wird im Rahmen des EuGVÜ bereits weitgehend auf die kollisionsrechtliche Kontrolle im Anerkennungsstadium verzichtet.

---

[152] *Schlosser*, 1. Auflage, Artikel 36 EuGVÜ Rn. 3.
[153] BGH WM 1983, 655, 656; MüKo ZPO – *Gottwald*, Band 3, 2. Auflage, Artikel 36 EuGVÜ Rn. 5.
[154] Die Vereinbarkeit des § 12 AVAG mit dem EuGVÜ und der EuGVVO ist umstritten. (MüKo ZPO – *Gottwald*, Band 3, 2. Auflage, Artikel 36 EuGVÜ Rn. 5; *Schlosser*, 1. Auflage, Artikel 36 EuGVÜ Rn. 4). Auf diese Problematik wird in Punkt B II 3. c) aa) (2) ausführlicher eingegangen.
[155] *Geimer*, Das EuGVVO-Beschwerdeverfahren an der Schnittstelle von europäischem Gemeinschaftsrecht und nationalem Recht, IPRax 2003, 337, 338.
[156] *Schlosser*, 1. Auflage, Artikel 36 EuGVÜ Rn. 4.
[157] *Schlosser*, 1. Auflage, Artikel 36 EuGVÜ Rn. 5; *Kropholler*, Europäisches Zivilprozessrecht, 6. Auflage, Artikel 36 EuGVÜ Rn. 3.

Abweichungen des (vom ausländischen Richter angewandten) Internationalen Privatrechts des Urteilsstaates vom Kollisionsrecht des Anerkennungs- und Vollstreckungsstaates hindern die Anerkennung und Vollstreckung des Urteils grundsätzlich nicht[158].

bb) Rechtsbehelfe im deutschen Zivilverfahrensrecht

Bei einer später in Deutschland erhobenen Vollstreckungsgegenklage gemäß § 767 Absatz 2 ZPO ist der Schuldner mit den Einwendungen, die mittels der Beschwerde hätten geltend gemacht werden können, präkludiert, § 14 Absatz 1 AVAG[159]. Wenn der Schuldner es also versäumt hat, während des Vollstreckungserklärungsverfahrens nach dem EuGVÜ Versagungsgründe vorzubringen, kann er diese mit keinem anderen nationalen Rechtsmittel im Vollstreckungsstaat geltend machen[160]. Diese Vorschrift des § 14 AVAG bestimmt im Einzelnen, dass nur dann Einwendungen gegen den Anspruch selbst geltend gemacht werden können, wenn die Gründe auf denen sie beruhen, erst nach Ablauf der Frist, innerhalb derer der Schuldner die Beschwerde hätte einlegen können, oder, falls die Beschwerde eingelegt worden ist, nach Beendigung dieses Verfahrens entstanden sind.

d) Zusammenfassung betreffend die Zwangsvollstreckung nach dem EuGVÜ

Die Art. 31 ff EuGVÜ stellen gegenüber den §§ 722 ff. ZPO ein strafferes und daher effizienteres Vollstreckbarerklärungsverfahren zur Verfügung[161]. Insbesondere verzichtet das EuGVÜ grundsätzlich, das heißt abgesehen von den Ausnahmen des Art. 28 Absatz 1 EuGVÜ, auf die Nachprüfung der internationalen Zuständigkeit des ausländischen Gerichts, welche im Anwendungsbereich des § 328 ZPO Nummer 1 ZPO hingegen uneingeschränkt überprüfbar ist. Der Vollstreckungsschuldner wird dadurch schlechter gestellt, weil ihm diesbezügliche Einwendungen abgeschnitten werden und er durch die Pflicht, sich im Ausland zu verteidigen, belastet wird. Im Geltungsbereich des EuGVÜ sind die Rechtsbehelfsmöglichkeiten des Schuldners aufgrund von Einwendungen gegen den zugrunde liegenden Anspruch wegen der Präklusion nach Ablauf der Beschwerdefrist beschränkter als im Rahmen der §§ 722, 723 ZPO. Diese Einschränkung des Schuldnerschutzes lässt sich mit der Prozessökonomie und dem Bedürfnis des Gläubigers rechtfertigen, eine endgültige Entscheidung über die Vollstreckbarkeit des ausländischen Titels zu erreichen[162].

---

[158] *Geimer*, Salut für die Verordnung (EG) Nummer 44/2001 (Brüssel I-VO), 69, 71.

[159] MüKo ZPO – *Gottwald*, Band 3, 2. Auflage, Artikel 36 EuGVÜ Rn. 6; *Kropholler*, Europäisches Zivilprozessrecht, 6. Auflage, Artikel 36 EuGVÜ Rn. 17; *Baur/Stürner*, Zwangsvollstreckungs- Konkurs- und Vergleichsrecht, Band I, Rn. 55.14.

[160] EuGHE 1988-645, vom 4. Februar 1988, Rs. 145/86 - *Hoffmann/Krieg*; *Geimer*, Internationales Zivilprozessrecht, Rn. 3170; *Kropholler*, Europäisches Zivilprozessrecht, 6. Auflage, Artikel 36 EuGVÜ Rn. 3.

[161] *Geimer*, Anerkennung ausländischer Entscheidungen in Deutschland, S. 74; *Schack*, Internationales Zivilverfahrensrecht, Rn. 948.

[162] MüKo ZPO – *Gottwald*, Band 3, 2. Auflage, Artikel 36 EuGVÜ Rn. 6.

3. Zwangsvollstreckung nach der EuGVVO

a) Die Europäische Gerichtsstands- und Vollstreckungsverordnung in Zivil- und Handelssachen

Die Europäische Gerichtsstands- und Vollstreckungsverordnung in Zivil- und Handelssachen ist mit Wirkung vom 1. März 2002 nach Maßgabe ihres Art. 68 an die Stelle des EuGVÜ getreten. Die EuGVVO wurde vor dem Hintergrund eingeführt, dass durch den Vertrag von Amsterdam im Jahre 1999 die justitielle Zusammenarbeit in Zivil- und Handelssachen den Gemeinschaftszuständigkeiten zugeordnet wurde. In Absatz 3 der Präambel der EuGVVO wird als Art. 65 EG als Rechtsgrundlage genannt. Diese Vorschrift ist im Zusammenhang mit Art. 61 lit. c und 67 EG zu lesen. Als Verordnung gemäß Art. 249 Absatz 2 EG ist die EuGVVO „in allen ihren Teilen verbindlich und gilt unmittelbar in jedem Mitgliedstaat“. Damit ist gemeint, dass sie unmittelbar ohne staatlichen Umsetzungsakt anwendbar ist und zum sekundären Gemeinschaftsrecht zählt[163]. Daher unterliegt sie auch der Auslegungskompetenz des EuGH gemäß Art. 234 Absatz 1 lit. b EG[164]. Ein Auslegungsprotokoll wie das zum EuGVÜ ist folglich entbehrlich. Die Vertragsstaaten können vielmehr Fragen zur Auslegung der EuGVVO dem EuGH im Rahmen des Vorabentscheidungsverfahrens gemäß Art. 234 EG vorlegen.

Im Verhältnis zu Dänemark gilt die EuGVVO nicht, sondern das EuGVÜ bleibt anwendbar (Art. 1 Absatz 3 EuGVVO). Das Vereinigte Königreich und Irland haben jedoch trotz der ihnen ebenfalls eingeräumten Sonderstellung gemäß Absatz 21 der Präambel in Verbindung mit dem Protokoll über die Position des Vereinigten Königreichs und Irlands und Art. 69 EG für alle bisher ergangenen Maßnahmen ihre Beteiligung zugesagt, so dass insbesondere die EuGVVO ihnen gegenüber gilt.

Obwohl die Systematik der Regelung der Anerkennung und Vollstreckung ausländischer Entscheidungen und auch deren Anwendungsbereich durch die EuGVVO grundsätzlich nicht verändert wurden, unterscheidet sich die EuGVVO nicht nur hinsichtlich ihrer Rechtsnatur vom EuGVÜ. Eine Modifizierung ist bezüglich des Ablaufs der Vollstreckbarerklärung (Art. 45, 47 EuGVVO) und der Versagungsgründe (Art. 34 EuGVVO) vorgenommen worden. Mit diesen inhaltlichen Änderungen ist angestrebt worden, die praktische Wirksamkeit von Konventionen zu verstärken[165]. Erwähnenswert ist außerdem die neue Regelung, dass gemäß Art. 54, 57 Absatz 4 und 58 EuGVVO nunmehr eine einheitliche Bestätigung, nämlich die Formblätter im Anhang, von den Gerichten oder sonst befugten Stellen der Mitgliedstaaten zu verwenden sind.

---

[163] *Kohler*, Vom EuGVÜ zur EuGVVO: Grenzen und Konsequenzen der Vergemeinschaftung, FS Geimer 2000, 461, 462; zum sekundären Gemeinschaftsrecht: Calliess/Ruffert - *Ruffert*, Artikel 249 EG Rn. 16 ff.; Streinz - *Schroeder*, Artikel 249 EGV Rn. 52.

[164] Calliess/Ruffert – *Wegener*, Artikel 234 EG Rn. 6; Streinz – *Ehricke*, Artikel 234 EGV Rn. 4.

[165] *Kohler*, Vom EuGVÜ zur EuGVVO: Grenzen und Konsequenzen der Vergemeinschaftung, FS Geimer 2000, 461, 483; Geimer/Schütze - *Geimer*, Europäisches Zivilverfahrensrecht, 2. Auflage, A. 1 Einl Rn. 15.

b) Voraussetzungen der Vollstreckbarerklärung nach der EuGVVO

Handelt es sich um eine in den Anwendungsbereich der EuGVVO fallende Entscheidung aus einem Mitgliedstaat, dann ist deren Vollstreckung ausschließlich nach Art. 38 ff. EuGVVO zu betreiben[166]. Unabhängig davon richten sich die anerkennungspflichtigen Urteilswirkungen, zu denen nicht die Vollstreckbarkeit zählt, nach Art. 33 ff. EuGVVO. Wie im Rahmen des EuGVÜ ist für das Vollstreckbarerklärungsverfahren ebenfalls das AVAG anwendbar (§ 1 Absatz 2 lit. b AVAG). Allerdings werden einige Besonderheiten für die parallele Anwendung von AVAG und EuGVVO in den §§ 55, 56 AVAG geregelt. Das Vollstreckbarerklärungsverfahren endet mit der Erteilung der Vollstreckungsklausel durch den Urkundsbeamten gemäß § 9 AVAG, wodurch die Vollstreckbarerklärung dem deutschen Vollstreckungstitel in jeder Hinsicht gleichgestellt wird[167].

Wie im Rahmen des EuGVÜ bedarf es für die Erteilung der Vollstreckungsklausel in Deutschland auch im Anwendungsbereich der EuGVVO nicht eines Vollstreckungsurteils, sondern es reicht gemäß Art. 38 EuGVVO eine Vollstreckbarerklärung. Die Prüfung der Vollstreckbarkeit der ausländischen Entscheidung beschränkt sich auf die Vollstreckungsfähigkeit des Inhalts, die Vollstreckbarerklärung im Erststaat auf den Antrag des Berechtigten hin und auf die Bestimmtheit. Diesbezüglich ergeben sich also keine Änderungen im Vergleich zu Art. 31 Absatz 1 EuGVÜ.

Allerdings regelt Art. 41 EuGVVO, dass die Erteilung der Vollstreckbarerklärung ohne Prüfung der Versagungsgründe der Art. 34 und 35 EuGVVO erteilt wird[168]. Zu dieser Kontrolle kommt es erst im Verfahren über den gegen die Vollstreckbarerklärung eingelegten Rechtsbehelf (Art. 45 EuGVVO), also nicht mehr von Amts wegen, sondern nur wenn sich der Vollstreckungsschuldner im Rechtsbehelfsverfahren darauf beruft. Zwar erlangten bereits im Rahmen des EuGVÜ aufgrund der für den Schuldner nachteilhaften Beweislastverteilung die Versagungsgründe praktisch erst im Rechtsbehelfsverfahren Bedeutung[169]. Nichtsdestotrotz wird die Position des Schuldners durch die in der EuGVVO erfolgte Kodifizierung der Verkürzung des gerichtlichen Prüfungsumfangs in der ersten Instanz deutlich geschwächt.

c) Rechtsbehelfe gegen die Vollstreckbarerklärung

Die Vorschriften über die Rechtsbehelfe des Schuldners gemäß Art. 36 f. EuGVÜ und des Antragstellers, also des Gläubigers, gemäß Art. 41 EuGVÜ sind in Art. 43 EuGV-

---

[166] Rauscher - *Mankowski*, Europäisches Zivilprozessrecht, Artikel 38 EuGVVO Rn. 4; *Schlosser*, 2. Auflage, Artikel 38 EuGVVO Rn. 1.

[167] *Schlosser*, 2. Auflage, Artikel 38 EuGVVO Rn. 16; *Stürner*, Das grenzübergreifende Vollstreckungsverfahren in der Europäischen Union, FS Henckel 1995, 863, 868 ff.; *Schack*, Internationales Zivilverfahrensrecht, Rn. 951; Geimer/Schütze - *Geimer*, Europäisches Zivilverfahrensrecht, 2. Auflage, A. 1 Artikel 38 EuGVVO Rn. 8 und 9.

[168] *Geimer*, Salut für die Verordnung (EG) Nummer 44/2001 (Brüssel I – VO), 69, 71; *Kohler*, Vom EuGVÜ zur EuGVVO: Grenzen und Konsequenzen der Vergemeinschaftung, FS Geimer 2000, 461, 481; Baumbach/Lauterbach/Albers/Hartmann – *Albers*, Artikel 41 EuGVVO Rn. 1; Geimer/Schütze - *Geimer*, Europäisches Zivilverfahrensrecht, 2. Auflage, A. 1 Artikel 41 EuGVVO Rn. 27.

[169] Siehe dazu Punkt B II 2. b).

VO zusammengefasst worden[170]. Absatz 1 lautet: „Gegen die Entscheidung über den Antrag auf Vollstreckbarerklärung kann jede Partei einen Rechtsbehelf einlegen.“ Es ergeben sich hinsichtlich des Verfahrens keine Änderungen zum EuGVÜ. Mit dem Rechtsbehelf ist die Beschwerde gemäß § 11 AVAG gemeint[171]. Gegen die Beschwerde ist wie im Rahmen des EuGVÜ die Rechtsbeschwerde gemäß §§ 15 ff. AVAG i.V.m. Art. 44 EuGVVO möglich.

aa) Beschwerdeverfahren nach dem AVAG

Zunächst ist das Beschwerdeverfahren nach dem AVAG eine Rechtsbehelfsmöglichkeit des Schuldners.

(1) Anerkennungsversagungsgründe gemäß Art. 34 und 35 EuGVVO

Das Gericht kann nur, wenn der Beklagte einen Rechtsbehelf eingelegt hat, nachprüfen, ob die Verteidigungsrechte gewahrt worden sind, Art. 43, 45 EuGVVO[172]. Durch die Einführung der EuGVVO sind einige Änderungen der Versagungsgründe, welche nunmehr in den Art. 34 und 35 EuGVVO zu finden sind, vorgenommen worden:
Die für die Untersuchung unwesentlichen Abweichungen werden im Folgenden kurz genannt, bevor die bedeutenderen Unterschiede im Anschluss genauer diskutiert werden:
Das Anerkennungshindernis der kollisionsrechtlichen abweichenden Beurteilung einer personen- oder familienrechtlichen Teilfrage, das in der Praxis allerdings kaum eine Rolle gespielt hat, wurde ersatzlos gestrichen[173]. Außerdem entsprechen die Versagungsgründe aus Art. 34 Nummer 3 und 4 EuGVVO ohne nennenswerte Differenzen den Nummern 3 und 5 des Art. 27 EuGVÜ. Schließlich regelt Art. 35 EuGVVO ähnlich wie Art. 28 EuGVÜ die Ausnahmefälle, in denen die internationale Zuständigkeit der Gerichte des Urteilsstaates nachgeprüft werden darf.

(a) Art. 34 Nummer 1 EuGVVO

Diese Vorschrift stellt auf den Verstoß gegen den nationalen ordre public durch den Anerkennungs- bzw. Vollstreckungsakt ab, wobei der gemeineuropäische Rahmen zu

---

[170] Zum Spannungsverhältnis zwischen dem legitimen Interesse des Gläubigers an einem effektiven Zugriff und den Schutzrechten des Schuldners, insbesondere auf die Wahrung des rechtlichen Gehörs, siehe *Mankowski*, Gläubigerinteressen und Grundsatz des kontradiktorischen Verfahrens im Zielkonflikt bei der Beschwerde im Vollstreckbarerklärungsverfahren (zu OLG Düsseldorf 7.4.2003 – 3 W 91/03), IPRax 2004, 220 ff.

[171] Geimer/Schütze - *Geimer*, Europäisches Zivilverfahrensrecht, 2. Auflage, A. 1 Artikel 43 EuGVVO Rn. 2; *Schlosser*, 2. Auflage, Artikel 43 EuGVVO Rn. 1; Baumbach/Lauterbach/Albers/Hartmann – *Albers*, Artikel 41 EuGVVO Rn. 1.

[172] Amtliche Begründung zu KOM (2002) 159 endgültig, S. 9.

[173] *Schlosser*, 2. Auflage, Artikel 34 EuGVVO Rn. 28; Rauscher - *Leible*, Europäisches Zivilprozessrecht, Artikel 34 EuGVVO Rn. 1; Geimer/Schütze - *Geimer*, Europäisches Zivilverfahrensrecht, 2. Auflage, A. 1 Artikel 34 EuGVVO Rn. 37; *Kohler*, Von der EuGVVO zum Europäischen Vollstreckungstitel, in: Reichelt/Rechberger (Hrsg.), Europäisches Kollisionsrecht, 63, 67.

berücksichtigen ist[174]. Wie bereits im Rahmen des Verbots der *révision au fond* angemerkt, ist damit gemeint, dass der EuGH zwar nicht den Inhalt des nationalen ordre public festlegt, aber über dessen Grenzen wacht. Die Wirkungen der Anerkennung, nicht die Entscheidung an sich, muss in unerträglichem Maße den rechtsstaatlichen Grundsätzen und Wertvorstellungen des Zweitstaates entgegenlaufen[175].
Es ist zweifelhaft, ob das neue Erfordernis der Offensichtlichkeit des ordre-public-Verstoßes praktisch etwas ändert. Auf der einen Seite könnte man in dieser Einschränkung bereits die Tendenz zur Abschaffung der ordre-public-Kontrolle sehen. Auch hat die Verlagerung der Prüfung der Versagungsgründe in die Rechtsbehelfsphase für den ordre-public-Vorbehalt besondere Auswirkungen: Besteht der ordre-public-Verstoß in einer Grundrechtsverletzung und ist dieser Verstoß für den Exequaturrichter offensichtlich, darf er ihn bei strenger Anwendung des Art. 41 EuGVVO nicht rügen, sondern muss den Schuldner auf die Einlegung eines Rechtsbehelfs verweisen. Der Vollstreckungsrichter sieht sich also gezwungen, sehenden Auges eine offensichtlich mit dem deutschen ordre public unvereinbare Entscheidung für vollstreckbar zu erklären. Es ist durchaus in Frage zu stellen, ob Art. 41 EuGVVO dazu wirklich verpflichten kann und will[176]. Angesichts der Einführung der EuVTVO scheint dies jedoch der Fall zu sein. Das neu eingefügte Wort „offensichtlich" ändert jedoch nichts im Hinblick auf die restriktive Handhabung des anerkennungsrechtlichen ordre-public-Vorbehalts.
Weiterhin führt der Verstoß gegen den verfahrensrechtlichen ordre public dann nicht zu einer Anerkennungsversagung, wenn der Schuldner (in Analogie zu Art. 34 Nummer 2 EuGVVO) nicht durch eine zumutbare Einlegung eines Rechtsbehelfs im Erststaat die Vollstreckbarerklärung hätte verhindern können[177]. Dabei wird dem Vollstreckungsschuldner zugemutet, dass er im Ausland einen Rechtsbehelf gegen die zugrunde liegende Entscheidung einlegt, obwohl auch in der zweiten Instanz der erststaatliche Richter nicht den deutschen verfahrensrechtlichen ordre public als Maßstab wählen wird. Erst im Rechtsbehelfsverfahren gegen die Vollstreckbarerklärung hat der Schuldner die Möglichkeit, solche Verstöße geltend zu machen. Die Rechtsbehelfserschöpfung im Erststaat war jedoch bereits im Rahmen des EuGVÜ Voraussetzung für

---

[174] EuGHE 2000 I-1935, vom 28. März 2000, Rs. C-7/98 – *Krombach/Bamberski* = IPRax 2000, 406 ff.; EuGHE 2000 I 2973, vom 11. Mai 2000, Rs. C-38/98 – *Renault/Maxicar* = IPRax 2001, 328 ff.; MüKo ZPO - *Gottwald*, Band 3, 2. Auflage, Artikel 34 EuGVVO Rn. 2; Zöller – *Geimer*, Artikel 34 EuGVVO Rn. 7.

[175] Siehe zur Unterscheidung zwischen kollisions- und anerkennungsrechtlichem ordre public auch Punkt B I 3. h) bb) (1); Rauscher - *Leible*, Europäisches Zivilprozessrecht, Artikel 34 EuGVVO Rn. 9.

[176] *Kohler*, Vom EuGVÜ zur EuGVVO: Grenzen und Konsequenzen der Vergemeinschaftung, FS Geimer 2000, 461, 482; zu möglichen ordre-public-Verstößen: Geimer/Schütze - *Geimer*, Europäisches Zivilverfahrensrecht, 2. Auflage, A. 1 Artikel 34 EuGVVO Rn. 28.

[177] BGH NJW 1990, 2201 ff.; *Schlosser*, 2. Auflage, Artikel 34-36 EuGVVO Rn. 4; Rauscher – *Leible*, Europäisches Zivilprozessrecht, Artikel 34 EuGVVO Rn. 18.

die Geltendmachung des ordre public[178]. Daher hat sich auch diesbezüglich nichts durch das Erfordernis der „Offensichtlichkeit" des Verstoßes geändert[179].
Unverändert ist geblieben, dass die Versagungsgründe gemäß Art. 34 Nummer 1 EuGVVO ebenso wie bei Art. 27 Nummer 1 EuGVÜ auch materiellrechtlicher Art sein können[180].

(b) Art. 34 Nummer 2 EuGVVO

Die Zustellung des verfahrenseinleitenden bzw. eines gleichwertigen Schriftstücks an den säumigen Beklagten muss nur noch „rechtzeitig" erfolgt sein, und der Schuldner muss eine Verteidigungsmöglichkeit gehabt haben. Das Wort „ordnungsgemäß", welches in Art. 27 Nummer 2 EuGVÜ verwendet wurde, fehlt in Art. 34 Nummer 2 EuGVVO. Dafür wurde die Wendung eingefügt, dass das Schriftstück „in einer Weise zugestellt" worden sein muss, die es dem Beklagten eine Verteidigung ermöglicht. Die fehlende Rechtzeitigkeit der Zustellung bzw. die verteidigungsuntaugliche Art und Weise der Zustellung können jedoch nicht als Anerkennungsversagungsgrund geltend gemacht werden, wenn der Vollstreckungsschuldner gegen die Entscheidung keinen Rechtsbehelf im Ursprungsstaat eingelegt hat, obwohl er die Möglichkeit dazu hatte[181]. Diese Umformulierung rührt daher, dass nach der Rechtsprechung des EuGH zum EuGVÜ für eine ordnungsgemäße Zustellung die exakte Einhaltung der im Urteilsstaat geltenden Zustellungsvorschriften einschließlich jener der Europäischen Zustellungsverordnung (EuZVO)[182] erforderlich war[183]. Die Ordnungsmäßigkeit scheitert am geringsten Formmangel, weil der Bundesgerichtshof (im Folgenden „BGH") und der EuGH jegliche teleologische Auslegung des Art. 27 Nummer 2 EuGVÜ ablehnen[184].

---

[178] Geimer/Schütze - *Geimer*, Europäisches Zivilverfahrensrecht, 2. Auflage, A. 1 Artikel 34 EuGVVO Rn. 30; Bülow/Böckstiegel/Geimer/Schütze - *Wolf*, Der Internationale Rechtsverkehr in Zivil- und Handelssachen, Artikel 27, 28 EuGVÜ Rn. 11; MüKo ZPO - *Gottwald*, Band 3, 2. Auflage, Artikel 27 EuGVÜ Rn. 12; *Schlosser*, 1. Auflage, Artikel 27-29 EuGVÜ Rn. 4.

[179] Rauscher – *Leible*, Europäisches Zivilprozessrecht, Artikel 34 EuGVVO Rn. 9; *Wagner*, Vom Brüsseler Übereinkommen über die Brüssel I-Verordnung zum Europäischen Vollstreckungstitel, IPRax 2002, 75, 82; Thomas/Putzo – *Hüßtege*, Artikel 34 EuGVVO Rn. 2; *Kohler*, Von der EuGVVO zum Europäischen Vollstreckungstitel, in: Reichelt/Rechberger (Hrsg.), Europäisches Kollisionsrecht, 63, 68.

[180] *Schlosser*, 2. Auflage, Artikel 34 EuGVVO Rn. 2; Rauscher – *Leible*, Europäisches Zivilprozessrecht, Artikel 34 EuGVVO Rn. 19 ff.

[181] Geimer/Schütze - *Geimer*, Europäisches Zivilverfahrensrecht, 2. Auflage, A. 1 Artikel 34 EuGVVO Rn. 70; Rauscher – *Leible*, Europäisches Zivilprozessrecht, Artikel 34 EuGVVO Rn. 23; MüKo ZPO - *Gottwald*, Aktualisierungsband, 2. Auflage, Artikel 34 EuGVVO Rn. 5.

[182] Verordnung (EG) Nummer 1348/2000 des Rates über die Zustellung gerichtlicher und außergerichtlicher Schriftstücke in Zivil- und Handelssachen in den Mitgliedstaaten, abgedruckt in Jayme/Hausmann Nummer 224.

[183] EuGHE 1990 I 2725, vom 3. Juli 1990, Rs. C-305/88 – *Peters* = IPRax 1991, 177; EuGHE 1992 I 5661, vom 27. November 1992, Rs. C-1223/91 – *Minalmet/Brandeis* = JZ 1993, 357; Rauscher – *Leible*, Europäisches Zivilprozessrecht, Artikel 34 EuGVVO Rn. 23.

[184] Zöller - *Geimer*, Artikel 34 EuGVVO Rn. 24; *Kohler*, Vom EuGVÜ zur EuGVVO: Grenzen und Konsequenzen der Vergemeinschaftung, FS Geimer 2000, 461, 481; zu dieser Problematik ausführlich *Geimer*, Der Wind dreht sich: Verschärfung der internationalen Prozessförderungsobliegenheit und

Eine Einschränkung der strikten „Ordnungsmäßigkeit" wurde jedoch nach einer neueren BGH-Entscheidung[185] im Hinblick auf den verfahrensrechtlichen ordre public bei offensichtlichen Übersetzungsfehlern gemacht: Der Beklagte sei verpflichtet, ins Auge springende Flüchtigkeitsfehler im Text des verfahrenseinleitenden Schriftstücks, soweit es ihm zumutbar ist, aufzuklären bzw. selbst zu korrigieren. Wenn er dieser Obliegenheit nicht nachkommt, könne er sich nicht auf Art. 27 Nummer 2 EuGVÜ berufen. Ebenso hielt es ein Senat des Oberlandesgerichts Köln für „sachgerecht", den Verzicht des europäischen Verordnungsgebers auf eine *ordnungsgemäße* Zustellung in Art. 34 Nummer 2 EuGVVO auch im Rahmen der Auslegung des Art. 27 Nummer 2 EuGVÜ zu berücksichtigen[186].
Trotz dieser Tendenz zur Prozessförderungsobliegenheit des Beklagten entsprechen die hohen Anforderungen der Rechtsprechung an die Ordnungsmäßigkeit gemäß Art. 27 Nummer 2 EuGVÜ nicht der praktischen Handhabung der Mitgliedstaaten im internationalen Rechtsverkehr. Bei einer Auslandszustellung ist das Recht des Ursprungslandes nur für das Ob, aber nicht für die Zustellungsart im Zweitstaat entscheidend. Auch bei Einschlägigkeit des Haager Zustellungsübereinkommens (HZÜ)[187], vor dem die EuZVO jedoch Anwendungsvorrang genießt[188], ist das Recht des ersuchten Staates einschlägig (Art. 5 Absatz 1 lit. a HZÜ). Die Abschaffung des Kriteriums der Ordnungsmäßigkeit der Zustellung ist zu begrüßen, weil der Gläubiger durch diesen möglichen Anerkennungsversagungsgrund ungerechtfertigt benachteiligt werden konnte.

(2) Einwendungen gegen den Anspruch selbst

Wie im europäischen Zwangsvollstreckungsrecht üblich, können auch bei Anwendbarkeit der EuGVVO Einwendungen gegen die Richtigkeit der im Ausland gefällten Entscheidung grundsätzlich nur im dortigen Rechtsbehelfsverfahren geltend gemacht werden. Jedoch bestimmen ebenfalls im Rahmen der EuGVVO die §§ 12 Absatz 1, 55 Absatz 1 AVAG, dass der Schuldner auch Vollstreckungseinwände im Umfang der §§ 767 Absatz 2, 797 Absatz 4 ZPO geltend machen kann[189]. Allerdings dürfen die Gründe, auf denen die Einwendungen beruhen, erst nach dem Erlass der Entscheidung im Erststaat - und nicht schon nach Abschluss der mündlichen Verhandlung in der letzten Tatsacheninstanz - entstanden sein. Die Präklusionszeitpunkte unterscheiden sich demnach bei der Einlegung einer Beschwerde nach § 11, 12 AVAG und bei einer

---

Prozessführungslast des Beklagten – Urteilsanerkennung trotz mangelhafter Terminsladung, IPRax 2002, 378 f.

[185] BGH IPRax 2002, 395 ff.

[186] OLG Köln, Beschluss vom 6. Dezember 2002 – 16 W 12 / 02, siehe auch Mitteilung von *Reinemund* in IPRax 2004, 115, 117.

[187] Haager Übereinkommen über die Zustellung gerichtlicher und außergerichtlicher Schriftstücke im Ausland in Zivil- und Handelssachen vom 15. November 1965, BGBl. 1977 II, S. 1453, abgedruckt in Jayme/Hausmann Nummer 211.

[188] Siehe Erwägungsgrund (12) der Präambel der EuZVO.

[189] BGHZ 74, 278; *Schlosser*, 2. Auflage, Artikel 43 EuGVVO Rn. 14; Geimer/Schütze - *Geimer*, Europäisches Zivilverfahrensrecht, 2. Auflage, A. 1 Artikel 38 EuGVVO Rn. 74.

Vollstreckungsgegenklage nach der ZPO. Deren Präklusionszeitpunkt richtet sich jedoch statt nach § 767 Absatz 2 ZPO nach § 14 AVAG.
Weil die Vollstreckbarkeit durch die Vollstreckbarerklärung in Deutschland neu begründet wird, kann der Schuldner in diesem Verfahren die gleichen Einwendungen geltend machen, wie in einem parallel anhängigen Vollstreckungsverfahren in einem anderen Mitgliedstaat[190]. Zwischen den Anträgen auf Vollstreckbarerklärung in verschiedenen Mitgliedstaaten besteht keine Verfahrensidentität.
Die Vereinbarkeit des § 12 AVAG mit der EuGVVO und im gleichen Zug mit dem EuGVÜ wird teilweise[191] angezweifelt, weil die nachträgliche Aufhebung des zuerkannten Anspruchs auf der Grundlage von materiellen Vollstreckungsgegeneinwänden nicht als Versagungsgrund in der Verordnung bzw. im Übereinkommen aufgelistet sei. Art. 45 Absatz 1 Satz 1 EuGVVO begrenze den Prüfungsumfang der Vollstreckbarerklärung zudem ganz bewusst, um einen Beschleunigungseffekt zu erzielen[192]. Insbesondere Nelle schlägt vor, die Frage zur Vereinbarkeit des § 12 AVAG mit dem einschlägigen Gemeinschaftsrecht dem EuGH vorzulegen[193]. Die Vorschrift sei gemeinschaftsrechtswidrig, soweit sie Urteilen aus anderen Mitgliedstaaten in Deutschland die gleiche Präklusionswirkung beimisst, die einem deutschen Urteil zukäme[194]. Dies widerspreche jedoch dem Gebot der Wirkungserstreckung bei Anerkennung[195] in dem Umfang, der der Entscheidung im Ursprungsstaat zugesprochen wurde. Der Umfang wird auch durch die jeweilige Präkluionswirkung, welche im erststaatlichen Recht festgelegt ist, bestimmt, nicht jedoch durch zweitstaatliche Regelungen wie im Anerkennungsstaat Deutschland § 12 AVAG.
Wenn der Gerichtshof nun feststellen würde, dass § 12 AVAG gemeinschaftsrechtswidrig wäre, dürfte die Vorschrift aufgrund des Anwendungsvorrangs des Gemeinschaftsrechts nicht mehr angewandt werden[196]. Dann wären die materiellen Vollstreckungseinwände auf unstreitige oder rechtskräftig festgestellte Einwendungen beschränkt. Dem Schuldnerschutz wäre jedoch durch die Vollstreckungsgegenklage – auch in Form des einstweiligen Rechtsschutzes – gemäß §§ 767, 769 ZPO genügend Rechnung getragen[197].

---

[190] *Schlosser*, 2. Auflage, Artikel 38 EuGVVO Rn. 1; Rauscher – *Mankowski*, Europäisches Zivilprozessrecht, Artikel 38 EuGVVO Rn. 5, 7.
[191] *Nelle*, Anspruch, Titel und Vollstreckung, S. 273, 434 ff. in Bezug auf die Vereinbarkeit des § 13 AVAG a.F. mit dem EuGVÜ; Rauscher – *Mankowski*, Europäisches Zivilprozessrecht, Artikel 45 EuGVVO Rn. 6.
[192] *Geimer*, Das EuGVVO-Beschwerdeverfahren an der Schnittstelle von europäischem Gemeinschaftsrecht und nationalem Recht, IPRax 2003, 337, 338 f.; *Schlosser*, 2. Auflage, Artikel 43 EuGVVO Rn. 14; Rauscher – *Mankowski*, Europäisches Zivilprozessrecht, Artikel 45 EuGVVO Rn. 6.
[193] *Nelle*, Anspruch, Titel und Vollstreckung, S. 452.
[194] *Nelle*, Anspruch, Titel und Vollstreckung, S. 277.
[195] EuGHE 4.2.1988 Rs 145/86 – *Hoffmann/Krieg* – Slg. 1988, 645.
[196] *Nelle*, Anspruch, Titel und Vollstreckung, S. 452. Die von Nelle dargestellte Problematik, wie man den Anwendungsvorrang des EuGVÜ begründet, stellt sich bei der EuGVVO nicht mehr, da es sich um sekundäres Gemeinschaftsrecht handelt.
[197] *Nelle*, Anspruch, Titel und Vollstreckung, S. 453.; *Schlosser*, 2. Auflage, Artikel 43 EuGVVO Rn. 14.

Geimer schlägt dagegen vor, die §§ 12, 14 EuGVVO insofern gemeinschaftsrechtskonform auszulegen, als dass sie auf liquide Einwendungen beschränkt werden, also auf solche, die unbestritten bzw. rechtskräftig festgestellt sind[198]. Problematisch bei dieser Einschränkung ist die Tatsache, dass erst die Reaktion des Antragstellers auf vorgebrachte Einwendungen Aufschluss darüber gibt, ob diese liquide oder illiquide sind. Illiquide Einwendungen in diesem Sinne könne der Schuldner nur im Rahmen der Vollstreckungsgegenklage geltend machen. Diese Lösung ist unpraktikabel, weil der Rechtsbehelf erst nach seiner Erhebung benannt werden kann.
Die Ausführungen Nelles sind insofern überzeugend, als dass die nationale Vorschrift des § 12 AVAG zu einem Ungleichgewicht im gemeinschaftsrechtlichen Urteilsverkehr führen würde. Ziel der EuGVVO ist es jedoch, den unterschiedlichen Prozessrechtsordnungen Schranken zu weisen, um eine einheitliche Handhabung in der Gemeinschaft zu gewährleisten zu können. Diesbezüglich zählt § 12 AVAG zum deutschen Prozessrecht, weil die Vorschrift nicht die „Durchführung" der EuGVVO (§ 1 Absatz 1 Nummer 2 b AVAG) regelt, sondern die Vorschrift des Art. 45 Absatz 1 Satz 1 erweitert. Der deutsche Gesetzgeber hat insofern jedoch nicht die Kompetenz, die Anerkennungswirkungen von Entscheidungen aus anderen Mitgliedstaates für Deutschland zu modifizieren. Allein die Regelung der vollstreckungsrechtlichen Rechtsbehelfe bleiben ihm vorbehalten[199]. Somit sind die Zweifel an der Gemeinschaftsrechtswidrigkeit des § 12 AVAG begründet.

bb) Rechtsbehelfe im deutschen Zivilverfahrensrecht

Schließlich bleibt die Vollstreckungsgegenklage gemäß § 767 Absatz 2 ZPO als Möglichkeit, Einwendungen gegen die Richtigkeit der Entscheidung im Ursprungsstaat unter Berücksichtigung der Einschränkungen der Präklusion gemäß § 14 Absatz 1 AVAG geltend zu machen[200].

d) Zusammenfassung betreffend die Zwangsvollstreckung nach der EuGVVO

Die Verlegung der Prüfung der Versagungsgründe in die Rechtsbehelfsphase stellt – im Vergleich zum EuGVÜ - eine Beschränkung des Schuldnerschutzes und eine Förderung des Gläubigerinteresses an einem schnellen Vollstreckungszugriff dar. Allerdings war diese Kontrolle auch im Rahmen des EuGVÜ in der ersten Instanz praktisch nicht möglich[201]. Folglich wurde durch die Einführung der EuGVVO die Überprüfung der Anerkennungshindernisse nun „nur" ausdrücklich kodifiziert in die Rechtsbehelfsphase verlegt. Außerdem darf der Zweitrichter die Vollstreckung nicht mehr aufgrund eines Anerkennungsversagungsgrundes verweigern, sondern muss den Schuldner dies-

---

[198] *Geimer*, Das EuGVVO-Beschwerdeverfahren an der Schnittstelle von europäischem Gemeinschaftsrecht und nationalem Recht, IPRax 2003, 337, 339; Geimer/Schütze - *Geimer*, Europäisches Zivilverfahrensrecht, 2. Auflage, Artikel 45 EuGVVO Rn. 11 ff.
[199] Dazu ausführlicher bei der Vollstreckungsgegenklage gegen den Europäischen Vollstreckungstitel in Punkt B V 1. c), d) und e).
[200] Insofern ist auf die Ausführungen zur EuGVÜ in Punkt B II 2. c) bb) zu verweisen.
[201] Siehe Punkt B II 2. b); *Stadler*, Das Europäische Zivilprozessrecht – Wie viel Bescheunigung verträgt Europa?, IPRax 2004, 2, 5.

bezüglich auf die Rechtsbehelfsebene verweisen. Dieser Zustand ist insofern unbefriedigend, als dass der Richter, welcher über die Vollstreckbarerklärung entscheiden muss, zur Schaffung eines rechtswidrigen Zustandes gezwungen wird[202] und der Prozess durch das unvermeidbare Ergreifen von Rechtsbehelfen entgegen dem Grundsatz der Prozessökonomie verlängert wird.

III Die Europäische Verordnung zur Einführung eines Europäischen Vollstreckungstitels für unbestrittene Forderungen

Im Folgenden wird zunächst der Ablauf der Zwangsvollstreckung bei unbestrittenen Forderungen ab Inkrafttreten der EuVTVO dargestellt, um in einem zweiten Teil die Konsequenz dieser Veränderungen diskutieren zu können.

1. Zwangsvollstreckung nach der EuVTVO

Es wird bei der Beschreibung des Verfahrens vom Urteil im Erststaat bis zum Vollstreckungsakt im Zweitstaat insbesondere darauf eingegangen, inwiefern sich die Rechtsbehelfsmöglichkeiten des Schuldners im Anwendungsbereich der EuVTVO im Vergleich zu der bisherigen Rechtslage innerhalb der Europäischen Gemeinschaft verändert haben. Gegenstand der neuen Europäischen Verordnung zur Einführung eines Europäischen Vollstreckungstitels für unbestrittene Forderungen ist nach Art. 1 die Ermöglichung des freien Verkehrs „von Entscheidungen, gerichtlichen Vergleichen und öffentlichen Urkunden in allen Mitgliedstaaten (...), ohne dass im Vollstreckungsmitgliedstaat Zwischenverfahren vor der Anerkennung und Vollstreckung angestrengt werden müssen".

a) Anwendungsbereich

aa) Sachlicher Anwendungsbereich

Die Verordnung zur Einführung eines Europäischen Vollstreckungstitels für unbestrittene Forderungen hat den gleichen sachlichen Anwendungsbereich wie die EuGVVO[203], Art. 2 EuVTVO[204]. Die EuVTVO gilt eingeschränkt für unbestrittene Forderungen, welche in Art. 3 Absatz 1 und Art. 4 EuVTVO definiert sind. Eine Forderung ist demnach eine „Forderung auf Zahlung einer bestimmten Geldsumme, die fällig ist oder deren Fälligkeitsdatum in der Entscheidung, dem gerichtlichen Vergleich oder der öffentlichen Urkunde angegeben ist" (Art. 4 Nummer 2 EuVTVO). Das Bestätigungsformblatt in Anhang I enthält u.a. hinsichtlich der Fälligkeit unter Nummer 5 Felder für präzise Daten. Nicht von der EuVTVO erfasst sind aufgrund ihrer Be-

---

[202] *Kohler*, Von der EuGVVO zum Europäischen Vollstreckungstitel, in: Reichelt/Rechberger (Hrsg.), Europäisches Kollisionsrecht, 63, 69.

[203] Zum Anwendungsbereich der EuGVVO siehe Punkt B II 3. a) und dem des EuGVÜ siehe Punkt B II 2. a) aa).

[204] *Coester-Waltjen*, Einige Überlegungen zu einem künftigen Europäischen Vollstreckungstitel, FS Beys 2003, 183, 184; *Wagner*, Die neue EG-Verordnung zum Europäischen Vollstreckungstitel, IPRax 2005, 189, 191; *Rauscher*, Der Europäische Vollstreckungstitel für unbestrittene Forderungen, Rn. 43.

schränkung solche Titel, die auf Zahlung einer Geldsumme Zug um Zug gegen eine Gegenleistung gerichtet sind[205].

Eine Forderung ist beispielsweise unbestritten, wenn „der Schuldner ihr im Gerichtsverfahren ausdrücklich durch Anerkenntnis oder einen durch vor einem Gericht geschlossenen Vergleich zugestimmt hat" (Art. 3 Absatz 1 lit. a EuVTVO).

Außerdem kann ein Europäischer Vollstreckungstitel über eine solche Forderung ausgestellt werden, wenn der Schuldner „ihr im gerichtlichen Verfahren zu keiner Zeit nach den maßgeblichen Verfahrensvorschriften des Rechts des Ursprungsmitgliedstaates widersprochen hat" (Art. 3 Absatz 1 lit. b EuVTVO).

Nach Erwägungsgrund (6) der Präambel der EuVTVO liegt ein fehlender Widerspruch im Sinne von Art. 3 Absatz 1 lit. b EuVTVO auch dann vor, wenn der Schuldner „nicht zur Gerichtsverhandlung erscheint oder einer Aufforderung des Gerichts, schriftlich mitzuteilen, ob er sich zu verteidigen beabsichtigt, nicht nachkommt". Eine solche Situation liegt beispielsweise bei Erlass eines deutschen Mahnbescheids nach § 692 ZPO vor. Die Kommission hat den geänderten Vorschlag des Europäischen Parlaments zu Art. 3 Absatz 1 lit. b EuVTVO zumindest teilweise berücksichtigt, indem zur Klarstellung eingefügt wurde, dass die Verfahrensvorschriften des Rechts des Ursprungsstaates maßgeblich sind[206]. Erwähnenswert in diesem Zusammenhang ist, dass eine Erklärung des Schuldners, er könne seiner Zahlungsverpflichtung allein aus materiellen Schwierigkeiten nicht nachkommen, in der neuen Endfassung im Gegensatz zur Fassung vom 11. Juni 2003 als ein solcher Widerspruch im Sinne des Art. 3 Absatz 1 lit. b EuVTVO angesehen wird. Dadurch wird betont, dass nunmehr allein das Recht des Ursprungsstaates für die Beurteilung eines Widerspruchs im Sinne des Art. 3 Absatz 1 lit. b EuVTVO entscheidend ist. Eine materiell unbeachtliche Verteidigung gegen die Forderung reicht also schon aus, um die Bestätigung des Titels zu verhindern[207]. Durch den Wegfall der verordnungsautonomen und daher harmonisierenden verfahrensrechtlichen Regelung wird dem nationalen Verfahrensrecht für die Beurteilung des Widerspruchs der Vorrang eingeräumt. Aufgrund der unterschiedlichen nationalen Definitionen des Widerspruchs im Sinne des Art. 3 Absatz 1 lit. b EuVTVO ist es folglich für den Gläubiger von Bedeutung, in welchem Mitgliedstaat er klagt. Insofern besteht die Gefahr des *forum shopping*. Diese Situation liegt dann vor, wenn die Parteien durch die Wahl eines bestimmten Gerichtsstandes Unterschiede im nationalen Recht bewusst zu ihren Gunsten ausnutzen[208]. Wenn also die Voraussetzungen des Widerspruchs nach dem Recht des Staates A schwieriger zu erfüllen sind als nach dem Recht des Staates B, wird der Gläubiger versuchen, sein Recht in Staat A durchzusetzen. Dort ist es schließlich wahrscheinlicher, dass eine Forderung nach Art. 3 Absatz 1 lit. b EuVTVO unbestritten bleibt.

Die klarstellende Ergänzung in Art. 3 Absatz 1 lit. b EuVTVO des Widerspruchs *in einem gerichtlichen Verfahren* ist ebenfalls auf den Vorschlag des Europäischen Par-

---

[205] *Wagner*, Die neue EG-Verordnung zum Europäischen Vollstreckungstitel, IPRax 2005, 189, 192; *Rauscher*, Der Europäische Vollstreckungstitel für unbestrittene Forderungen, Rn. 51.

[206] Amtliche Begründung, KOM (2003) 341 endgültig, S. 3.

[207] *Rauscher*, Der Europäische Vollstreckungstitel für unbestrittene Forderungen, Rn. 57.

[208] *V. Hoffmann/Thorn*, Internationales Privatrecht, § 3 Rn. 63; *Schack*, Internationales Zivilverfahrensrecht, Rn. 221.

laments vom 8. April 2003 zurückzuführen und soll die Anwendbarkeit der EuVTVO auch für den Fall sicherstellen, in dem der Schuldner dem Mahnbescheid widersprochen und somit automatisch ein gerichtliches Verfahren eingeleitet hat, jedoch im gerichtlichen Verfahren die Forderung nicht mehr bestreitet.

Als unbestritten gilt eine Forderung ebenfalls dann, wenn „der Schuldner zu einer Gerichtsverhandlung über die Forderungen nicht erschienen ist und nicht vertreten worden ist, nachdem er zuvor im gerichtlichen Verfahren der Forderung widersprochen hatte, sofern ein solches Verhalten nach dem Recht des Ursprungsmitgliedstaates als stillschweigendes Zugeständnis der Forderung oder des vom Gläubiger behaupteten Sachverhalts anzusehen ist" (Art. 3 Absatz 1 lit. c EuVTVO). Dieser letzte Halbsatz wurde auch erstmals in der endgültigen Fassung der EuVTVO mit dem Zweck eingefügt, dass eine Forderung in diesem Sinne nur dann als unbestritten betrachtet wird, wenn eine mit dem deutschen Versäumnisurteil gemäß §§ 331 ff. ZPO vergleichbare Entscheidung im Ursprungsstaat die Folge des Nichterscheinens ist[209]. Auf ein Versäumnisurteil gegen den Berufungskläger ist die Verordnung allerdings nicht anwendbar, weil die Säumnis nur zu einer Verwerfung der Berufung führt, § 539 Absatz 1 ZPO[210]. Hat die Säumnis des Vollstreckungsschuldners nach dem anwendbaren nationalen Recht des Ursprungsstaates keine Auswirkungen auf die Prozesssituation, bedarf der Schuldner auch keines Schutzes im Sinne der EuVTVO. Ein aufrechterhaltenes Versäumnisurteil, welches nach einem Einspruch ergeht bzw. die Entscheidung nach Aktenlage (§ 331a ZPO) kann nicht nach der EuVTVO bestätigt werden. Die Zuständigkeitsrüge ohne Einlassung zur Sache reicht im Übrigen nicht aus, um die Bestätigung der Entscheidung als Europäischer Vollstreckungstitel zu verhindern[211].
Schließlich begründet auch die ausdrückliche Anerkennung der Forderung in einer öffentlichen Urkunde deren Unbestrittenheit (Art. 3 Absatz 1 lit. d EuVTVO). Die zu vollstreckende Forderung und deren Höhe müssen sich aus dem Titel ergeben, also von der Anerkennung eindeutig umfasst sein[212]. Das Nichtbestreiten muss sich unbedingt auf alle Merkmale der Forderung beziehen, also auch auf die Höhe.
In Art. 3 Absatz 2 EuVTVO wurde in der Endfassung zudem ergänzt, dass diese Verordnung auch für Entscheidungen gilt, die nach Anfechtung von als Europäische Vollstreckungstitel bestätigten Entscheidungen, gerichtlichen Vergleichen oder öffentlichen Urkunden ergangen sind. Also bleiben auch solche Forderungen unbestritten im Sinne der EuVTVO, die erst nach erfolgter Bestätigung als Europäischer Vollstreckungstitel angegriffen werden[213].

---

[209] *Stein*, Der Europäische Vollstreckungstitel für unbestrittene Forderungen tritt in Kraft - Aufruf zu einer nüchternen Betrachtung, IPRax 2004, 181, 188.
[210] *Wagner*, Die neue EG-Verordnung zum Europäischen Vollstreckungstitel, IPRax 2005, 189, 193; *Rauscher*, Der Europäische Vollstreckungstitel für unbestrittene Forderungen, Rn. 59, 60.
[211] *Rauscher*, Der Europäische Vollstreckungstitel für unbestrittene Forderungen, Rn. 55.
[212] *Rauscher*, Der Europäische Vollstreckungstitel für unbestrittene Forderungen, Rn. 53.
[213] Vgl. auch *Wagner*, Die neue EG-Verordnung zum Europäischen Vollstreckungstitel, IPRax 2005, 189, 193.

Als „Entscheidung“ im Sinne der Verordnung gilt gemäß Art. 4 Nummer 1 EuVTVO „jede von einem Gericht eines Mitgliedstaates erlassene Entscheidung ungeachtet ihrer Bezeichnung wie Urteil, Beschluss, Zahlungsbefehl, Vollstreckungsbescheid und Kostenfestsetzungsbeschluss eines Gerichtsbediensteten“. Art. 4 Nummer 1 EuVTVO greift die Legaldefinition der „Entscheidung“ aus Art. 32 EuGVVO auf[214].

Aufgrund der Tatsache, dass deutsche Unterhaltstitel gemäß § 1612a BGB nur einen bestimmbaren Geldbetrag ausweisen, geht aus dem Wortlaut der EuVTVO nicht eindeutig hervor, ob sie, für den Fall, dass sie unbestritten sind, vom sachlichen Anwendungsbereich erfasst sind[215]. Die Besonderheit solcher Titel liegt darin, dass sie den Unterhalt im Tenor nicht als bezifferte Größe, sondern als Vomhundertsatz des Regelbetrages ausweisen. Der deutsche Gesetzgeber hat zur Vermeidung von Rechtsunsicherheiten in diesem Zusammenhang § 790 ZPO geschaffen, demnach der dynamisierte Unterhaltstitel kostenlos beziffert werden kann[216]. Gemäß § 790 Absatz 2 ZPO sind für die Bezifferung die Gerichte, Behörden oder Notare zuständig, denen die Erteilung einer vollstreckbaren Ausfertigung des Titels obliegt. § 791 ZPO wurde zur Rechtsbereinigung und aus Klarstellungsgründen gestrichen, weil kein Staat ausländische Urteile im Wege der Rechtshilfe ohne Antrag des Gläubigers vollstreckt[217].
Am 15. Dezember 2005 hat die Kommission der EG den Vorschlag für eine Verordnung des Rates über die Zuständigkeit und das anwendbare Recht in Unterhaltssachen, die Anerkennung und Vollstreckung von Unterhaltsentscheidungen und die Zusammenarbeit im Bereich der Unterhaltspflichten[218] vorgelegt. In diesem Vorschlag ist ebenfalls die Abschaffung des Vollstreckbarerklärungsverfahrens geplant. Somit kann die Frage der Anwendbarkeit der EuVTVO auf Unterhaltstitel spätestens mit Inkrafttreten dieser Verordnung dahinstehen.

bb) Räumlicher Anwendungsbereich

Nach Art. 34 gilt die EuVTVO unmittelbar in den Mitgliedstaaten. Der räumliche Anwendungsbereich entspricht demjenigen der EuGVVO[219]. Gemäß Art. 2 Absatz 3 EuVTVO bezeichnet der Begriff „Mitgliedstaaten“ alle EG-Mitgliedsstaaten mit Ausnahme Dänemarks[220]. Wie dem Erwägungsgrund (24) der Präambel der EuVTVO zu entnehmen ist, haben das Vereinigte Königreich und Irland gemäß Art. 3 EG in Verbindung mit dem dem EU-Vertrag anhängenden Protokoll über die Position dieser

---

[214] *Rauscher*, Der Europäische Vollstreckungstitel für unbestrittene Forderungen, Rn. 45.
[215] BT-Drucks 15/5222, S. 21.
[216] *Wagner*, Das Gesetz zur Durchführung der VO zum Europäischen Vollstreckungstitel, IPRax 2005, 401, 409.
[217] BT-Drucks 15/5222, S. 1, 22; *Wagner*, Das Gesetz zur Durchführung der VO zum Europäischen Vollstreckungstitel, IPRax 2005, 401, 402.
[218] KOM (2005) 649 endg.
[219] *Kropholler*, Europäisches Zivilprozessrecht, 8. Auflage, Einl EuVTVO, Rn. 16.
[220] Siehe auch Erwägungsgrund (25) der Präambel der EuVTVO, demnach sich Dänemark gemäß den Art. 1 und 2 EG i. V. m. dem Protokoll über seine Position, welches dem EU-Vertrag anhängt, nicht an der Annahme der EuVTVO beteiligt.

beiden Mitgliedstaaten[221] mitgeteilt, dass sie sich an der Annahme und Anwendung der EuVTVO beteiligen möchten (sog. Opt-in-Möglichkeit). Auch in den zehn neuen Mitgliedsstaaten, die der Europäischen Gemeinschaft am 1. Mai 2004 beigetreten sind, gilt die EuVTVO von Beginn an. Art. 299 EG beinhaltet in diesem Zusammenhang die Definition des Vertragsgebiets des EG-Vertrages.

Zusammenfassend ist festzuhalten, dass in Deutschland Europäische Vollstreckungstitel, also Titel, welche in den anderen EG-Mitgliedstaaten mit der Ausnahme Dänemarks auf der Grundlage der EuVTVO als solcher bestätigt wurden, ohne Vollstreckbarkeitsverfahren zu vollstrecken sind. Ebenso können deutsche Vollstreckungstitel, welche als Europäischer Vollstreckungstitel bestätigt wurden, in allen anderen EG-Mitgliedstaaten mit der Ausnahme Dänemarks vollstreckt werden.

cc) Zeitlicher Anwendungsbereich

Nach Art. 26 EuVTVO gilt die EuVTVO nur für nach dem Inkrafttreten am 21. Januar 2005 ergangene Entscheidungen, gerichtlich gebilligte oder geschlossene Vergleiche und ausgestellte öffentliche Urkunden. Nach der Fassung vom 11. Juni 2003 (Ex-Art. 29) war die EuVTVO anwendbar, wenn das Gerichtsverfahren nach dem Inkrafttreten eingeleitet wurde. Was mit der Einleitung des Gerichtsverfahrens gemeint war, wurde speziell in Art. 29 Absatz 2 lit. a und b EuVTVO beschrieben, damit auf eine verordnungsautonome Definition der Anhängigkeit – allerdings nur bezüglich des zeitlichen Anwendungsbereichs - zurückgegriffen werden konnte[222]. Nach der Endfassung ist hingegen von Bedeutung, wann die Entscheidung selbst ergangen ist. Die Verlagerung des Zeitpunkts ohne verordnungsautonome Definition des „Ergehens“ einer Entscheidung hat den Nachteil, dass der Anwendungsbereich nicht einheitlich bestimmbar ist. Man wird wohl auf die lex fori zurückgreifen, so dass in Deutschland der Zeitpunkt des Ergehens der Entscheidung im Sinne des Art. 26 EuVTVO von der Wirksamkeit der Entscheidung allen Prozessbeteiligten gegenüber abhängt[223].

b) Formelle Voraussetzungen der Vollstreckung nach der EuVTVO

Nach Art. 20 Absatz 2 EuVTVO muss der Gläubiger den Vollstreckungsbehörden folgende Dokumente, welche gemeinsam die vollstreckbare Ausfertigung bilden, zukommen lassen: eine Ausfertigung der Entscheidung des Erststaates (Art. 20 Absatz 2 lit. a EuVTVO), eine Ausfertigung der Bestätigung über den Europäischen Vollstreckungstitel nach Art. 9 EuVTVO (Art. 20 Absatz 2 lit. b EuVTVO) und gegebenenfalls eine Transkription der Bestätigung oder eine Übersetzung in die Amtssprache des Vollstreckungsmitgliedstaates (Art. 20 Absatz 2 lit. c EuVTVO). Die Mitgliedstaaten müssen der Kommission nach Art. 30 Absatz 1 lit. b EuVTVO mitteilen, welche Sprachen im Rahmen dieser Vorschrift zugelassen sind.

---

[221] Amtsblatt EG 1997, C 340/99.

[222] *Hüßtege*, Braucht die Verordnung über den europäischen Vollstreckungstitel eine ordre-public-Klausel?, FS Jayme 2004, 371, 374; *Hüßtege*, Der europäische Vollstreckungstitel, in: Gottwald (Hrsg.), Perspektiven der justiziellen Zusammenarbeit in der Europäischen Union, 113, 122, 123.

[223] *Wagner*, Die neue EG-Verordnung zum Europäischen Vollstreckungstitel, IPRax 2005, 189, 192.

aa) Formelle Voraussetzungen der Bestätigung über den Europäischen Vollstreckungstitel (Art. 20 Absatz 2 lit. b i.V.m. Art. 9 EuVTVO)

In Art. 9 EuVTVO wird in Absatz 1 das Gericht, welches die Bestätigung über Europäischen Vollstreckungstitel ausstellt, verpflichtet, grundsätzlich das Formblatt aus Anhang 1 zu verwenden. Für Vergleiche oder öffentliche Urkunden wird für die Bestätigung das Formblatt gemäß der Anhänge II bzw. III verwendet[224]. Diese Bestätigung wird gemäß Art. 9 Absatz 2 EuVTVO in der Sprache ausgestellt, in der die Entscheidung abgefasst ist. Daher muss der Gläubiger den Vollstreckungsbehörden des anderen Mitgliedstaates neben einer Ausfertigung der Entscheidung und einer Ausfertigung der Bestätigung über den Europäischen Vollstreckungstitel gegebenenfalls eine Übersetzung des letzten Dokuments gemäß Art. 20 Absatz 2 lit. c EuVTVO vorlegen. Die Bestätigung muss eine übersichtliche standardisierte Zusammenfassung aller Tatsachen enthalten, welche die Entscheidung inhaltlich konkretisieren und individualisieren und für die Vollstreckung unabdingbar sind[225]. Zudem sind ausführliche Angaben darüber zu treffen, inwieweit die Voraussetzungen für die Ausstellung einer Bestätigung über den Europäischen Vollstreckungstitel erfüllt sind. Diese Voraussetzungen sollen die Garantie dafür geben, dass das Gericht im Ursprungsstaat vor Titelausstellung alle nach der EuVTVO erforderlichen Aspekte umfassend prüft.
Als lex specialis zu den einzelstaatlichen Vollstreckungsvorschriften regelt Art. 20 Absatz 3 EuVTVO, dass von der Partei, die aus einer als Europäischer Vollstreckungstitel bestätigten Entscheidung vollstrecken will, nicht wegen ihrer Eigenschaft als Ausländer oder wegen Fehlens des inländischen Wohnsitzes oder Aufenthalts eine Sicherheitsleistung auferlegt werden darf.

Die Bestätigung über den Europäischen Vollstreckungstitel entspricht funktional der vollstreckbaren Ausfertigung gemäß §§ 724 ff. ZPO bei deutschen Endurteilen und bei ausländischen Entscheidungen dem Vollstreckungsurteil gemäß § 722 Absatz 1 ZPO bzw. der Vollstreckbarerklärung nach Gemeinschaftsrecht i.V.m. dem AVAG[226]. Sie bildet demnach ein amtliches Zeugnis darüber, dass der Anspruch vollstreckbar ist. Die Erteilung der Vollstreckungsklausel nach §§ 724, 725 ZPO ist entbehrlich, da die Bestätigung der ausländischen Entscheidung als Europäischer Vollstreckungstitel und die hierüber gemäß Art. 9 EuVTVO auszustellende Bestätigung die Aufgabe der vollstreckbaren Ausfertigung übernimmt[227] (Wirkungsverleihung). Die Gerichte im Vollstreckungsstaat sollen von der Erteilung einer Vollstreckungsklausel bzw. anderer ver-

---

[224] Noch zur Fassung vom 11. Juni 2003: *Hüßtege*, Braucht die Verordnung über den europäischen Vollstreckungstitel eine ordre-public-Klausel?, FS Jayme 2004, 371, 382; *Hüßtege*, Der europäische Vollstreckungstitel, in: Gottwald (Hrsg.), Perspektiven der justiziellen Zusammenarbeit in der Europäischen Union, 113, 133, 134.

[225] Amtliche Begründung KOM (2002) 159, S. 8.

[226] *Hüßtege*, Braucht die Verordnung über den europäischen Vollstreckungstitel eine ordre-public-Klausel?, FS Jayme 2004, 371, 384; *Hüßtege*, Der europäische Vollstreckungstitel, in: Gottwald (Hrsg.), Perspektiven der justiziellen Zusammenarbeit in der Europäischen Union, 113, 136.

[227] *Hüßtege*, Braucht die Verordnung über den europäischen Vollstreckungstitel eine ordre-public-Klausel?, FS Jayme 2004, 371, 384; *Hüßtege*, Der europäische Vollstreckungstitel, in: Gottwald (Hrsg.), Perspektiven der justiziellen Zusammenarbeit in der Europäischen Union, 113, 136.

gleichbarer Dokumente im internationalen Rechtsverkehr und von der Überprüfung der Rechtmäßigkeit der Entscheidung entlastet werden, damit das Zwangsvollstreckungsverfahren schnell und kostengünstig abläuft[228]. Hier kommt es zu einer Abwägung der Schuldnerinteressen an der Abwehr der Vollstreckung und dem Gläubigerinteresse, zu einem frühstmöglichen Zeitpunkt Rechtssicherheit zu erlangen und Verfahrenskosten zu sparen.

bb) AVAG

Bezüglich der formellen Voraussetzungen des Europäischen Vollstreckungstitels ist festzuhalten, dass das Vollstreckbarerklärungsverfahren im Anwendungsbereich der EuVTVO nach dem AVAG in Deutschland entfällt. Daher erschien dem deutschen Gesetzgeber die Einfügung des Gesetzes zur Durchführung der EuVTVO in das AVAG nicht als sachgerecht[229]. Schließlich schafft die EuVTVO das im AVAG geregelte Vollstreckbarkeitsverfahren gerade ab.

c) Materielle Voraussetzungen des Europäischen Vollstreckungstitels

Art. 5 EuVTVO normiert die Abschaffung des Vollstreckbarerklärungsverfahrens, welches im Rahmen der EuGVVO nach deren Art. 38, 45 hingegen erforderlich ist. Um die Wirkungsverleihung der Bestätigung einer ausländischen Entscheidung als Europäischer Vollstreckungstitel auf dem Hoheitsgebiet des Vollstreckungsstaates zu verdeutlichen, hat die Kommission den Änderungsvorschlag des Parlaments angenommen, welcher darauf abzielt, dass Art. 5 EuVTVO (Ex-Art. 4 EuVTVO) durch den folgenden Zusatz ergänzt wird[230]: Die Anerkennung und Vollstreckung erfolgt, „ohne dass es hierzu einer Vollstreckbarerklärung bedarf und ohne dass die Anerkennung angefochten werden kann“[231]. Durch diese Formulierung soll auch ausdrücklich darauf hingewiesen werden, dass der Europäische Vollstreckungstitel durch die Bestätigung einem nationalen Vollstreckungstitel gleichgestellt wird.
Art. 6 EuVTVO, welcher den Grundsatz aus Art. 5 EuVTVO untermauert und konkretisiert, stellt vier materielle Anforderungen an den Europäischen Vollstreckungstitel, deren kumulatives Vorliegen das Gericht des Staates, in dem das Erkenntnisverfahren erfolgt ist, überprüfen muss. Die Bestätigung des Europäischen Vollstreckungstitels soll nunmehr auf jederzeitigen Antrag an das Ursprungsgericht erfolgen können. Nach der Legaldefinition in Art. 4 Nummer 6 EuVTVO handelt es sich bei dem Ursprungsgericht um „das Gericht, das mit dem Verfahren zum Zeitpunkt der Erfüllung der Voraussetzungen nach Art. 3 Absatz 1 lit. a, b und c befasst war“. Nach Ansicht der Kommission wird den Mitgliedstaaten durch den Hinweis auf das Gericht, an das der Antrag zu richten ist, ein größerer Spielraum bei der Zuständigkeitszuweisung gelassen, als wenn auf das für die Ausstellung der Bestätigung zuständige Gericht verwie-

[228] Siehe auch Erwägungsgrund (9) der Präambel der EuVTVO.
[229] BT-Drucks 15/5222, S. 1.
[230] Europäisches Parlament, 2002/0090 (COD), Berichtsentwurf vom 7. Februar 2003, (Abänderung 4, zu Artikel 4); so schon Erwägungsgrund 6 des Verordnungsvorschlags für die EuVTVO vom 27. August 2002.
[231] Amtliche Begründung KOM (2003) 341, S. 3, 13.

sen würde[232]. Ob jedoch die Vertrautheit des Ursprungsgerichts mit dem Fall die Fehleranfälligkeit der Bestätigung mindert, ist zweifelhaft. Um die entsprechenden Rechtskenntnisse aufgrund routinierter und häufiger Anwendung zu gewährleisten, würde es sich zumindest in Deutschland eher anbieten, die Zuständigkeit für den Antrag auf Bestätigung einer Entscheidung als Europäischer Vollstreckungstitel auf den Präsidenten des zuständigen Oberlandesgericht zu übertragen[233]. Durch die Einführung des § 1079 ZPO hat sich dieser Vorschlag nunmehr erübrigt[234].

aa) Vollstreckbarkeit (Art. 6 Absatz 1 lit. a EuVTVO)

In Art. 6 Absatz 1 lit. a EuVTVO wird als erste Voraussetzung gefordert, dass die Entscheidung im Ursprungsmitgliedstaat vollstreckbar ist. Dieses Erfordernis begründet sich darauf, dass die EuVTVO nicht die bloße Anerkennung einer Entscheidung ohne deren gleichzeitige Vollstreckbarkeit regelt[235]. Die Voraussetzung der Kongruenz der Vollstreckbarkeit der Entscheidung im Ursprungsstaat mit der im Vollstreckungsstaat gibt ausdrücklich Art. 11 EuVTVO wieder.
Beim Kriterium der Vollstreckbarkeit gilt es zu ermitteln, ob an den im Verfahren unterlegenen Teil ein Leistungsbefehl ergangen ist. Das Recht des Vollstreckungsstaates braucht jedoch nicht Entscheidungen mit vergleichbarem Inhalt zu kennen[236]. Vielmehr richtet sich die Vollstreckbarkeit der Entscheidung nach der lex fori des Ursprungsstaates[237]. Daher ist auch laut dem Bestätigungsformular in Anhang I Nummer 6 eine Erklärung über die Vollstreckbarkeit im Ursprungsstaat abzugeben.

Fraglich ist, ob das in Deutschland als selbstverständlich vorausgesetzte Erfordernis der Bestimmtheit des Vollstreckungstitels im Rahmen der EuVTVO erforderlich ist. Für eine Gleichstellung eines ausländischen Titels mit einem deutschen im Rahmen des EuGVÜ wurde noch gefordert, dass die Bestimmtheit bzw. Bestimmbarkeit des ausländischen Vollstreckungstitels garantiert ist[238]. Das heißt, der ausländische Titel muss so bestimmt sein, dass es jedenfalls möglich ist, den zu vollstreckenden Betrag ohne weitere Wertungsentscheidungen zu berechnen. Die Unbestimmtheit eines Vollstreckungstitels darf hingegen im Rahmen des Art. 38 EuGVVO nicht zur Verweige-

---

[232] Mitteilung der Kommission an das Europäische Parlament vom 9. Februar 2004, KOM (2004) 90 endgültig, 2002/0090 (COD), S. 9.

[233] Vorschlag von *Rauscher*, Der Europäische Vollstreckungstitel für unbestrittene Forderungen, Rn. 72, Fn. 110.

[234] Mehr dazu in Punkt B V 6.

[235] *Rauscher*, Der Europäische Vollstreckungstitel für unbestrittene Forderungen, Rn. 48.

[236] *Schlosser*, 2. Auflage, Artikel 38 EuGVVO Rn. 3; Rauscher – *Mankowski*, Europäisches Zivilprozessrecht, Artikel 38 EuGVVO Rn. 11 ff.; Thomas/Putzo – *Hüßtege*, Artikel 38 EuGVVO Rn. 6.

[237] *Schlosser*, 2. Auflage, Artikel 38 EuGVVO Rn. 3.; *Coester-Waltjen*, Einige Überlegungen zu einem künftigen Europäischen Vollstreckungstitel, FS Beys 2003, 183, 195; *Hüßtege*, Braucht die Verordnung über den europäischen Vollstreckungstitel eine ordre-public-Klausel?, FS Jayme 2004, 371, 376; *Hüßtege*, Der europäische Vollstreckungstitel, in: Gottwald (Hrsg.), Perspektiven der justiziellen Zusammenarbeit in der Europäischen Union, 113, 125.

[238] *Stürner*, Prinzipien der Einzelzwangsvollstreckung, ZZP Band 99 (1986), 291, 315 ff.; *Koch*, Neuere Probleme der internationalen Zwangsvollstreckung einschließlich des einstweiligen Rechtsschutzes, 171, 185.

rung der Vollstreckbarerklärung führen, weil der Begünstigte aus einem ausländischen Urteil häufig die Korrektur der zu unbestimmten Entscheidung nicht erzwingen kann[239]. Diese Gefahr besteht bei der Vollstreckung von deutschen Europäischen Vollstreckungstitels nicht, da das deutsche Gericht, welches einen Europäischen Vollstreckungstitel ausstellt, aufgrund der zugrunde liegenden deutschen Entscheidung ausreichende Bestimmtheit feststellen muss[240]. Den umgekehrten Fall, dass ein Vollstreckungsorgan in einem Mitgliedstaat einen Europäischen Vollstreckungstitel vollstrecken soll, der nach den nationalen Vorschriften zu unbestimmt ist, regelt die EuVTVO nicht. Der Titelgläubiger ist jedoch genauso schutzlos gestellt wie im Rahmen der EuGVVO, nämlich das Ursprungsgericht kennt nicht die Vollstreckbarkeitsvoraussetzungen des Zweitstaates. Im Vollstreckbarkeitsverfahren in Anwendung der EuGVVO wurde der unbestimmte ausländische Titel vom Zweitgericht konkretisiert. Dies ist im Rahmen der EuVTVO jedoch gerade ausgeschlossen, denn im Zweitstaat ist keine Überprüfung des Titels möglich.
Trotzdem ist das Kriterium der Bestimmtheit unabdingbare Voraussetzung für die Zwangsvollstreckung. Der europäische Verordnungsgeber geht daher davon aus, dass aufgrund der einheitlichen Bestätigungsformulare hinsichtlich des Europäischen Vollstreckungstitels ein solches Problem nicht auftauchen kann. Um die Bestimmtheit des Titels zu fördern, enthalten die Bestätigungsformulare Felder, in denen die zu vollstreckenden Forderungen inklusive der Zinsen, Fälligkeit etc. zu beziffern sind. Weil das Bestimmtheitserfordernis bei Geldforderungen regelmäßig unproblematisch ist, stehen der fehlenden Überprüfungs- und Korrekturmöglichkeit der Bestimmtheit im Zweitstaat bei unbestrittenen Forderungen keine Bedenken entgegen. Zusammenfassend ist festzuhalten, dass die Bestimmtheit keine ausdrückliche materielle Voraussetzung eines Europäischen Vollstreckungstitels ist.

Noch in der Fassung der EuVTVO vom 11. Juni 2003[241] war die Rechtskraft der Entscheidung eine Voraussetzung für die Bestätigung als Europäischer Vollstreckungstitel. Nach Ex-Art. 3 Absatz 5 EuVTVO galt eine Entscheidung als „rechtskräftig, wenn gegen die Entscheidung kein ordentlicher Rechtsbehelf möglich ist oder die Frist für einen ordentlichen Rechtsbehelf abgelaufen und kein Rechtsbehelf eingelegt worden ist“. Diese Voraussetzung ist nun ersatzlos gestrichen worden. Ebenfalls wegen der Streichung der Rechtskraft überflüssig geworden ist die Definition des „ordentlichen Rechtsbehelfs“ in Ex-Art. 3 Absatz 6 EuVTVO[242], welche an der EuGH-Rechtsprechung zu Art. 30 Absatz 1 und 46 Absatz 2 EuGVÜ orientiert war[243].

---

[239] *Schlosser*, 2. Auflage, Artikel 38 EuGVVO Rn. 3b; Rauscher – *Mankowski*, Europäisches Zivilprozessrecht, Artikel 38 EuGVVO Rn. 21 ff.
[240] *Lackmann*, Zwangsvollstreckungsrecht, Rn. 56 ff.; Thomas/Putzo - *Putzo*, Vorbem. IV § 704 ZPO Rn. 16 f. bezüglich der Bestimmtheit bzw. Bestimmbarkeit eines deutschen Vollstreckungstitels.
[241] KOM (2003) 341 endgültig.
[242] Mitteilung der Kommission an das Europäische Parlament vom 9. Februar 2004, KOM (2004) 90 endgültig, 2002/0090 (COD), S. 5.
[243] EuGH NJW 1978, 1107; *Hüßtege*, Braucht die Verordnung über den europäischen Vollstreckungstitel eine ordre-public-Klausel?, FS Jayme 2004, 371, 374; *Hüßtege*, Der europäische Vollstreckungstitel, in: Gottwald (Hrsg.), Perspektiven der justiziellen Zusammenarbeit in der Europäischen Union, 113, 121.

Die Kommission begründet das Entfallen des Erfordernisses der Rechtskraft mit folgender Argumentation: Wenn ein Rechtsbehelf gegen eine Entscheidung über eine unbestrittene Forderung eingelegt und somit der zugrunde liegende Anspruch bestritten werde, müsse dieser ohne Vollstreckbarkeitsverfahren in den anderen Mitgliedstaaten durchsetzbar sein. Es sei nämlich unzumutbar, „den Europäischen Vollstreckungstitel für ungültig zu erklären und den Gläubiger zu zwingen, ein neues Verfahren - und zwar dann ein Exequaturverfahren – anzustrengen“, nur weil er die Forderung mit einem womöglich offensichtlich unbegründeten Rechtsbehelf bestritten hat[244]. Dass der Schuldner durch die Einlegung eines Rechtsbehelfs die „Vorzüge eines Europäischen Vollstreckungstitels zunichte machen“ könne, liefe dessen „ureigenstem Ziel“ zuwider. Es sollen also Situationen vermieden werden, in denen der Schuldner kostengünstig Widerspruch einlegt, um einen Europäischen Vollstreckungstitel für unbestrittene Forderungen zu verhindern, und dann im weiteren Verfahren nicht mehr reagiert. Nunmehr reicht demnach ein simpler Widerspruch des Schuldners nicht mehr, um die Anwendbarkeit der EuVTVO zu verhindern.

Die Interessen des Schuldners werden trotz Entfallens der Voraussetzung der Rechtskraft in Art. 6 Absatz 1 EuVTVO nach Ansicht der Kommission nach Art. 6 Absatz 2 und 23 EuVTVO (Aussetzung oder Beschränkung der Vollstreckung) angemessen gewahrt. Ersterer regelt, dass auf jederzeitigen Antrag an das Ursprungsgericht unter Verwendung eines Formblatts eine Bestätigung der Nichtvollstreckbarkeit bzw. der Beschränkung der Vollstreckbarkeit ausgestellt wird, wenn eine als Europäischer Vollstreckungstitel ausgestellte Entscheidung nicht mehr vollstreckbar oder ihre Vollstreckbarkeit ausgesetzt oder eingeschränkt ist. Die Vollstreckung kann gemäß Art. 23 EuVTVO auf Antrag des Schuldners beim zuständigen Gericht oder bei der befugten Stelle im Vollstreckungsstaat auf Sicherungsmaßnahmen beschränkt (lit. a), von der Leistung einer Sicherheit abhängig gemacht (lit. b) oder unter außergewöhnlichen Umständen ausgesetzt werden (lit. c). Voraussetzung dafür ist, dass der Schuldner entweder einen Rechtsbehelf gegen eine als Europäischer Vollstreckungstitel bestätigte Entscheidung eingelegt, wozu auch ein Antrag auf Überprüfung im Sinne des Art. 19 zählt, oder aber eine Berichtigung oder den Widerruf einer Bestätigung über den Europäischen Vollstreckungstitel gemäß Art. 10 EuVTVO beantragt hat. Der Antrag nach Art. 23 EuVTVO setzt voraus, dass die Einlegung des Rechtsbehelfs im Ursprungsstaat die Vollstreckungsfähigkeit des Titels nicht beeinflusst hat[245].

Diesbezüglich ist ebenfalls zu berücksichtigen, dass in der Fassung vom 11. Juni 2003 die Durchführung von Sicherungsmaßnahmen nach Ex-Art. 9 EuVTVO möglich war. Danach konnte für die Sicherungsvollstreckung auf die Rechtskraft des zugrunde liegenden Urteils unter der Voraussetzung verzichtet werden, dass alle anderen Voraussetzungen für die Bestätigung als Europäischer Vollstreckungstitel im Sinne des Ex-Art. 5 EuVTVO vorliegen.

---

[244] Mitteilung der Kommission an das Europäische Parlament vom 9. Februar 2004, KOM (2004) 90 endgültig, 2002/0090 (COD), S. 3.

[245] *Wagner*, Die neue EG-Verordnung zum Europäischen Vollstreckungstitel, IPRax 2005, 189, 198.

Weiterhin wird auf jederzeitigen Antrag gemäß Art. 6 Absatz 3 EuVTVO unter Verwendung des Standardformulars in Anhang V eine Ersatzbestätigung ausgestellt, wenn eine Entscheidung, die als Europäischer Vollstreckungstitel gemäß Art. 6 Absatz 1 EuVTVO bestätigt worden ist, angefochten wird und die Entscheidung über die Anfechtung im Ursprungsmitgliedstaat vollstreckbar ist. Insofern kann eine Entscheidung auch dann als Europäischer Vollstreckungstitel bestätigt werden, wenn gegen die zugrunde liegende Forderung ein Rechtsmittel erhoben wurde, sie also nicht mehr unbestritten ist[246]. Dass die EuVTVO auch hinsichtlich solcher Entscheidungen, die nach Anfechtung einer bereits bestätigten Entscheidung ergehen, anwendbar ist, regelt – wie bereits erwähnt –Art. 3 Absatz 2 EuVTVO und ist auch in Erwägungsgrund (7) der Präambel erwähnt. Rauscher hält eine solche Auslegung der Art. 6 Absatz 3 und 12 Absatz 2 EuVTVO, nämlich dass auch im Rechtsmittelverfahren bestrittene Forderungen als Europäischer Vollstreckungstitel bestätigt werden könnten, für unhaltbar[247]. Dies begründet er damit, dass eine Bestätigung immer unter der Voraussetzungen des Art. 3 Absatz 1 EuVTVO ergehen kann, wobei der gesamte Instanzenzug zu berücksichtigen sei. Dafür spreche auch die ratio der Verordnung, die dem Schuldner auferlegt, den Rechtsweg im Ursprungsstaat auszuschöpfen. Ein Rechtsbehelf des Schuldners müsse daher auch zur Bestrittenheit der Forderung und damit zur Unanwendbarkeit der Verordnung führen.
Damit ist streitig, ob Art. 6 Absatz 3 EuVTVO nur die „Anfechtung" der bestätigten Entscheidung durch den Vollstreckungsgläubiger oder auch durch den Schuldner gemeint ist. Der Wortlaut lässt beide Möglichkeiten zu. Gegen die Annahme, dass nur die Anfechtung des Gläubigers gemeint ist, spricht, dass es sich dann nicht erklären lässt, warum er überhaupt die Bestätigung beantragt hat, wenn er die Entscheidung noch angreifen will. Daher muss aus praktischen Erwägungen heraus zumindest auch die Anfechtung des Schuldners gemeint sein. Das führt wiederum dazu, dass also auch eine durch die Einlegung des Rechtsbehelfs im Ursprungsstaats („Anfechtung") bestrittene Forderung als Europäischer Vollstreckungstitel bestätigt werden kann. Durch die späte Einfügung des Art. 6 Absatz 3 EuVTVO hat die Kommission daher den Anwendungsbereich zu Lasten des Schuldners erheblich erweitert.

Zusammenfassend lässt sich feststellen, dass den Antrag nach Art. 6 Absatz 2 EuVTVO regelmäßig der Schuldner, den aus Art. 6 Absatz 3 EuVTVO der Gläubiger stellen wird. Dem Nachteil des Schuldners, dass nach der Endfassung der EuVTVO die zu bestätigende Entscheidung nicht mehr rechtskräftig sein muss, wird dadurch entgegengewirkt, dass er sich bei Rechtskraftdurchbrechung und bei Einlegung von Rechtsbehelfen gegen die zugrunde liegende Entscheidung auf Antrag gegen deren (uneingeschränkte) Vollstreckung wehren kann, Art. 6 Absatz 2. Das Entfallen der Rechtskraft als Voraussetzungen für die Bestätigung einer Entscheidung als Europäischer Vollstreckungstitels ist jedoch als eine weitere Einschränkung der Schuldnerrechte zu bewerten, da dieser zur Verteidigung aktiv werden muss, wohingegen der Gläubiger un-

[246] Mitteilung der Kommission an das Europäische Parlament vom 9. Februar 2004, KOM (2004) 90 endgültig, 2002/0090 (COD), S. 8.
[247] *Rauscher*, Der Europäische Vollstreckungstitel für unbestrittene Forderungen, Rn. 76 f.

ter niedrigeren Voraussetzungen einen Europäischen Vollstreckungstitel erlangen kann.

bb) Internationale Zuständigkeit (Art. 6 Absatz lit. b und d EuVTVO)

(1) Vollstreckungsversagungsgründe hinsichtlich der internationalen Zuständigkeit

In der Fassung der EuVTVO vom 11. Juni 2003 wurde die Beachtung der speziellen Zuständigkeitsvorschriften in Versicherungs- und Verbrauchersachen und der ausschließlichen Zuständigkeiten in Ex-Art. 5 lit. b EuVTVO für die Ausstellung eines Europäischen Vollstreckungstitels verlangt. In der endgültigen Fassung wird nunmehr das Vorliegen der internationalen Zuständigkeit in Verbrauchersachen in Art. 6 Absatz 1 lit. d EuVTVO unter anderen Bedingungen als in Kapitel II Abschnitt 4 der EuGVVO für die Bestätigung über einen Europäischen Vollstreckungstitel verlangt. Parallel zur Vollstreckbarerklärung nach der EuGVVO ist auch im Rahmen der EuVTVO die Einhaltung der Zuständigkeitsvorschriften für Arbeitssachen (Kapitel II Abschnitt 5 der EuGVVO) für die Bestätigung als Europäischer Vollstreckungstitel nicht erforderlich. Dies ist darauf zurückzuführen, dass so dem zu schützenden Arbeitnehmer, welcher in den meisten Fällen die Kläger und damit der Titelgläubiger ist, die Vollstreckung erleichtert wird[248].

(a) Zuständigkeit für Versicherungssachen und ausschließliche Zuständigkeiten

Nach Art. 6 Absatz 1 lit. b EuVTVO sind die Bestimmungen der EuGVVO über die internationale Zuständigkeit für Versicherungssachen (Kapitel II Abschnitt 3) und über ausschließliche Zuständigkeiten (Kapitel II Abschnitt 6) einzuhalten[249]. Das Ursprungsgericht darf seine internationale Zuständigkeit nicht unter Verletzung der Art. 8-14 EuGVVO oder des Art. 22 EuGVVO bejaht haben.

Auch im Rahmen des Vollstreckbarerklärungsverfahrens der EuGVVO kann nicht jeder Verstoß gegen die Zuständigkeitsordnung als Anerkennungsversagungsgrund nach Art. 35, 45 EuGVVO angeführt werden. Vielmehr kann nur die Verletzung ausschließlich der beiden genannten Abschnitte und der Zuständigkeitsvorschriften bei Verbrauchersachen (Kapitel II Abschnitt 4) die Vollstreckbarkeit der Entscheidung verhindern. Wie bereits dargestellt, wird der Schuldner auf das Rechtsbehelfsverfahren verwiesen, wenn er Verstöße gegen diese Vorschriften geltend machen möchte. Aufgrund dieser Voraussetzung ist der Schuldner verpflichtet, die Unzuständigkeit zu rügen. Lässt sich der Beklagte rügelos auf das Verfahren vor einem Gericht ein, welches sich nach den Abschnitten 3, 4 oder 6 der EuGVVO zu Unrecht zuständig erklärt hat, kann er im Anwendungsbereich der EuGVVO wegen der Regelung des Art. 24 EuGVVO die Anerkennung nicht verhindern. Art. 24 EuGVVO sieht nämlich in Satz 1 insofern eine Zuständigkeitsfiktion vor, als dass ein Gericht, sofern seine Kompetenz nicht bereits nach anderen Vorschriften der EuGVVO eröffnet ist, zuständig wird, wenn sich der Beklagte rügelos auf das Verfahren einlässt. Die Zuständigkeit des Gerichts ergibt sich

---

248 *Wagner*, Die neue EG-Verordnung zum Europäischen Vollstreckungstitel, IPRax 2005, 189, 194.
249 Amtliche Begründung zu KOM (2002) 159 endgültig, S. 7.

nur dann nicht automatisch durch das Einlassen des Beklagten auf das Verfahren, wenn es sich entgegen einer ausschließlichen Zuständigkeit aus Art. 22 EuGVVO für zuständig erklärt hat oder der Beklagte sich auf das Verfahren gerade mit der Absicht einlässt, den Zuständigkeitsmangel geltend zu machen (Art. 24 Satz 2 EuGVVO).
Auch im Rahmen der EuVTVO ist der Vollstreckungsschuldner wegen der Regelung des Art. 24 EuVTVO verpflichtet, die Unzuständigkeit nach Kapitel II Abschnitt 3 der EuVTVO zu rügen, um der Bestätigung der Entscheidung als Europäischer Vollstreckungstitel entgegenzuwirken[250]. Wegen Art. 24 Satz 2 EuVTVO entfällt die Rügepflicht für Kapitel II Abschnitt 6 der EuGVVO.
Zusammenfassend lässt sich sagen, dass die Bestätigung als Europäischer Vollstreckungstitel nur in solchen Fällen wegen Unzuständigkeit des Gerichts verweigert werden kann, wenn dieses sich entgegen der in Art. 6 Absatz 1 lit. b EuVTVO genannten speziellen Gerichtsstände für zuständig erklärt hat und der Beklagte in den Fällen einer speziellen Zuständigkeit in Versicherungssachen (Abschnitt 3 der EuGVVO) die Unzuständigkeit des Gerichts gerügt hat.

(b) Zuständigkeit bei Verbrauchersachen

Nach Art. 6 Absatz 1 lit. d EuVTVO muss die Entscheidung, welche als Europäischer Vollstreckungstitel bestätigt werden soll, in dem Mitgliedstaat ergangen sein, in dem der Schuldner seinen Wohnsitz im Sinne von Art. 59 EuGVVO[251] hat, sofern die Forderung unbestritten im Sinne von Art. 3 Absatz 1 lit. b (mit dem deutschen Mahnbescheid vergleichbar) oder lit. c EuVTVO (mit dem deutschen Versäumnisurteil vergleichbar) ist. Die Beschränkung auf Entscheidungen in Säumnissituationen ist mit dem geringeren Schutzbedürfnis des Schuldners beim Anerkenntnis, gerichtlichen Vergleich oder bei der öffentlichen Urkunde erklärbar (Forderungen im Sinne des Art. 3 Absatz 1 lit. a und d EuVTVO). Zweitens muss die Forderung einen Vertrag betreffen, den eine Person, der Verbraucher, zu einem Zweck geschlossen hat, der nicht der beruflichen oder gewerblichen Tätigkeit dieser Person zugerechnet werden kann und drittens muss der Schuldner Verbraucher sein. Auch in ihrer Mitteilung an das Europäische Parlament[252] äußert sich die Kommission nicht zu einer Definition dieses Begriffs.
Der Wortlaut des Art. 6 Absatz 1 lit. b und d EuVTVO führt unglücklicherweise zu folgender Situation: Weil nach Art. 6 Absatz 1 lit. b EuVTVO die Verbraucherzuständigkeiten der EuGVVO nicht vorliegen müssen, allerdings Forderungen gemäß Art. 3 Absatz 1 lit. a und d EuVTVO nicht unter Art. 6 Absatz 1 lit. d EuVTVO fallen, kann

---

[250] *Hüßtege*, Braucht die Verordnung über den europäischen Vollstreckungstitel eine ordre-public-Klausel?, FS Jayme 2004, 371, 377 f.; *Hüßtege*, Der europäische Vollstreckungstitel, in: Gottwald (Hrsg.), Perspektiven der justiziellen Zusammenarbeit in der Europäischen Union, 113, 126.
[251] Wortlaut des Artikels 59 EuGVVO: (1) Ist zu entscheiden, ob eine Partei im Hoheitsgebiet des Mitgliedstaates, dessen Gerichte angerufen sind, einen Wohnsitz hat, so wendet das Gericht sein Recht an.
(2) Hat eine Partei keinen Wohnsitz in dem Mitgliedstaat, dessen Gerichte angerufen sind, so wendet das Gericht, wenn es zu entscheiden hat, ob die Partei einen Wohnsitz in einem anderen Mitgliedstaat hat, das Recht dieses Mitgliedstaates an.
[252] Mitteilung vom 6. Februar 2004, KOM (2004) 90 endgültig, 2002/0090 (COD).

ein Anerkenntnisurteil gegen einen Verbraucher als Europäischer Vollstreckungstitel bestätigt werden, das unter Verstoß gegen Art. 15 ff. EuGVVO erging und deshalb nicht nach den Art. 33 ff. und 35 Absatz 1 EuGVVO anerkannt würde. Rauscher hält dies für ein Redaktionsversehen und löst die Situation durch den zwingenden Vorschlag, auf Anerkenntnisurteile gegen Verbraucher Art. 6 Absatz 1 lit. b EuVTVO analog anzuwenden, dass heißt, auch die Zuständigkeitsvorschriften des Kapitels II Abschnitt 4 EuGVVO zu prüfen[253].

(2) Fehlende Überprüfbarkeit der internationalen Zuständigkeit des Erstgerichts

Durch Art. 6 Absatz 1 lit. b und d EuVTVO wird ein Gleichlauf mit den Vorschriften der EuGVVO geschaffen[254]. Dies rechtfertigt jedoch nicht zwingend, dass eine ausländische Entscheidung als Europäischer Vollstreckungstitel bestätigt werden kann, obwohl sie gegen solche Zuständigkeitsvorschriften der EuGVVO verstößt, die in Art. 6 Absatz 1 lit. b und d EuVTVO nicht aufgeführt sind.

Es stellt sich die Frage, ob der Rechtsschutz des Schuldners durch die Beschränkung der Nachprüfbarkeit der internationalen Zuständigkeit des Erstgerichts im Wege der Einführung der EuVTVO verkürzt wurde. Schon vor Einführung der EuVTVO bestimmten die Absätze 1 und 3 des Art. 35 EuGVVO, dass die internationale Unzuständigkeit der Gerichte des Ursprungsstaates mit Ausnahme der besonderen (Versicherungs- und Verbrauchersachen) und ausschließlichen Gerichtsstände keinen Anerkennungs- und Vollstreckungsversagungsgrund darstellt. Zudem wurde in Art. 35 Absatz 3 Satz 2 EuGVVO geregelt, dass die Zuständigkeitsregeln nicht zum ordre public im Sinne der Anerkennungsversagungsgründe gehören. Das heißt, auch der Anerkennungsversagungsgrund nach Art. 34 Nummer 1 EuGVVO wurde explizit ausgeschlossen. Somit konnte die Vollstreckung bereits nach der EuGVVO bei Unzuständigkeit des Gerichts aufgrund anderer Zuständigkeitsregeln als denen in Art. 35 Absatz 1 EuGVVO erwähnten nicht verhindert werden. Folglich hat sich der Rechtsschutz des Schuldners vor international unzuständigen Gerichten durch die EuVTVO nur hinsichtlich der Tatsache verschlechtert, dass er diesen Mangel nicht mehr vor dem Gericht des Vollstreckungsstaates geltend machen kann, sondern sich nur mit der Rüge vor dem erkennenden Gericht wehren kann. Die Rechtsschutzmöglichkeiten gegen die Vollstreckung von Entscheidungen, die vor einem international unzuständigen Gericht getroffen wurden, sind jedoch auch im Anwendungsbereich der EuGVVO sehr restriktiv. Diese Feststellung macht jedoch eine Auseinandersetzung mit der fehlenden Kontrolle nicht entbehrlich. Da sich die Ausnahmen, in denen ein Zuständigkeitsmangel zur Verhinderung der Vollstreckung führen kann, in Art. 35 Absatz 1 EuGVVO und Art. 6 Absatz 1 lit. b und d EuVTVO bis auf die zusätzlichen Voraussetzungen für Verbrauchersachen in lit. d entsprechen, ist es sinnvoll, zunächst die bereits gereifte Kritik an der älteren der beiden Vorschriften darzustellen:

---

[253] *Rauscher*, Der Europäische Vollstreckungstitel für unbestrittene Forderungen, Rn. 96.

[254] Zu Ex-Artikel 5 lit. b EuVTVO in der Fassung vom 11. Juni 2003: *Hüßtege*, Braucht die Verordnung über den europäischen Vollstreckungstitel eine ordre-public-Klausel?, FS Jayme 2004, 371, 375, 377; *Hüßtege*, Der europäische Vollstreckungstitel, in: Gottwald (Hrsg.), Perspektiven der justiziellen Zusammenarbeit in der Europäischen Union, 113, 123, 126.

Bereits in Gestalt der Regelung des Art. 35 Absatz 3 EuGVVO ist hinsichtlich der eingeschränkten Überprüfbarkeit der Zuständigkeit des Gerichts des Erststaates eine unzulässige Rechtsschutzverkürzung nicht ausgeschlossen. Die internationale Zuständigkeit des erkennenden Gerichts ist bei der Anerkennung und Vollstreckung nicht von Amts wegen zu prüfen[255]. Der Beklagte – hier der Vollstreckungsschuldner - hat vielmehr ein Rügerecht und soll nicht gegen seinen Willen geschützt werden. Es ist in diesem Zusammenhang erneut darauf hinzuweisen, dass ein solches Rügerecht des Vollstreckungsschuldners im Zweitstaat im Verfahren über die Erteilung eines Europäischen Vollstreckungstitels jedoch grundsätzlich ausgeschlossen ist.
Die Beschränkung der Überprüfbarkeit auf besondere Gerichtsstände wird mit dem gegenseitigen Vertrauen der Mitgliedstaaten in die (korrekte) Anwendung der EuGVVO bzw. der EuVTVO gerechtfertigt. Jedoch ist insbesondere das Argument, in der bisherigen Praxis des EuGVÜ sei noch kein Fall der fehlenden oder falschen Anwendung des Übereinkommens ersichtlich, im Hinblick auf die Erweiterung der EU von 15 auf 25 Mitgliedstaaten nicht überzeugend. Das gegenseitige Vertrauen in die richtige Rechtsanwendung und in die Beachtung sekundären Gemeinschaftsrechts, das im europäischen Zivilverfahrensrecht in Form von Verordnungen an die Stelle nationalen Rechts tritt und unmittelbar anwendbar ist, kann nicht unterstellt werden, sondern muss sich aufbauen und entwickeln. Bei Verordnungen hinsichtlich der Anerkennung und Vollstreckung richterlicher Entscheidungen wäre es demnach sinnvoll, insbesondere die Tatsache der erhöhten Mitgliederzahl seit dem 1. Mai 2004 zumindest insofern zu berücksichtigen, als dass die richterliche Erstentscheidung hinsichtlich der internationalen Zuständigkeit überprüfbar ist.
Auch Art. 35 Absatz 3 EuGVVO weist insofern Mängel auf, als dass Zuständigkeitsvereinbarungen (Prorogation) trotz ihrer Einordnung in die ausschließlichen Gerichtsstände (Art. 23 Absatz 1 Satz 2 EuGVVO) nicht nachprüfbar sind, weil sie in der Aufzählung des Art. 35 Absatz 1 EuGVVO unerwähnt bleiben.
Aufgrund dieser Bedenken könnte man in der Regelung des Art. 35 EuGVVO einen Verstoß gegen den subjektiven ordre public sehen[256]. Denn auch Zuständigkeitsregelungen sind Teil eines nationalen ordre public[257]. Der subjektive ordre public beinhaltet im Wesentlichen die Wahrung der Grundrechte. In Deutschland wird die Wahrung des rechtlichen Gehörs durch Art. 103 Absatz 1 GG und Art. 6 EMRK[258] garantiert. Diese

---

[255] *Geimer*, Anerkennung ausländischer Entscheidungen in Deutschland, S. 54; Thomas/Putzo – *Hüßtege*, Artikel 35 EuGVVO Rn. 1.

[256] Zum Begriff siehe *Becker*, Grundrechtsschutz bei der Anerkennung und Vollstreckbarerklärung im europäischen Zivilverfahrensrecht, Diss. Köln 2003, S. 110. Siehe auch Punkt B I 3. h) bb) (2) zur Unterscheidung von subjektivem und objektivem ordre public.

[257] *Gottwald*, Anerkennung und Vollstreckung ausländischer Entscheidungen, ZZP Band 103 (1990), 257, 276.

[258] Wortlaut des Artikels 6 EMRK:

(1) Jede Person hat ein Recht darauf, dass über Streitigkeiten in bezug auf ihre zivilrechtlichen Ansprüche und Verpflichtungen oder über eine gegen sie erhobene strafrechtliche Anklage von einem unabhängigen und unparteiischen, auf Gesetz beruhendem Gericht in einem fairen Verfahren, öffentlich und innerhalb angemessener Frist verhandelt wird. Das Urteil muss öffentlich verkündet werden; Presse und Öffentlichkeit können jedoch während des ganzen oder eines Teiles des Verfahrens ausgeschlossen werden, wenn dies im Interesse der Moral, der öffentlichen Ordnung oder der nationalen

Verfahrensgrundrechte sollen innerhalb dieser Prüfung jedoch nicht verfassungsrechtlich vertieft werden, sondern lediglich als Maßstab für den subjektiven ordre public dienen. Art. 35 Absätze 1 und 3 EuGVVO werden im Hinblick auf die dem ordre public immanenten prozessualen Verfahrensgarantien kritisch beurteilt: Die Wahrung des rechtlichen Gehörs ist einerseits in dem Fall zweifelhaft, wenn sich ein Gericht entgegen Art. 3 Absatz 2 EuGVVO in Verbindung mit Anhang I, in dem exorbitante Zuständigkeiten aufgezählt und ausgeschlossen werden, zuständig erklärt. Daher wird die Vorschrift wegen der Gefahr eines Verstoßes gegen Verfahrensgrundrechte wie Art. 6 EMRK bereits insofern einschränkend ausgelegt, als dass dem Schuldner zumindest die Verteidigung gegen die Inanspruchnahme einer exorbitanten internationalen Zuständigkeit ermöglicht werden muss[259].

Fraglich ist, ob diese Restriktion des Wortlauts in den Fällen ausreicht, in denen der Gerichtsstand im Erststaat für den Vollstreckungsschuldner aus anderen Gründen als der Annahme einer exorbitanten Zuständigkeit unzumutbar war. Eine solche Gefahr besteht beispielsweise, wenn eine Vereinbarung über die internationale Zuständigkeit vom Erstgericht übersehen worden ist. Der Beklagte kann nun die Erteilung einer Vollstreckbarerklärung nicht verhindern, weil Abschnitt 7 der EuGVVO nicht in Art. 35 Absatz 1 EuGVVO genannt ist. Eine Gerichtsstandsvereinbarung ist jedoch Teil des Gesamtvertrages und hatte womöglich Einfluss auf die Entscheidung der Parteien, den Vertrag abzuschließen. Dass diese Ausgestaltung der Parteiautonomie die allgemeinen Zuständigkeitsvorschriften der EuGVVO kompromisslos abbedingen soll, zeigt auch die Formulierung des Art. 23 Absatz 1 Satz 2 EuGVVO, welcher den Begriff „ausschließlich" nennt. Um den Anspruch an die Exklusivität begründen zu können, werden auch hohe formelle Anforderungen an eine solche Prorogation gestellt. Daher ist es nicht verständlich und gesetzessystematisch inkonsequent, dass eine entgegenstehende Gerichtsstandsvereinbarung als ausschließliche Zuständigkeit nicht im

---

Sicherheit in einer demokratischen Gesellschaft liegt, wenn die Interessen von Jugendlichen oder der Schutz des Privatlebens der Prozessparteien es verlangen oder - soweit das Gericht es für unbedingt erforderlich hält - wenn unter besonderen Umständen eine öffentliche Verhandlung die Interessen der Rechtspflege beeinträchtigen würde.

(2) Jede Person, die einer Straftat angeklagt ist, gilt bis zum gesetzlichen Beweis ihrer Schuld als unschuldig.

(3) Jede angeklagte Person hat mindestens folgende Rechte:

a) innerhalb möglichst kurzer Frist in einer ihr verständlichen Sprache in allen Einzelheiten über Art und Grund der gegen sie erhobenen Beschuldigung unterrichtet zu werden;

b) ausreichende Zeit und Gelegenheit zur Vorbereitung ihrer Verteidigung zu haben;

c) sich selbst zu verteidigen, sich durch einen Verteidiger ihrer Wahl verteidigen zu lassen oder, falls ihr die Mittel zur Bezahlung fehlen, unentgeltlich den Beistand eines Verteidigers zu erhalten, wenn dies im Interesse der Rechtspflege erforderlich ist;

d) Fragen an Belastungszeugen zu stellen oder stellen zu lassen und die Ladung und Vernehmung von Entlastungszeugen unter denselben Bedingungen zu erwirken, wie sie für Belastungszeugen gelten;

e) unentgeltliche Unterstützung durch einen Dolmetscher zu erhalten, wenn sie die Verhandlungssprache des Gerichts nicht versteht oder spricht.

[259] *Schlosser*, 2. Auflage, Artikel 34-36 EuGVVO Rn. 30; *Kropholler*, Europäisches Zivilprozessrecht, 8. Auflage, Artikel 35 EuGVVO Rn. 3; Rauscher – *Leible*, Europäisches Zivilprozessrecht, Artikel 35 EuGVVO Rn. 5; MüKo ZPO - *Gottwald*, Aktualisierungsband, 2. Auflage, Artikel 35 EuGVVO Rn. 2; a. A. Thomas/Putzo – *Hüßtege*, Artikel 35 EuGVVO Rn. 1.

Wege einer Einrede geltend gemacht werden darf. Es kann nicht ausgeschlossen werden, dass die Vollstreckung einer ausländischen Entscheidung unzumutbar ist, die ohne Beachtung des parteilich vereinbarten Gerichtsstandes getroffen worden ist.
Insofern und in Zusammenschau mit der weit verbreiteten restriktiven Auslegung des Art. 35 Absatz 3 EuGVVO muss die Einschränkung der Zuständigkeitskontrolle durch die Zweitgerichte innerhalb der Europäischen Gemeinschaft bereits im Sinne des Art. 35 EuGVVO wegen der Nichtbeachtung grundlegender Verfahrensrechte als Verstoß gegen den subjektiven ordre public qualifiziert werden[260].
Dieses Ergebnis und die Fortsetzung der Rechtsschutzverkürzung des Schuldners durch Art. 6 Absatz 1 lit. b und d EuVTVO gibt Anlass für eine verfassungsrechtlich orientierte Prüfung dieser neuen Vorschrift vor dem Hintergrund des Art. 103 Absatz 1 GG.

(3) Verfassungsrechtliche Würdigung des Art. 6 Absatz 1 lit. b und d EuVTVO

(a) Würdigung hinsichtlich des Anspruchs auf rechtliches Gehör

Fraglich ist wegen der Gefahr der Unzumutbarkeit des Gerichtsstandes im Erststaat, ob die Tatsache, dass ein Verstoß gegen die Zuständigkeitsvorschriften der EuGVVO die Bestätigung als Europäischer Vollstreckungstitel nur dann hindert, wenn das Ursprungsgericht sich entgegen der Bestimmungen zur internationalen Zuständigkeit in Versicherungssachen bzw. zur ausschließlichen Zuständigkeit (Art. 6 Absatz 1 lit. b EuVTVO) oder entgegen Art. 6 Absatz 1 lit. d EuVTVO für zuständig erklärt hat, mit dem Anspruch auf rechtliches Gehör im Sinne der Art. 6 EMRK, 103 Absatz 1 GG im Einklang steht. Dieses deutsche Grundrecht wäre als verfassungsrechtliche Ausprägung der Wertvorstellungen im deutschen Prozessrecht im Rahmen einer ordre-public-Prüfung zu berücksichtigen.

(aa) Ausgestaltung des Anspruchs auf rechtliches Gehör

Nach Art. 103 Absatz 1 GG und gleichermaßen Art. 6 EMRK müssen sowohl die normative Ausgestaltung des Verfahrensrechts als auch das gerichtliche Verfahren im Einzelfall ein Ausmaß an rechtlichem Gehör eröffnen, das angemessen ist, um einen wirksamen Rechtsschutz zu garantieren[261]. Art. 103 Absatz 1 GG gewährt zwar keinen Anspruch auf eine bestimmte Verfahrensart oder auf eine mündliche Verhandlung[262], solange sich die Verfahrensbeteiligten bei Anwendung der gebotenen Sorgfalt über den gesamten Verfahrensstoff hätten informieren können[263]. Es dürfen einer gerichtlichen Entscheidung nur solche Tatsachen zugrunde gelegt werden, zu denen die Beteiligten Stellung nehmen konnten[264]. Somit muss gewährleistet sein, dass dem Vollstreckungsschuldner vor der Ausstellung des Europäischen Vollstreckungstitels rechtli-

[260] *Becker*, Grundrechtsschutz bei der Anerkennung und Vollstreckbarerklärung im europäischen Zivilverfahrensrecht; Diss. Köln 2003, S. 263.
[261] BVerfGE 60, 305, 310; 89, 120 ff; Schmidt-Bleibtreu/Klein-*Brockmeyer*, Artikel 103 GG Rn. 1.
[262] BVerfGE 1, 433, 437; 28, 88, 96.
[263] BVerfGE 89, 28 ff.; Schmidt-Bleibtreu/Klein-*Brockmeyer*, Artikel 103 GG Rn. 3.
[264] BVerfGE 13, 132, 145; 18, 147, 150; 46, 72, 73; 50, 280, 284; 67, 96, 99.

ches Gehör im dargestellten Sinne des Art. 103 Absatz 1 GG im ausländischen Verfahren gewährt wurde. Parallel dazu wird auch durch Art. 6 Absatz 1 der EMRK ein faires, zügiges und öffentliches Verfahren garantiert[265]. Art. 6 EMRK als europäischer Standard ist neben Art. 103 Absatz 1 GG vorliegend gleichermaßen zu berücksichtigen, weil bei der Auslegung des GG die Bestimmungen der EMRK zu beachten sind[266].

Um einen Verstoß beurteilen zu können, muss im Vorfeld festgestellt werden, ob das System der internationalen Zuständigkeit der EuGVVO eingehalten werden muss, damit der Anspruch auf rechtliches Gehör des Vollstreckungsschuldners in Deutschland gewahrt wird. Mit anderen Worten stellt sich die Frage, ob ein Verstoß gegen die internationalen Zuständigkeitsvorschriften den Schuldner in seinen Grundrechten verletzt. Dies ist nicht der Fall, wenn die Rechtspflege innerhalb der Europäischen Gemeinschaft gleichwertig ist.

(bb) Zweck der Vorschriften über die internationale Zuständigkeit in der EuGVVO

Das einheitliche System der Vorschriften über die internationale Zuständigkeit für die Mitgliedstaaten der Europäischen Gemeinschaft wurde nach seiner Schaffung im Rahmen des EuGVÜ quasi unverändert in die EuGVVO übertragen. Diese Bestimmungen beanspruchen Vorrang vor der Anwendung des nationalen Rechts. Sie müssen dieser Regel folgend auch in Fällen, in denen ein Europäischer Vollstreckungstitel erlassen wird, vom Erstgericht beachtet werden, weil beide Verordnungen den gleichen Anwendungsbereich haben, nach Art. 27 EuVTVO nebeneinander anwendbar sind und Art. 6 Absatz 1 lit. b EuVTVO auf die Zuständigkeitsvorschriften der EuVTVO ausdrücklich verweist. Wie festgestellt wurde, kann es jedoch trotz der Pflicht des Erstgerichts, seine internationale Zuständigkeit positiv festzustellen, zu dem Fall kommen, dass eine Entscheidung unanfechtbar als Europäischer Vollstreckungstitel bestätigt wird, obwohl die zugrunde liegende Entscheidung von einem international unzuständigen Gericht getroffen wurde. Es ist nicht auszuschließen, dass die Annahme dieser Zuständigkeit für den Beklagten unzumutbar ist. Daher ist der Zweck dieser Vorschriften über die internationale Zuständigkeit in der EuGVVO für die Beurteilung des Art. 6 Absatz 1 lit. b und d EuVTVO maßgeblich.

Aus dem Rechtsstaatsprinzip folgt, dass in allen Fällen, in denen ein ausreichender Inlandsbezug besteht und daher ein Rechtspflegebedürfnis vorliegt, eine internationale Zuständigkeit eröffnet sein muss[267]. Dieser abstrakte Grundsatz wurde im Rahmen der Zuständigkeitssysteme des EuGVÜ und der EuGVVO vor dem Hintergrund der Vereinheitlichung des europäischen Rechtsraums konkretisiert. Durch die Schaffung des EuGVÜ sollten im Lichte des Art. 220 EG die im internationalen Zivilrechtsverkehr bestehenden Rechtsschutzhindernisse überwunden werden, indem durch Stärkung des

---

265 Frowein/Peukert – *Peukert*, Artikel 6 EMRK, Rn. 1; *Meyer-Ladewig*, Artikel 6 EMRK Rn. 2; zu den einzelnen Verfahrens- und Justizgarantien des Artikels 6 EMRK siehe auch *Grabenwarter*, Europäische Menschenrechtskonvention, § 24 Rn. 2 ff.

266 BVerfGE 74, 358, 370.

267 *Geimer*, Internationales Zivilprozessrecht, Rn. 250.

individuellen Rechtsschutzes ein rechtlicher Binnenmarkt angestrebt wurde[268]. Das EuGVÜ wurde nach dem so genannten Freiheitsmodell konzipiert[269]: Zur Rechtsverwirklichung der Parteien besteht die rechtsstaatliche Funktion der Gerichte demnach darin, die Freiheits- und Rechtssphäre des Bürgers zu sichern. So sollen die Bürger vor unangemessener Ausdehnung staatlicher Zuständigkeitspolitik durch eine Ober- und Untergrenze geschützt werden.

Auch die Vorschriften zur internationalen Zuständigkeit in der EuGVVO dienen einem gerechten und angemessenen Ausgleich zwischen den Interessen des Klägers und des Beklagten. Der starke Schutz des Beklagten begründet sich dem Freiheitsmodell folgend vor allem auf die Tatsache, dass dieser sich im Ausland nur in Ausnahmefällen verteidigen müssen soll. Es gilt der Grundsatz „actor sequitur forum rei". Denn die Wahl des Gerichtsstandes kann den Ausgang des Prozesses beeinflussen[270]. Es ist ihm aufgrund der Verschiedenheit der europäischen Rechtssysteme grundsätzlich nicht zuzumuten, dass der Zufall über den Gerichtsstand entscheidet. Der erste Nachteil, der durch die Prozessführung im Ausland entsteht, ist der Umstand, dass der Beklagte Fahrtwege auf sich nehmen muss und das Verfahren gegebenenfalls in fremder Sprache geführt wird[271]. Zweitens wendet jeder Richter sein eigenes Verfahrens- und Kollisionsrecht (lex fori) an. Weiterhin hat der Vollstreckungsschuldner ein elementares Interesse daran, vor einem Gericht zu stehen, das die lokalen wirtschaftlichen und sozialen Umstände, unter denen er lebt, am besten einschätzen kann. Außerdem ist das Bewusstsein des Betroffenen für die Gefährlichkeit der prozessualen Passivität bei Auslandssachverhalten auch aufgrund der Verständigungsprobleme weniger geschärft als bei rein inländischen Verfahren[272]. Ihm ist außerdem daran gelegen, nach einer Rechtsordnung beurteilt zu werden, mit der er eng verbunden ist[273]. Diese enge Verbundenheit wurde in der EuGVVO durch den Wohnsitz des Beklagten festgelegt, ein Kriterium, das sich neben den Anknüpfungspunkten der Staatsangehörigkeit und des gewöhnlichen Aufenthaltsorts anbietet. Von diesem Grundsatz, dass der allgemeine Gerichtsstand anhand des Wohnsitzes des Beklagten zu bestimmen ist, kann nur dann fakultativ abgewichen werden, wenn der Beklagte eine Verbindung ins Ausland, z.B. durch einen grenzüberschreitenden Vertragsschluss gemäß Art. 5 Nummer 1 EuGV-

---

[268] *Pfeiffer*, Internationale Zuständigkeit und prozessuale Gerechtigkeit, S. 203; Bülow/Böckstiegel/Geimer/Schütze – *Auer*, Der Internationale Rechtsverkehr in Zivil- und Handelssachen, Einleitung EuGVÜ Rn. 3.

[269] *Pfeiffer*, Internationale Zuständigkeit und prozessuale Gerechtigkeit, S. 202.

[270] *Geimer*, Internationales Zivilprozessrecht, Rn. 78a; *v. Bar/Mankowski*, Internationales Privatrecht, Band 1, Rn. 408; *Pfeiffer*, Internationale Zuständigkeit und prozessuale Gerechtigkeit, S. 487 f.; *Stadler*, Das Europäische Zivilprozessrecht – Wie viel Bescheunigung verträgt Europa?, IPRax 2004, 2, 7.

[271] *Stadler*, Das Europäische Zivilprozessrecht – Wie viel Bescheunigung verträgt Europa?, IPRax 2004, 2, 7; *v. Hoffmann/Thorn*, Internationales Privatrecht, § 3 Rn. 40; *Becker*, Grundrechtsschutz bei der Anerkennung und Vollstreckbarerklärung im europäischen Zivilverfahrensrecht, Diss. Köln 2003, S. 227.

[272] *Stadler*, Das Europäische Zivilprozessrecht – Wie viel Bescheunigung verträgt Europa?, IPRax 2004, 2, 10.

[273] *Kegel/Schurig*, Internationales Privatrecht, § 2 II 1; Diese Anknüpfung an den Wohnsitz geht mit dem universalistischen Ansatz der deutschen Zuständigkeitsordnung einher (dazu *Geimer*, Internationales Zivilprozessrecht, Rn. 1265).

VO, geschaffen hat[274]. Dieser Grundsatz-Ausnahme-Mechanismus ergibt sich aus folgenden Vorschriften: Der Wohnsitz des Beklagten bzw. der Sitz einer Gesellschaft oder juristischen Person dienen als allgemeiner Gerichtsstand, Art. 2, 60 EuGVVO. Zur Wahl des Klägers stehen daneben unter bestimmten Voraussetzungen besondere Gerichtsstände (Art. 5 ff. EuGVVO). Es gibt die Möglichkeit der Zuständigkeitsvereinbarung oder Prorogation (Art. 23 EuGVVO), und für aufgezählte Einzelfälle wird eine ausschließliche Zuständigkeit bestimmt (Art. 22 EuGVVO). Solche ausschließlichen Zuständigkeiten können nicht abbedungen werden.
Dem Zuständigkeitssystem der EuGVVO fehlt ein wirksamer Mechanismus zur Verhinderung des *forum shopping*[275]. Dem Problem könnte durch eine Ausnahmeregelung entgegengewirkt werden, nach der die Gerichte ihre Zuständigkeit mangels ausreichenden Bezuges verweigern könnten. Jedoch verstieße eine solche im angloamerikanischen Recht als *forum non conveniens* bekannte Regelung gegen die Bedeutung von Rechtssicherheit und Vorhersehbarkeit im kontinentalen Rechtsraum[276]. Obwohl es an einer solchen Härtefallregelung im deutschen und europäischen Recht mangelt, ist angesichts der dargestellten Regelungen erkennbar, dass dem Beklagten eine Verteidigung im Ausland nur dann zugemutet wird, wenn dies aus besonderem Anlass gerechtfertigt werden kann. Zudem ist der Beklagte durch den allgemeinen Gerichtsstand an seinem Wohnsitz von vorneherein begünstigt.
Weiterhin kann aus der Existenz der Zuständigkeitsordnung der EuGVVO geschlussfolgert werden, dass ihre Einhaltung zur Wahrung der Rechte der Parteien erforderlich ist. Wenn es dem Beklagten zumutbar wäre, sich vor jedem beliebigen Gericht innerhalb der Europäischen Gemeinschaft zu verteidigen, würden die europäischen Zuständigkeitsvorschriften genauso wie das Vollstreckbarerklärungsverfahren abgeschafft. Für ein solches Vorhaben gibt es jedoch keine Vorschläge. Aufgrund der Erforderlichkeit der europäischen Zuständigkeitsvorschriften werden die Rechtssysteme und die Rechtspflege der Mitgliedstaaten nicht als gleichwertig und austauschbar angesehen. Vielmehr muss die Einhaltung der Zuständigkeitsordnung der EuGVVO als Mindeststandard gewährleistet werden, um den Anspruch auf rechtliches Gehör gemäß Art. 6 EMRK zu wahren.

(b) Übertragung auf die EuVTVO

Es könnte ein verfassungsrechtlich bedenklicher Verstoß gegen den subjektiven ordre public auch im Rahmen der EuVTVO vorliegen, weil gemäß Art. 6 Absatz 1 lit. b EuVTVO nur die Zuständigkeitsregeln des Kapitels II Abschnitte 3 und 6 EuGVVO und in Verbrauchersachen unter den Voraussetzungen des Art. 6 Absatz 1 lit. d

---

[274] Zum System der Zuständigkeitsordnung der EuGVVO: Rauscher – *Mankowski*, Europäisches Zivilprozessrecht, Vorbem. Artikel 2 EuGVVO, Rn. 1 ff.; *v. Hoffmann/Thorn*, Internationales Privatrecht, § 3 Rn. 217, 220 ff.

[275] Rauscher – *Mankowski*, Europäisches Zivilprozessrecht, Vorbem. Artikel 2 EuGVVO Rn. 3; *v. Hoffmann/Thorn*, Internationales Privatrecht, § 3 Rn. 63; *Schack*, Internationales Zivilverfahrensrecht, Rn. 222.

[276] English Court of Appeal, I. L. Pr. [1997] 544; MüKo ZPO - *Gottwald*, Band 3, 2. Auflage, Vor Artikel 1 EuGVÜ Rn. 5; *Kropholler*, Europäisches Zivilprozessrecht, 8. Auflage, Vor Artikel 2 EuGVVO Rn. 20; *Nagel/Gottwald*, Internationales Zivilprozessrecht, § 3 Rn. 211.

EuVTVO eingehalten werden müssen. Dabei handelt es sich ausschließlich um Gerichtsstände, in denen ein strukturelles wirtschaftliches Gefälle zwischen Kläger und Beklagtem besteht. Somit kann zwar der Schutz, den diese Vorschriften bieten, nicht umgangen werden, aber es ist bei Erlass eines Europäischen Vollstreckungstitels genauso wie im Rahmen des Anerkennungsverfahrens nach der EuGVVO (Art. 35 Absatz 1 und 3 EuGVVO) nicht sichergestellt, ob die Grundidee der Zuständigkeitsordnung beachtet wird, nämlich dass eine Abweichung vom allgemeinen Gerichtsstand (Wohnsitz des Beklagten, Art. 2 Absatz 1 EuGVVO) nur unter den festgelegten Voraussetzungen möglich ist.
Allerdings wird aufgrund der erst in der Endfassung der EuVTVO eingeführten Regelung des Art. 6 Absatz 1 lit. d EuVTVO garantiert, dass ein Europäischer Vollstreckungstitel nur dann zum Nachteil eines Verbrauchers erwirkt werden kann, wenn die Entscheidung im Mitgliedstaat des Wohnsitzes des Verbrauchers ergangen ist. Dieser Schutz des Verbrauchers gilt allerdings nur, wenn es sich um eine unbestrittene Forderung im Sinne des Art. 3 Absatz 1 lit. b oder c EuVTVO handelt und wenn die zugrunde liegende Entscheidung einen Vertrag betrifft, den ein Verbraucher zu einem anderen als einem beruflichen oder gewerblichen Zweck geschlossen hat. Insofern kann ein Europäischer Vollstreckungstitel zulasten eines Verbrauchers nur ergehen, wenn die zugrunde liegende auf einem „Verbrauchervertrag" beruhende Entscheidung im Mitgliedstaat des Wohnsitzes des Verbrauchers ergangen ist und der Schuldner der Forderung nicht widersprochen hat oder zur Gerichtsverhandlung nicht erschienen ist. Daher kann der Fall, dass zu Unrecht eine internationale Zuständigkeit des Erstgerichts angenommen und nicht korrigiert wird, nicht zum Nachteil des Verbrauchers eintreten. Daher ist im weiteren Verlauf der Untersuchung des Art. 6 Absatz 1 EuVTVO der in Buchstabe d geregelte Fall von der grundrechtlichen Kritik ausgenommen. Trotz dieser neuen verbraucherschützenden Regelung verbleibt die kritische Betrachtung derjenigen Fälle, in denen der Vollstreckungsschuldner, gegen die ein Europäischer Vollstreckungstitel erwirkt wurde, kein Verbraucher im Sinne des Art. 6 lit. d EuVTVO ist bzw. aus einem anderen Grund nicht unter diese Regelung fällt.

Hinsichtlich der verfassungsrechtlichen Zweifel ist wie im Rahmen des Art. 35 Absätze 1, 3 EuGVVO die bereits beschriebene Situation anzuführen, in der sich der Beklagte im Rahmen einer Versicherungssache auf das Verfahren rügelos eingelassen hat (Art. 24 EuGVVO), ohne dass das Gericht gemäß der Art. 8 ff. EuGVVO (Versicherungssachen) zuständig war. Ist ein Anerkenntnisurteil ergangen, liegen die Voraussetzungen des Art. 6 Absatz 1 lit. b EuVTVO für die Bestätigung als Europäischer Vollstreckungstitel vor, weil Art. 24 EuGVVO regelt, dass nur bei einer entgegen Art. 22 (ausschließliche Zuständigkeit) angenommenen Zuständigkeit das rügelose Einlassen diesen Fehler nicht heilen kann[277].

[277] *Hüßtege*, Braucht die Verordnung über den europäischen Vollstreckungstitel eine ordre-public-Klausel?, FS Jayme 2004, 371, 377 f.; *Hüßtege*, Der europäische Vollstreckungstitel, in: Gottwald (Hrsg.), Perspektiven der justiziellen Zusammenarbeit in der Europäischen Union, 113, 126.

Die Wahrung der Zuständigkeitsordnung der EuGVVO ist bei der Ausstellung eines Europäischen Vollstreckungstitels nicht gesichert[278]. Es besteht eine Missbrauchsgefahr der Regelungen der EuGVVO durch das *forum shopping* und der daraus folgenden möglichen Gerichtspflichtigkeit des Beklagten vor einem unzumutbaren Gerichtstand. Davor ist nur der Verbraucher im Sinne des Art. 6 Absatz 1 lit. d EuVTVO geschützt. Dem Einwand, dass sich der Beklagte im Erkenntnisverfahren die Unzuständigkeit rügen könne, kann entgegengehalten werden, dass es für den Beklagten unzumutbar ist, sich in jedem europäischen Mitgliedstaat gegen abwegige Gerichtsstände verteidigen zu müssen. Seit der Einführung der EuVTVO ist er jedoch dazu gezwungen, da er sonst Gefahr läuft, dass in seinem Heimatstaat Entscheidungen, die gegen europäisches Sekundärrecht verstoßen, ohne Rechtsbehelfsmöglichkeiten vollstreckt werden.

Als Extrembeispiel ist zur Verdeutlichung die folgende Situation aufzuzeigen, wobei einige Ergebnisse vorweg gestellt seien, die erst im Laufe dieses Abschnitts B herausgearbeitet werden: Ein Deutscher, der kein Verbraucher im Sinne des Art. 6 Absatz 1 lit. d EuVTVO ist, schließt in Deutschland einen Kaufvertrag mit einem Portugiesen. Als Gerichtsstand wurde Köln unter Wahrung der Voraussetzungen des Art. 23 Absatz 1 EuVTVO vereinbart. Der Portugiese klagt in Porto auf Lieferung des Kaufgegenstandes. Weil Porto der Erfüllungsort ist, wäre das dortige Gericht zwar gemäß Art. 5 Nummer 1 lit. a EuGVVO international zuständig, allerdings besteht die Gerichtsstandsvereinbarung, nach der das Gericht in Köln ausschließlich zuständig ist. Die Gerichtsstandsvereinbarung kann nicht abbedungen werden. Das Gericht in Porto verkennt seine Unzuständigkeit. Der Beklagte aus Deutschland rügt die Unzuständigkeit des Gerichts nach Zustellung der Klageschrift. Da er jedoch weder nach den portugiesischen Verfahrensvorschriften rechtzeitig der Forderung widerspricht (Art. 3 Absatz 1 lit. b EuVTVO), noch nach Maßgabe des Art. 3 Absatz 1 lit. c EuVTVO zu der gerichtlichen Verhandlung über die Forderung in Porto erscheint oder sich vertreten lässt, ergeht ohne Berücksichtigung der Rüge der Unständigkeit eine Entscheidung zulasten des Deutschen. Die Entscheidung des unzuständigen Gerichts kann der Portugiese gemäß Art. 6 Absatz 1 EuVTVO als Europäischen Vollstreckungstitel in Porto bestätigen lassen, so dass er in das Vermögen des Deutschen in Deutschland vollstrecken lassen kann. Der Deutsche hat keine Rechtsbehelfsmöglichkeiten gegen die Vollstreckung. Die Gerichtsstandsvereinbarung ist in Abschnitt 7 der EuGVVO geregelt, welcher nicht im Rahmen der überprüfbaren Zuständigkeitsvorschriften in Art. 6 Absatz 1 lit. b EuVTVO aufgezählt ist. Der deutsche Vollstreckungsschuldner kann sich deshalb nicht mit dem Rechtsbehelf des Widerrufs gemäß Art. 10 Absatz 1 lit. b EuVTVO wehren. Die Gerichtsstandsvereinbarung bleibt unberücksichtigt, obwohl sie für den Deutschen womöglich für den Vertragsschluss ausschlaggebend war. Schlussfolgerung dieser Fallkonstellation ist Folgende: Um sich vor einer Vollstreckung in sein Vermögen zu schützen, ist der Vollstreckungsschuldner gezwungen, sich vor in-

[278] So auch zur Fassung der EuVTVO vom 18. April 2002, KOM (2002) 159 endgültig: *Becker*, Grundrechtsschutz bei der Anerkennung und Vollstreckbarerklärung im europäischen Zivilverfahrensrecht, Diss. Köln 2003, S. 264.

ternational unzuständigen Gerichten so zu verteidigen, dass die Forderung nicht als unbestritten im Sinne des Art. 3 Absatz 1 EuVTVO gilt. Dem Deutschen verbleibt auch nicht die Möglichkeit, den Widerruf der Bestätigung gemäß Art. 10 Absatz 1 lit. b EuGVVO zu beantragen, weil die Voraussetzungen des Art. 6 Absatz 1 lit. b EuVTVO vorliegen. Die Entscheidung steht nämlich in Widerspruch zu Kapitel II Abschnitt 7 der EuGVVO.

Fraglich ist, ob dieser Zustand für den Beklagten zumutbar ist. Art. 103 Absatz 1 GG und Art. 6 EMRK garantieren dem Vollstreckungsschuldner einen Anspruch auf rechtliches Gehör, der unter anderem eine angemessene Verteidigung vor Gericht ermöglicht[279]. Wenn der Beklagte sich jedoch vor einem nach der EuGVVO unzuständigen Gericht eines anderen Mitgliedstaates verteidigen soll, zu dem der Beklagte keinen Bezug hat, wird sein rechtliches Gehör durch die Prozesssituation im Ausland, welche die Anwendung fremden Verfahrens- und materiellen Rechts mit sich bringt, erschwert. Selbst wenn man Art. 6 Absatz 1 lit. b EuVTVO wie Art. 35 EuGVVO insofern verfassungskonform auslegt, als dass zumindest die Verteidigung gegen die Inanspruchnahme einer exorbitanten internationalen Zuständigkeit ermöglicht werden muss, besteht immer noch die Gefahr eines Verstoßes gegen den Anspruch auf rechtliches Gehör wegen eines anderen unzumutbaren Gerichtsstandes mangels Einhaltung der Zuständigkeitsordnung der EuGVVO oder mangels Beachtung einer Zuständigkeitsvereinbarung[280]. Vor unzumutbaren Gerichtsständen sind in der EuVTVO nur Verbraucher im Sinne des Art. 6 Absatz 1 lit. d EuVTVO geschützt. Zudem bleibt zweifelhaft, ob das ausländische Ursprungsgericht die verfassungskonforme Auslegung des Art. 6 Absatz 1 lit. b EuVTVO bei der Prüfung einer Bestätigung als Europäischer Vollstreckungstitel leistet.

(c) Zwischenergebnis zu Art. 6 Absatz 1 lit. b EuVTVO

Folglich ist es nicht auszuschließen, dass der Vollstreckungsschuldner in Deutschland, der nicht Verbraucher im Sinne des Art. 6 Absatz 1 lit. d EuVTVO ist, in seinem Anspruch auf rechtliches Gehör verletzt ist, weil ein unzuständiges Gericht an einem unzumutbaren Gerichtsstand eine Entscheidung zu seinen Lasten getroffen hat. Durch Art. 5, 6 Absatz 1 lit. b EuVTVO ist der deutsche subjektive ordre public verletzt.

cc) Verfahrensrechtlicher Mindeststandard gemäß Kapitel III EuVTVO (Art. 6 Absatz 1 lit. c EuVTVO)

(1) Allgemeine Darstellung

In den Fällen, in denen eine unbestrittene Forderung vorliegt, weil der Schuldner ihr zu keiner Zeit widersprochen hat (Art. 3 Absatz 1 lit. b EuVTVO) oder weil der

---

[279] BVerfG NJW 2003, 3687, 3688; Sachs – *Degenhart*, Artikel 103 GG Rn. 3.

[280] *Becker*, Grundrechtsschutz bei der Anerkennung und Vollstreckbarerklärung im europäischen Zivilverfahrensrecht, Diss. Köln 2003, S. 256; siehe zur übersehenen Zuständigkeitsvereinbarung im Rahmen des Artikels 35 Absatz 1 EuGVVO „Fehlende Überprüfbarkeit der internationalen Zuständigkeit des Erstgerichts“ Punkt B III 1. c) bb) (2).

Schuldner im Termin zur mündlichen Verhandlung säumig war (Art. 3 Absatz 1 lit. c EuVTVO), darf eine Entscheidung als Europäischer Vollstreckungstitel gemäß Art. 6 Absatz 1 lit. c EuVTVO nur dann bestätigt werden, wenn der in den Art. 12 ff. EuVT-VO definierte Mindeststandard in Bezug auf eine ordnungsgemäße und rechtzeitige Zustellung und Benachrichtigung des Schuldners über die Forderung und das Verfahren eingehalten worden ist[281]. Bei dieser materiellen Voraussetzung eines Europäischen Vollstreckungstitels geht es im Wesentlichen um die Sicherung von Verteidigungsrechten gegen Forderungen, die deshalb als unbestritten gelten, weil der Schuldner sich nicht auf das Verfahren eingelassen hat[282]. Geschützt werden soll also der Schuldner, dessen Schweigen im nationalen Prozessrecht der Mitgliedstaaten als Anerkenntnis der Forderung gewertet werden könnte. Das Kapitel III gilt gemäß Art. 12 Absatz 2 EuVTVO auch für die Ausstellung der Bestätigung über den Europäischen Vollstreckungstitel nach Art. 9 EuVTVO oder einer Ersatzbestätigung nach Art. 6 Absatz 3 EuVTVO in Verbindung mit dem Standardformular nach im Anhang V, wenn zum Zeitpunkt der Entscheidung über den Rechtsbehelf die Voraussetzungen des Art. 3 Absatz 1 lit. b und c EuVTVO vorliegen.
Die Voraussetzungen des Art. 6 Absatz 1 lit. c EuVTVO lassen sich grundsätzlich mit den Anerkennungsversagungsgründen bezüglich der Verletzung verfahrensrechtlicher Garantien (§ 328 Absatz 1 Nummer 2 ZPO, Art. 27 Nummer 2 EuGVÜ, Art. 34 Absatz 1 EuGVVO) vergleichen. Das Kapitel III der EuVTVO bestimmt jedoch darüber hinaus im Detail die verfahrensrechtlichen Voraussetzungen, welche für die Bestätigung einer Entscheidung als Europäischer Vollstreckungstitel eingehalten werden müssen. Einerseits hat der Schuldnerschutz zwar diesbezüglich eine Steigerung erfahren, jedoch darf andererseits nicht unberücksichtigt bleiben, dass in den Fällen eines Vergleichs, eines Anerkenntnisurteils oder einer öffentlichen Urkunde die Vorschriften des Kapitels III nicht zu beachten sind (Art. 3 Absatz 1 lit. a und d EuVTVO). Art. 24, 25 EuVTVO bieten stattdessen in Kapitel IV für den gerichtlichen Vergleich und die öffentliche Urkunde besondere Vorschriften[283]. Wenn die Forderung deshalb als unbestritten eingestuft wird, weil der Schuldner sie anerkannt hat, müssen keine prozessualen Mindestvorschriften eingehalten werden.

Der neue Mindeststandard für die Bestätigung eines Europäischen Vollstreckungstitels zielt nicht auf die Harmonisierung der nationalen Verfahrensvorschriften ab[284]. Der europäische Verordnungsgeber ist auch nicht dazu berechtigt, weil sich die Kompetenz aus Art. 65 EG nur auf grenzüberschreitende Sachverhalte bezieht[285], sich aber die nationalen Verfahrensvorschriften nicht danach ändern, ob später innerstaatlich oder grenzüberschreitend vollstreckt werden soll. Trotz der fehlenden Kompetenz des europäischen Gesetzgebers, nationale verfahrensrechtliche Vorschriften zu ändern, soll die

[281] Die Einhaltung von Mindestvorschriften im gerichtlichen Verfahren wird auch ausdrücklich in Erwägungsgrund (12) der Präambel der EuVTVO gefordert.
[282] Amtliche Begründung zu KOM (2002) 159 endgültig, S. 8.
[283] Siehe Punkt B III 1. d).
[284] Amtliche Begründung zu KOM (2002) 159 endgültig, S. 11.
[285] *Kohler*, Von der EuGVVO zum Europäischen Vollstreckungstitel, in: Reichelt/Rechberger (Hrsg.), Europäisches Kollisionsrecht, 63, 72.

Bestätigung als Europäischer Vollstreckungstitel nicht daran scheitern, dass der zugrunde liegende Titel in einer innerstaatlichen Situation ergangen ist und sich erst später in der Zwangsvollstreckung herausstellt, dass im EU-Ausland vollstreckt werden soll. Daher sind die Mitgliedstaaten zumindest angehalten, ihre Verfahrensvorschriften für alle Situationen an die Mindestvoraussetzungen des Kapitels III anzupassen.

(2) Die einzelnen Voraussetzungen des Kapitels III

Die Abschaffung des Vollstreckbarerklärungsverfahrens könnte hinsichtlich der Wahrung des deutschen subjektiven ordre public bedenklich sein, wenn das Kapitel III der EuVTVO dem Schuldner keine zumutbare Möglichkeit gewährt, die Mängel bereits im Erststaat zu beseitigen. Dies ist nach Ansicht des Bundesverfassungsgerichts grundsätzlich für die Anerkennung einer ausländischen Entscheidung erforderlich[286].

(a) Zustellung

In den Art. 13, 14 und 15 EuVTVO werden die zentralen Anforderungen an die Zustellung des verfahrenseinleitenden Schriftstücks und an die Ladung normiert.

(aa) Hintergrund und Kritik

Die hohen Voraussetzungen des Kapitels III sind neben der ordnungsgemäßen Unterrichtung des Schuldners über die Forderung und das Verfahren insbesondere hinsichtlich der ordnungsgemäßen Zustellung von praktischer Bedeutung, da dieser Punkt am häufigsten Anlass für Einwendungen des Schuldners ist[287]. Die Schaffung eines solchen Mindeststandards der Vorschriften über die Zustellungsformerfordernisse sind aus Gründen des Beklagtenschutzes notwendig, weil große Diskrepanzen in den nationalen Zustellungssystemen herrschen[288]. Im Übrigen treten die Vorschriften des Kapitels III der EuVTVO gemäß Art. 28 EuVTVO in Verbindung mit dem Erwägungsgrund (21) der Präambel der EuVTVO neben die der Verordnung über die Zustellung gerichtlicher und außergerichtlicher Schriftstücke in Zivil- und Handelssachen[289]

---

[286] BVerfG NJW 1988 1462, 1463, *Geimer*, Verfassung, Völkerrecht und Internationales Zivilverfahrensrecht, ZfRV 1992, Heft 6, 401, 412.

[287] *Hüßtege*, Braucht die Verordnung über den europäischen Vollstreckungstitel eine ordre-public-Klausel?, FS Jayme 2004, 371, 378; *Hüßtege*, Der europäische Vollstreckungstitel, in: Gottwald (Hrsg.), Perspektiven der justiziellen Zusammenarbeit in der Europäischen Union, 113, 127.

[288] *Andreas Stein*, Unit A 3, EU-Kommission, „Bericht aus Brüssel“, mündliche Äußerung auf der Tagung der wissenschaftlichen Vereinigung für internationales Verfahrensrecht e.V. am 11. April 2003 in Tübingen, an der die Verfasserin teilgenommen hat; *Hüßtege*, Braucht die Verordnung über den europäischen Vollstreckungstitel eine ordre-public-Klausel?, FS Jayme 2004, 371, 378; *Hüßtege*, Der europäische Vollstreckungstitel, in: Gottwald (Hrsg.), Perspektiven der justiziellen Zusammenarbeit in der Europäischen Union, 113, 128, 137, 138; siehe auch Punkte (13) und (14) der Präambel der EuVTVO.

[289] Verordnung (EG) Nummer 1348/2000 des Rates über die Zustellung gerichtlicher und außergerichtlicher Schriftstücke in Zivil- und Handelssachen in den Mitgliedstaaten, abgedruckt in Jayme/Hausmann, Nummer 224.

(EuZVO)[290]. Diese Parallelität ist damit begründbar, dass in der EuZVO keine Einzelheiten zum Zustellungsvorgang geregelt werden[291]. Insbesondere gilt Art. 14 EuZVO in Verbindungen mit den Erklärungen der Mitgliedstaaten nach Art. 23 EuZVO, wonach sie die Bedingungen für eine mögliche grenzüberschreitende Zustellung durch die Post bekannt geben können[292]. Nach Art. 20 des HZÜ und Erwägungsgrund (12) der Präambel der EuZVO hat die EuZVO zwar bei Zustellungen zwischen den Mitgliedstaaten der Europäischen Gemeinschaft mit Ausnahme Dänemarks Anwendungsvorrang[293]. Trotzdem bleibt das HZÜ für die europäischen nationalen Richter bei Auslandszustellungen in anderen Vertragsstaaten des HZÜ relevant. Außerdem können die Vorschriften des HZÜ bei der Auslegung der EuZVO eine Rolle spielen, weil man sich bei der Schaffung der EuZVO stark am HZÜ orientiert hat. Zusammenfassend ist festzustellen, dass die Rechtsgrundlagen und Verfahren der Auslandszustellungen aufgrund der Existenz mehrerer internationaler Zustellungsübereinkommen und -verordnungen und mangels des Harmonisierungszwangs der nationalen Verfahrensvorschriften nach wie vor unübersichtlich und zersplittert sind[294]. Zudem ist festzustellen, dass die EuVTVO nicht die Einhaltung der EuZVO fordert, so dass eine Europäischer Vollstreckungstitel ausgestellt werden kann, obwohl trotz Beachtung des Kapitels III der EuVTVO ein Verstoß gegen die EuZVO vorliegt[295].

Als Beispiel für die unterschiedlichen nationalen Zustellungssysteme der Mitgliedstaaten ist die dem deutschen Recht unbekannte fiktive Zustellung der *remise au parquet* zu nennen, welche unter anderem in Frankreich gemäß Art. 683 al. 1, 684 al. 1 Nouveau Code de Procédure Civile (NCPC) praktiziert wird. Es handelt sich dabei um eine fiktive Inlandszustellung, bei der die Zustellung im technischen Sinne durch die Übergabe des Dokuments an den französischen Staatsanwalt erfolgt[296]. Der im Ausland wohnhafte Beklagte wird über dieses Ergebnis zwar durch Einschreiben benachrichtigt, jedoch bleibt der für den Fristbeginn maßgebliche Zeitpunkt der Zugang bei der

---

[290] Siehe auch zu Artikel 34 Nummer 2 EuGVVO Punkt B II 3. c) aa) (1) (b).

[291] *Hüßtege*, Braucht die Verordnung über den europäischen Vollstreckungstitel eine ordre-public-Klausel?, FS Jayme, 371, 376; *Hüßtege*, Der europäische Vollstreckungstitel, in: Gottwald (Hrsg.), Perspektiven der justiziellen Zusammenarbeit in der Europäischen Union, 113, 124; *Heß*, Aktuelle Perspektiven der europäischen Prozessrechtsangleichung, JZ 2001, 573, 581.

[292] Zu Artikel 14 Absatz 1 EuZVO entschied das LG Trier am 17. Oktober 2002, dass „die Zustellung einer Klageschrift per Einschreiben ins Ausland nach dieser Vorschrift als erfolgt gilt, wenn das Zustellungsstück bei der Post nicht abgeholt wird und dem Zustellungsadressaten kein Annahmeverweigerungsrecht zusteht.“ (IPRax 2004, 249).

[293] Rauscher – *Heiderhoff*, Europäisches Zivilprozessrecht, Vorbem. EuZVO, Rn. 5; *Schlosser*, 2. Auflage, Vorbemerkung HZÜ Rn. 1.

[294] *Heß*, Neues deutsches und europäisches Zustellungsrecht, NJW 2002, 2417, 2421. *Heß* merkt insbesondere an, dass durch die Einführung der EuZVO insbesondere neue Probleme in Form von Mehrkosten aufgetreten seien, weil in den Mitgliedstaaten, in denen der *huissier de justice* (freiberuflicher Gerichtsvollzieher) die Zustellungen vornimmt, ein Honorarvorschuss verlangt werde. Diesbezüglich sei vor allem Artikel 14 EuZVO reformbedürftig (*Heß*, NJW 2002, 2417, 2422).

[295] *Rauscher*, Der Europäische Vollstreckungstitel für unbestrittene Forderungen, Rn. 106.

[296] *Schack*, Internationales Zivilverfahrensrecht, Rn. 597; *Schlosser*, 2. Auflage, Artikel 34-36 EuGVVO, Rn. 14; *Nagel/Gottwald*, Internationales Zivilprozessrecht, § 7 Rn. 13; *Becker*, Grundrechtsschutz bei der Anerkennung und Vollstreckbarerklärung im europäischen Zivilverfahrensrecht, Diss. Köln 2003, S. 207 ff.

Staatsanwaltschaft. Die Kenntnisnahme des Beklagten ist hingegen im Rahmen der *remise au parquet* für den fristenauslösenden Zugang irrelevant.
Es ist versucht worden, das Risiko der *remise au parquet* bereits durch Art. 15 HZÜ[297] zu entschärfen. Jedoch besteht keine Pflicht der Mitgliedstaaten, die Regelungen des HZÜ zu befolgen. Vielmehr können sie ihr nationales Recht so gestalten, dass das Übereinkommen keine rechtliche Bedeutung mehr erlangt[298]. Ob die jüngere EuZVO dem Problem des Systems der *remise au parquet* im internationalen Rechtsverkehr Abhilfe schaffen kann, ist ebenfalls zweifelhaft, weil die Zustellung an die inländische Staatsanwaltschaft nie grenzüberschreitend ist und daher die Anwendung der Europäischen Zustellungsverordnung in Frage steht, selbst wenn der Adressat im Ausland wohnt. Die *remise au parquet* könnte nur dann in den Anwendungsbereich der Europäischen Zustellungsverordnung fallen (Art. 1 Absatz 1 EuZVO), wenn man auch die Benachrichtigung an den Beklagten über die Zustellung als „Schriftstück" im Sinne der Verordnung behandeln würde. Diese Interpretation ist jedoch nicht eindeutig[299]. Selbst wenn man annimmt, dass die Benachrichtigung des Schuldners nach den Vorschriften der EuZVO erfolgen muss, können die Unterschiede in den Zustellungssystemen der verschiedenen Mitgliedstaaten nicht ausgeglichen werden. Die EuZVO als Fortschreibung des HZÜ definiert nämlich in Bezug auf die Gewährleistung der Verteidigungsrechte nicht die konkreten Formen der Zustellung, sondern verweist diesbezüglich auf das Recht der Mitgliedstaaten[300]. Insofern verbleibt im europäischen Zustellungsrecht durchaus ein Regelungsbedürfnis neben der EuZVO. Daher sind die Mindestvorschriften des Kapitels III der EuVTVO neben der EuZVO von großer Bedeutung für die Wahrung des rechtlichen Gehörs. Die *remise au parquet* muss sowohl im Erkenntnis- als auch im Bestätigungsverfahren des Europäischen Vollstreckungsti-

---

[297] Artikel 15 HZÜ: (1) War zur Einleitung eines gerichtlichen Verfahrens eine Ladung oder ein entsprechendes Schriftstück nach diesem Übereinkommen zum Zweck der Zustellung in das Ausland zu übermitteln und hat sich der Beklagte nicht auf das Verfahren eingelassen, so hat der Richter das Verfahren auszusetzen, bis festgestellt ist,

a) dass das Schriftstück in einer der Formen zugestellt worden ist, die das Recht des ersuchten Staates für die Zustellung der in seinem Hoheitsgebiet ausgestellten Schriftstücke an dort befindliche Personen vorschreibt, oder
b) dass das Schriftstück entweder dem Beklagten selbst oder aber in seiner Wohnung nach einem anderen in diesem Übereinkommen vorgesehenen Verfahren übergeben worden ist

und dass in jedem dieser Fälle das Schriftstück so rechtzeitig zugestellt oder übergeben worden ist, dass der Beklagte sich hätte verteidigen können.
(2) (...).

[298] *Schack*, Internationales Zivilverfahrensrecht, Rn. 612; *Junker*, Der deutsch-amerikanische Rechtsverkehr in Zivilsachen – Zustellungen und Beweisaufnahmen, JZ 1989, 121, 122; *Nagel/Gottwald*, Internationales Zivilprozessrecht, § 7 Rn. 64.

[299] Siehe zur EuZVO und der *remise au parquet* und insbesondere zur Auslegung des Artikels 1 Absatz 1 EuZVO: *Becker*, Grundrechtsschutz bei der Anerkennung und Vollstreckbarerklärung im europäischen Zivilverfahrensrecht, Diss. Köln 2003, S. 210 ff.

[300] *Hüßtege*, Braucht die Verordnung über den europäischen Vollstreckungstitel eine ordre-public-Klausel?, FS Jayme 2004, 371, 376; *Hüßtege*, Der europäische Vollstreckungstitel, in: Gottwald (Hrsg.), Perspektiven der justiziellen Zusammenarbeit in der Europäischen Union, 113, 124; *Heß*, Aktuelle Perspektiven der europäischen Prozessrechtsangleichung, JZ 2001, 573, 577.

tels gänzlich ausgeschlossen sein[301], so dass die Zustellung des verfahrenseinleitenden Schriftstücks an die Staatsanwaltschaft ohne Kenntnisnahme des Vollstreckungsschuldners dessen Verteidigungsrechte nicht beeinträchtigen kann.

Die Art. 13 ff. EuVTVO sollen durch die Schaffung eines Mindeststandards die Möglichkeit fördern, Entscheidungen als Europäische Vollstreckungstitel zu bestätigen. Im Widerspruch dazu steht jedoch die Tatsache, dass das Kapitel III der neuen Verordnung nicht das Ziel hat, die nationalen Zustellungsvorschriften zu harmonisieren. Vielmehr können die Mitgliedstaaten, deren Vorschriften die Anforderungen des Kapitels III übertreffen, ihre Systeme beibehalten, wohingegen die Staaten, deren Rechtsschutz hinter dem der Verordnung zurückbleibt, ihre diesbezüglichen Vorschriften anpassen können, wenn sie es für „wünschenswert und notwendig" halten[302]. Daher ist eine hohe Fehleranfälligkeit der Zustellung nach dem Standard des Kapitels III zu erwarten[303]. Allgemein wird der liberalen Haltung hinsichtlich des divergierenden nationalen Verfahrensrechts in Erwägungsgrund (19) der Präambel der EuVTVO Ausdruck verliehen, der eine Anpassungspflicht des nationalen Rechts an die prozessualen Mindestvorschriften verneint. Allerdings werde aufgrund der Vorteile der EuVTVO ein diesbezüglicher „Anreiz" für die Mitgliedstaaten geschaffen. Angesichts der Schwerfälligkeiten der nationalen Rechtsetzungsverfahren wird jedoch die zeitliche Komponente einer eventuellen Angleichung unterschätzt. Bis die Mitgliedstaaten die prozessualen Mindestvorschriften als unentbehrlich für ihr nationales Recht empfinden, werden entweder ausgestellte Bestätigungen über den Europäischen Vollstreckungstitel fehlerhaft sein oder das zuständige Gericht muss die Bestätigung seiner Entscheidung als Europäischer Vollstreckungstitel mangels Einhaltung der prozessualen Mindestvorschriften verweigern.

Bei der folgenden Beurteilung der einzelnen Mindestvorschriften wird deren fehlerfreie Befolgung unterstellt.

(bb) Zustellung mit Nachweis des Empfangs durch den Schuldner

Für die Zustellung des verfahrenseinleitenden bzw. eines gleichwertigen Schriftstücks werden in Art. 13 EuVTVO vier verschiedene Möglichkeiten als Standard festgelegt. Sie betreffen die persönliche (Absatz 1 lit. a und b), die postalische (lit. c) und die elektronische (lit. d) Zustellung. Diese genaue Beschreibung der Zustellungsvoraussetzungen dient insbesondere dazu, die Gefahren der *remise au parquet* einzudämmen. Mangels Umsetzungszwangs ist die Änderung des nationalen Zustellungssystems, also auch die Abschaffung der *remise au parquet* zur Förderung der Anwendbarkeit des Verfahrens nach der EuVTVO in Frankreich und in den anderen Staaten des romanischen Rechtskreises zweifelhaft. In Art. 13 Absatz 1 lit. b EuVTVO wurde der Ände-

---

301 *Wagner*, Die neue EG-Verordnung zum Europäischen Vollstreckungstitel, IPRax 2005, 189, 195.

302 Amtliche Begründung zu KOM (2002) 159 endgültig, S. 11; *Heß*, Neues deutsches und europäisches Zustellungsrecht, NJW 2002, 2417, 2425.

303 *Andreas Stein*, Unit A 3, EU-Kommission, „Bericht aus Brüssel", mündliche Äußerung auf der Tagung der wissenschaftlichen Vereinigung für internationales Verfahrensrecht e.V. am 11. April 2003 in Tübingen, an der die Verfasserin teilgenommen hat; *Hüßtege*, Der europäische Vollstreckungstitel, in Gottwald (Hrsg.), Perspektiven der justiziellen Zusammenarbeit in der Europäischen Union, 113, 137, 138.

rungsvorschlag des Parlaments von der Kommission angenommen, die vom zuständigen Zustellungsbeamten bescheinigte Verweigerung des Schuldners, das betreffende Schriftstück anzunehmen, einer erfolgten persönlichen Zustellung an den Schuldner gleichzustellen[304].

Auch auf Veranlassung des Parlaments wurde in der Fassung vom 11. Juni 2003 eine Abänderung des Ex-Art. 11 Absatz 2 EuVTVO gebilligt, welche auf die Anwendbarkeit des erststaatlichen nationalen Rechts bei der Bestimmung der Möglichkeit bzw. der Pflicht der Zustellung an den gesetzlichen Vertreter des Schuldners oder an dessen Bevollmächtigten abzielt. Dies hätte im Fall einer grenzüberschreitenden Zustellung die Anwendbarkeit der EuZVO zufolge gehabt, in der auf das nationale Recht des Staates, in dem die Zustellung stattfindet, hingewiesen wird[305]. Diese Regelung ist in der Endfassung jedoch wieder gestrichen und stattdessen Art. 15 EuVTVO geschaffen worden, demnach die Zustellung nach den Art. 13 und 14 EuVTVO auch an einen „Vertreter des Schuldners" erfolgen kann. In ihrer Mitteilung an das Europäische Parlament begründet die Kommission diesen Schritt mit einem Verweis auf die Diskussionen im Rat, welche gezeigt hätten, „wie kompliziert es ist, das anwendbare Recht (Recht des Ursprungsmitgliedstaates oder Recht des Zustellungsortes) in Bezug auf die diversen mit der Vertretung des Schuldners zusammenhängenden Aspekte zu bestimmen"[306]. Durch die Formulierung in Art. 15 EuVTVO werde das Ursprungsgericht die Vereinbarkeit mit seinem innerstaatlichen Recht überprüfen, ohne sein Internationales Privatrecht oder das Recht des Zustellungsortes heranziehen zu müssen. Diese Lösung vereinfacht sicher die Prüfung im Erkenntnisverfahren, jedoch hängt es so vom Gerichtsstand und daher eventuell vom Zufall ab, welche Vertretervorschriften herangezogen werden.

Nach dem Erwägungsgrund (16) der EuVTVO soll Art. 15 EuVTVO auf solche Situationen Anwendung finden, „in denen der Schuldner sich nicht selbst vor Gericht vertreten kann, etwa weil er eine juristische Person ist, und in denen er durch eine gesetzlich bestimmte Person vertreten wird, sowie auf Situationen, in denen der Schuldner eine andere Person, insbesondere einen Rechtsanwalt, ermächtigt hat, ihn in dem betreffenden gerichtlichen Verfahren zu vertreten".

Die erforderliche Einhaltung des Art. 13 EuVTVO - auch in Verbindung mit Art. 15 EuVTVO - als Voraussetzung für die Erteilung der Bestätigung über einen Europäischen Vollstreckungstitel bei Zustellung mit Nachweis des Empfangs durch den Schuldner gibt in der Gesamtbetrachtung keinen Anlass zu Zweifeln an dessen ausreichendem Rechtsschutz.

In Art. 13 Absatz 2 EuVTVO wird für die Zustellung einer Ladung zu einer Gerichtsverhandlung separat geregelt, dass diese dem Schuldner nach den Zustellungsformen des Absatzes 1 zugestellt oder mündlich in einer vorausgehenden Verhandlung über dieselbe Forderung bekannt gemacht werden kann. Letzteres muss jedoch im Protokoll dieser Verhandlung festgehalten sein.

---

[304] Amtliche Begründung KOM (2003) 341, S. 5, 15.
[305] Amtliche Begründung KOM (2003) 341, S. 5.
[306] Mitteilung der Kommission an das Europäische Parlament vom 9. Februar 2004, KOM (2004) 90 endgültig, 2002/0090 (COD), S. 6.

(cc) Zustellung ohne Nachweis des Empfangs durch den Schuldner

In Art. 14 EuVTVO ist die Zustellung des verfahrenseinleitenden Schriftstücks, eines gleichwertigen Schriftstücks oder einer Ladung zu einer Gerichtsverhandlung ohne Nachweis des Empfangs durch den Schuldner geregelt. Diese Art der Zustellung ist insofern von gesteigertem Interesse, da mit dem Institut der Zustellung als formalisierter Bekanntgabe gesichert werden soll, dass der Betroffene von für ihn erheblichen Informationen zuverlässig Kenntnis erhält[307]. Die Zustellungsarten, bei denen die Möglichkeit der Kenntnisnahme des Schuldners gesteigerten Risiken ausgesetzt ist oder zur bloßen Fiktion minimiert wird, bedürfen daher einer besonders intensiven Untersuchung.

(aaa) Darstellung der einzelnen Zustellungsarten

Der Darstellung der Art. 14 Absatz 1 lit. a bis d EuVTVO ist vorweg zu stellen, dass diese Arten der Zustellung gemäß Art. 14 Absatz 3 EuVTVO bescheinigt werden muss. Danach sind die verwendete Form, das Datum der Zustellung sowie der Name der Person, der das Schriftstück zugestellt wurde, unter Angabe des Verhältnisses dieser Person zum Schuldner von einer für die Zustellung zuständigen Person anzugeben. Eine Bestätigung der Zustellung nach Art. 14 Absatz 1 lit. a und b EuVTVO kann alternativ durch eine Empfangsbestätigung der Person, der das Schriftstück zugestellt wurde, erfolgen.
Ebenso wie Art. 13 schließt auch Art. 14 EuVTVO die Möglichkeit aus, dass ein Europäischer Vollstreckungstitel hinsichtlich einer Entscheidung ergeht, in deren Verfahren eine *remise au parquet* als Zustellung gewertet wurde (Zustellung an die Staatsanwaltschaft)[308]. Wie bereits einleitend angemerkt, wird mangels der Angleichungspflicht der nationalen Vorschriften an den Mindeststandard jedoch nicht die Zustellungsart der *remise au parquet* im europäischen Rechtsraum ausgeschlossen. Die mit ihr einhergehende Problematik ist also nicht generell, sondern nur für diesen Spezialfall des Europäischen Vollstreckungstitels für unbestrittene Forderungen vermieden.

In Art. 14 Absatz 1 lit. a EuVTVO wird als ausreichend erachtet, das Schriftstück unter der Privatanschrift des Schuldners an eine in derselben Wohnung wie der Schuldner lebende oder dort beschäftigte Person zuzustellen. Diese im Vergleich mit der Fassung vom 11. Juni 2003 neue Formulierung ist insbesondere insofern verändert, als dass die empfangsberechtigte Person nicht mehr erwachsen sein muss. Es verwundert insofern, dass nach Art. 14 Absatz 1 lit. a EuVTVO die Zustellung an eine in der Wohnung des Schuldners lebende minderjährige Person uneingeschränkt die gleichen Wirkungen auslöst wie die Zustellung an den Schuldner selbst, wenn dieser eine Empfangsbestätigung unter Angabe des Empfangsdatums unterzeichnet (Art. 13 Absatz 1 lit. a EuVTVO). Es stellt sich durch die offene Formulierung die Frage, ob auch die Zustellung an nicht geschäftsfähige Personen möglich ist. Darüber hinaus besteht auch bei volljährigen geschäftsfähigen Personen im Sinne des Art. 14 Absatz 1 lit. a und

---

[307] BVerfGE 67, 208, 211; BGHZ 116, 45, 47; Jarass/Pieroth - *Pieroth*, Artikel 103 GG Rn. 14.
[308] So auch *Stadler*, Das Europäische Zivilprozessrecht – Wie viel Bescheunigung verträgt Europa?, IPRax 2004, 2, 6.

ebenso b EuVTVO die praktische Schwierigkeit für den Zusteller, diese Person rechtlich fehlerfrei einzuordnen. Es ist zudem zweifelhaft, ob die nach Art. 14 Absatz 3 lit. a EuVTVO erforderliche Bestätigung über die Zustellung, welche von der für die Zustellung zuständigen Person bescheinigt wird, das erhöhte Risiko des Schuldners bei einer Zustellung ohne Nachweis des Empfangs durch den Schuldner ausgleicht. Bei einer Zustellung an eine minderjährige oder sonst nicht geschäftsfähige Person ist die nach Art. 14 Absatz 3 lit. b EuVTVO mögliche Empfangsbestätigung sicher unzureichend für den Schutz des Schuldners[309].
Daher ist zum Schutz des Beklagten für die Unterzeichnung der Empfangsbestätigung durch Dritte, welche dem Schuldner zugerechnet werden, erforderlich, dass diese Personen – wenn schon nicht volljährig - zumindest geschäftsfähig sind, wofür der Gläubiger die Beweislast tragen sollte. Zusammenfassend ist zu Art. 14 Absatz 1 lit. a EuVTVO festzustellen, dass der Beklagte bzw. der spätere Vollstreckungsschuldner einem hohen Risiko dadurch ausgesetzt wird, dass jede Person, die nach Einschätzung der zustellenden Person dazu berechtigt ist, Fristen auslösende Schriftstücke mit der Folge entgegennehmen kann, dass die Zustellung als erfolgt angesehen wird.

Die persönliche Zustellung in den Geschäftsräumen des Schuldners (Art. 14 Absatz 1 lit. b EuVTVO) ist an eine Person möglich, die vom Schuldner, welcher als Selbständiger tätig oder eine juristische Person sein muss, beschäftigt wird. Der weitere Begriff des „Unternehmens", welcher in Ex-Art. 12 Absatz 1 lit. b und c EuVTVO noch verwendet wurde, ist in der Endfassung nicht mehr zu finden. Diese Abschaffung könnte darauf zurückzuführen sein, dass die Unterscheidung zwischen Verbraucher und Unternehmer nur wenigen nationalen Prozessordnungen bekannt ist[310] und es daher einer genaueren Abgrenzung und Definition bedurft hätte. Ebenso hinsichtlich der Zustellung nach Art. 14 Absatz 1 lit. b EuVTVO besteht das Risiko, dass der zustellenden Person bei der rechtlichen Einordnung der anwesenden Person Fehler unterlaufen und der Schuldner von der Zustellung keine Kenntnis erhält.
Den verbleibenden Risiken bei der Zustellung nach Art. 14 Absatz 1 lit. a und b EuVTVO soll der Erwägungsgrund (15) der Präambel der EuVTVO entgegenwirken. Demnach gilt die Zustellung bei den beiden Zustellungsformen des Art. 14 Absatz 1 lit. a und b EuVTVO nur dann als erfolgt, wenn die Person das betreffende Schriftstück „auch tatsächlich erhalten" hat. Insbesondere soll der Schuldner davor geschützt werden, dass er den Zugang eines Schriftstücks gegen sich gelten lassen muss, bei dessen Zustellung sich ein Mitbewohner oder ein Angestellter des Schuldners geweigert hat, es anzunehmen[311]. Ob dieser Hinweis die auch im Rahmen des Art. 14 Absatz 1 lit. a EuVTVO dargestellten Nachteile des Schuldners rechtfertigt, wird im nächsten Unterpunkt diskutiert.

---

[309] Vgl. dazu auch *Rauscher*, Der Europäische Vollstreckungstitel für unbestrittene Forderungen, Rn. 123.
[310] Zum deutschen Prozessrecht: *Heß*, Neues deutsches und europäisches Zustellungsrecht, NJW 2002, 2417, 2426.
[311] Mitteilung der Kommission an das Europäische Parlament vom 9. Februar 2004, KOM (2004) 90 endgültig, 2002/0090 (COD), S. 8.

Nach Art. 14 Absatz 1 lit. c EuVTVO genügt für eine ordnungsgemäße Zustellung die Hinterlegung im Briefkasten des Schuldners. Auch bei dieser Zustellungsart ist fraglich, ob der Schuldnerschutz ausreichend beachtet wird, zumal die einfache Hinterlegung im Briefkasten des Schuldners als Privatperson in der Fassung vom 11. Juni 2003 nicht vorgesehen war. Im Zusammenhang mit der simplen Hinterlegung im Briefkasten ist Art. 14 Absatz 2 EuVTVO von Bedeutung: Danach ist sowohl die Zustellung ohne Nachweis des Empfangs durch den Schuldner, als auch die Hinterlegung im Briefkasten unzulässig, wenn die Adresse des Schuldners nicht zweifelsfrei ermittelt werden kann. So sollen fiktive Zustellungen verhindert werden, welche den Schuldner in seinem Anspruch auf rechtliches Gehör verletzen würde[312]. Es erstaunt trotz der Schutzregelung des Art. 14 Absatz 2 EuVTVO bei der Zustellungsart durch Hinterlegung im Briefkasten, dass der Schuldner die Beweislast und somit das Risiko dafür trägt, dass die zustellende Person bei der Hinterlegung keinen Fehler macht (z.B. falscher Briefkasten, Diebstahl des Schriftstücks wegen unzureichender Versenkung des Schriftstücks im Briefkasten etc.). In den Fällen, in denen der Schuldner aufgrund eines Fehlers der zustellenden Person von dem Schriftstück keine Kenntnis erhält, nützt ihm zu seiner Verteidigung auch die nach Art. 14 Absatz 3 EuVTVO erforderliche und von der zustellenden Person ausgestellte Bestätigung über die ordnungsgemäße Zustellung nichts. Auch bei der Zustellung durch Hinterlegung im Briefkasten des Schuldners werden bei isolierter Berücksichtigung des Art. 14 EuVTVO die Interessen des Schuldners vernachlässigt. Allerdings wurde in Art. 19 EuVTVO eine Ausnahmeregelung geschaffen, die im nächsten Unterpunkt dargestellt wird.

Gemäß Art. 14 Absatz 1 lit. d EuVTVO wird die Hinterlegung beim Postamt oder bei den zuständigen Behörden mit entsprechender schriftlicher Benachrichtigung im Briefkasten des Schuldners als ausreichend erachtet. Weitere Voraussetzung ist allerdings, dass „in der schriftlichen Benachrichtigung das Schriftstück eindeutig als gerichtliches Schriftstück bezeichnet oder darauf hingewiesen wird, dass die Zustellung durch die Benachrichtigung als erfolgt gilt und die Fristen damit zu laufen beginnen“. Hinsichtlich der Hinterlegung der Benachrichtigung im Briefkasten entstehen daher die gleichen Risiken für den Schuldner wie in lit. c. Es macht für den Schuldner keinen Unterschied, ob er von dem Schriftstück selbst oder von der Benachrichtigung ohne sein Verschulden keine Kenntnis erhält, weil die Zustellung mit ihren juristischen Konsequenzen durch die Benachrichtigung als erfolgt gilt. Insofern muss auch im Rahmen der Zustellung nach Art. 14 Absatz 1 lit. d EuVTVO bemängelt werden, dass die Schuldnerinteressen unverhältnismäßig beeinträchtigt werden.

Im Übrigen kann nach Art. 14 Absatz 1 lit. e EuVTVO postalisch ohne Nachweis gemäß Absatz 3 zugestellt werden, wenn der Schuldner seine Anschrift im Ursprungsstaat hat. In Buchstabe f wird die elektronische Zustellung mit automatischer Sende-

---

312 *Hüßtege*, Braucht die Verordnung über den europäischen Vollstreckungstitel eine ordre-public-Klausel?, FS Jayme 2004, 371, 379; *Hüßtege*, Der europäische Vollstreckungstitel, in: Gottwald (Hrsg.), Perspektiven der justiziellen Zusammenarbeit in der Europäischen Union, 113, 124; *Heß*, Neues deutsches und europäisches Zustellungsrecht, NJW 2002, 2417, 2425.

bestätigung geregelt, sofern sich der Schuldner vorab ausdrücklich mit dieser Art der Zustellung einverstanden erklärt hat. Bei diesen beiden Zustellungsarten sind keine unzumutbaren Risiken für den Schuldner erkennbar.

Der Schuldner ist aber bei den Zustellungsarten nach den Buchstaben a bis d der Gefahr ausgesetzt, dass er trotz der Einhaltung des Kapitels III keine Kenntnis von der Zustellung erhält.

(bbb) Rechtfertigung der Gleichstellung der Zustellung mit und ohne Nachweis des Empfangs durch den Schuldner

Die in der Fassung vom 11. Juni 2003 als „Ersatzzustellung" bezeichnete Form der Zustellung nach Art. 14 (Ex-Art. 12) EuVTVO war streng subsidiär zur Zustellung an den Schuldner nach Art. 13 (Ex-Art. 11) EuVTVO, kam also nur dann in Betracht, wenn letztere Zustellungsart scheiterte[313]. Nunmehr sind Art. 13 und 14 EuVTVO alternativ anwendbar. Die Gleichstellung der Zustellung mit und ohne Nachweis des Empfangs durch den Schuldner ist vor dem Hintergrund des Anspruchs auf rechtliches Gehör insofern zweifelhaft, als dass die Anforderungen der Zustellung in Art. 14 Absatz 1 lit. a bis d EuVTVO zwar leicht verändert, aber nicht zugunsten des Schuldnerschutzes erhöht wurden, um der verbleibenden Fehleranfälligkeit der Zustellung an andere Personen als den Schuldner entgegenzuwirken. Es stellt sich in dem Zusammenhang die Frage, wie die Gerichte die Voraussetzung aus Erwägungsgrund (15) der Präambel handhaben werden, dass die angetroffene Person im Sinne des Art. 14 Absatz 1 lit. a und b EuVTVO das Schriftstück tatsächlich erhalten haben muss. Bedeutet es, dass der Gläubiger dem Schuldner den tatsächlichen Erhalt des Dokuments nachweisen muss, also der Gläubiger die Beweislast für das tatsächliche Zugehen trägt? Dagegen spricht, dass diese Voraussetzung für die ordnungsgemäße Zustellung nicht in Art. 14 EuVTVO integriert wurde. Zudem bleibt offen, wen die für die Zustellung zuständige Person als „in derselben Wohnung wie der Schuldner lebende Person oder (...) eine dort beschäftigte Person" einordnen kann und darf. Was passiert bei einer fehlerhaften Identifizierung? Auch die erforderliche Bescheinigung des Namens und des „Verhältnisses zum Schuldner" nach Art. 14 Absatz 3 lit. a (iii) EuVTVO kann diese Gefahr nicht vermeiden. Dem Schuldner scheint die irrealistische Verpflichtung zu obliegen, darauf zu achten, dass sich nur solche Personen in seiner Wohnung aufhalten, die ihm zuverlässig jedes Schriftstück weiterleiten. Auch hier ist wieder auf die fehlende Regelung hinsichtlich Minderjähriger hinzuweisen. Es ist äußerst zweifelhaft, ob der Erwägungsgrund (15) der Präambel diesen Unwägbarkeiten zuverlässig Abhilfe schaffen kann. Es sollte zumindest wieder eine ausdrückliche Regelung mit dem Inhalt eingeführt, dass nur eine Person das Schriftstück annehmen können soll, die nach dem Recht des Staates, in dem zugestellt wird, geschäftsfähig ist. Mangels eines Hinweises auf das anwendbare Recht in dieser Frage ist allerdings entsprechend der Anmerkung

---

[313] Amtliche Begründung zu KOM (2002) 159 endgültig, S. 12; *Hüßtege*, Braucht die Verordnung über den europäischen Vollstreckungstitel eine ordre-public-Klausel?, FS Jayme 2004, 371, 379; *Hüßtege*, Der europäische Vollstreckungstitel, in: Gottwald (Hrsg.), Perspektiven der justiziellen Zusammenarbeit in der Europäischen Union, 113, 128.

der Kommission zu Art. 15 EuVTVO (Bestimmung des Vertreters des Schuldners) davon auszugehen, dass das erkennende Gericht sein innerstaatliches Recht und nicht das Recht des Staates, in dem zugestellt wurde, anwenden wird. Dies folgt auch aus dem Umstand, dass zum Zeitpunkt der Zustellung der Vollstreckungsstaat möglicherweise noch nicht bekannt ist. So ist der Schuldner einem weiteren Risiko ausgesetzt, nämlich dass ihm die Regelungen über die Geschäftsfähigkeit aus dem Recht des Ursprungsstaates, nach denen ihm eine Person zugerechnet wird, womöglich unbekannt sind.
Das Ungleichgewicht bei den Zustellungsarten nach Art. 13 und 14 EuVTVO, welches durch das hohe Risiko des Adressaten bei der Zustellung ohne Nachweis des Empfangs durch den Schuldner entsteht, wird jedoch in Art. 19 Absatz 1 lit. a EuVTVO berücksichtigt. Dieser wurde neu in die Endfassung der EuVTVO eingefügt und stellt ergänzend zu den Art. 13 bis 18 für die Bestätigung einer Entscheidung als Europäischer Vollstreckungstitel die folgende Bedingung auf: Der Schuldner muss nach dem Recht des Ursprungsstaates berechtigt sein, eine Überprüfung der Entscheidung zu beantragen, wenn nach Art. 14 zugestellt wurde und die Zustellung jedoch „ohne Verschulden des Schuldners nicht so rechtzeitig erfolgt ist, dass er Vorkehrungen für seine Verteidigung hätte treffen können". Auf das Gefälle zwischen der Zustellung nach Art. 13 und nach Art. 14 EuVTVO wird auch in Erwägungsgrund (14) der Präambel der EuVTVO hingewiesen. Die Zustellungsform nach Art. 13 EuVTVO werde durch „absolute Gewissheit" und nach Art. 14 durch ein „hohes Maß an Wahrscheinlichkeit" gekennzeichnet. Das Restrisiko des Schuldners bei der zweiten Zustellungsart solle dadurch ausgeglichen werden, dass der Ursprungsstaat über einen „geeigneten Mechanismus" verfügen muss, der dem Schuldner unter bestimmten Voraussetzungen das Recht einräumt, „eine vollständige Überprüfung der Entscheidung nach Art. 19 EuVTVO zu verlangen, und zwar dann, wenn der Ausnahmefall vorliegt, dass das Schriftstück dem Empfänger trotz Einhaltung des Art. 14 ausnahmsweise nicht zugegangen ist". Angesichts dieser Formulierung in der Präambel in Kombination mit der Ausnahmeregelung des Art. 19 Absatz 1 lit. a EuVTVO wird die Schärfe der schuldnerfeindlichen Vorschrift des Art. 14 Absatz 1 EuVTVO als gleichwertige Alternative zur persönlichen Zustellung an den Schuldner abgemildert[314]. Der Rat forderte als Reaktion auf die Kritik an der „Vagheit der Bestimmung und der damit verbundenen Risiken"[315] diese zusätzliche Bedingung.

Fraglich ist trotzdem, ob die Berücksichtigung dieses Ausnahmefalls ausreicht, um das Risiko des Schuldners bei der Zustellung ohne Nachweis des Empfangs auszugleichen. Es verbleiben nämlich folgende Probleme: Die Definition und Auslegung des Begriffs „ohne Verschulden" in Art. 19 Absatz 1 lit. a ii) EuVTVO unterliegt der Einschätzungsprärogative des Richters des Ursprungsstaates; er ist nicht verordnungsautonom festgelegt. Der Wortlaut lässt zwar nicht eindeutig erkennen, ob es sich nur um eigenes

---

[314] Zu den verbleibenden Erschwernissen und Risiken zulasten des Schuldners siehe Punkt „Mindestvorschriften für eine Überprüfung in Ausnahmefällen" B III 1. c) cc) (2) (e).
[315] Mitteilung der Kommission an das Europäische Parlament vom 9. Februar 2004, KOM (2004) 90 endgültig, 2002/0090 (COD), S. 7.

oder auch um zugerechnetes Verschulden des Schuldners handeln kann. Jedoch ergibt sich die Haftung für zugerechnetes Drittverschulden aus dem Vergleich mit Art. 19 Absatz 1 lit. b EuVTVO, in dem ausdrücklich „eigenes Verschulden" verlangt wird. Darüber hinaus wäre zu klären, inwieweit der Schuldner die Beweislast für fehlendes Verschulden trägt. Letztlich bleibt trotz der Regelung des Art. 19 EuVTVO fraglich, ob es zumutbar ist, dass der Schuldner für alle in seinem Haushalt lebenden und beschäftigten Personen die Verantwortung übernehmen muss. Die Zurechnung der Personen, welche in den Geschäftsräumen angetroffen werden, ist im Gegensatz zum Privatbereich insofern gerechtfertigt, als dass sich dort in der Regel nur solche Personen aufhalten, mit denen der Schuldner einen Vertrag über eine Tätigkeit geschlossen hat. Es kann jedoch im privaten Bereich nicht dem Schuldner obliegen, über alle in seinem Haushalt befindlichen Personen zu wachen. Daher bleibt abzuwarten, in welchen Fällen die Härtefallregelung des Art. 19 EuVTVO Anwendung finden wird. Die nationalen Gerichte können bzw. müssen die Frage der Auslegung des Begriffs „ohne Verschulden" aus Art. 19 Absatz 1 lit. a ii) EuVTVO bzw. „ohne eigenes Verschulden" aus lit. b dem EuGH vorlegen[316]. Insbesondere müsste der Gerichtshof darlegen, inwieweit der Schuldner sich die Übergabe eines Schriftstücks an einen Dritten zurechnen lassen muss.
Aufgrund der dargestellten Nachteile für den Schuldner durch die Zustellungsmöglichkeit nach Art. 14 Absatz 1 insbesondere lit. a, aber auch lit. b bis d EuVTVO ist – gerade was die Beweislast und Auslegung im Rahmen des Art. 19 EuVTVO angeht - zur Sicherheit des Schuldners zumindest zu fordern, dass die Zustellung an andere als den Schuldner wie in der Fassung vom 11. Juni 2003 streng subsidiär zu einer persönlichen Zustellung ist. Nur wenn die Zustellungsformen nach Art. 13 EuVTVO mit Nachweis des Empfangs durch den Schuldner versagt haben, sollte ihm eine Zustellung ohne Nachweis des persönlichen Empfangs (Art. 14 EuVTVO) gemutet werden können. Die Aufhebung der Subsidiarität in der Endfassung kann nicht zulasten des Schuldners aus Gründen der Schnelligkeit und der Kostenersparnisse gerechtfertigt werden.

(dd) Zusammenfassung

In der Endfassung der EuVTVO wurde durch die Gleichstellung der Zustellung mit und ohne Nachweis des Empfangs durch den Schuldner der Schuldnerschutz weiter beeinträchtigt. Die Zustellungsmöglichkeiten nach Art. 14 Absatz 1 lit. a bis d EuVTVO sind - isoliert betrachtet - jedenfalls unzureichend, weil der Schuldner nicht annähernd mit dem gleichen Maß an Wahrscheinlichkeit Kenntnis vom Zugang des Schriftstücks erlangt wie bei der persönlichen Zustellung an ihn. Es sind viele Fälle denkbar, in denen das rechtliche Gehör des Schuldners aufgrund der Zurechnung des Verhaltens Dritter verletzt wird. Auch die Härtefallregelung nach Art. 19 Absatz 1 EuVTVO kann zurzeit mangels einheitlicher Auslegung des Begriffes „ohne Verschulden" und aufgrund der Beweislast des Schuldners für das Vorliegen eines Ausnahmefalls das Restrisiko des Schuldners nicht ausschließen, dass ein im europäischen

[316] Dazu mehr in Punkt B III 1. c) cc) (2) (e).

Ausland ausgestellter Europäischer Vollstreckungstitel in Deutschland gegen ihn vollstreckt wird, der ohne ausreichende Berücksichtigung des Anspruchs auf rechtliches Gehör zustande gekommen ist. Der Verstoß gegen den subjektiven ordre public ist im Rahmen der Zustellung nach Art. 14 EuVTVO denkbar, weil nicht in allen Fällen gesichert ist, dass der Schuldner von allen für ihn erheblichen Informationen zuverlässig Kenntnis erlangt.

(b) Ordnungsgemäße Unterrichtung des Schuldners über die Forderung

Art. 16 EuVTVO stellt Anforderungen an den Mindestinhalt einer Klageschrift und hat demnach den Zweck sicherzustellen, dass der Schuldner in ausreichendem Umfang erfährt, um welchen Sachverhalt es sich handelt, wenn er entscheidet, die Forderung zu bestreiten, anzuerkennen oder nicht zu reagieren. Die Bedingungen des Art. 16 EuVTVO waren in der Fassung vom 18. April 2002 mit den Voraussetzungen des § 253 Absatz 2 ZPO vergleichbar[317]. Ein Änderungsvorschlag des Europäischen Parlaments, der in der Fassung vom 11. Juni 2003 Berücksichtigung fand, verschaffte jedoch insbesondere dem Problem Abhilfe, dass einerseits der Bundesgerichtshof für einen deutschen Mahnbescheid nach § 699 ZPO eine Individualisierung des Sachverhalts ausreichen lässt[318] und dass andererseits Ex-Art. 16 lit. d EuVTVO für die Bestätigung als Europäischer Vollstreckungstitel eine ordnungsgemäße Unterrichtung des Schuldners in dem Sinne forderte, dass sie den „Gegenstand der Klage, einschließlich einer kurzen Darstellung des Sachverhalts, der der Forderung zugrunde liegt," beinhalten muss. Somit könnte ein deutscher Mahnbescheid nicht rechtmäßig als Europäischer Vollstreckungstitel bestätigt werden, weil das Verfahren nicht den Mindestvorschriften des Kapitels III entsprochen hätte. Die Kommission nahm den Abänderungsvorschlag des Parlaments zunächst nur in vereinfachter Formulierung an: Sie ließ in der Fassung der Verordnung vom 11. Juni 2003 die „Darlegung der Gründe der Forderung" genügen. In der Endfassung wird jedoch schließlich nur noch die „Bezeichnung des Forderungsgrundes" gefordert. Dadurch entspricht der deutsche Mahnbescheid, welcher die Individualisierung des Sachverhalts enthält, den Anforderungen des Art. 16 lit. d EuVTVO. Die Verschiedenheit des nationalen Rechts insbesondere der Mahnverfahren war auch der Anlass für die erneute Änderung der Formulierung. Die Kommission begründet die von ihr vorgeschlagene Änderung in der Endfassung nämlich damit, durch die Vereinfachung und Erweiterung des Wortlauts jeden Zweifel hinsichtlich der Begründung der Forderung auszuräumen[319]. Unter diesem Blickwinkel ist auch durchaus zu begrüßen, dass die Ausstellung eines Europäischen Vollstreckungstitels nicht an solchen Unterschieden der mitgliedstaatlichen Verfahrensvorschriften scheitert, die jedoch praktisch keine Auswirkungen haben. Auf der anderen Seite wird

---

[317] *Hüßtege*, Der europäische Vollstreckungstitel, in: Gottwald (Hrsg.), Perspektiven der justiziellen Zusammenarbeit in der Europäischen Union, 113, 129.

[318] BGH NJW 2001, 305, 3; Baumbach/Lauterbach/Albers/Hartmann – *Hartmann*, § 690 ZPO Rn. 6.; *Hüßtege*, Braucht die Verordnung über den europäischen Vollstreckungstitel eine ordre-public-Klausel?, FS Jayme 2004, 371, 380; *Hüßtege*, Der europäische Vollstreckungstitel, in: Gottwald (Hrsg.), Perspektiven der justiziellen Zusammenarbeit in der Europäischen Union, 113, 130.

[319] Mitteilung der Kommission an das Europäische Parlament vom 9. Februar 2004, KOM (2004) 90 endgültig, 2002/0090 (COD), S. 5.

durch die Änderung des Wortlauts vom Schuldner verlangt, dass er sich gegebenenfalls selbst um eine nähere Darstellung des Sachverhalts kümmern muss, um beurteilen zu können, ob die Forderung gegen ihn besteht.
Unbezifferte Anträge auf Zahlung von Schadensersatz, wie sie bei der Klage auf Schmerzensgeld gestellt werden, dürften wegen Art. 16 lit. b EuVTVO nicht ausreichen, damit die folgende Entscheidung als Europäischer Vollstreckungstitel bestätigt wird[320]. Zudem handelt es sich bei solchen unbezifferten Beträgen im deutschen Recht ohnehin um eine Entscheidung mit Feststellungstenor, die nicht vollstreckbar ist.
Zu Art. 16 lit. c EuVTVO ist anzumerken, dass der Verweis auf die Rechtsvorschriften des Ursprungsstaates hinsichtlich der Zinsforderungen als Gesamtverweisung aufzufassen ist, so dass das Zinsstatut nach dem Kollisionsrecht des Ursprungsstaates zu ermitteln ist. Die Verweisung auf die Rechtsvorschriften des Ursprungsstaates kann nämlich nur den Zweck haben, dass der Kläger nicht etwas beantragen muss, was ihm nach dem Recht des Ursprungsstaates von Amts wegen zugesprochen wird[321].
In der Regelung des Art. 16 EuVTVO sind keine Mängel hinsichtlich des Schuldnerschutzes ersichtlich.

(c) Ordnungsgemäße Unterrichtung über die Verfahrensschritte

In Art. 17 EuVTVO soll sichergestellt werden, dass der Schuldner ausreichend über das Verfahren informiert worden ist. Ziel ist hierbei, dass er die Möglichkeit hatte, die Forderung zu fristgerecht und ordnungsgemäß zu bestreiten. In Bezug auf die in Art. 17 EuVTVO aufgezählten Belehrungspflichten ist vorweg als offensichtliches, aber vermeidbares Problem zu nennen, dass nicht spezifiziert wird, wer auf welcher Sprache dem Vollstreckungsschuldner die erforderlichen Hinweise geben soll – der Kläger oder das Gericht[322].
Nach Art. 17 lit. a EuVTVO ist erforderlich, dass „in dem verfahrenseinleitenden Schriftstück, einem gleichwertigen Schriftstück oder einer Ladung zu einer Gerichtsverhandlung oder in einer zusammen mit diesem Schriftstück oder dieser Ladung zugestellten Belehrung" deutlich erstens „auf die Verfahrensvorschriften für das Bestreiten der Forderung einschließlich der Frist, innerhalb derer die Forderung schriftlich bestritten werden kann bzw. der Termin der Gerichtsverhandlung", zweitens „auf die Bezeichnung und die Anschrift der Stelle, an die die Antwort zu richten bzw. vor der zu erscheinen ist" und drittens „auf die Frage, ob die Vertretung durch einen Rechtsanwalt vorgeschrieben ist," hingewiesen worden sein muss. Weiterhin regelt nunmehr nur Art. 17 lit. b EuVTVO den erforderlichen Hinweis auf die „Konsequenzen der Nichtanfechtung oder des Nichterscheinens, insbesondere [auf] die etwaige Möglichkeit einer Entscheidung oder ihrer Vollstreckung gegen den Schuldner und [auf die] (...) Auferlegung der Gerichtskosten". In der Fassung vom 11. Juni 2003 waren noch

[320] *Rauscher*, Der Europäische Vollstreckungstitel für unbestrittene Forderungen, Rn. 139.
[321] *Rauscher*, Der Europäische Vollstreckungstitel für unbestrittene Forderungen, Rn. 140.
[322] *Stadler*, Das Europäische Zivilprozessrecht – Wie viel Bescheunigung verträgt Europa?, IPRax 2004, 2, 10; *Rauscher*, Der Europäische Vollstreckungstitel für unbestrittene Forderungen, Rn. 137 (Vorschlag der Einfügung einer dem Artikel 8 EuZVO entsprechenden Regelung in die EuVTVO).

in Ex-Art. 17 lit. c, d und e EuVTVO[323] in detaillierter Form die Informationspflichten hinsichtlich der verbleibenden Einwendungen und Rechtsbehelfe des Schuldners geregelt. Weil die Informationspflichten im Sinne des Ex-Art. 17 lit. d EuVTVO vor dem Hintergrund des rechtlichen Gehörs des Schuldners Anlass zu Kritik gegeben haben, stellt sich nun die Frage, wie die neue Regelung des Art. 17 lit. b EuVTVO vor diesem Hintergrund zu beurteilen ist.

Einleitend wird untersucht, warum Ex-Art. 17 lit. c, d und e EuVTVO zu dem aktuellen Art. 17 lit. b EuVTVO verschmolzen sind. Ein praktisch relevanter Grund könnte jedenfalls sein, dass nicht bei Einleitung jedes gerichtlichen Verfahrens eine dem Ex-Art. 17 EuVTVO entsprechende ausführliche Rechtsbehelfsbelehrung dem verfahrenseinleitenden Schriftstück beigefügt worden wäre, weil die nationalen Vorschriften eine solche Unterrichtung nicht fordern. Daher würde die Bestätigung als Europäischer Vollstreckungstitel jedenfalls für solche Entscheidungen entfallen, die im Rahmen eines gerichtlichen Verfahrens ergangen sind, bei dessen Einleitung nicht bereits absehbar war, dass eine Bestätigung als Europäischer Vollstreckungstitel vom Gläubiger angestrebt wird. Unter Art. 17 lit. b EuVTVO fallen nun sicher die Mehrzahl nationaler Standardbelehrungen des Schuldners, so dass viele Mitgliedstaaten ihre nationalen Vorschriften nicht angleichen müssen, um diesem Kriterium zu entsprechen. Insofern trägt die vereinfachte Formulierung zur Anwendbarkeit der EuVTVO bei.

Mangels konkreter Ausführungen, wie der erforderliche Hinweis gestaltet sein muss, ist es hinsichtlich der neuen Formulierung jedoch vorstellbar, dass die „Konsequenzen der Nichtanfechtung oder des Nichterscheinens" nun zum Nachteil des Schuldners von den nationalen Gerichten sehr weit ausgelegt werden. Es hängt also von der Interpretation des Gerichts bzw. von den nationalen Belehrungsvorschriften ab, wie detailliert der Schuldner über seine Rechte, deren Nichtausübung den Verlust seines Vermögens bedeuten kann, informiert werden muss. In § 692 Absatz 1 ZPO werden beispielsweise für die Situation des Art. 3 Absatz 1 lit. b EuVTVO für das deutsche Mahnverfahren sechs verschiedene Informationen für den Schuldner aufgezählt. Durch die Änderung des Art. 17 EuVTVO erhöht sich zwar die Zahl der Entscheidungen, die als Europäischer Vollstreckungstitel bestätigt werden können. Allerdings hängen der Standard und die Ausführlichkeit der Rechtsbehelfsbelehrung nunmehr nur noch vom Recht und der Rechtsprechung des Ursprungsstaates ab. Dies birgt wiederum Gefahr, dass es vom Zufall abhängt, in welchem Maße dem Recht des Schuldners auf rechtliches Gehör Bedeutung beigemessen wird.

Im Rahmen der Konsequenzen des Nichtbestreitens einer Forderung stellt sich auch die Frage, ob ein Recht auf einen Instanzenzug garantiert werden muss. In Anbetracht von Ex-Art. 17 lit. d 1. Spiegelstrich EuVTVO existieren offenbar Verfahrensordnun-

---

[323] In der Fassung vom 11. Juni 2003, KOM (2003) 341 endgültig:
[Hinweis auf] lit. c: „die Tatsache, dass in Mitgliedstaaten, in denen dies zulässig ist, ohne Widerspruch seitens des Schuldners eine Entscheidung zugunsten des Gläubigers ergehen kann:

- ohne Prüfung der Begründetheit der Forderung durch das Gericht, oder
- nach einer eingeschränkten Prüfung der Begründetheit der Forderung durch das Gericht;"

lit. d: „die Tatsache, dass in Mitgliedstaaten in denen dies zulässig ist,

- gegen eine solche Entscheidung kein ordentlicher Rechtsbehelf gegeben ist, oder
- die Nachprüfung bei einem ordentlichen Rechtsbehelf eingeschränkt ist."

gen in der Europäischen Gemeinschaft, die einen ordentlichen Rechtsbehelf gegen eine Entscheidung verwehren, die ein Gericht ohne oder nur mit eingeschränkter Prüfung der Begründetheit getroffen hat. Der Anspruch auf Rechtsmittel gegen gerichtliche Entscheidungen wird jedenfalls nicht durch die Rechtschutzgarantie des Grundgesetzes gewährleistet[324]. Insofern ist Art. 17 lit. b EuVTVO diesbezüglich nicht näher zu untersuchen.
Der deutsche Gesetzgeber hat nunmehr durch die Änderung und Ergänzung einiger Vorschriften den Standard der ZPO an Art. 17 EuVTVO angepasst, um dem Mindeststandards der EuVTVO zu entsprechen. Der neue § 215 Absatz 1 ZPO regelt beispielsweise, dass in jeder Ladung auf die Möglichkeit einer Entscheidung nach den §§ 330-331a ZPO einschließlich der kosten- und vollstreckungsrechtlichen Konsequenzen hinzuweisen ist[325]. Um Art. 17 lit. b EuVTVO gerecht zu werden, wurde zudem in § 276 Absatz 2 Satz 2 ZPO festgelegt, dass die Belehrung über die Folgen eines Versäumnisurteils nach § 331 Absatz 3 ZPO auch die Kosten und die Vollstreckung umfassen muss[326]. Zur Umsetzung der Vorgabe in Art. 17 lit. a EuVTVO wurde § 499 Absatz 1 ZPO im Rahmen der Verfahren vor den Amtsgerichten wie folgt gefasst: „Mit der Zustellung der Klageschrift oder des Protokolls über die Klage ist der Beklagte darüber zu belehren, dass eine Vertretung durch einen Rechtsanwalt nicht vorgeschrieben ist." Eine Änderung der ZPO hinsichtlich der Belehrungspflichten im Prozess vor den Landgerichten war nicht erforderlich, weil die Regelungen der §§ 215, 271 Absatz 2 und 277 Absatz 2 ZPO bereits entsprechende Schuldnerschutzvorschriften enthielten[327].

(d) Heilung von Verfahrensmängeln infolge der Nichteinhaltung der Mindestvorschriften

In Art. 18 Absatz 1 EuVTVO wird die Heilungsmöglichkeit eines Verstoßes gegen die Mindestvorschriften aus Art. 13-17 EuVTVO geregelt. Die Bedingungen des Art. 18 Absatz 1 lit. a bis c EuVTVO müssen kumulativ vorliegen: Erste Voraussetzung ist, dass die Entscheidung dem Schuldner nach Maßgabe der Art. 13 oder 14 EuVTVO zugestellt worden sein muss. Unklar ist insofern, ob auch eine Zustellung an einen Vertreter des Schuldners nach Art. 15 EuVTVO unter die „Zustellung nach Art. 13 oder 14 EuVTVO" fällt. Nach Sinn und Zweck des Zusammenspiels der drei Regelungen der Art. 13, 14 und 15 EuVTVO darf die Zustellung an einen Vertreter des Schuldners die Heilung nicht verhindern.

---

[324] BVerfG FPR 2003, 604, 605.
[325] Als Vordrucke für die Ladung empfiehlt der Gesetzgeber in seiner Begründung: „Die Parteien werden darauf hingewiesen, dass das Nichterscheinen im Termin zu einem Verlust des Prozesses führen kann. Gegen die nicht erschienene Partei kann auf Antrag des Gegners ein Versäumnisurteil erlassen oder eine Entscheidung nach Aktenlage getroffen werden (§§ 330 bis 330a ZPO); in diesem Fall hat die säumige Partei auch die Gerichtskosten und die notwendigen Kosten der Gegenseite zu tragen (§ 91 ZPO). Aus dem Versäumnisurteil oder dem urteil nach Lage der Akten kann der Gegner der säumigen Partei gegen diese die Zwangsvollstreckung betreiben."
[326] Auch diesbezüglich empfiehlt der Gesetzgeber einen entsprechenden Vordruck.
[327] BT-Drucks 15/5222, S. 20; *Wagner*, Das Gesetz zur Durchführung der VO zum Europäischen Vollstreckungstitel, IPRax 2005, 401, 409.

Der Schuldner müsste weiterhin gemäß Art. 18 Absatz 1 lit. b EuVTVO die Möglichkeit gehabt haben, „einen eine uneingeschränkte Überprüfung umfassenden Rechtsbehelf gegen die Entscheidung einzulegen", und er müsste „in der Entscheidung oder in einer beigefügten Belehrung ordnungsgemäß über die Verfahrensvorschriften für die Einlegung eines solchen Rechtsbehelfs, einschließlich der Bezeichnung und der Anschrift der Stelle, bei der der Rechtsbehelf einzulegen ist, und gegebenenfalls der Frist unterrichtet" worden sein.
In Buchstabe c ist als letztes Erfordernis für eine Heilung festgelegt, dass der Schuldner es versäumt haben muss, „einen Rechtsbehelf gegen die Entscheidung gemäß den einschlägigen Verfahrensvorschriften einzulegen".
Die Gefahr der Heilung nach Art. 18 Absatz 2 EuVTVO läuft der Schuldner nur dann, wenn er sich im gerichtlichten Verfahren verhält, z. B. wenn er die Zustellung rügt, aber sich nicht auf die Sache einlässt[328]. Grundsätzlich muss der Schuldner jedoch keine Vorkehrungen treffen, wenn an ihn eine nicht den Mindestvoraussetzungen entsprechende Zustellung erfolgt, Art. 18 Absatz 1 EuVTVO.
Art. 18 EuVTVO entspricht nicht Ex-Art. 19 EuVTVO, welcher in der Fassung vom 11. Juni 2003 die Heilungsvorschriften beinhaltete. Wie auch hinsichtlich der Voraussetzungen für die ordnungsgemäße Unterrichtung des Schuldners (Art. 17 EuVTVO) wurde auch bei den Heilungsvorschriften die konkrete detaillierte Beschreibung der Belehrungsvoraussetzungen gestrichen und durch allgemeine Begriffe ersetzt. Gerade hinsichtlich der Heilung war diese Generalisierung sinnvoll, weil die ehemalige Heilungsvorschrift einen zu ausladenden Katalog beinhaltete, dem kaum eine nationale Verfahrensordnung – auch nicht die deutsche - gerecht geworden wäre. Mangels einer praktisch möglichen Heilung wäre Ex-Art. 19 EuVTVO überflüssig gewesen.
Art. 19 Absatz 2 EuVTVO aus der Fassung der EuVTVO vom 18. April 2002[329] forderte als zusätzliche Bedingung für die Heilung, dass der Schuldner das Schriftstück so rechtzeitig bekommen haben muss, um Vorkehrungen für seine Verteidigung treffen zu können. Diese Vorschrift wurde auf Vorschlag des Parlaments gestrichen. Die Kommission billigte die Abschaffung, obwohl sie nicht ausschließen kann, dass eine Entscheidung als Europäischer Vollstreckungstitel bestätigt wird, bei denen dieses schuldnerschützende Erfordernis nicht vorliegt. Vielmehr stützt sie die Streichung darauf, dass die geregelten Fälle „in der Praxis nur in besonderen Ausnahmefällen vorkommen"[330]. Erstaunlicherweise wurde die Regelung in der Endfassung vom 6. Februar 2004 in leicht veränderter Form wieder eingeführt. Dies könnte sich aus der Tatsache erklären, dass in der Endfassung gleichzeitig Art. 15 EuVTVO gestrichen wurde, der noch in der Fassung vom 11. Juni 2003 die Fristen für die rechtzeitige Zustellung enthielt. Ex-Art. 15 EuVTVO sah eine Frist von 14 Kalendertagen vor, wenn der Schuldner seinen Wohnsitz im Ursprungsstaat hat. Um Vorkehrungen für seine Verteidigung treffen und zu der Forderung Stellung nehmen zu können, war eine Frist von 28 Kalendertagen vorgesehen, wenn der Vollstreckungsschuldner in einem anderen Mitgliedstaat als dem Erststaat ansässig ist. Die gleichen Mindestfristen galten für das

[328] *Rauscher*, Der Europäische Vollstreckungstitel für unbestrittene Forderungen, Rn. 153.
[329] KOM (2002) 159 endgültig.
[330] Amtliche Begründung KOM (2003) 341, S. 6.

Erscheinen oder die Vertretung vor Gericht, wenn die Ladung nicht zusammen mit dem verfahrenseinleitenden Schriftstück zugestellt wird[331].

Eine konkrete Fristenregelung fehlt nun in der ganzen Verordnung. Die Rechtzeitigkeit der Zustellung unterliegt demnach der Beurteilung des Erstgerichts und kann nur in Ausnahmefällen nach Art. 19 Absatz 1 lit. a ii) EuVTVO überprüft werden. Fristen sollen dem Schuldner Gelegenheit geben, anwaltliche Hilfe in Anspruch zu nehmen bzw. selbst zu überlegen, ob die Forderung besteht oder nicht. Im deutschen Recht hat der Schuldner im Mahnverfahren gemäß § 692 Absatz 1 Nummer 3 ZPO zwei Wochen Zeit, um zu dem Anspruch Stellung zu beziehen. Bei einem Versäumnisurteil kann er gemäß § 339 Absatz 1 ZPO bei Inlandsprozessen ebenfalls innerhalb von zwei Wochen Einspruch einlegen; bei Zustellung ins Ausland ist die Frist gemäß § 339 Absatz 2 ZPO vom Gericht zu bestimmen.

Der EuGH hat die Rechtzeitigkeit in Art. 27 Nummer 2 EuGVVO nach dem Einzelfall bestimmt[332]. Das OLG Hamm hat entschieden, dass eine Vollstreckbarerklärung nach Art. 34 Absatz 2, Art. 27 Nummer 2 EuGVÜ nicht erfolgen könne, „wenn im Erststaat lediglich eine Einlassungsfrist von 6 Tagen zur Verfügung stand“[333]. Bei der Beurteilung der Rechtzeitigkeit gemäß Art. 27 Nummer 2 EuGVÜ sei zwar auf die tatsächlichen Gegebenheiten abzustellen und nicht auf die Fristenregelungen in Erst- oder Zweitstaat, jedoch dürfe sich der Bürger an den im Zweitstaat üblichen Fristen orientieren. Sowohl einem Prozessbevollmächtigten im Zweitstaat, als auch einem eventuellen Unterbevollmächtigten im Erststaat müsse genügend Zeit verbleiben, um sich mit der Sache auseinander zu setzen und Schriftsätze zu versenden.

Nach allgemeiner Überzeugung des Rates kann darauf vertraut werden, dass das Recht der Mitgliedstaaten ausreichende Fristen für die Vorbereitung der Verteidigung nach Zustellung eines verfahrenseinleitenden Schriftstücks oder einer Ladung vorsieht, so dass es in diesem Fall einer Mindestregelung nicht bedürfe[334]. Diese Einschätzung ist aufgrund der Diskrepanzen in der nationalen Rechtsprechung anzuzweifeln[335]. Insofern würden in der EuVTVO festgelegte Mindestfristen die Rechtsicherheit fördern.

Für den deutschen Gesetzgeber besteht hinsichtlich der Angemessenheit von Fristen durch das Inkrafttreten der EuVTVO kein Anpassungsbedarf. Art. 103 Absatz 1 GG muss ohnehin beachtet werden und deckt sich insofern mit dem Begriff der Angemessenheit[336]. Der deutsche Gesetzgeber hat die Vorgabe des Art. 18 Absatz 1 lit. b EuVTVO mit der Schaffung des § 338 Satz 2 ZPO umgesetzt[337]. Dieser lautet: „[Auf die Möglichkeit des Einspruchs] ist die Partei zugleich mit der Zustellung des Urteils schriftlich hinzuweisen; dabei sind das Gericht, bei dem der Einspruch einzulegen ist, und die einzuhaltende Frist und Form mitzuteilen.“

---

[331] Amtliche Begründung zu KOM (2002) 159 endgültig, S. 12.

[332] EuGHE 1981-1593, Rs. 166/80 - *Klomps/Michel.*

[333] Beschluss vom 2. Februar 2002 – 29 W 36/01, IPRax 2004, 158 f.

[334] Mitteilung der Kommission an das Europäische Parlament vom 9. Februar 2004, KOM (2004) 90 endgültig, 2002/0090 (COD), S. 10.

[335] Vgl. auch *Rauscher*, Der Europäische Vollstreckungstitel für unbestrittene Forderungen, Rn. 107.

[336] BT-Drucks 15/5222, S. 16.

[337] BT-Drucks 15/5222, S. 19; *Wagner*, Das Gesetz zur Durchführung der VO zum Europäischen Vollstreckungstitel, IPRax 2005, 401, 409.

(e) Mindestvorschriften für eine Überprüfung in Ausnahmefällen

Als Ersatz für den gestrichenen Art. 20 EuVTVO in der Fassung vom 11. Juni 2003, welcher die Möglichkeit der Wiedereinsetzung in den vorherigen Stand regelte, wurde in der Endfassung Art. 19 EuVTVO eingeführt, welcher Mindestvorschriften hinsichtlich einer Überprüfung im Härtefall beinhaltet. Neben dem bereits im Rahmen des Art. 14 EuVTVO dargestellten Ausnahmefall des Art. 19 Absatz 1 lit. a EuVTVO, muss dem Schuldner nach lit. b auch dann eine Überprüfung der Entscheidung nach dem Recht des Ursprungsstaates ermöglicht werden, wenn er „aufgrund höherer Gewalt oder aufgrund außergewöhnlicher Umstände ohne eigenes Verschulden die Forderung nicht anfechten konnte, wobei jeweils vorausgesetzt wird, dass er unmittelbar tätig wird“. Insofern werden alle Fälle berücksichtigt, in denen dem Schuldner trotz der Mindestvorschriften kein rechtliches Gehör verschafft wurde. Der Fall des Art. 19 Absatz 1 lit. a EuVTVO soll gewährleisten, dass der Schuldner bei einer Ersatzzustellung rechtzeitig Kenntnis von der Zustellung erlangt hat. Fraglich bleibt, wie der Fall zu behandeln ist, in dem der Schuldner bei einer Zustellung nach Art. 13 EuVTVO nicht rechtzeitig Kenntnis erlangt hat. Rauscher schlägt eine analoge Anwendung des Art. 19 Absatz 1 lit. a EuVTVO oder eine Subsumtion unter lit. b vor[338]. Weil der Ausnahmecharakter der Vorschrift des Art. 19 EuVTVO die analoge Anwendung verbietet, kann dem nicht gefolgt werden. Bis zu einer redaktionellen Korrektur ist die Fassung dieses Falles unter das Merkmal „außergewöhnliche Umstände“ in lit. b zu bevorzugen.

In der Härtefallregelung des Art. 19 EuVTVO bleibt – wie bereits im Rahmen des Art. 14 erwähnt – noch die Frage der Auslegung des Begriffs „ohne Verschulden“ durch den EuGH offen. Unabhängig von der Auslegung des Begriffs durch den EuGH trägt der Schuldner die Beweislast für das Vorliegen des fehlenden Verschuldens[339]. Folglich senkt die Möglichkeit des Schuldners, sich auf einen Härtefall zu berufen, sein Risiko, in seinem Anspruch auf rechtliches Gehör verletzt zu sein. Allerdings ist zweifelhaft, ob die engen Tatbestandsmerkmale der lit. b dem Schuldner in allen Fällen der unverschuldeten Verspätung Schutz gewähren. Diese Frage kann erst im Wege einer Auslegung durch den EuGH abschließend beurteilt werden.

Die in Art. 19 EuVTVO aufgestellten Mindestvorschriften erfordern nach der Begründung des EG-Vollstreckungstitel-Durchführungsgesetzes keinen Anpassungsbedarf[340]. Vielmehr gingen die §§ 338, 700 ZPO über dieses Mindestmaß hinaus. Der Einspruch gegen Versäumnisurteil bzw. Vollstreckungsbescheid ist nicht abhängig von fehlendem Verschulden. Zudem sei der Schuldner nach Erlass des Versäumnisurteils dadurch geschützt, dass die zweiwöchige Einspruchsfrist mit der Zustellung des Urteils bzw. des Vollstreckungsbescheides beginnt und ein Antrag auf Wiedereinsetzung in den vorigen Stand gemäß § 233 ZPO möglich bleibt.

---

[338] *Rauscher*, Der Europäische Vollstreckungstitel für unbestrittene Forderungen, Rn. 159.

[339] Siehe dazu auch *Rauscher*, Der Europäische Vollstreckungstitel für unbestrittene Forderungen, Rn. 108.

[340] BT-Drucks 15/5222, S. 15.

(3) Zwischenergebnis zu den Mindestvorschriften in Kapitel III

Wie eingangs dargestellt, könnte der Schuldner in seinem Anspruch auf rechtliches Gehörs verletzt sein, wenn das Kapitel III der EuVTVO dem Schuldner keine zumutbare Möglichkeit gewährt, die Mängel bereits im Erststaat zu beseitigen, was nach höchster deutscher Rechtsprechung[341] grundsätzlich für die Anerkennung einer ausländischen Entscheidung erforderlich ist. Nur durch die Auslegung der Vorschriften durch den EuGH vor dem Hintergrund des Art. 6 EMRK kann die Zweifelsfälle für die nationalen Fachgerichte verbindlich klären.

Als wichtiges Ergebnis zu Kapitel III der EuVTVO ist einerseits zu erwähnen, dass die Fassung der Härtefallregelung nach Art. 19 EuVTVO nicht überzeugt. Der Begriff des Verschuldens ist nicht verordnungsautonom definiert und muss erst noch durch die Rechtsprechung des EuGH konkretisiert werden. Zudem kann sich der Schuldner nur auf den Ausnahmefall berufen, wenn er fehlendes Verschulden nachweisen kann. Gerade im Hinblick auf die Gleichstellung der Zustellung mit und ohne einen Nachweis des Empfangs durch den Schuldner könnte der Anspruch auf rechtliches Gehör beeinträchtigt werden. Hinsichtlich der ordnungsgemäßen Unterrichtung des Schuldners über die Verfahrensschritte ist Folgendes festzuhalten: Auch wenn durch die Abschaffung des umfangreichen Katalogs an Voraussetzungen zwar nun mehr Entscheidungen der mitgliedstaatlichen Gerichte den Voraussetzungen des Kapitels III entsprechen und als Europäischer Vollstreckungstitel bestätigt werden können, ist zum Nachteil des Schuldners festzustellen, dass der Standard und die Ausführlichkeit der Rechtsbehelfsbelehrung nunmehr nur noch vom Recht und der Rechtsprechung des Ursprungsstaates abhängen.

Insofern besteht selbst bei wörtlicher Einhaltung der Vorschriften des Kapitels III das Risiko, dass dem Schuldner keine zumutbare Möglichkeit geschaffen wird, sich im Ursprungsstaat in angemessener Form zu verteidigen[342].

(4) Exkurs: Bedürfnis nach einem gemeinsamen europäischen Mahnverfahren

Gerade aufgrund der Probleme, die aus der Koexistenz von zwei unterschiedlichen Mahnverfahren in den Mitgliedstaaten resultiert, besteht ein großes Bedürfnis nach Vereinheitlichung für grenzüberschreitende Sachverhalte. Die Gemeinsamkeiten der verschiedenen europäischen Mahnverfahren hat bereits die Storme-Kommission[343] beschrieben: „Aus einer vom Gläubiger beantragten Zahlungsaufforderung des Gerichts an den Schuldner erwächst ein Titel, wenn der Schuldner nicht binnen vorgeschriebener Frist widerspricht". In der Präambel des damaligen Entwurfs wird insbesondere der Zweck herausgehoben, das ein gemeinsames Mahnverfahren die Verfolgung und Durchsetzung von Geldansprüchen – speziell unbestrittene oder geringwertige Forde-

[341] BVerfG NJW 1988, 1462, 1463, *Geimer*, Verfassung, Völkerrecht und Internationales Zivilverfahrensrecht, ZfRV 1992, Heft 6, 401, 412.
[342] Vgl. zur Zustellung auch *Rauscher*, Der Europäische Vollstreckungstitel für unbestrittene Forderungen, Rn. 39.
[343] Englischer und französischer Text in ZZP 109, (1996), 345.

rungen – erheblich erleichtern könne, um so den freien Geschäftsverkehr im Binnenmarkt zu fördern[344].
Der Vorschlag für eine Verordnung des Europäischen Parlaments und des Rates zur Einführung eines Europäischen Mahnverfahrens[345], basierend auf dem Grünbuch über ein europäisches Mahnverfahren und über Maßnahmen zur einfacheren und schnelleren Beilegung von Streitigkeiten mit geringem Streitwert vom 20. Dezember 2002[346], befindet sich im Verfahrensgang. Ein europäisches Mahnverfahren würde vielen Problemen Abhilfe schaffen: Die bisher bestehenden Rechtsunterschiede besonders in der Darlegungslast, Beweispflicht, aber auch in der für den Mahnbescheid zuständigen Person, die oft zulasten des Schuldners gehen, könnten so nivelliert werden[347]. Dies setzte allerdings voraus, dass auch die Mahnverfahren ohne grenzüberschreitenden Bezug den europäischen Anforderungen genügen müssen.

d) Vorschriften zum gerichtlichen Vergleich und zur öffentlichen Urkunde

Bezüglich des gerichtlichen Vergleichs und der öffentlichen Urkunde finden sich insbesondere in Kapitel V der EuVTVO spezielle Vorschriften.
Bei einem gerichtlichen Vergleich im Sinne des Art. 24 EuVTVO muss es sich um einen Vergleich über eine bezifferte Geldforderung[348] handeln, der von einem Gericht im Laufe eines Verfahrens gebilligt oder vor einem Gericht im Laufe eines Verfahrens geschlossen wurde und in dem betreffenden Mitgliedstaat vollstreckbar ist. Aufgrund dieser Definition ist der Begriff des Vergleichs im Sinne der EuVTVO weiter zu verstehen als der in Art. 58 EuGVVO, weil Art. 24 EuVTVO auch beispielsweise von Anwälten geschlossene und bei Gericht hinterlegte Vergleiche nach § 796a ZPO erfasst („von einem Gericht gebilligt")[349]. Ein gerichtlicher Vergleich im Sinne der EuVTVO kann als Europäischer Vollstreckungstitel unter Verwendung des Formblatts in Anhang II bestätigt werden.
Eine öffentliche Urkunde nach Art. 25 EuVTVO wird im Gegensatz zu den anderen vollstreckbaren Titeln nicht von Gerichten ausgestellt. In Art. 4 Nummer 3 EuVTVO findet sich ihre Legaldefinition. Danach wird als erste Möglichkeit ein „Schriftstück, das als öffentliche Urkunde aufgenommen oder registriert worden ist, wobei die Beurkundung sich auf die Unterschrift und den Inhalt der Urkunde bezieht und von einer Behörde und einer anderen von dem Ursprungsmitgliedstaat hierzu ermächtigten Stelle vorgenommen worden ist", als Urkunde bezeichnet. Ebenso unter den Begriff fällt „eine vor einer Verwaltungsbehörde geschlossene oder von ihr beurkundete Unterhaltsvereinbarung oder -verpflichtung". Für die Bestätigung einer öffentlichen Urkunde als Europäischer Vollstreckungstitel ist die Stelle zuständig, welche die Urkunde ausgestellt hat, also kein Gericht, sondern zum Beispiel der Notar („die vom Ur-

---

[344] *Schilken*, Die Vorschläge der Kommission für ein europäisches Zivilprozessbuch – einstweiliger und summarischer Rechtsschutz und Vollstreckung, ZZP Band 109 (1996), 315, 317.
[345] KOM (2004) 173.
[346] KOM (2002) 746.
[347] *Heß*, Aktuelle Perspektiven der europäischen Prozessrechtsangleichung, JZ 2001, 573, 581.
[348] Amtliche Begründung KOM (2002) 159, S. 16.
[349] *Wagner*, Die neue EG-Verordnung zum Europäischen Vollstreckungstitel, IPRax 2005, 189, 192.

sprungsmitgliedstaat bestimmte Stelle“). Es darf aus zeitlichen Gründen und zur Senkung der Fehleranfälligkeit keine weitere Behörde an der Bestätigung beteiligt sein[350]. Die Bestätigung eines gerichtlichen Vergleichs bzw. einer öffentlichen Urkunde als Europäischer Vollstreckungstitel ist auf Antrag des Gläubigers möglich. Nach Art. 24 Absatz 3 und Art. 25 Absatz 3 EuVTVO sind die Art. 5, 6 Absatz 1 und Art. 9 Absatz 1 EuVTVO nicht auf die Bestätigung dieser Titel anwendbar. Als Ersatz für Art. 9 Absatz 1 EuVTVO (Ausstellung der Bestätigung als Europäischer Vollstreckungstitel) wird die Verwendung der speziellen Formblätter aus den Anhängen II und III vorgeschrieben. Der Wegfall des Vollstreckbarerklärungsverfahrens, der grundsätzlich in Art. 5 EuVTVO zum Ausdruck kommt, wird für gerichtliche Vergleiche und öffentliche Urkunden speziell in Art. 24 Absatz 2 und Art. 25 Absatz 2 EuVTVO formuliert. Mangels Anwendbarkeit des Art. 6 Absatz 1 lit. a bis d EuVTVO brauchen nicht dessen strengen Schuldnerschutzvorschriften vorzuliegen. Der Ausschluss der Anwendbarkeit von Art. 6 Absatz 1 lit. c EuVTVO ergibt sich im Übrigen bereits aus dieser Vorschrift selbst in Verbindung mit Art. 3 Absatz 1 lit. a und d EuVTVO, wonach das Kapitel III, also die Mindestvorschriften für Verfahren über unbestrittene Forderungen, auf gerichtliche Vergleiche und öffentliche Urkunden mangels Schuldnerschutzbedürfnisses nicht anwendbar ist.
Der Ausschluss der Anwendbarkeit der Art. 21 Absatz 1 und 22 EuVTVO auf gerichtliche Vergleiche und auf öffentliche Urkunden (Art. 24 Absatz 3, 25 Absatz 3 EuVTVO) ist mit Art. 57 und 58 der EuGVVO vereinbar; das Vorliegen einer unvereinbaren Entscheidung hindert die Vollstreckung hier nicht[351].

e) Kosten und Teilbarkeit

Nach Art. 7 EuVTVO wird eine Entscheidung, die eine vollstreckbare Entscheidung über die Höhe der mit dem gerichtlichen Verfahren verbundenen Kosten, einschließlich Zinsen umfasst, „auch hinsichtlich dieser Kosten als Europäischer Vollstreckungstitel bestätigt“. Von diesem Grundsatz wird nur für den Fall eine Ausnahme gemacht, dass der Schuldner im Gerichtsverfahren nach den Rechtsvorschriften des Ursprungsmitgliedstaates der Verpflichtung zum Kostenersatz ausdrücklich widersprochen hat. Diese differenzierte Situation liegt zum Beispiel bei Anerkennung der Entscheidung unter Verwahrung der Kosten vor.
Aufgrund des Wortlauts des Art. 7 EuVTVO „auch…bestätigt“ wird nach einer Auffassung von einer limitierten Akzessorietät zwischen Hauptsache- und Kostenentscheidung ausgegangen[352]. Das heißt, eine Kostenentscheidung kann gemäß Art. 7 EuVTVO nur dann bestätigt werden, wenn eine bestätigende Hauptsacheentscheidung vorliegt. Der Hauptsacheentscheidung müsse zudem eine Geldforderung zugrunde liegen.
Nach anderer Ansicht sind auch solche Kostenentscheidungen als Europäischer Vollstreckungstitel zu bestätigen, die in klageabweisenden Entscheidungen bzw. in Ent-

---

[350] Amtliche Begründung KOM (2002) 159, S. 16.
[351] Amtliche Begründung KOM (2002) 159, S. 16.
[352] *Wagner*, Die neue EG-Verordnung zum Europäischen Vollstreckungstitel, IPRax 2005, 189, 196; *Kropholler*, Europäisches Zivilprozessrecht, 8. Auflage, Art. 7 EuVTVO Rn. 1.

scheidungen, bei der die Hauptsache keine Geldforderung betrifft, getroffen wurden[353]. Dass auch nur ein Teil einer Sachentscheidung als Europäischer Vollstreckungstitel bestätigt werden könne, ergebe sich sowohl mittelbar aus Art. 7 EuVTVO als auch aus Art. 8, der eine Bestätigung für Teile einer Entscheidung vorsieht. Der Wortlaut des Art. 7 EuVTVO fordere zudem keinen nach der Verordnung vollstreckbaren Hauptausspruch.
Für die Annahme einer limitierte Akzessorietät spricht neben der Formulierung des Art. 7 EuVTVO ein systematisches Argument: Die in Art. 3 EuVTVO beschriebenen Situationen passen nicht auf die der Kostenentscheidung. Der Verordnungsgeber hätte die Kostenentscheidungen in Art. 3 EuVTVO mit einbezogen, wenn er die Möglichkeit ihrer Bestätigung als Europäischer Vollstreckungstitel gewollte hätte. Die separate Regelung in Art. 7 EuVTVO verhindert eine Gleichstellung von Kostenentscheidungen mit sonstigen Forderungen im Sinne des Art. 3 EuVTVO.
Daher ist auch ein isolierter Kostentitel, also in der ZPO der Kostenfestsetzungsbeschluss, vom Anwendungsbereich der EuVTVO erfasst, allerdings mit der Einschränkung, dass die Hauptsacheentscheidung unter die Verordnung fällt[354].

f) Rechtsbehelfe gegen die Bestätigung

Nach Art. 10 Absatz 4 EuVTVO ist gegen die Ausstellung einer Bestätigung über den Europäischen Vollstreckungstitel kein Rechtsbehelf möglich. Vielmehr ist der Schuldner auch im Hinblick auf Art. 5 EuVTVO („ohne dass es einer Vollstreckbarerklärung bedarf und ohne dass die Anerkennung angefochten werden kann“) dazu angehalten, im erstinstanzlichen Erkenntnisverfahren Einwendungen geltend zu machen und gegebenenfalls gegen das Endurteil im Ursprungsstaat Rechtsmittel einzulegen. Tut er dies nicht, ist die Anfechtung von auf das Endurteil folgenden Entscheidungen auf Vollstreckungsebene – genauso wie die Ausstellung einer Bestätigung über den Europäischen Vollstreckungstitel – grundsätzlich ausgeschlossen.

aa) Darstellung und Kritik der bisherigen Rechtslage

Als Einleitung in die Problematik wird kurz die Entwicklung der Vorschrift über die Rechtsbehelfe nachgezeichnet: Die Fassungen vom 18. April 2002 und 11. Juni 2003 unterscheiden sich hinsichtlich der Rechtsbehelfe gegen die Ausstellung eines Europäischen Vollstreckungstitels insofern wesentlich von der Endfassung, als dass in Ex-Art. 8 EuVTVO nur geregelt war, dass gegen die Entscheidung über einen Antrag auf Erteilung einer Bestätigung über den Europäischen Vollstreckungstitel kein Rechtsbehelf möglich ist. Schließlich wurde in der Fassung vom 11. Juni 2003 als Zugeständnis an den Schuldner Art. 6 a EuVTVO eingefügt. Diese Vorschrift hatte zum Inhalt, dass dem Schuldner zwar nicht, wie vom Parlament vorgeschlagen, die Entscheidung über den Antrag, aber zumindest der Antrag auf die Erteilung eines Europäischen Vollstreckungstitels zugestellt werden muss. So sollte dem Schuldner die Möglichkeit einräumt werden, dem Gericht vor der Entscheidung diesbezügliche Einwendungen mit-

[353] *Rauscher*, Der Europäische Vollstreckungstitel für unbestrittene Forderungen, Rn. 46.
[354] *Wagner*, Die neue EG-Verordnung zum Europäischen Vollstreckungstitel, IPRax 2005, 189, 196.

zuteilen. Dies wurde in der Endfassung insofern geändert, als dass Art. 6 a EuVTVO wieder abschafft und in Art. 10 EuVTVO die Berichtigung und der Widerruf der Bestätigung über den Europäischen Vollstreckungstitel als neue Vorgehensweise eingefügt wurde[355]. Diese Entwicklung und die Einführung der Rechtsbehelfe Berichtung und Widerruf sind das Resultat einer Diskussion über zu befürchtende Rechtsschutzdefizite zulasten des Vollstreckungsschuldners. Um die erforderlichen Änderungen des Verordnungstextes im Bereich der Rechtsbehelfe gegen die Bestätigung im Ursprungsstaat nachvollziehen zu können, werden die Hintergründe des Entstehens der Regelung dargestellt:
Ursprünglich begründete die Kommission ihre Fassung vom 18. April 2002, in der überhaupt kein Rechtsbehelf gegen die Bestätigung vorgesehen war, folgendermaßen[356]:
Bereits im Rahmen der EuGVVO sei eine Nachprüfung des Vorliegens von Anerkennungsversagungsgründen nur nach Einlegen eines Rechtsbehelfs durch den Schuldner möglich. Eine gerichtliche Nachprüfung der auf Gemeinschaftsebene festgelegten Verteidigungsrechte setze in dieser Hinsicht voraus, dass der Beklagte von seinem Recht Gebrauch macht, einen Rechtsbehelf gegen ein Versäumnisurteil einzulegen bzw. eine Forderung zu bestreiten. Auch die EuVTVO sei vor dem Hintergrund geschaffen worden, dass der Schuldner sich gegen die Forderung an sich im Erkenntnisverfahren wehren muss, bevor ihm Rechtsbehelfe gegen die Bestätigung ermöglicht werden. Die möglicherweise unterschiedlichen Schutzstandards in den Mitgliedstaaten seien zudem gerechtfertigt durch die Existenz des Kapitels III der EuVTVO, das gegenseitige Vertrauen der Mitgliedstaaten in die ordnungsgemäße Rechtspflege und durch das Recht auf Wiedereinsetzung in den vorigen Stand (Ex-Art. 20).
Diese Argumentation der Kommission zu der in Ex-Art. 8 EuVTVO normierten Rechtsbehelfsversagung rief jedoch vor dem Hintergrund Zweifel hervor, dass der Richter, welcher durch Ausstellung des Europäischen Vollstreckungstitels die ursprüngliche Entscheidung bestätigt, auch diese Entscheidung selbst getroffen hat bzw. dass für Entscheidung und Bestätigung zumindest das gleiche Gericht gemäß Ex-Art. 3 Absatz 10 EuVTVO zuständig war[357]. Da abgesehen von der öffentlichen Urkunde (Ex-Art. 25 Absatz 2 EuVTVO) nicht geregelt war, wer für die Bestätigung nach Ex-Art. 5 EuVTVO funktionell zuständig ist, hätten die einzelnen Mitgliedstaaten diese Frage in ihren nationalen Ausführungsgesetzen klären dürfen oder müssen – in Deutschland möglicherweise im AVAG[358]. Es war im Vorfeld jedoch von der nahe liegenden Möglichkeit auszugehen, dass die Bestätigung von dem Richter vorgenommen wird, welcher auch die zugrunde liegende Entscheidung getroffen hat.

---

[355] Mitteilung der Kommission an das Europäische Parlament vom 9. Februar 2004, KOM (2004) 90 endgültig, 2002/0090 (COD), S. 4.
[356] Amtliche Begründung zu KOM (2002) 159 endgültig, S. 9 f.
[357] Dazu auch *Kohler*, Quantensprung im europäischen Justizraum, RIW 2003, 1.
[358] *Hüßtege*, Braucht die Verordnung über den europäischen Vollstreckungstitel eine ordre-public-Klausel?, FS Jayme 2004, 371, 383; *Hüßtege*, Der europäische Vollstreckungstitel, in: Gottwald (Hrsg.), Perspektiven der justiziellen Zusammenarbeit in der Europäischen Union, 113, 135; *Stadler*, Das Europäische Zivilprozessrecht – Wie viel Bescheunigung verträgt Europa?, IPRax 2004, 2, 7.

Unter dem Gesichtspunkt der Schnelligkeit ist es auch grundsätzlich sinnvoll, dass der gleiche Richter beide Handlungen vornimmt, da er schließlich die Akten bereits kennt und die Bestätigung seiner eigenen Entscheidung zügig beurteilen kann. Zudem wird die Vollstreckungsklausel im deutschen Recht auch nicht von einem weiteren deutschen Richter, sondern gemäß § 724 Absatz 2 ZPO vom Urkundsbeamten der Geschäftsstelle des Gerichts ausgestellt. Allerdings besteht bei einer Bestätigung durch einen anderen Richter am gleichen Gericht das Risiko, dass aus Sympathie oder Loyalität die Entscheidung vorbehaltlos gebilligt wird, ohne dass der bestätigende Richter sie ernsthaft in Frage stellt[359].

Ein weiterer Aspekt, der für eine Überprüfung der Entscheidung für einen Rechtsbehelf des Schuldners spricht, ist folgender: Bei der Ausstellung eines Europäischen Vollstreckungstitels besteht aufgrund der komplizierten Anforderungen insbesondere des Kapitels III, welches kein gemeinsames prozessuales Recht bildet, und wegen der parallelen Anwendbarkeit mehrerer europäischer Verordnungen (EuGVVO, EuZVO) eine höhere Wahrscheinlichkeit für eine Fehlentscheidung als bei der Ausstellung eines inländischen Vollstreckungstitels. Bereits die Bestätigung eines Europäischen Vollstreckungstitels birgt aufgrund der aufwändigen Bearbeitung diverser mehrsprachiger Formulare die Gefahr von Flüchtigkeitsfehlern, Missverständnissen[360] oder fehlenden Kenntnissen im internationalen Prozessrecht. Wenn ein und derselbe Richter die Entscheidung und die Bestätigung zu verantworten hat, wird dieser eigene Fehler bei der Bestätigung seiner eigenen Entscheidung in den meisten Fällen nicht erkennen. So wird dem Schuldner eine Korrektur bzw. eine zweite Meinung verwehrt, was gerade im Hinblick auf die fehlende Rechtsbehelfsmöglichkeit kritisch zu beurteilen ist[361].

Diesem Risiko für den Schuldner stand bisher die Argumentation der Kommission entgegen, dass die EuVTVO in ihrer praktischen Anwendung bei der Gewährung einer solchen Rechtsbehelfsmöglichkeit keine wesentliche Verbesserung gegenüber dem Vollstreckbarerklärungsverfahren nach der EuGVVO bringe[362]. Auch sei die Möglich-

---

[359] *Peter Schlosser*, mündliche Äußerung auf der Tagung der wissenschaftlichen Vereinigung für internationales Verfahrensrecht e.V. am 11. April 2003 in Tübingen, an der die Verfasserin teilgenommen hat. So auch grundsätzlich *Rauscher*, Der Europäische Vollstreckungstitel für unbestrittene Forderungen, Rn. 85.

[360] *Kohler*, Von der EuGVVO zum Europäischen Vollstreckungstitel, in: Reichelt/Rechberger (Hrsg.), Europäisches Kollisionsrecht, 63, 79; *Hartmut Linke*, mündliche Äußerung auf der Tagung der wissenschaftlichen Vereinigung für internationales Verfahrensrecht e.V. am 11. April 2003 in Tübingen, an der die Verfasserin teilgenommen hat.

[361] Diesbezügliche Bedenken äußern auch *Coester-Waltjen*, Überlegungen zu einem künftigen Europäischen Vollstreckungstitel, FS Beys 2003, 183, 187; *Stadler*, Das Europäische Zivilprozessrecht – Wie viel Bescheunigung verträgt Europa?, IPRax 2004, 2, 7, a. A.: *Hüßtege*, Braucht die Verordnung über den europäischen Vollstreckungstitel eine ordre-public-Klausel?, FS Jayme 2004, 371, 383 f., der sich jedoch hinsichtlich der zumutbaren Erschwerung des Zugangs zum Gericht auf den mittlerweile gestrichenen Artikel 6 a EuVTVO bezieht, demnach der Antrag des Gläubigers auf Erteilung einer Bescheinigung über den Europäischen Vollstreckungstitels dem Schuldner zugestellt werden musste. Unter Berücksichtigung der Streichung dieser Vorschrift wird von *Hüßtege* (Der europäische Vollstreckungstitel, in: Gottwald (Hrsg.), Perspektiven der justiziellen Zusammenarbeit in der Europäischen Union, 113, 135) schließlich ebenfalls gefordert, dass dem Schuldner vor Erteilung der Bescheinigung an den Gläubiger rechtliches Gehör gewährt wird, ohne diesbezügliche Vorschläge zu unterbreiten.

[362] Amtliche Begründung zu KOM (2003) 341, S. 4.

keit, einen Rechtsbehelf einzulegen, zur Wahrung der Verteidigungsrechte nicht unverzichtbar, da nicht das Hauptverfahren selbst betroffen sei. Das Verfahren, in dem die zugrunde liegende Entscheidung bestätigt werde, behandele nur die Erweiterung der Vollstreckbarkeit einer bereits erlassenen Entscheidung über das Hoheitsgebiet des Ursprungsmitgliedstaates hinaus[363]. Mit der Begründung der Schnelligkeit und Effizienz der grenzüberschreitenden Vollstreckung lehnte die Kommission auch einen Vorschlag des Europäischen Parlaments ab, Gläubiger und Schuldner gegen die ablehnende bzw. stattgebende Entscheidung über die Bestätigung als Europäischer Vollstreckungstitel ein Rechtsmittel einzuräumen[364].
Ungeklärt blieb vor Einführung der Berichtigung und des Widerrufs trotz der Beschwichtigungen der Kommission, wie eine offensichtlich nicht die Anforderungen des Art. 6 (Ex-Art. 5) EuVTVO erfüllende Bestätigung im Vollstreckungsstaat behandelt wird. Ein solcher Fall ist gerade im Hinblick auf die Unerfahrenheit der meisten nationalen Behörden und Gerichte bei grenzüberschreitender Zwangsvollstreckung insbesondere hinsichtlich der komplizierten Rechtslage im Zustellungsrecht[365] nicht unwahrscheinlich. Man kann darüber hinaus nicht davon ausgehen, dass in Kürze jeder Richter insbesondere in den neuen Mitgliedstaaten die Anwendbarkeit der EuVTVO bzw. der EuZVO in Abgrenzung zueinander, zum HZÜ, zur EuGVVO, zum EuGVÜ und zum nationalen Recht erkennt und die einschlägigen Gesetzestexte entsprechend anwendet[366]. In der Literatur stellte man sich die Frage, was passieren würde, wenn das Vollstreckungsorgan eine nur scheinbar richtige oder offensichtlich fehlerhafte „Bestätigung“ vollstreckt[367]. Ohne eine Berichtigungs- bzw. Widerrufsmöglichkeit wäre das Vollstreckungsorgan womöglich sogar verpflichtet gewesen, eine offensichtlich fehlerhafte Bestätigung einer Entscheidung als Europäischer Vollstreckungstitel zu vollstrecken. Dieser Gefahr hätte auch nicht das Argument entgegengehalten werden können, ein Rechtsbehelf gegen die Bestätigung ändere nichts an der Tatsache, dass die Forderung mangels Initiative oder verspäteter Reaktion des Schuldners „nur“ als unbestritten eingestuft werde[368]. Insofern wurden durch die Einführung der Rechtsbehelfsmöglichkeiten der Berichtigung und des Widerrufs Regelungen geschaffen, die der beschriebenen Gefahr für die Schuldnerrechte entgegenwirken. In welchem Maße dadurch die dargestellten Probleme gelöst werden, wird im Folgenden untersucht.

---

363 Amtliche Begründung zu KOM (2003) 341, S. 4.
364 Amtliche Begründung zu KOM (2003) 341, Änderung 5 Artikel 4.
365 *Stadler*, Das Europäische Zivilprozessrecht – Wie viel Bescheunigung verträgt Europa?, IPRax 2004, 2, 7; dazu siehe auch zum Hintergrund der Zustellungsformerfordernisse Punkt B III 1. c) cc) (2) (a) (aa).
366 Dies bezweifelt auch *Stadler* (Das Europäische Zivilprozessrecht – Wie viel Bescheunigung verträgt Europa?, IPRax 2004, 2, 7).
367 *Coester-Waltjen*, Überlegungen zu einem künftigen Europäischen Vollstreckungstitel, FS Beys 2003, 183, 187.
368 So *Hüßtege*, Braucht die Verordnung über den europäischen Vollstreckungstitel eine ordre-public-Klausel?, FS Jayme 2004, 371, 383 und Der europäische Vollstreckungstitel, in: Gottwald (Hrsg.), Perspektiven der justiziellen Zusammenarbeit in der Europäischen Union, 113, 135, der die Regelung des Ex-Artikels 8 EuVTVO für konsequent hält; dagegen: *Stadler*, Das Europäische Zivilprozessrecht – Wie viel Bescheunigung verträgt Europa?, IPRax 2004, 2, 8.

bb) Berichtigung und Widerruf

Den praktischen Unwägbarkeiten und möglichen Fehlerquellen kann nicht dadurch entgegengewirkt werden, dass nach Erwägungsgrund (17) der Präambel der EuVTVO die Gerichte, welche für die Nachprüfung der Einhaltung der prozessualen Mindestvorschriften zuständig sind „gegebenenfalls eine einheitliche Bestätigung als Europäischer Vollstreckungstitel ausstellen, aus der die Nachprüfung und deren Ergebnis hervorgeht". Aber durch die Schaffung der neuen Regelungen der Berichtigung und des Widerrufs, die erstmals in der Endfassung der EuVTVO im aktuellen Art. 10 Absätze 1 bis 3 EuVTVO eingeführt wurden, könnte den dargestellten Problemen zumindest zum Teil abgeholfen werden. Es wird die Möglichkeit eingeräumt, einen Antrag an das Ursprungsgericht zu stellen, die Bestätigung über den Europäischen Vollstreckungstitel berichtigen oder widerrufen zu lassen. Durch die Verwendung eines Standardformulars aus Anhang VI der EuVTVO wird nach Art. 10 Absatz 3 EuVTVO die Einheitlichkeit der Voraussetzungen für diese Rechtsbehelfe garantiert.

Ein Antrag auf Berichtigung kann gemäß Art. 10 Absatz 1 lit. a EuVTVO dann gestellt werden, „wenn die Entscheidung und die Bestätigung aufgrund eines materiellen Fehlers voneinander abweichen". Ein materieller Fehler in diesem Sinne liegt in dem Fall vor, dass bei der Ausstellung eines Europäischen Vollstreckungstitels hinsichtlich einer Entscheidung inhaltlich ein anderer Tenor bestätigt wird, als die Entscheidung selbst im Ursprungsstaat beinhaltet. Es sollen also die Fälle korrigiert werden können, in denen der Entscheidungsinhalt in die Bestätigung nicht korrekt übertragen worden sind[369], also zum Beispiel bei falscher Schreibweise des Namens oder der Anschrift des Gläubigers oder Schuldners[370]. Insofern könnte man diese Rechtsbehelfsmöglichkeit des Schuldners mit dem Berichtigungsverfahren nach § 319 ZPO[371] vergleichen[372]. Konkret können die Angaben aus dem Formblatt Anhang I Ziffern 2 bis 5 und, falls sich die Vollstreckbarkeit unmittelbar aus dem Urteil ergibt, nach Ziffer 6 berichtigt werden[373]. Ausgeschlossen ist jedoch die Korrektur der Angaben zu Rechtsmitteln (Ziffer 7) und die Überprüfung der Voraussetzungen des Art. 3 Absatz 1 EuVTVO[374].

In Art. 10 Absatz 1 lit. b EuVTVO wird die Möglichkeit des Widerrufs der Bestätigung unter der Voraussetzung geregelt, dass „sie hinsichtlich der in dieser Verordnung festgelegten Voraussetzungen eindeutig zu Unrecht erteilt wird". Damit sollen richterliche Fehler insbesondere bei der Beurteilung der Einhaltung des Kapitels III berücksichtigt werden können. Daneben kann man mittels des Widerrufs auch rügen, dass die

---

[369] *Stein*, Der Europäische Vollstreckungstitel für unbestrittene Forderungen tritt in Kraft - Aufruf zu einer nüchternen Betrachtung, IPRax 2004, 181, 190; *Wagner*, Die neue EG-Verordnung zum Europäischen Vollstreckungstitel, IPRax 2005, 189, 197.

[370] BT-Drucks 15/5222, S: 24.

[371] Wortlaut dessen Absatz 1: „Schreibfehler, Rechnungsfehler und ähnliche offenbare Unrichtigkeiten, die in dem Urteil vorkommen, sind jederzeit von dem Gericht auch von Amts wegen zu berichtigen."

[372] *Stein*, Der Europäische Vollstreckungstitel für unbestrittene Forderungen tritt in Kraft - Aufruf zu einer nüchternen Betrachtung, IPRax 2004, 181, 190; *Kropholler*, Europäisches Zivilprozessrecht, 8. Auflage, Art. 4 EuVTVO Rn. 4.

[373] *Rauscher*, Der Europäische Vollstreckungstitel für unbestrittene Forderungen, Rn. 165.

[374] *Rauscher*, Der Europäische Vollstreckungstitel für unbestrittene Forderungen, Rn. 165.

EuVTVO im Sinne ihres Art. 2 nicht anwendbar, die zugrunde liegende Forderung nicht gemäß Art. 3 EuVTVO unbestritten ist oder die internationale Zuständigkeit des Erstrichters entgegen der in Art. 6 Absatz 1 lit. b und d EuVTVO genannten Zuständigkeitsvorschriften begründet wurde[375]. Im Rahmen der Berichtigung könnten auch die erwähnten Flüchtigkeitsfehler bzw. Missverständnisse beanstandet werden. Als problematisch wird sich wohl in der Praxis das Erfordernis der Eindeutigkeit erweisen, zumal die Bestätigung als Europäischer Vollstreckungstitel regelmäßig knapp formuliert ist[376]. Die engen Tatbestandsmerkmale des Art. 10 Absatz 1 lit. b EuVTVO geben Anlass zu der Befürchtung, dass anhand dieser Angriffsmöglichkeit des Titels dem Schuldner kein effektiver Rechtsbehelf an die Hand gegeben wird[377]. Vielmehr dient er lediglich der Selbstkontrolle der Gerichte.
Nach Art. 10 Absatz 2 EuVTVO erfolgen die Berichtigung und der Widerruf nach Maßgabe des einzelstaatlichen Rechts[378], also des Rechts des Ursprungsstaates. Dieser Maßstab ist insofern sinnvoll, als dass gemäß Art. 6 Absatz 1 EuVTVO das Ursprungsgericht für die Berichtigung bzw. den Widerruf der Bestätigung, welche es ebenfalls ausgestellt hat, zuständig ist. Bei diesen Rechtsbehelfen einen anderen Maßstab als das innerstaatliche Recht des Ursprungsstaates zugrunde zulegen, würde eine neue Fehlerquelle und somit Rechtsunsicherheit schaffen. Allerdings ist fraglich, ob dem Rechtsschutz des Schuldners durch die Einführung der Berichtigungs- und Widerspruchsmöglichkeit genüge getan ist[379]. Schließlich sind ihm immer noch Einwendungen im Vollstreckungsstaat verwehrt.

Als weitere Neuerung zur Verbesserung des Schuldnerschutzes im Rahmen des Bestätigungsverfahrens einer Entscheidung als Europäischer Vollstreckungstitel ist Art. 12 Absatz 2 EuVTVO zu nennen, welcher die Mindestvorschriften des Kapitels III ausdrücklich auch in diesem, dem Hauptverfahren nachfolgenden Verfahren für anwendbar erklärt. Durch die Garantie dieses Standards wurde ein weiterer Schritt getan, um die Versagung von Rechtsbehelfen gegen die Ausstellung einer Bestätigung nach Art. 10 Absatz 4 EuVTVO zu rechtfertigen.
Nach dem Wortlaut des Art. 10 Absatz 4 EuVTVO wird nur die Versagung eines Rechtsbehelfs gegen die Ausstellung einer Bestätigung, nicht jedoch gegen die Versagung einer Bestätigung geregelt. Auch nach genetisch-historischer Auslegung dieser Vorschrift kommt man zu diesem Ergebnis, da im früheren Art. 8 ein Rechtsbehelfsverbot gegen „die Entscheidung über einen Antrag auf Erteilung einer Bescheinigung“ formuliert war. Insofern kann wohl jeder Mitgliedstaat selbst regeln, ob er dem Gläubiger neben dessen Recht, nach der EuGVVO eine Vollstreckbarerklärung zu beantra-

---

[375] *Stein*, Der Europäische Vollstreckungstitel für unbestrittene Forderungen tritt in Kraft - Aufruf zu einer nüchternen Betrachtung, IPRax 2004, 181, 190; BT-Drucks 15/5222, S. 24.
[376] *Rauscher*, Der Europäische Vollstreckungstitel für unbestrittene Forderungen, Rn. 168.
[377] *Rauscher*, Der Europäische Vollstreckungstitel für unbestrittene Forderungen, Rn. 37.
[378] Mitteilung der Kommission an das Europäische Parlament vom 9. Februar 2004, KOM (2004) 90 endgültig, 2002/0090 (COD), S. 9.
[379] Bedenken äußert auch *Rauscher*, Der Europäische Vollstreckungstitel für unbestrittene Forderungen, Rn. 165.

gen, einen Rechtsbehelf gegen eine ablehnende Entscheidung über einen Europäischen Vollstreckungstitel einräumt[380].
Weiterhin ist Art. 10 Absatz 4 EuVTVO missverständlich, weil er ohne explizite Einschränkung Rechtsbehelfe gegen die Bestätigung ausschließt. Daher ist er richtigerweise so zu verstehen, dass er alle Rechtsbehelfe außer denen aus Art. 10 Absatz 1 EuVTVO versagt[381].
Zusammenfassend ist festzuhalten, dass durch die Einführung der Rechtsbehelfsmöglichkeiten der Berichtigung und des Widerrufs ein Großteil der dargestellten Probleme gelöst wurde.

cc) Verbesserungsvorschlag hinsichtlich der zuständigen Behörde

Trotz der weit reichenden Verbesserung des Schuldnerschutzes durch die Einführung der Berichtigung und des Widerrufs bleibt folgendes Problem ungelöst: Die Beurteilung der Voraussetzung für die Bestätigung einer Entscheidung als Europäischer Vollstreckungstitel verbleibt beim Gericht des Erkenntnisverfahrens im Ursprungsstaat. Um die Objektivität der Entscheidung über die Bestätigung zu erhöhen, könnte man vorschlagen, dass die Bestätigung einer Entscheidung als Europäischer Vollstreckungstitel von einem Gericht im Sinne von zentralen Bestätigungsstellen auf gemeinschaftsrechtlicher Ebene ausgestellt wird. Diese europäischen Behörden würden ausschließlich dazu dienen, die Voraussetzungen der Bestätigung des Art. 6 EuVTVO zu prüfen. Storme schlug schon im Jahr 1996 vor[382], die Vollstreckbarkeitsklausel in einem Europäischen Vollstreckungstitel durch den Urkundsbeamten des Europäischen Gerichtshofs oder durch ein „Exequaturbüro" am EuGH erteilen zu lassen. Eine solche europäische Behörde würde sicher die Fehleranfälligkeit beim Verfahren der Bestätigungserteilung abschwächen („Vier Augen sehen mehr als zwei.") und einen fehlenden Rechtsbehelf im Sinne des Art. 10 Absatz 4 EuVTVO am ehesten rechtfertigen. Da eine solche europäische Bestätigungsstelle die formellen Voraussetzungen überprüfen würde, wäre sie zur Sicherung der Schuldnerrechte geeignet und wohl auch erforderlich. Allerdings würde sie den nationalen ordre public, der über den europäischen ordre public hinausgeht, nicht überprüfen können und zweitens den reibungslosen Ablauf des Exequaturverfahrens hemmen. Daher müsste schließlich die Angemessenheit im Rahmen einer Abwägung zwischen den Vorteilen für den Schuldner und den Zwecken den EuVTVO bzw. den Gläubiger- und Einzelstaatsinteressen verneint werden. Vor diesem Hintergrund sind die Rechtsbehelfe des Widerrufs und der Berichtigung unter Berücksichtigung der Verordnungsziele als verhältnismäßiger Schutz für den Beklagten bzw. Vollstreckungsschuldner vor richterlichen Fehlern bei der Ausstellung des Europäischen Vollstreckungstitels anzusehen.

---

[380] Dazu auch *Stein*, Der Europäische Vollstreckungstitel für unbestrittene Forderungen tritt in Kraft - Aufruf zu einer nüchternen Betrachtung, IPRax 2004, 181, 190; *Rauscher*, Der Europäische Vollstreckungstitel für unbestrittene Forderungen, Rn. 170.

[381] *Stein*, Der Europäische Vollstreckungstitel für unbestrittene Forderungen tritt in Kraft - Aufruf zu einer nüchternen Betrachtung, IPRax 2004, 181, 190; *Kropholler*, Europäisches Zivilprozessrecht, 8. Auflage, Art. 10 EuVTVO Rn. 10.

[382] *Storme*, Ein einheitlicher Europäischer Vollstreckungstitel als Vorbote eines weltweiten Titels, FS Nakamura 1996, 581, 594.

g) Rechtsbehelfe im Vollstreckungsverfahren (Art. 21 Absatz 2 EuVTVO)

Auf Vollstreckungsebene legt Art. 21 Absatz 2 EuVTVO fest, dass „weder die Entscheidung noch die Bestätigung als Europäischer Vollstreckungstitel (...) im Vollstreckungsmitgliedstaat in der Sache selbst nachgeprüft werden“ dürfen. Im Gegensatz zu Art. 10 Absatz 4 EuVTVO wird hiernach nicht der Rechtsbehelf gegen die Ausstellung der Bestätigung über den Europäischen Vollstreckungstitel also im Ursprungsstaat versagt, sondern der Rechtsbehelf im Vollstreckungsstaat gegen die zugrunde liegende Entscheidung bzw. die ausgestellte Bestätigung.

Das Verbot der Überprüfung des Anspruchs selbst bezieht sich auch auf die Gründe, welche gemäß den Art. 34 und 35 der EuGVVO die Versagung oder die Aufhebung des Vollstreckbarerklärungsverfahrens zur Folge hätten[383]. Gerechtfertigt wird dieser verkürzte Rechtsschutz von der Kommission mit der Erklärung, dass diese nun entfallenden Anerkennungsvoraussetzungen vor der Erteilung der Bestätigung über den Europäischen Vollstreckungstitel im Ursprungsstaat überprüft würden. Nach Erwägungsgrund (18) der Präambel der EuVTVO rechtfertige es das „gegenseitige Vertrauen in die ordnungsgemäße Rechtspflege in den Mitgliedstaaten (...), dass das Gericht nur eines Mitgliedstaates beurteile, ob alle Voraussetzungen für die Bestätigung der Entscheidung als Europäischer Vollstreckungstitel vorliegen, so dass die Vollstreckung der Entscheidung in allen anderen Mitgliedstaaten möglich ist, ohne dass im Vollstreckungsmitgliedstaat zusätzlich von einem Gericht nachgeprüft werden muss, ob die prozessualen Mindestvorschriften eingehalten worden sind“.

Auf den ersten Blick sind folgende Punkte als Kritik an Art. 21 Absatz 2 anzuführen: Gemäß Art. 10 Absatz 4 EuVTVO entfällt bis auf die Berichtigung und den Widerruf bereits der Rechtsbehelf gegen den Antrag auf Ausstellung der Bestätigung. Außerdem werden bei Ausstellung der Bestätigung die Gründe im Sinne der Art. 34 und 35 EuGVVO nur vom Gericht des Ursprungsstaates überprüft. Art. 21 Absatz 2 EuVTVO geht somit insofern noch über Art. 41 Absatz 1 EuGVVO hinaus, als dass nunmehr nicht einmal im Rechtsbehelfsverfahren - wie Art. 45 EuGVVO ermöglichte – das Vorliegen der Anerkennungsversagungsgründe überprüft werden kann. Diese fehlende nachträgliche Überprüfbarkeit wird insbesondere hinsichtlich der möglicherweise fehlenden Vereinbarkeit der Entscheidung mit dem nationalen, vom Ursprungsstaat nicht kontrollierbaren ordre public des Vollstreckungsstaates kritisch gesehen. Dies ist gerade deshalb problematisch, weil unter dem Begriff „Entscheidung“ gemäß Art. 4 Nummer 1 EuVTVO „jede von einem Gericht eines Mitgliedstaates erlassene Entscheidung ungeachtet ihrer Bezeichnung wie Urteil, Beschluss, Zahlungsbefehl oder Vollstreckungsbescheid, einschließlich des Kostenfestsetzungsbeschlusses eines Gerichtsbediensteten“ verstanden wird. In manchen Mitgliedstaaten - wie z.B. in Deutschland im Rahmen des Mahnverfahrens gemäß §§ 688 ff. ZPO - ergeht nämlich ein Vollstreckungsbescheid, ohne dass die materiellen Voraussetzungen des Anspruchs jemals geprüft wurden[384]. Die Voraussetzungen und die Umstände, unter de-

[383] Amtliche Begründung für KOM (2002) 159 endgültig, S. 15.

[384] Baumbach/Lauterbach/Albers/Hartmann – *Hartmann*, Grundz § 688 ZPO Rn. 2; Baumbach/Lauterbach/Albers/Hartmann – *Hartmann*, Übers § 330 ZPO Rn. 12; Zöller – *Vollkommer*, Vor § 688 ZPO Rn. 2; BGHZ 150, 221, 225 zum Mahnverfahren.

nen eine Entscheidung im Sinne der EuVTVO gefällt wird, bleiben insbesondere so lange uneinheitlich und daher wenig transparent, wie die Mahnverfahren in den verschiedenen Mitgliedstaaten nicht harmonisiert sind. Dieser Zustand ist – wie man an dem genannten Beispiel erkennen kann – speziell hinsichtlich der fehlenden oder erforderlichen Prüfung der materiellen Voraussetzungen des Anspruchs von Bedeutung für das Rechtsschutzbedürfnis des Vollstreckungsschuldners. Allerdings wird diese Uneinheitlichkeit vor dem Hintergrund der geplanten Einführung eines Europäischen Mahnverfahrens wohl in Kürze behoben. Nichtsdestotrotz verbleibt als Problem die fehlende Harmonisierung der Zustellungssysteme.
Ausgenommen von dem Nachprüfungsverbot des Art. 21 Absatz 2 EuVTVO sind nur solche Rechtsbehelfe, die nicht mit der Überprüfung der Entscheidung „in der Sache selbst" einhergehen. Diese Rechtsbehelfe richten sich dann gemäß Art. 20 Absatz 1 EuVTVO nach dem Recht des Vollstreckungsstaates. Insbesondere wurde im Gemeinsamen Standpunkt des Rates die Bestimmung eingefügt, dass eine als Europäischer Vollstreckungstitel bestätigte Entscheidung unter den gleichen Bedingungen wie eine im Vollstreckungsmitgliedsstaat ergangene Entscheidung vollstreckt werden müsse.
Art. 21 Absatz 2 EuVTVO ist die zentrale Vorschrift, welche in Kombination mit Art. 5 EuVTVO Anlass für die Bedenken gegen die Einführung der Verordnung gibt.

h) Das konkurrierende Verhältnis zwischen EuGVVO und EuVTVO

Es steht dem Gläubiger gemäß Art. 27 EuVTVO frei, ob er die Vollstreckbarkeit nach der EuGVVO oder die Bestätigung der Entscheidung als Europäischer Vollstreckungstitel beantragt[385]. Der Europäische Vollstreckungstitel soll nach dem Vorschlag der Kommission eine zusätzliche Möglichkeit für den Gläubiger eröffnen, neben der herkömmlichen Methode nach der EuGVVO eine vereinfachte EG-weite Vollstreckung in das Schuldnervermögen zu betreiben. Aus dem Ex-Art. 30 Absatz 2 EuVTVO könnte geschlussfolgert werden, dass dem Gläubiger das Rechtsschutzbedürfnis fehlt, eine Vollstreckungsklausel nach Art. 38 EuGVVO zu beantragen, wenn er bereits die Bestätigung der Entscheidung als Europäischen Vollstreckungstitel beantragt hat[386]. Aus dem Wegfall dieser Einschränkung im neu gefassten Art. 27 EuVTVO ist jedoch ersichtlich, dass der Gläubiger parallel eine Bestätigung in Form einer Europäischen Vollstreckungsklausel im Ursprungsstaat und eine Vollstreckungsklausel nach der EuGVVO im Vollstreckungsstaat beantragen kann[387]. Durch die Vereinfachung der Art. 27 und 28 EuVTVO soll insbesondere verdeutlicht werden, dass die EuVTVO die Gläubiger nicht zur Beantragung eines Europäischen Vollstreckungstitels verpflichtet,

---

[385] Erwägungsgrund (20) der Präambel der EuVTVO; Amtliche Begründung zu KOM (2002) 159 endgültig, S. 5.
[386] *Hüßtege*, Braucht die Verordnung über den europäischen Vollstreckungstitel eine ordre-public-Klausel?, FS Jayme 2004, 371, 375; *Hüßtege*, Der europäische Vollstreckungstitel, in: Gottwald (Hrsg.), Perspektiven der justiziellen Zusammenarbeit in der Europäischen Union, 113, 124.
[387] So auch *Wagner*, Die neue EG-Verordnung zum Europäischen Vollstreckungstitel, IPRax 2005, 189, 190.

sondern dass diese frei entscheiden können, ob sie statt eines Europäischen Vollstreckungstitels lieber ein Vollstreckbarkeitsverfahren beantragen möchten[388].

2. Konsequenz der Einführung der EuVTVO

Fraglich ist, welche Konsequenzen die Abschaffung des Vollstreckbarerklärungsverfahrens durch Art. 5 EuVTVO und der Kontrolle der Entscheidung in der Sache im Vollstreckungsstaat durch Art. 21 Absatz 2 EuVTVO hat. Bisher wurde durch das Mindesterfordernis einer Vollstreckbarerklärung die Wirkung der Vollstreckbarkeit einer ausländischen Entscheidung in Deutschland originär verliehen. Durch den Europäischen Vollstreckungstitel wird nun nicht nur auf die originäre Verleihung der Vollstreckbarkeit nach inländischem Recht, sondern auch auf die Prüfung der Vollstreckbarkeitsvoraussetzungen verzichtet. Somit erstreckt sich künftig die Vollstreckbarkeitswirkung, die im Erkenntnisstaat für den Geltungsbereich der Europäischen Gemeinschaft verliehen wurde, auf den Vollstreckungsstaat.
Diesbezüglich wird in Art. 11 EuVTVO klargestellt, dass die Bestätigung als Europäischer Vollstreckungstitel hinsichtlich der Vollstreckbarkeit der Entscheidung Wirkung entfaltet. Fraglich ist, welche Konsequenzen diese Vorschrift für Anerkennungswirkungen der zugrunde liegenden Entscheidung hat. Es wird durch die Formulierung „*nur* im Rahmen der Vollstreckbarkeit" deutlich zwischen Anerkennungs- und Vollstreckbarkeitswirkungen getrennt. Folglich stellt sich die Frage, welchen Hintergrund die Differenzierung hat.
Bei der Anerkennung einer ausländischen Entscheidung erstrecken sich die Urteilswirkungen auf den Zweitstaat, die sich nicht in Zwangsmaßnahmen gegen das Vermögen oder die Person des Schuldners äußern[389]. Die Beschränkung in Art. 11 EuVTVO auf die Vollstreckbarkeit könnte darauf zurückzuführen sein, dass die Anerkennung grundsätzlich ohnehin ohne spezielles Verfahren erfolgt und daher eine ausdrückliche Anerkennungsvorschrift entbehrlich ist. Es würde somit ausreichen, dass die Bestätigung einer Entscheidung als Europäischer Vollstreckungstitel nur Auswirkungen für die Vollstreckbarkeit hat. Diese Schlussfolgerung wird durch die These Rauschers[390] bestätigt, demnach die Bestätigung als Europäischer Vollstreckungstitel „eine Verpflichtung zur Anerkennung der Entscheidung in allen Mitgliedstaaten und nicht nur ein Verbot der Überprüfung der Anerkennungsfähigkeit im Vollstreckungsverfahren" impliziere. Dies wird mit dem Ziel der Schaffung eines von der EuGVVO unabhängigen Vollstreckungssystems begründet. Durch die Einführung des Europäischen Vollstreckungstitels soll ein Rückgriff hinsichtlich der Anerkennung auf Regelungen der EuGVVO entbehrlich werden. Dagegen spricht auch nicht Art. 27 der EuVTVO, welcher lediglich die Wahl des aufwendigeren Vollstreckungsverfahrens dem Gläubiger offen lässt. Die Anerkennungswirkung der EuVTVO wird vielmehr durch die Formulierung des Art. 5 EuVTVO unterstrichen („anerkennt und vollstreckt, (…) ohne dass

[388] Mitteilung der Kommission an das Europäische Parlament vom 9. Februar 2004, KOM (2004) 90 endgültig, 2002/0090 (COD), S. 12.
[389] Zum EuGVÜ: *Kohler*, Von der EuGVVO zum Europäischen Vollstreckungstitel, in: Reichelt/Rechberger (Hrsg.), Europäisches Kollisionsrecht, 63, 66.
[390] *Rauscher*, Der Europäische Vollstreckungstitel für unbestrittene Forderungen, Rn. 66.

die Anerkennung angefochten werden kann."). Art. 5 EuVTVO hat den Zweck, die Rechtsbehelfe des Schuldners gegen die Anerkennungswirkung zu beschneiden, damit keine Diskrepanz zwischen Anerkennung und Vollstreckbarkeit einer Entscheidung entstehen kann: Der Schuldner soll sich bei Vorliegen einer Bestätigung eines ausländischen Titel über unbestrittene Forderungen wegen Art. 5 EuVTVO nicht mehr auf die Anerkennungsversagungsgründe der Art. 34 und 35 EuGVVO (in der Rechtsbehelfsphase) berufen können. In diesem Zusammenhang wurde durch die späte Einfügung des Zusatzes „ohne dass die Anerkennung angefochten werden kann" verhindert, dass die Verordnung so gelesen werden könnte, dass trotz des Vorliegens der Voraussetzungen der EuVTVO die Vollstreckbarkeit an der mangelnden Anerkennungsfähigkeit scheitert. Weiterhin sollen so die bereicherungsrechtliche Klage bzw. der doloagit-Einwand im Rahmen der Vollstreckungsabwehrklage ausgeschlossen werden[391]. Es wird mithin klargestellt, dass die ausländische Entscheidung nur den Voraussetzungen der EuVTVO genügen muss und es keine verordnungsübergreifenden Voraussetzungen gibt. Im Ergebnis wird demnach jede Entscheidung, die als Europäischer Vollstreckungstitel bestätigt wird, implizit nach der EuGVVO in Verbindung mit der EuGH-Entscheidung *Hoffmann/Krieg*[392] anerkannt, weil die Anerkennungswirkungen sich ohne besondere Bestätigung auf den Vollstreckungsstaat erstrecken und der Schuldner daran gehindert ist, Anerkennungsversagungsgründe nach den Art. 34, 35 EuGVVO geltend zu machen. Die anerkennungspflichtigen Urteilswirkungen, zu denen die Vollstreckbarkeit nicht zählt, erstrecken sich ungeprüft auf den Zweitstaat.

Die Vollstreckbarkeit einer ausländischen Entscheidung richtet sich bei unbestrittenen Forderungen wie die Anerkennungswirkung ebenfalls nur nach der EuVTVO. Der Schuldner kann sich nicht auf Versagungsgründe berufen, sondern muss die Entscheidung über die Vollstreckbarkeit des Ursprungsgerichts hinnehmen. Durch die Bestätigung als Europäischer Vollstreckungstitel wird die Vollstreckbarkeit verliehen. Sie ersetzt die bisher erforderliche Vollstreckbarerklärung nach Art. 38 ff. EuGVVO. Die Verleihung der Vollstreckbarkeit entfällt also nicht, sondern wird in den Ursprungsstaat verlagert.

Es besteht – unabhängig davon, auf welchen Anerkennungstatbestand man die Anerkennung stützt - nach wie vor ein Gleichlauf zwischen den Anerkennungswirkungen und den Vollstreckungswirkungen. Auch bisher waren die Anerkennung und die Vollstreckbarkeit im Gemeinschaftsrecht den gleichen Versagungsgründen unterworfen: Art. 34 Absatz 2 EuGVÜ verweist für die Vollstreckbarerklärung auf die Art. 27 und 28 EuGVÜ. Diese regeln die Anerkennungsversagungsgründe, die somit zu „Vollstreckungsversagungsgründen" werden. Das gleiche gilt im EuGVVO für Art. 45 Absatz 1 in Verbindung mit den Art. 34 und 35 EuGVVO.
Die Einführung der EuVTVO hat zur Folge, dass die Vollstreckbarkeitswirkung nicht mehr im Vollstreckungsstaat, sondern im Ursprungsstaat verliehen wird. Man unterscheidet jedoch nach wie vor zwischen Anerkennungs- und Vollstreckungswirkungen.

---

[391] *Rauscher*, Der Europäische Vollstreckungstitel für unbestrittene Forderungen, Rn. 65.
[392] EuGHE 1988-645, vom 4. Februar 1988, Rs. 145/86 - *Hoffmann/Krieg*.

Der Akt der Vollstreckbarkeitsverleihung ist entgegen dem Territorialitätsprinzip in das Ursprungsland verlegt worden. Für die Anerkennungswirkungen ändert sich, dass sie nicht mehr angefochten werden können, wenn die zugrunde liegende Entscheidung als Europäischer Vollstreckungstitel bestätigt worden ist.

IV Rechtsbehelfe auf gemeinschaftsrechtlicher Ebene

Es stellt sich die Frage, ob einem Vollstreckungsschuldner, in dessen Vermögen in Deutschland aufgrund eines Europäischen Vollstreckungstitels vollstreckt werden soll, auf gemeinschaftsrechtlicher Ebene ein Rechtsbehelf zusteht, der es erlaubt, die ausländische Entscheidung in der Sache zu überprüfen. Diesbezüglich ist zu beachten, dass dem Europäischen Gerichtshof nicht die Frage zur Auslegung vorgelegt werden kann, wie sich der nationale ordre public gestaltet[393]. Vielmehr obliegt dem EuGH die Beurteilung, ob ein bestimmter Umstand einen ordre-public-Verstoß begründen kann, weil er über die Grenzen des nationalen ordre public wacht[394]. Ob die Überprüfung eines ordre-public-Verstoßes nach Einführung der EuVTVO noch möglich ist, wird im Folgenden untersucht.

1. Art. 21 Absatz 1 EuVTVO

Gemäß Art. 21 Absatz 1 EuVTVO lässt der Vollstreckungsmitgliedstaat eine gerichtliche Nachprüfung auf Antrag des Schuldners zu, wenn die Entscheidung mit einer früheren Entscheidung unvereinbar ist, die in einem Mitgliedstaat oder einem Drittland ergangen ist, sofern die frühere Entscheidung zwischen denselben Parteien wegen desselben Streitgegenstandes ergangen ist, die frühere Entscheidung die notwendigen Voraussetzungen für ihre Anerkennung im Vollstreckungsmitgliedstaat erfüllt und der Schuldner diesen Einwand im Gerichtsverfahren des Ursprungsmitgliedstaates nicht hätte geltend machen können. Diese Nachprüfung setzt fehlendes Verschulden des Beklagten bezüglich der Kenntnis eines früher ergangenen Titels voraus, für welches er die Beweislast trägt[395]. Nach der Begründung der Kommission ist Art. 21 Absatz 1 EuVTVO stark an Art. 34 Nummer 3 und 4 EuGVVO orientiert[396]. Diese regeln die zu versagende Anerkennung bei Kollision mit einer unvereinbaren früheren Entscheidung. Art. 21 Absatz 1 EuVTVO hat hingegen die Verhinderung der Vollstreckung zum Gegenstand und hebt die Priorität der im Anerkennungs- bzw. Vollstreckungsstaat ergangenen Entscheidungen auf (Art. 34 Nummer 3 EuGVVO). Folglich bilden nach dieser Vorschrift alle früheren mit der anzuerkennenden Entscheidung unvereinbaren Entscheidungen ein Vollstreckungshindernis, unabhängig davon, in welchem Staat sie ergangen sind, sofern die genannten Voraussetzungen aus lit. a bis c erfüllt

[393] BGHZ 75, 167.
[394] EuGHE 2000 I-1935, vom 28. März 2000, Rs. C-7/98 – *Krombach/Bamberski* = IPRax 2000, 406 ff.; EuGHE 2000 I 2973, vom 11. Mai 2000, Rs. C-38/98 – *Renault/Maxicar* = IPRax 2001, 328 ff.
[395] *Hüßtege*, Braucht die Verordnung über den europäischen Vollstreckungstitel eine ordre-public-Klausel?, FS Jayme 2004, 371, 384; *Hüßtege*, Der europäische Vollstreckungstitel, in: Gottwald (Hrsg.), Perspektiven der justiziellen Zusammenarbeit in der Europäischen Union, 113, 136.
[396] Amtliche Begründung KOM 159 endgültig (2002), S. 14.

sind. Diese Vollstreckungserschwerung wird dadurch ausgeglichen, dass sie nicht von Amts wegen zu prüfen ist, sondern der Schuldner einen Antrag stellen muss.
Wie bereits angesprochen, findet Art. 21 Absatz 1 EuVTVO auf einen gerichtlichen Vergleich (Art. 24 Absatz 3 EuVTVO) bzw. auf eine öffentliche Urkunde (Art. 25 Absatz 3 EuVTVO) keine Anwendung.
Der Antrag ist auf gerichtliche Nachprüfung der Existenz einer unvereinbaren Entscheidung beschränkt. Er soll nicht dazu führen, dass das ausländische Urteil in der Sache nachgeprüft werden kann, sondern er regelt die Rangfolge mehrerer Entscheidungen[397]. Die Nachteile des Vollstreckungsschuldners können durch den Antrag nach Art. 21 Absatz 1 EuVTVO nicht im umfassenden Maße ausgeglichen werden, weil dieser nur auf frühere unvereinbare Entscheidungen beschränkt ist.

2. Art. 23 lit. c EuVTVO

Der Antrag des Schuldners auf Aussetzung der Vollstreckung im Vollstreckungsstaat könnte einen Weg darstellen, um Einwendungen gegen den Europäischen Vollstreckungstitel im Zweitstaat geltend zu machen. Fraglich ist, was unter einem Rechtsbehelf im Sinne des 1. Spiegelstrichs zu verstehen ist. Mangels einschränkender Formulierung könnte auch die Beschwerde zum Europäischen Gerichtshof für Menschenrechte (im Folgenden „EuGMR") als Rechtsbehelf angesehen werden[398]. Allerdings muss bei der Ermessensentscheidung nach der lit. c („unter außergewöhnlichen Umständen") der zuständigen Stelle im Vollstreckungsstaat nach wie vor Art. 21 Absatz 2 EuVTVO beachtet werden. Im Vollstreckungsstaat dürfen keine Wertungen hinsichtlich der Rechtsstaatlichkeit der Entscheidung im Ursprungsstaat getroffen werden. In der Sache ist die Entscheidung unanfechtbar. Daher ist die Aussetzungsmöglichkeit kein Ersatz für die Überprüfbarkeit der Entscheidung anhand der ordre-public-Maßstäbe des Vollstreckungsstaates[399]. Selbst wenn dem Schuldner durch die Aussetzung bei Einlegung einer Individualbeschwerde geholfen wäre, garantiert diese Überlegung noch nicht deren Durchsetzung in der Praxis, da Art. 23 EuVTVO dazu eindeutiger hätte gefasst werden müssen.
Die Aussetzung bietet auch deshalb keine Alternative zur Überprüfung im Vollstreckungsstaat, weil der EuGMR dem Schuldner nicht den gleichen Grundrechtsschutz gewährt, der ihm im Vollstreckungsstaat zugute käme und weil die Rechtsfolge der Aussetzung nicht mit einem Rechtsbehelf gegen die Entscheidung in der Sache zu vergleichen ist. Sie beseitigt nicht die Rechtskraft der Entscheidung.

3. Art. 230 EG

Zunächst kommt eine Nichtigkeitsklage vor dem Europäischen Gerichtshof – vorliegend vor dem Gericht erster Instanz (EuG) - gemäß Art. 230 des Vertrags zur Grün-

---

[397] *Stein*, Der Europäische Vollstreckungstitel für unbestrittene Forderungen tritt in Kraft - Aufruf zu einer nüchternen Betrachtung, IPRax 2004, 181, 182.
[398] *Rauscher*, Der Europäische Vollstreckungstitel für unbestrittene Forderungen, Rn. 28.
[399] *Rauscher*, Der Europäische Vollstreckungstitel für unbestrittene Forderungen, Rn. 33, anders jedoch in Rn. 182.

dung der Europäischen Gemeinschaften in Betracht. Nach dessen Absatz 4 kann auch ein Bürger als nicht privilegierter Klagebefugter Nichtigkeitsklage gegen eine Entscheidung erheben, wenn er unmittelbar und individuell betroffen ist. Eine Entscheidung im Sinne des Art. 249 EG wird vom Europäischen Parlament, dem Rat oder der Kommission erlassen[400]. Der Vollstreckungsschuldner will sich jedoch gegen die ausländische gerichtliche Entscheidung wehren. Demnach ist die Nichtigkeitsklage kein geeigneter Rechtsbehelf, um gegen das Urteil im Erststaat vorzugehen.
Ob mit der Nichtigkeitsklage nach Art. 230 Absatz 4 EG die Verordnung selbst angefochten werden kann, ist umstritten[401]. Unterschiedlich beurteilt wird die Anforderung an die unmittelbare und individuelle Betroffenheit des Klägers als natürliche oder juristische Person. Mit der Nennung der Verordnung in dieser Vorschrift sollte klargestellt werden, dass gegen Entscheidungen die als Verordnungen bezeichnet werden, um die Anfechtbarkeit zu umgehen, auch die Nichtigkeitsklage erhoben werden kann[402]. Zunächst ließ der EuGH nur Klagen gegen solche „Scheinverordnungen“ zu[403]. Später stellte er für Art. 230 Absatz 4 EG die Voraussetzung auf, dass auch Verordnungen, die sich an die Gesamtheit der Wirtschaftsteilnehmer richten und daher normativen Charakter haben, bestimmte Personen unmittelbar und individuell betreffen können[404]. Möglicherweise kann der Vollstreckungsschuldner folglich mit einer Nichtigkeitsklage vor dem EuG gegen die EuVTVO direkt vorgehen. Es kann jedoch nicht angehen, dass der Vollstreckungsschuldner auf die Geltendmachung der Nichtigkeit der gesamten EU-Verordnung als Ersatz für einen fehlenden Rechtsbehelf im Vollstreckungsstaat gegen die Entscheidung im Ursprungsstaat verwiesen wird.

4. Art. 234 EG

Es kommt ein Vorabentscheidungsverfahren gemäß Art. 234 lit. a EG bezüglich der Auslegung der Art. 61 lit. c i.V.m. Art. 65 EG vor dem EuGH in Betracht. Durch diese Vorlagemöglichkeit der mitgliedstaatlichen Gerichte soll eine einheitliche Auslegung des innerstaatlich relevanten Gemeinschaftsrechts durch eine Zusammenarbeit des EuGH garantiert werden[405]. Die Auslegungsfrage kann das gesamte primäre und sekundäre Gemeinschaftsrecht betreffen[406], also auch eine Verordnung wie die EuVT-VO. Die Frage, ob vorgelegt werden soll, steht zur Entscheidung des nationalen Ge-

---

[400] *Streinz*, Europarecht, Rn. 415; Lenz/Borchardt – *Borchardt*, Artikel 230 EG Rn. 5, 10.
[401] Dazu Streinz – *Ehrike*, Artikel 230 EGV Rn. 45 ff.; Lenz/Borchardt – *Borchardt*, Artikel 230 EG Rn. 46 ff.
[402] EuGHE 1980, 1949, Rs. 789 und 790/79, Rn. 7 – *Calpeak/Kommission.*
[403] EuGHE 1962, 963, 979, Rs. 16 und 17/62; – *Conféderation Nationale des Producteurs de Fruits et Légumes.*
[404] EuGHE 1894, 1005, Rs. 239 und 275/82, Rn. 11 – *Allied Coperation/Kommission.*
[405] *Geiger*, Artikel 234 EG Rn. 1; Streinz – *Ehricke*, Artikel 234 EGV Rn. 4; Lenz/Borchardt – *Borchardt*, Artikel 234 EG Rn. 1 f.
[406] *Geiger*, Artikel 234 EG Rn. 6; Streinz – *Ehricke*, Artikel 234 EGV Rn. 11; Lenz/Borchardt – *Borchardt*, Artikel 234 EG Rn. 5 f.

richts, nicht der Parteien[407]. Also kann der Vollstreckungsschuldner selbst kein Vorabentscheidungsverfahren als Rechtsbehelf in Anspruch nehmen[408]. Da der EuGH jedoch an den Maßstäben des durch seine Rechtsprechung entwickelten europäischen Grundrechtsschutzes europäisches Sekundärrecht prüft, könnte er theoretisch bei Vorlage eines nationalen Gerichts die EuVTVO hinsichtlich der Abschaffung der ordre-public-Kontrolle vom EuGH überprüfen.

5. Geltendmachung der Unanwendbarkeit einer Verordnung

Man könnte auch die Geltendmachung der Unanwendbarkeit einer Verordnung gemäß Art. 241 EG in Betracht ziehen. Allerdings können die Parteien im Rahmen dieser Vorschrift nicht eine Rechtsfrage vorlegen, die sich in einem nationalen Rechtsstreit stellt, sondern es muss sich um eine Vorfrage in einem vor dem EuGH schwebenden Verfahren handeln[409]. Folglich scheidet auch dieser Rechtsbehelf vorliegend aus.

6. Zwischenergebnis zu den Rechtsbehelfen auf Gemeinschaftsebene

Die Rechtsbehelfe des Vollstreckungsschuldners auf gemeinschaftsrechtlicher Ebene sind auf den Antrag auf gerichtliche Nachprüfung wegen einer früheren unvereinbaren Entscheidung nach Art. 21 Absatz 1 EuVTVO beschränkt Dieser Rechtsbehelf muss im Vollstreckungsstaat geltend gemacht werden. Der Schuldner muss weiterhin die Vorlageentscheidung des ausländischen Ursprungsgerichts an den EuGH gemäß Art. 234 EG abwarten. Das Ursprungsgericht wird dem EuGH jedoch nur dann vorlegen, wenn es Zweifel an der Auslegung der EuVTVO hat. Dem Vollstreckungsschuldner steht kein eigener Rechtsbehelf zum EuGH zur Verfügung.

V Rechtsbehelfe im deutschen Zivilverfahrens- und Zwangvollstreckungsrecht

Die EuVTVO ist im Vergleich zur bisherigen Rechtslage innerhalb der Europäischen Gemeinschaft hinsichtlich der Wahrung des nationalen – hier deutschen - ordre public bedenklich. Die fehlende Berücksichtigung des ordre public des Vollstreckungsstaates stellt daher den größten Kritikpunkt an der EuVTVO bezüglich des abgeschwächten Schuldnerschutzes dar. Daher steht bei der nun folgenden Prüfung der ordentlichen Rechtsbehelfe vor deutschen bzw. europäischen Gerichten gegen den Europäischen Vollstreckungstitel die Frage im Vordergrund, ob die ausländische Entscheidung trotz des Art. 21 Absatz 2 der EuVTVO hinsichtlich ihrer Vereinbarkeit mit dem deutschen ordre public, also „in der Sache selbst nachgeprüft“ werden kann. Hinsichtlich einer solchen Möglichkeit sind sowohl das deutsche Zivilverfahrens- und Zwangsvollstreckungsrecht als auch das prozessuale Gemeinschaftsrecht zu untersuchen.

---

[407] BVerfGE 73, 339, 366 ff.; 82, 159, 192; *Bleckmann*, Europarecht, Rn. 934; *Bruns*, Der anerkennungsrechtliche ordre public in Europa und den USA, JZ 1999, 278, 283; Streinz – *Ehricke*, Artikel 234 EGV Rn. 26.

[408] So auch *Kohler*, Von der EuGVVO zum Europäischen Vollstreckungstitel, in: Reichelt/Rechberger (Hrsg.), Europäisches Kollisionsrecht, Fn. 42.

[409] EuGHE vom 13. Juni 1958, Rs. 9/56, – *Meroni*; Streinz – *Ehricke*, Artikel 241 EGV Rn. 1; *Bleckmann*, Europarecht, Rn. 934.

Fraglich ist, wie der Vollstreckungsschuldner auf nationaler Ebene gegen die Vollstreckung einer Entscheidung eines Mitgliedstaates konkret vorgehen kann. Dabei ist zu untersuchen, welche ordentlichen Rechtsbehelfe gegen einen Europäischen Vollstreckungstitel bei einer drohenden Zwangsvollstreckung in Deutschland zur Verfügung stehen, um die ausländische gerichtliche Entscheidung in der Sache nachzuprüfen. Gemäß Art. 20 Absatz 1 EuVTVO beurteilt sich das Vollstreckungsverfahren grundsätzlich nach den Vorschriften des Vollstreckungsstaates. In Deutschland werden also die §§ 704 ff. ZPO zu beachten sein, es sei denn, die EuVTVO bietet Sondervorschriften an[410]. Dem Schuldner sind die gleichen Rechtsbehelfe gegen den Europäischen Vollstreckungstitel zu gewähren wie ihm gegen von deutschen Behörden oder Gerichten ausgestellten vollstreckbaren Ausfertigungen zustünden.
Die Zuständigkeit deutscher Gerichte ergibt sich aus Art. 22 Nummer 5 EuGVVO[411] bzw. aus den neu eingefügten §§ 1079 ff. ZPO.

1. Vollstreckungsgegenklage

Die Vollstreckungsgegenklage gemäß § 767 ZPO könnte als Rechtsbehelf gegen die Vollstreckung eines Europäischen Vollstreckungstitels in Betracht kommen. Die Verfasserin beantwortet die Frage im Folgenden unabhängig vom Inkrafttreten des EG-Vollstreckungstitel-Durchführungsgesetzes[412] und der Einführung insbesondere von § 1086 ZPO, welcher im weiteren Verlauf behandelt wird.
Mit der Vollstreckungsgegenklage kann der Schuldner Einwendungen, die sich gegen den zu vollstreckenden Anspruch richten, im ordentlichen Verfahren geltend machen. Dabei bleibt die materielle Rechtskraft des Urteils durch die Vollstreckungsgegenklage unangetastet[413]. Das auf einen Rechtsbehelf im Ursprungsstaat ergehende Urteil hat auch keine unmittelbare Auswirkung auf die Vollstreckbarkeit des Titels im Inland, sondern die Klage nach § 767 ZPO ist parallel zulässig. Allerdings kann diese gemäß § 148 ZPO bis zur Entscheidung im Ursprungsstaat ausgesetzt werden[414]. Das einer Vollstreckungsgegenklage stattgebende Urteil erklärt die Zwangsvollstreckung aus dem Vollstreckungstitel schließlich gemäß § 775 Nummer 1 ZPO für unzulässig[415].

---

[410] *Kropholler*, Europäisches Zivilprozessrecht, 8. Auflage, Artikel 20 EuVTVO Rn. 11; *Hüßtege*, Braucht die Verordnung über den europäischen Vollstreckungstitel eine ordre-public-Klausel?, FS Jayme 2004, 371, 384; *Hüßtege*, Der europäische Vollstreckungstitel, in: Gottwald (Hrsg.), Perspektiven der justiziellen Zusammenarbeit in der Europäischen Union, 113, 136.
[411] *Hüßtege*, Braucht die Verordnung über den europäischen Vollstreckungstitel eine ordre-public-Klausel?, FS Jayme 2004, 371, 384; *Hüßtege*, Der europäische Vollstreckungstitel, in: Gottwald (Hrsg.), Perspektiven der justiziellen Zusammenarbeit in der Europäischen Union, 113, 136.
[412] BT-Drucks. 15/5222.
[413] BGH WM 1991, 1097, 1098; BGH ZMR 1996, 19, 20; *Jauernig*, Zwangsvollstreckungs- und Insolvenzrecht, § 12 I.; *Brox/Walker*, Zwangsvollstreckungsrecht, Rn. 1313.
[414] *Nagel/Gottwald*, Internationales Zivilprozessrecht, § 17 Rn. 25; Stein/Jonas – *Münzberg*, Band 7, § 723 ZPO Rn. 9.
[415] *Brox/Walker*, Zwangsvollstreckungsrecht, Rn. 175; *Jauernig*, Zwangsvollstreckungs- und Insolvenzrecht, § 12 I; Baumbach/Lauterbach/Albers/Hartmann – *Hartmann*, § 775 ZPO Rn. 14.

a) Anwendbarkeit von § 14 AVAG im Rahmen der EuVTVO

Fraglich ist, ob das AVAG wie im Rahmen der EuGVVO auch nach Inkrafttreten der EuVTVO – also bei der Vollstreckungsgegenklage dessen § 14 - Anwendung findet. Danach kann der Schuldner bei Erhebung einer Vollstreckungsgegenklage nur Einwendungen gegen den Anspruch selbst geltend machen, wenn die Gründe, auf denen die Einwendungen beruhen, erst nach Ablauf der Frist, innerhalb derer er die Beschwerde nach den §§ 11 ff. AVAG hätte einlegen können, oder falls die Beschwerde eingelegt worden ist, nach Beendigung des Verfahrens entstanden sind. Gemäß § 1 Absatz 1 Nummer 2 AVAG unterliegen die EG-Verordnungen des Rates über die Zuständigkeit und die Anerkennung und Vollstreckung von Entscheidungen in Ehesachen und in Verfahren betreffend die elterliche Verantwortung für die gemeinsamen Kinder[416] und die EuGVVO als einzige EG-Verordnungen dem AVAG.
Gegen die Beachtung der Einschränkungen des § 14 AVAG im Rahmen der Vollstreckungsgegenklage nach Erlass eines Europäischen Vollstreckungstitels spricht grundsätzlich schon, dass die erwähnte Beschwerdemöglichkeit, welche sowohl in § 14 Nummer 1 als auch in Nummer 2 AVAG für die Präklusion herangezogen wird, nach Erlass eines Europäischen Vollstreckungstitels im europäischen Ausland in Deutschland gerade nicht möglich sein soll. Der autonome Fristablauf im AVAG hat den Zweck, den Schuldner zur Einhaltung der einheitlichen Rechtsbehelfe nach den EG-Verordnungen anzuhalten und ihm bei Verstreichen der entsprechenden Fristen nicht noch zusätzlich die Möglichkeit der Vollstreckungsgegenklage nach nationalem Prozessrecht einzuräumen. Dies würde nämlich dazu führen, dass die prozessökonomische und gemeinschaftsfreundliche Variante der Beschwerde nach dem AVAG bzw. nach den EG-Verordnungen in den Hintergrund träte.
Da es jedoch im Rahmen der EuVTVO keine Beschwerde, also kein vereinfachtes Verfahren gibt, sind auch die verschärften Voraussetzungen des § 14 AVAG auf die Vollstreckungsgegenklage nicht anwendbar. Diese Schlussfolgerung ergibt sich auch aus der Begründung des deutschen EG-Vollstreckungstitel-Durchführungsgesetzes, welche im Wesentlichen das Argument enthält, dass die EuVTVO und das AVAG unterschiedliche Anerkennungs- und Vollstreckungsverfahren regeln[417]. Das AVAG bezieht sich auf ein Vollstreckbarerklärungsverfahren, welches im Rahmen der EuVTVO gerade wegfällt. Die Vorschriften des AVAG könnten daher für die EuVTVO keine Anwendung finden[418].

b) Europäischer Vollstreckungstitel = ausländischer Titel?

Die Vollstreckungsgegenklage richtet sich zwar gegen Vollstreckungstitel aller Art[419]. Gegen ausländische Titel ist diese Klage jedoch unzulässig, weil §§ 722, 723 ZPO bzw. internationale Übereinkommen als Spezialregelungen eingreifen[420]. Fraglich ist

---

[416] EG-Verordnung Nummer 1347/2000 vom 29. Mai 2000, im Amtsblatt EG L 160, S. 19.
[417] BT-Drucks 15/5222, S. 1.
[418] BT-Drucks 15/5222, S. 14.
[419] BGHZ 148, 397; Baumbach/Lauterbach/Albers/Hartmann – *Hartmann*, § 767 ZPO Rn. 3; Jauernig, Zwangsvollstreckungs- und Insolvenzrecht, § 12 I.
[420] Zöller – *Geimer*, § 722 ZPO Rn. 101; *Geimer*, Internationales Zivilprozessrecht, Rn. 3169.

also, ob der Europäische Vollstreckungstitel als ausländischer Titel anzusehen ist, wenn er in einem anderen Mitgliedstaat ausgestellt wurde. Art. 20 Absatz 2 EuVTVO bestimmt, welche Dokumente den im Vollstreckungsstaat zuständigen Behörden vom Gläubiger übermittelt werden müssen. Diese bilden die in Deutschland erforderliche vollstreckbare Ausfertigung und machen eine Erteilung einer Vollstreckungsklausel nach §§ 724 f. ZPO entbehrlich. Im Ergebnis ist der Europäische Vollstreckungstitel also - insbesondere mit Hinblick auf Art. 20 Absatz 1 EuVTVO - einem deutschen Vollstreckungstitel gleichzustellen und ist daher als „auch-deutscher" Vollstreckungstitel zu qualifizieren. Insofern ist die Vollstreckungsgegenklage gegen die Bestätigung einer ausländischen Entscheidung als Europäischer Vollstreckungstitel möglich. Dies ergibt sich nunmehr auch aus § 1086 ZPO. Unter dem Titel „Zwangsvollstreckung aus Europäischen Vollstreckungstiteln im Inland" ist die Möglichkeit vorgesehen, Vollstreckungsabwehrklage gemäß § 767 ZPO gegen die Bestätigung zu erheben, obwohl es sich um eine ausländische Entscheidung handelt. Weil diese ausländische Entscheidung jedoch auf der Grundlage einer EG-Verordnung ergangen ist, muss eine deutsche Vollstreckungsklausel nicht vorliegen.

c) Mögliche Einwendungen trotz Art. 21 Absatz 2 EuVTVO

Im Folgenden soll festgestellt werden, ob trotz Art. 21 Absatz 2 EuVTVO Einwendungen in der Sache im Wege der Vollstreckungsgegenklage geltend gemacht werden können, welche gemäß § 767 Absatz 2 ZPO oder einer ausländischen Parallelnorm unter bestimmten Voraussetzungen zulässig sind: § 767 ZPO Absatz 2 ZPO schließt nur insofern die Geltendmachung von Einwendungen gegen den zugrunde liegenden Anspruch selbst aus, als dass die Gründe, auf denen die Einwendungen beruhen, „erst nach dem Schluss der mündlichen Verhandlung, in der Einwendungen nach den Vorschriften dieses Gesetzes spätestens hätten geltend gemacht werden müssen, entstanden sind und durch Einspruch nicht mehr geltend gemacht werden können". In diesem Unterpunkt geht es zunächst nur um die generelle Möglichkeit materiellrechtlicher Einwendungen, nicht um die konkrete Norm, welche den Zeitpunkt der Präklusionswirkung bestimmt und auch nicht um die damit eng zusammenhängende Frage, welches Recht auf die Begründetheit des Zulässigkeitseinwands anwendbar ist[421].
Um zu ermitteln, welche Einwendungen des Schuldners nach Erlass eines Europäischen Vollstreckungstitels im Rahmen einer Vollstreckungsgegenklage berücksichtigt werden, bedarf es einer Auslegung von Art. 21 Absatz 2 EuVTVO.

aa) Grammatische Auslegung

Nach dem Wortlaut des Art. 21 Absatz 2 EuVTVO sind keine Ausnahmen vom Verbot der Nachprüfung in der Sache, also den Anspruch selbst betreffend, vorgesehen. Um zu ermitteln, ob die Vollstreckungsgegenklage wegen Einwendungen in der Sache von Art. 21 Absatz 2 EuVTVO ausgeschlossen wird, muss der Streitgegenstand eines solchen Rechtsbehelfs bestimmt werden.

---

[421] Diese Fragen werden vielmehr unter den Punkten B V 1. d) und e) behandelt.

Es ist seit Einführung des Verfahrens umstritten, wie der Streitgegenstand bei der Vollstreckungsgegenklage zu ermitteln ist. Man ist sich jedoch darüber einig, dass primäres Rechtsschutzziel die Beseitigung der Vollstreckbarkeit als Urteilswirkung ist (prozessuale Gestaltungsklage), nicht nur die Aufhebung bestimmter Vollstreckungsmaßnahmen, wie es in anderen Mitgliedstaaten gehandhabt wird (Frankreich)[422]. Somit ist die Vollstreckbarkeit der Streitgegenstand in Sinne des § 767 ZPO[423]. Da Art. 21 Absatz 2 EuVTVO sowohl die Nachprüfung der ausländischen Entscheidung selbst als auch deren Bestätigung als Europäischer Vollstreckungstitel verbietet, erübrigt sich in vorliegendem Fall die Differenzen über den Streitgegenstand.
Im Ergebnis können nach dem Wortlaut des Art. 21 Absatz 2 EuVTVO im Rahmen der Vollstreckungsgegenklage keine materiellen Einwendungen geltend gemacht werden. Ob sich das Nachprüfungsverbot auch auf nach § 767 Absatz 2 ZPO nicht präkludierte materielle Einwendungen bezieht, kann durch die grammatische Auslegung von Art. 21 Absatz 2 EuVTVO allein nicht festgestellt werden.
Fraglich ist allerdings, ob der Zusammenhang mit Art. 20 Absatz 1 EuVTVO Aufschluss gibt. Dieser enthält den Begriff „Vollstreckungsverfahren" und könnte daher nationale Vorschriften wie den § 767 ZPO ausnehmen, weil mit der Vollstreckungsabwehrklage keine konkrete Zwangsvollstreckungsmaßnahme angegriffen wird, sondern vielmehr die Vollstreckbarkeit des Titels. Gegen diese Lesart spricht jedoch Art. 20 Absatz 1 Satz 2 EuVTVO, der die Vollstreckung von Europäischen Vollstreckungstiteln unter den „gleichen Bedingungen" wie inländische anordnet[424]. Somit spricht der Wortlaut des Art. 20 EuVTVO jedenfalls nicht gegen die Anwendbarkeit der Vollstreckungsabwehrklage.

bb) Genetisch-historische Auslegung

In der Begründung der Europäischen Kommission zu Art. 21 Absatz 2 EuVTVO wird negativ formuliert, dass diese Vorschrift „nicht die gegen die Vollstreckung selbst eingelegten Rechtsmittel, die nicht mit einer Überprüfung der Entscheidung in der Sache selbst einhergehen", betreffe[425]. Demnach sollen Rechtsbehelfe gegen die Vollstreckung an sich im Vollstreckungsstaat möglich sein. Die Vollstreckungsgegenklage dient dazu, die Rechtmäßigkeit der Zwangsvollstreckung, nicht die zugrunde liegende Entscheidung zu überprüfen[426]. Sie soll „ungerechte Ergebnisse" verhindern, ohne dass die Gefahr entstehen sollte, dass die äußere Rechtskraft (§ 322 ZPO) unterwandert wird[427]. Weil durch die Vollstreckungsgegenklage nicht die Entscheidung selbst in der Gestalt, die sie im erstinstanzlichen Verfahren einnahm, angegriffen wird, ist die An-

---

[422] *Gottwald*, Zwangsvollstreckung, § 767 ZPO, Rn. 1; *Nelle*, Anspruch, Titel und Vollstreckung, S. 13.
[423] *Jauernig*, Zwangsvollstreckungs- und Insolvenzrecht, § 12 I; Baumbach/Lauterbach/Albers/Hartmann – *Hartmann*, § 767 ZPO Rn. 3.
[424] *Wagner*, Das Gesetz zur Durchführung der VO zum Europäischen Vollstreckungstitel, IPRax 2005, 401, 407.
[425] Amtliche Begründung zu KOM (2002) 159 endgültig, S. 15.
[426] BGH MDR 1985, 138; *Gottwald*, Zwangsvollstreckung, § 767 ZPO, Rn. 1.
[427] Baumbach/Lauterbach/Albers/Hartmann - *Hartmann*, § 767 ZPO Rn. 1.; Zöller – *Herget*, § 767 ZPO Rn. 5; *Brox/Walker*, Zwangsvollstreckungsrecht, Rn. 1313.

wendung des § 767 Absatz 2 ZPO mitsamt der nicht präkludierten Einwendungen gegen die Sache selbst durch Art. 21 Absatz 2 EuVTVO nach der Begründung der Kommission nicht ausgeschlossen.

cc) Teleologische Auslegung

Fraglich ist, ob nach Sinn und Zweck der Regelung des Art. 21 Absatz 2 EuVTVO die nicht präkludierten Einwendungen, welche den Anspruch selbst betreffen, geltend gemacht werden können.

(1) Prozessökomonie

Das Verbot der Nachprüfung in der Sache (Verbot der *révision au fond*), welches in Art. 21 Absatz 2 EuVTVO zum Ausdruck kommt, hat den Zweck, dass das Verfahren beschleunigt wird und dass das Gericht im Vollstreckungsstaat aus prozessökonomischen Gründen nicht noch einmal die gleichen Voraussetzungen überprüft. Vielmehr soll das Gericht des Ursprungsstaates, nämlich das mit dem Fall bereits vertraute Gericht, über die materiell-rechtlichen Einwendungen entscheiden[428]. Fraglich ist, ob dieser Zweck der Zulässigkeit von Einwendungen im Sinne der deutschen Vollstreckungsgegenklage entgegensteht. Durch das Entstehen nicht präkludierter Einwendungen im Sinne des § 767 Absatz 2 ZPO handelt es sich nicht um die gleiche Sachlage wie bei der Entscheidung im Erststaat. Wenn der Schuldner dann keine Vollstreckungsgegenklage erheben dürfte, müssten die deutschen Vollstreckungsbehörden trotz der nachträglich eingetretenen Gründe, die zur Rechtswidrigkeit der Zwangsvollstreckung führen, - womöglich „sehenden Auges" - rechtswidrig vollstrecken, auch wenn der ausländische Richter eine zum Zeitpunkt der Entscheidung fehlerfreie Entscheidung getroffen hat. Der Zweck des Art. 21 Absatz 2 EuVTVO, die Beschleunigung des Verfahrens, kann eine solche Situation nicht rechtfertigen.
Prozessökonomische Gesichtspunkte sprechen demnach nicht gegen die Zulässigkeit einer Vollstreckungsgegenklage[429].

(2) Vergleich mit der bisherigen Rechtslage

Grundsätzlich konnte der Schuldner nach der bisherigen Rechtslage vor Einführung der EuVTVO im Verfahren nach §§ 722, 723 ZPO oder im Vollstreckbarerklärungsverfahren im Rahmen einer europäischen Regelung Einwendungen geltend machen, jedoch galt für ihn nach überwiegender Ansicht im Rahmen der Vollstreckungsgegenklage auch die Präklusionsregel nach 767 Absatz 2 ZPO[430]. Das heißt, dass der Vollstreckungsschuldner mit den Einwendungen präkludiert ist, die er in dem Verfahren im Erststaat hätte geltend machen können. Im Rahmen der EuVTVO fällt jedoch das

---

[428] *Heß*, Europäischer Vollstreckungstitel und nationale Vollstreckungsgegenklage, IPRax 2004, 493 („Herkunftslandsprinzip").
[429] So auch *Wagner*, Das Gesetz zur Durchführung der VO zum Europäischen Vollstreckungstitel, IPRax 2005, 401, 407, 408.
[430] *Nagel/Gottwald*, Internationales Zivilprozessrecht, § 12 Rn. 128; *Geimer*, Anerkennung ausländischer Entscheidungen, S. 164, 181.

Vollstreckbarerklärungsverfahren weg, weshalb der Schuldner im Vollstreckungsstaat noch gar keine Einwendungen geltend machen konnte. Dem Vollstreckungsschuldner steht abgesehen von der Berichtigung und dem Widerruf nur die Möglichkeit offen, die Einwendungen, welche er bisher zusätzlich im Laufe des Vollstreckbarerklärungsverfahren bzw. in der EuGVVO wenigstens im Rechtsbehelfsverfahren geltend machen konnte, im ausländischen Erkenntnisverfahren vorzubringen.
Der Schuldner kann somit im Gegensatz zur bisherigen Rechtslage mangels Vollstreckbarerklärungsverfahrens in allen Fällen der EuVTVO im Zweitstaat keine Einwendungen zeitlich vor der Zwangsvollstreckung geltend machen. Unter Berücksichtigung dieser Tatsache müssten solche materielle Einwendungen, die im erststaatlichen Verfahren noch nicht entstanden waren, im Vollstreckungsverfahren im Zweitstaat Berücksichtigung finden.

(3) Vergleich mit den Rechtsbehelfsmöglichkeiten gegen rein deutsche Vollstreckungstitel

Die Wirkungen eines Europäischen Vollstreckungstitels dürfen nur so weit gehen wie ein vergleichbarer inländischer Titel, also wie eine deutsche vollstreckbare Ausfertigung. Wenn die Zwangsvollstreckung aufgrund eines solchen Dokuments droht, kann der Vollstreckungsschuldner Vollstreckungsgegenklage erheben, durch die er Einwendungen in den Grenzen des § 767 Absatz 2 ZPO geltend machen kann. Folglich muss er dies im Rahmen des Europäischen Vollstreckungstitels auch können. Eine Besserstellung des ausländischen im Vergleich zu dem inländischen Gläubiger kann nicht Zweck der EG-Verordnung sein.

dd) Zwischenergebnis zur Auslegung von Art. 21 Absatz 2 EuVTVO

Nach genetisch-historischer und teleologischer Auslegung müsste der Schuldner nach Erteilung der Bestätigung zumindest die Einwendungen in der Sache, welche im ausländischen Erkenntnisverfahren nicht berücksichtigt werden, geltend machen können. Demnach wäre eine Vollstreckungsgegenklage bei einer drohenden Zwangsvollstreckung in Deutschland möglich, wenn der Schuldner Einwendungen vorbringt, die noch nicht nach § 767 Absatz 2 ZPO präkludiert sind. Die Anwendbarkeit der Vollstreckungsgegenklage auf Europäische Vollstreckungstitel wird teilweise bemängelt, weil dadurch nur die Vollstreckbarkeit des Titels für das Inland beseitigt werden könne und eine Uneinheitlichkeit innerhalb der Europäischen Gemeinschaft herbeiführe[431]. Dem kann jedoch der Wortlaut der Art. 21 Absatz 2 und 20 Absatz 1 EuVTVO entgegengehalten werden, die die klare Wertung enthalten, dass Einwendungen in dem dargestellten Umfang im Vollstreckungsstaat Deutschland überprüft werden können.

---

[431] *Heß*, Europäischer Vollstreckungstitel und nationale Vollstreckungsgegenklage, IPRax 2004, 493, 494 (Heß ist der Ansicht, die Einführung von 1986 ZPO-E führe zu einem „hinkenden" Europäischen Vollstreckungstitel.)

d) Anwendbare Präklusionsnorm

Wenn der Schuldner Einwendungen gegen ein ausländisches Urteil vorbringt, stellt sich die Frage, ob sich der Präklusionszeitpunkt und die Art der präkludierten Einwendungen nach der lex fori oder nach der lex causae richten. Im Folgenden wird der Fall untersucht, in dem die Zwangsvollstreckung in Deutschland stattfindet.
Mit lex fori ist grundsätzlich das Recht des Gerichtsstandes gemeint. Problematisch ist bei grenzüberschreitender Vollstreckung jedoch, dass es zwei Gerichtsstände gibt – einen im Erst- und einen im Zweitstaat. Bei Einschlägigkeit der lex fori des Erststaates müsste man dessen prozessrechtliche Normen ermitteln. § 767 Absatz 2 ZPO käme als lex fori des Zweitstaates Deutschland zur Anwendung. Bei Anwendung der lex causae hingegen käme das Recht zur Anwendung, welches nach Internationalem Privatrecht des Vollstreckungsstaates auf den Sachverhalt anzuwenden ist. Die nach deutschem Kollisionsrecht ermittelte ausländische Rechtsordnung verfügt entweder über eine Parallelnorm zu § 767 Absatz 2 ZPO oder kennt den Präklusionsmechanismus nicht.
Ob man die Präklusion von Einwendungen nach der lex fori des Erst- oder Zweitstaates oder der lex causae bestimmt, hängt davon ab, welche Wirkung man dem Ersturteil im Zweitstaat beimisst.
Zum EuGVÜ ist die Auffassung herrschend, dass für den Präklusionsumfang allein das durch die lex fori des Erststaates ermittelte Recht maßgeblich sei[432].

aa) Gleichstellungstheorie

Vor allem nach Ansicht der Rechtsprechung würde sich im Fall der Vollstreckung in Deutschland die Präklusionswirkung nach § 767 Absatz 2 ZPO analog richten[433]. Man wendet also die lex fori des Zweitstaates an, wobei der Wirkungserstreckung des Ersturteils durch die Analogie Bedeutung beigemessen wird, welche jedoch keine praktische Relevanz hat. Obwohl im Rahmen von Abänderungsbegehren das Problem der Präklusionsregelung diskutiert wurde, gab es im Rahmen des § 767 ZPO bisher noch keine nähere Begründung als das Verbot der *révision au fond* für die Anwendung der lex fori[434]. Diese Rechtswahl basiert auf der Vorstellung, dass durch die Anerkennung das ausländische Urteil einem deutschen gleichgestellt werde. Daher richten sich alle prozessrechtlichen Wirkungen ab Anerkennung nach dem Recht des anerkennenden Staates. Der Zweitstaat wendet dann auch nicht sein Internationales Privatrecht an, um die lex causae zu ermitteln, sondern gibt seinem Prozessrecht den Vorrang, weil die Präklusion von Einwendungen nach deutschem Verständnis ein Institut des Prozessrechts darstellt. Die Rechtsprechung lässt nur bezüglich des Präklusionszeitpunktes eine Orientierung am Prozessrecht des Erststaates zu: Wenn eine ausländische Regelung existiere, nach der ein von § 767 Absatz 2 ZPO abweichender Zeitpunkt bestimmt wird, soll dieser für die Präklusionswirkung entscheidend sein[435].

---

432 *Nelle*, Anspruch, Titel und Vollstreckung, S. 22; *Geimer/Schütze*, Internationale Urteilsanerkennung, Band I/1, S. 1011.
433 RGZ 114, 171, 173; BGHZ 59, 116, 124; 84, 17, 23.
434 BGH NJW 1983, 1976, 1977; BGHZ 59, 116, 124; *Nelle*, Anspruch, Titel und Vollstreckung, S. 237.
435 BGH NJW 1982, 1947, 1948; NJW 1993, 1270, 1271.

bb) Erstreckung der Präklusionswirkungen im Anerkennungsstaat

In der Literatur sind die Meinungen zwar geteilt, aber im Grundsatz herrscht Einigkeit darüber, dass ein ausländisches Urteil bei Anerkennung einem deutschen Urteil nicht komplett gleichgestellt werde, sondern dass sich auch nach der Anerkennung Wirkungen nach dem Recht des Erststaates bestimmen. Diese Ansicht wird vor allem mit dem Grundsatz untermauert, dass die Parteien sich auf die Reichweite der Rechtskraft des Ersturteils verlassen können sollen.

(1) Anwendung der lex fori des Erststaates

Geimer vertritt die Ansicht, dass das ausländische Urteil insoweit Präklusionswirkung entfalte, wie es das Recht im Urteilsstaat vorsehe[436]. Diese Vertreter wenden bei der Ermittlung der Präklusionsnorm also konsequent das Recht des Erststaates an. Die Anwendung des Rechts des Erststaates wird jedoch teilweise darauf beschränkt, dass dieses eine dem § 767 Absatz 2 ZPO vergleichbare Regelung bieten muss bzw. dass die Urteilswirkungen dem deutschen Recht bekannt sein müssen. Die Bindung an die Gründe des Urteils wird in diesem Zusammenhang beispielsweise abgelehnt. Teilweise wird jedoch der Ansicht der Rechtsprechung gefolgt, dass man den Präklusionszeitpunkt nach ausländischem Recht bestimmen solle. Ebenso gibt es die Variante, dass der nationale ordre public als Grenze für die Wirkungen des ausländischen Urteils im Inland herangezogen wird[437].

(2) Kumulationstheorie

Andere Autoren modifizieren hingegen nur die Lösung der Rechtsprechung[438], weil das „Importieren" der Urteilswirkungen (Voraussetzungen und Zeitpunkt der Präklusion) in den Anerkennungsstaat mit einem Filter der ungefähren Wirkungsangleichung mangels Rechtssicherheit abzulehnen sei[439]. Es wird vielmehr vorgeschlagen, dass die ausländischen Wirkungen nur bis an die Grenze der Wirkungen des entsprechenden inländischen Urteils gehen (Kumulation zugunsten des schwächeren Rechts). So werde verhindert, dass die Parteien durch die mit einer Gleichstellung einhergehenden Erweiterung der Rechtskraft unzulässig überrascht werden. Die Wertungen der lex fori müssten sich insofern durchsetzen, als dass der verfahrensrechtliche Gerechtigkeitsgehalt einer engen Rechtskraftwirkung beachtet wird[440].

---

[436] Zöller – *Geimer*, § 722 ZPO Rn. 88; *Geimer*, Anerkennung ausländischer Entscheidungen in Deutschland, S. 180.

[437] *Nagel/Gottwald*, Internationales Zivilprozessrecht, § 11 Rn. 21; *Kropholler*, Internationales Privatrecht, § 60 V 1. b).

[438] Stein/Jonas – *Münzberg*, Band 7, § 723 ZPO Rn. 6.

[439] OLG Frankfurt NJW 1986, 297, 1443; LG Hamburg IPRax 1992, 251, 254; *Schack*, Internationales Zivilverfahrensrecht, Rn. 792 ff.; Stein/Jonas - *Roth*, Band 4/1, § 328 ZPO Rn. 8; *Müller*, Zum Begriff der „Anerkennung" von Urteilen in § 328 ZPO, ZZP Band 79 (1966), 199, 207; *Geimer/Schütze*, Internationale Urteilsanerkennung, Band I/2, S. 1391; *v. Bar/Mankowski*, Internationales Privatrecht, Band I, § 5 Rn. 114

[440] Stein/Jonas - *Roth*, Band 4/1, § 328 ZPO Rn. 8.

cc) Auswertung

Für eine konsequente Anwendung des § 767 Absatz 2 ZPO im Speziellen spricht, dass die Möglichkeit des Schuldners, Einwendungen vorzubringen, nicht von der willkürlichen Existenz einer vergleichbaren Regelung im ausländischen Recht abhängig ist. Dagegen spricht, dass die im Ausland obsiegende Partei, also der Gläubiger, durch die deutsche Präklusionsregelung negativ überrascht werden könnte. Die für ihn womöglich unerwartete Verhinderung der Zwangsvollstreckung könnte dadurch gerechtfertigt werden, dass es sich bei der Präklusionswirkung um eine Urteilswirkung handelt, die dem Schuldner in Deutschland Rechte gewährt, deren Einräumung die Verfassung (Art. 103 Absatz 1 GG) verlangt und somit die Rechtskraft des Urteils nach dem Recht des Erststaates überlagert. Für die Gleichstellungstheorie spricht das im internationalen Zivilverfahrensrecht herrschende lex-fori-Prinzip[441]. Bei der mit der Rechtskraft eng verwandten Präklusionswirkung nach § 767 Absatz 2 ZPO handelt es sich um ein Institut des Prozessrechts. Dies ist aus der systematischen Stellung der Norm im Verfahrensrecht und der Tatsache herzuleiten, dass die Rechtskraft und die Präklusion durch das Urteil als prozessualer Vorgang bedingt sind. Somit handelt es sich bei der Präklusionswirkung um ein Institut des Prozessrechts, auf das konsequenterweise deutsches Recht anwendbar ist. Insofern liefert die Gleichstellungstheorie einen schlüssigen Ansatz.

Es stellt sich die Frage, wie zu beurteilen ist, dass einige Vertreter der Gleichstellungstheorie sich zumindest bei Bestimmung des Präklusionszeitpunktes am Recht des Erststaates orientieren. Als Argument für diese Einschränkung der Gleichstellungstheorie könnte man die Schwierigkeiten anführen, welche bei der Anwendung der deutschen Präklusionsregelung im Zusammenhang mit dem Erfordernis auftauchen können, dass der Schuldner erstens die Möglichkeit und zweitens die Obliegenheit gehabt haben muss, die Einwendungen geltend zu machen („spätestens hätten geltend gemacht werden müssen")[442]. Fremde Rechtsordnungen legen beispielsweise andere Maßstäbe für die Möglichkeit oder die Verpflichtung an, wodurch eine Kombination mit der deutschen Regelung zu ungerechten Ergebnissen führen könnte. Die Rechtssicherheit spricht in diesem Zusammenhang für diese Einschränkung der strikten Gleichstellungstheorie.

Gegen die uneingeschränkte Anwendung der lex fori des Anerkennungsstaates (Gleichstellungstheorie) spricht noch ein weiteres gewichtiges Argument: Der im internationalen Prozessrecht angestrebten internationalen Entscheidungsharmonie würde entgegengewirkt, wenn jeder Staat sein Prozessrecht ohne Rücksicht auf die Rechtskraftwirkungen des anerkannten Urteils anwendete. Zu verweisen sei auch hier auf das Urteil des EuGH[443], nach dem eine nach Art. 26 EuGVÜ anerkannte Entscheidung im Anerkennungsstaat exakt dieselbe Wirkung entfalten müsse wie im Urteilsstaat. Es besteht gerade im Zusammenhang mit § 767 Absatz 2 ZPO die Gefahr, dass die Parteien sich nicht auf die Rechtskraft des erlangten Urteils innerhalb der EU verlassen können, sondern fürchten müssen, dass diese durch unabwägbare neue Tatsachen in

---

[441] Siehe dazu Punkt B I 3. c).

[442] *Nelle*, Anspruch, Titel und Vollstreckung, S. 245 ff.

[443] EuGHE 1988-645, vom 4. Februar 1988, Rs. 145/86 - *Hoffmann/Krieg*, Rn. 11.

Frage gestellt wird. Das Argument der einfacheren Handhabung, das die Rechtsprechung gerne für die uneingeschränkte lex-fori-Anwendung anführt, überzeugt hingegen nicht.
Insbesondere kann gegen das Argument der Vertreter der strikten Gleichstellungstheorie, dass der Gläubiger über die Aufhebung von Urteilswirkung nach Anerkennung unzulässig überrascht werde, eingewandt werden, dass der Vollstreckungsschuldner in Deutschland auch davon überrascht wird, dass er keine Einwendungen i. S. des § 767 Absatz 2 ZPO mehr geltend machen kann, weil das ausländische Recht eine solche Möglichkeit nicht kennt. Die uneingeschränkte Wirkungserstreckung ist auch daher abzulehnen, weil die Anerkennungsverpflichtung anderer Mitgliedstaaten sonst dadurch erhöht werden könnte, dass ein Staat möglichst umfangreiche prozessuale Urteilswirkungen vorsieht. Folglich überzeugt die uneingeschränkte Wirkungserstreckung des Ersturteils nicht.

Vielmehr ist die Kumulationstheorie im europäischen Anerkennungsrecht der richtige Maßstab. Nur durch sie wird verhindert, dass durch die stärkere Wirkung eines ausländischen Urteils die Prozessrechtseinheit im Anerkennungsstaat in Gefahr gerät. Dieses Risiko besteht gerade in Deutschland, da § 767 Absatz 2 ZPO einen im internationalen Vergleich strengen Maßstab anlegt und deshalb regelmäßig die ausländischen über die inländischen Präklusionswirkungen Urteilswirkungen hinausgehen. Anders ausgedrückt wird in Deutschland einem Urteil eine verhältnismäßig starke Rechtskraftwirkung beigemessen. Ausländischen Urteilen mehr Wirkungskraft beizumessen als inländischen, würde der Überzeugungskraft des Anerkennungsrechts zuwiderlaufen.
Man könnte angesichts dieses Streitstandes zur Wirkungserstreckung bei Anerkennung und der gleichzeitigen schnellen europäischen Gesetzgebung auf dem Gebiet des Anerkennungs- und Vollstreckungsrechts darüber nachdenken, ob es nicht zugunsten der Rechtssicherheit sinnvoll wäre, das Ausmaß der Rechtskrafterstreckung eines Urteils im Ausland auf europäischer Ebene festzulegen.

dd) Zwischenergebnis

Die Kumulationstheorie ist in der Variante auf die Präklusionswirkungen anzuwenden, dass die ausländischen Urteilswirkungen nicht über die inländischen hinausgehen dürfen, aber auch die schwächere Rechtskraftwirkung eines ausländischen Urteils berücksichtigt wird. Übertragen auf die Ausgangsfrage bedeutet diese Auswertung darstellt Folgendes:

(1) Bedeutung eines strengen Maßstabs an nachträgliche Einwendungen für die Wirkung der materiellen Rechtskraft eines Urteils

Die ausländische Parallelnorm zu § 767 Absatz 2 ZPO ist nur dann entscheidend, soweit die Urteilswirkung durch sie nicht hinter den Wirkungen eines deutschen Urteils zurückbleibt. Weil § 767 Absatz 2 ZPO einen im internationalen Vergleich strengen Maßstab an nachträgliche Einwendungen anlegt, wird es sich in der Praxis meist so verhalten, dass die ausländische Parallelnorm anwendbar ist. Ein milderer Präklusionsmaßstab führt nämlich dazu, dass die materielle Rechtskraft des Urteils eine geringere Wirkung hat. Diese Folge ist im Rahmen der Kumulationstheorie zu berücksichtigen.

(2) Darstellung an Extrembeispielen

Sollte das ausländische Recht keine Grenzen für die Erhebung von nachträglichen Einwendungen kennen, kann der Vollstreckungsschuldner also alle ihm jemals zur Verfügung stehenden Einwendungen jederzeit geltend machen, kommt § 767 Absatz 2 ZPO nicht zur Anwendung. Die Rechtskraftwirkung des ausländischen Urteils ist gering, weil die Präklusionswirkung dem ausländischen Recht fremd ist (Kumulation zugunsten des schwächeren Rechts).
Wenn gegen das rechtskräftige Urteil gar keine Einwendungen möglich sind, ist § 767 Absatz 2 ZPO hingegen anwendbar, weil dann die Rechtskraftwirkung eines deutschen Urteils schwächer ist. Mit anderen Worten wird die Anerkennung nicht komplett versagt, wenn die erststaatliche Urteilswirkung umfangreicher ist als die Wirkung eines deutschen Urteils, sondern nur bezüglich der dem deutschen Recht unbekannten Wirkung (hier die gänzliche Versagung von Einwendungen).

e) Begründetheit eines Vollstreckungseinwandes/Anwendbares Sachrecht

Weiterhin stellt sich die Frage, nach welchem Sachrecht sich die Begründetheit der Vollstreckungseinwendungen im Rahmen des § 767 Absatz 2 ZPO richtet.
Nach der Rechtsprechung, welche auch in dieser Frage das anzuerkennende mit einem deutschen Urteil gleichstellt, wird überwiegend deutsches Sachrecht auf die Begründetheit nachträglicher Einwendungen angewandt[444]. In der Literatur gibt es drei divergierende Ansichten:

1. Ein Teil der Literatur hält die vom Erstgericht nach dessen Internationalen Privatrechts ermittelte lex causae für ausschlaggebend, unabhängig davon, ob dieses Sachrecht auch zum Zeitpunkt der Vollstreckungsabwehrklage vom Erstgericht noch gewählt würde[445].
2. Geimer ist dagegen der Ansicht, der Zweitrichter solle auf die Rechtswahl des Erstrichters festgelegt werden, um Uneinigkeit über die Auslegung von erststaatlichem Internationalen Privatrechts zu verhindern[446].

Die grundlegende Frage ist, ob die Entscheidung des Gerichts des Urteilsstaates über das anwendbare Recht Bindungswirkung für das Zweitgericht entfaltet.

Nach der Gleichstellungstheorie, welche im Rahmen der Ermittlung der Präklusionsnorm abgelehnt wurde, stellt das Zweitgericht das Ersturteil durch die Anerkennung einem inländischen Urteil gleich. Die daher erfolgende strikte Anwendung der deutschen lex fori, wobei noch zwischen deutschem Sachrecht (Rechtsprechung) und deut-

---

[444] BGH NJW 1983, 2773, 2774; OLG Saarbrücken NJW 1988, 3100 ff.

[445] *Schack*, Internationales Zivilverfahrensrecht, Rn. 946; Stein/Jonas – *Münzberg*, Band 7, § 723 ZPO Rn. 3.

[446] *Geimer*, Internationales Zivilprozessrecht, Rn. 2754, 3115, 3152; *Geimer/Schütze*, Europäisches Zivilverfahrensrecht, 1. Auflage, Artikel 36 EuGVÜ Rn. 27.

schem Kollisionsrecht (erste Literaturmeinung) unterschieden werden muss, überzeugt auch in diesem Zusammenhang wegen fehlender Entscheidungsharmonie und wegen Rechtsunsicherheit für den im Ausland Obsiegenden nicht[447]. Vielmehr sollen dem ausländischen Urteil auch bezüglich der vorliegenden Frage im Vollstreckungsstaat die gleichen Wirkungen wie im Erststaat zukommen, wobei eine Begrenzung zugunsten des schwächeren Rechts erforderlich ist. Weiterhin ist Geimer zuzustimmen, die vom Erstrichter getroffene Rechtswahl nicht in Frage zu stellen, da nicht die Wahl einer Rechtsordnung, sondern nur deren Anwendung dazu führen kann, dass nationale Verfahrensgerechtigkeiten missachtet werden. Zudem wird so der internationale Entscheidungseinklang am effektivsten gefördert.
Daher ist die vom Erstrichter nach seinem Internationalen Privatrecht ermittelte lex causae auf die Begründetheit der nachträglichen Einwendungen verbindlich anzuwenden.

f) Zwischenergebnis zur Vollstreckungsgegenklage

Trotz des Art. 21 Absatz 2 EuVTVO sind Einwendungen, welche die Sache selbst betreffen, im Rahmen der Vollstreckungsgegenklage zulässig[448]. Sie dürfen vom Vollstreckungsschuldner jedoch nur unter Berücksichtigung der Präklusionsvorschrift des § 767 Absatz 2 ZPO bzw. einer ausländischen Parallelnorm (Kumulation zugunsten des schwächeren Rechts) vorgebracht werden. Ihre Begründetheit richtete sich nach dem Sachrecht, welches das Erstgericht nach seinem Internationalen Privatrecht ermittelt und angewandt hat.
Die Anwendbarkeit der Vollstreckungsabwehrklage wird nunmehr durch § 1086 Absatz 1 des Gesetzentwurfs zur Änderungen der ZPO bestätigt, der die örtliche Zuständigkeit des Gerichtes regelt, bei dem eine solche Klage gegen Vollstreckungen auf der Grundlage eines Europäischen Vollstreckungstitels erhoben werden kann[449]. Nach Absatz 2 dieser Entwurfsvorschrift wird die Präklusionsnorm des § 767 Absatz 2 ZPO auf gerichtliche Vergleiche und öffentliche Urkunden entsprechend angewendet.

2. Sonstige Rechtsbehelfe im deutschen Zwangsvollstreckungsrecht

Weiterhin sind zur Abgrenzung von der Vollstreckungsabwehrklage diverse andere Rechtsbehelfe im deutschen Zwangsvollstreckungsrecht zu untersuchen.

a) Erinnerung gegen Erteilung der Vollstreckungsklausel

Der Rechtsbehelf der Erinnerung gegen die Erteilung der Vollstreckungsklausel steht dem Schuldner zu, sobald die Vollstreckungsklausel erteilt worden ist. Es handelt sich

---

[447] A. A. *Vogl*, Die Unbeachtlichkeit der Verjährungsregeln des Vollstreckungsstaates bei der Vollstreckbarkeitserklärung ausländischer Titel, IPRax 2003, 462, 463.
[448] Zu dem Ergebnis kommt auch *Yessiou-Faltsi*, Der Europäische Vollstreckungstitel und die Folgen für das Vollstreckungsrecht in Europa, in Gottwald (Hrsg.), Perspektiven der justiziellen Zusammenarbeit in der Europäischen Union, 213, 234.
[449] Dazu näher *Heß*, Europäischer Vollstreckungstitel und nationale Vollstreckungsgegenklage, IPRax 2004, 493.

um einen besonderen Rechtsbehelf, welcher der Erinnerung beim Urkundsbeamten gemäß § 573 ZPO und der Erinnerung beim Rechtspfleger gemäß § 11 RPflG vorgeht[450]. Die Vollstreckungsklausel ist die amtliche Bescheinigung der Vollstreckbarkeit des Vollstreckungstitels[451]. Sie soll dem Vollstreckungsorgan die Prüfung abnehmen, ob der Titel wirksam und vollstreckbar ist[452]. Folglich dient die Vollstreckungsklausel aufgrund der ausschließlichen gerichtlichen Prüfung der Arbeitserleichterung für das Vollstreckungsorgan, der Rechtssicherheit für den Gläubiger und der Prozessökonomie.
Die Erteilung einer Vollstreckungsklausel gemäß §§ 724, 725 ZPO ist im Rahmen der EuVTVO entbehrlich, da die Bestätigung der ausländischen Entscheidung als Europäischer Vollstreckungstitel und die hierüber gemäß Art. 9 EuVTVO auszustellende Bestätigung die Funktion der vollstreckbaren Ausfertigung haben[453]. Aufgrund der Spezialregelungen des Art. 10 Absatz 1 EuVTVO und der Vorschrift des Art. 10 Absatz 4 EuVTVO ist die Anwendung des § 732 ZPO ausgeschlossen.

b) Klage wegen Unzulässigkeit der Vollstreckungsklausel

Die Klage wegen Unzulässigkeit der Vollstreckungsklausel gemäß § 768 ZPO stellt aufgrund der funktionalen Gleichstellung der Bestätigung des Europäischen Vollstreckungstitels mit der vollstreckbaren Ausfertigung nach § 724 ZPO einen möglichen Rechtsbehelf als beschränkte Vollstreckungsgegenklage dar. Einerseits ist der Anwendungsbereich dieser Klage enger als der der Erinnerung nach § 732 ZPO, der sich auf alle Ausfertigungen erstreckt[454]. Andererseits kann der Schuldner im Gegensatz zur Erinnerung mit der Klauselgegenklage nach § 768 ZPO in den Fällen der §§ 726 Absatz 1, 727 bis 729, 738, 742, 744, 745 Absatz 2 und § 749 ZPO materielle Umstände bestreiten[455]. Zeitlich gesehen ist der bei der Erteilung der Vollstreckungsklausel als bewiesen angenommene Eintritt der Voraussetzung entscheidend. Somit sind die Einwendungen auf bestimmte Fälle beschränkt, in denen die Voraussetzungen für die Erteilung der Klausel nach deutschem Zwangsvollstreckungsrecht nicht vorliegen. Diese Einwendungen betreffen also nicht den Anspruch selbst, sondern nur den Nachweis des Eintritts dieser speziellen Voraussetzungen im Wege der Klauselerteilung.
Bei ausschließlich formellen Einwendungen gegen die Klausel kann also nur die Erinnerung gemäß § 732 ZPO als Rechtsbehelf ergriffen werden[456]. Für Einwendungen

---

[450] Thomas/Putzo - *Putzo*, § 732 ZPO Rn. 1; Stein/Jonas – *Münzberg*, Band 7, § 732 ZPO Rn. 5.
[451] *Brox/Walker*, Zwangsvollstreckungsrecht, Rn. 102; Stein/Jonas – *Münzberg*, Band 7, § 724 ZPO Rn. 5.
[452] *Brox/Walker*, Zwangsvollstreckungsrecht, Rn. 29, 103; MüKo ZPO – *Wolfsteiner*, Band 2, 2. Auflage, § 724 ZPO Rn. 2.
[453] *Hüßtege*, Braucht die Verordnung über den europäischen Vollstreckungstitel eine ordre-public-Klausel?, FS Jayme 2004, 371, 384; *Hüßtege*, Der europäische Vollstreckungstitel, in: Gottwald (Hrsg.), Perspektiven der justiziellen Zusammenarbeit in der Europäischen Union, 113, 136.
[454] Thomas/Putzo – *Putzo*, § 732 ZPO Rn. 8; Baumbach/Lauterbach/Albers/Hartmann – *Hartmann*, § 732 ZPO Rn. 5.
[455] Musielak - *Lackmann*, § 768 ZPO Rn. 2; MüKo ZPO – *Karsten Schmidt*, 2. Band, 2. Auflage, § 768 ZPO Rn. 4.
[456] OLG Koblenz NJW 1992, 378; Thomas/Putzo – *Putzo*, § 768 ZPO Rn. 2.

gegen den Anspruch selbst verbleibt die Vollstreckungsabwehrklage nach § 767 ZPO. Da die in § 768 ZPO aufgezählten Einwendungen nicht den Anspruch selbst, sondern die materiellen Umstände der Klauselerteilung, betreffen, steht das Nachprüfungsverbot des Art. 21 Absatz 2 EuVTVO dieser Klage nicht entgegen. Allerdings ist fraglich, Art. 10 Absatz 4 EuVTVO nicht auch die Klauselgegenklage ausschließt. Dieser beschränkt die gegen die Rechtsbehelfe gegen die Bestätigung als Europäischer Vollstreckungstitel auf die Berichtigung und den Widerruf. Mit diesen beiden Rechtsbehelfen werden abschließend solche Gründe formuliert, die zur Anfechtung berechtigen. Die Gründe des § 768 ZPO sind dort nicht genannt. Vielmehr lassen sich die Voraussetzungen des Art. 10 Absatz 1 EuVTVO mit denen des § 732 bzw. § 319 ZPO vergleichen. Weiterhin beschränkt sich das EG-Vollstreckungstitel-Durchführungsgesetz auf die Einführung des § 1081 ZPO, in dem ausdrücklich nur die aus der EuVTVO übernommenen Rechtsbehelfe der Berichtigung und des Widerrufs geregelt sind[457]. Somit ist die Anwendung des § 768 ZPO ausgeschlossen.

c) Vollstreckungserinnerung

Mit der Vollstreckungserinnerung gemäß § 766 ZPO können Einwendungen gegen die Art und Weise der Zwangsvollstreckung oder gegen das vom Gerichtsvollzieher bei ihr zu beobachtende Verfahren geltend gemacht werden[458]. Gemäß § 766 Absatz 2 ZPO ist gegen die Vollstreckungsakte des Gerichtsvollziehers die Erinnerung als Rechtsbehelf auch in dem Fall für zulässig, dass er die für ihn geltenden Vorschriften nicht beachtet, wenn er den Vollstreckungsantrag ablehnt[459], verzögert oder anders ausführt, als es dem Titel entspricht[460]. Daher können sich sowohl Schuldner als auch Gläubiger mit diesem Verfahren unter Berufung auf formelle Mängel gegen einzelne Vollstreckungsmaßnahmen wehren. Die Schuldnererinnerung ist daher neben der Vollstreckungsabwehrklage anwendbar[461].
Der Rechtsbehelf der Erinnerung gegen die Vollstreckung eines Europäischen Vollstreckungstitels ist in Deutschland möglich, da Art. 21 Absatz 2 EuVTVO nicht die Rechtsbehelfe ausschließt, die formelle Mängel betreffen[462]. Vielmehr ist gemäß Art. 20 Absatz 1 EuVTVO das deutsche Zwangsvollstreckungsrecht anwendbar. Das EG-Vollstreckungstitel-Durchführungsgesetz enthält auch keine Regelung, die § 766 ZPO als lex specialis ausschließen könnte.

---

[457] Siehe dazu Punkt B III. 6. a) aa).
[458] *Jauernig*, Zwangsvollstreckungs- und Insolvenzrecht, § 11 I; *Baur/Stürner*, Zwangsvollstreckungs- Konkurs- und Vergleichsrecht, Band I, Rn. 43.1.
[459] AG Münster NJW-RR 1992, 1531; Baumbach/Lauterbach/Albers/Hartmann – *Hartmann*, § 766 ZPO Rn. 5.
[460] *Baur/Stürner*, Zwangsvollstreckungs- Konkurs- und Vergleichsrecht, Band I, Rn. 43.3; Stein/Jonas – *Münzberg*, Band 7, § 766 ZPO Rn. 2.
[461] *Brox/Walker*, Zwangsvollstreckungsrecht, Rn. 1168; *Gottwald*, Zwangsvollstreckung, § 766 ZPO Rn. 12.
[462] *Wagner*, Das Gesetz zur Durchführung der VO zum Europäischen Vollstreckungstitel, IPRax 2005, 401, 405.

d) Drittwiderspruchsklage

Gemäß § 771 Absatz 1 ZPO kann ein Dritter eine Drittwiderspruchsklage erheben, welcher behauptet, dass ihm an dem Gegenstand der Zwangsvollstreckung ein die Veräußerung hinderndes Recht zusteht. Grundlage für diese Klageart ist die Behauptung, dass der Gegenstand der Vollstreckung nicht zum Schuldnervermögen gehöre[463]. Dritter ist derjenige, welcher weder Gläubiger noch Schuldner ist[464]. Also kommt die Drittwiderspruchsklage für den Vollstreckungsschuldner als Rechtsbehelf nicht in Betracht.

e) Sofortige Beschwerde

Gegen Entscheidungen des Vollstreckungsgerichts ist die sofortige Beschwerde nach § 793 ZPO möglich. Das Vollstreckungsgericht entscheidet in Deutschland jedoch bei Vorliegen eines Europäischen Vollstreckungstitels nicht. Demnach versagt auch diese Rechtsschutzmöglichkeit.

3. Abänderungsklage

Im Folgenden wird ermittelt, ob und in welchem Umfang der Vollstreckungsschuldner mit Hilfe der Abänderungsklage gegen den Europäischen Vollstreckungstitel bzw. die zugrunde liegende Entscheidung vorgehen kann.

a) Gegenstand und Wirkung der Abänderungsklage

Diese Klageart ist in § 323 ZPO für bestimmte Schuldtitel, insbesondere Urteile vorgesehen, die künftig fällig werdende Leistungen i.S.d. § 258 ZPO beinhalten[465]. Eine Abänderungsklage ist auch gegen anerkennungsfähige ausländische Urteile zulässig[466]. § 323 ZPO erfasst solche Verhältnisse, die sich von vorneherein als wandelbar darstellen (z.B. Leistungsfähigkeit, Bedürftigkeit beim Unterhaltsanspruch), insbesondere durch den Einfluss wirtschaftlicher Verhältnisse[467]. Die Abänderung setzt voraus, dass der rechtsbegründende Tatbestand, von dem bei Erlass des früheren Urteils ausgegangen wurde, weggefallen ist oder sich anders als erwartet entwickelt hat[468]. Die Klage kann gemäß § 323 Absatz 2 ZPO aber nur auf solche wesentlichen Veränderungen der tatsächlichen Verhältnisse gestützt werden, die erst nach dem Zeitpunkt eingetreten sind, zu welchem sie im Vorprozess spätestens hätten geltend gemacht werden müssen[469].

---

[463] BGHZ 11, 41; *Jauernig*, Zwangsvollstreckungs- und Insolvenzrecht, § 13 IV.

[464] *Jauernig*, Zwangsvollstreckungs- und Insolvenzrecht, § 13 II; *Gottwald*, Zwangsvollstreckung, § 771 ZPO Rn. 17, 18.

[465] *Schilken*, Zivilprozessrecht, Rn. 1064; Musielak - *Musielak*, § 323 ZPO Rn. 1, 4.

[466] BGH NJW 1992, 438, 439; OLG Celle NRW-RR 1993, 651, 652; Musielak - *Musielak*, § 323 ZPO Rn. 3 f..

[467] BGH NJW 1978, 753; FamRZ 88, 641; Baumbach/Lauterbach/Albers/Hartmann – *Hartmann*, § 323 ZPO Rn. 17.

[468] *Brox/Walker*, Zwangsvollstreckungsrecht, Rn. 1320; Musielak - *Musielak*, § 323 ZPO Rn. 27 f.

[469] BGHZ 80, 389; *Jauernig*, Zivilprozessrecht, § 63 VI; Baumbach/Lauterbach/Albers/Hartmann – *Hartmann*, § 323 ZPO Rn. 17; Thomas/Putzo – *Reichold*, § 323 ZPO Rn. 25.

Die Veränderungen sollen bei einer erfolgreichen Abänderungsklage durch die Aufhebung des alten und durch Erlass eines neuen Vollstreckungstitels mit Wirkung für die Zukunft zur Geltung gebracht werden[470]. Das Gesetz lässt also in diesem Fall eine Durchbrechung der Rechtskraft zu[471]. Aus der Sicht des Schuldners hat die Abänderungsklage praktisch oft fast dasselbe Ziel wie die Vollstreckungsabwehrklage[472]. Erstere ist daher in geeigneten Fällen wahlweise neben § 767 ZPO zulässig, und umgekehrt[473].

b) Titel i.S.d. § 323 ZPO

Fraglich ist, ob die Zwangsvollstreckung aufgrund eines Europäischen Vollstreckungstitels durch eine Abänderungsklage in Deutschland verhindert werden kann. Die Abänderungsklage hat grundsätzlich zur Folge, dass das zu vollstreckende Urteil gemäß § 775 Nummer 1 ZPO aufgehoben wird[474] und die Zwangsvollstreckung somit eingestellt werden muss. Es müsste zur Erreichung dieses Ziels aber überhaupt einen denkbaren Fall geben, in dem ein Europäischer Vollstreckungstitel auf ein abänderbares Urteil nach § 323 ZPO gestützt werden könnte.
Das zugrunde liegende ausländische Urteil kann sich auf Unterhaltszahlungen beziehen, wie auch der besondere Gerichtsstand in Art. 5 Nummer 2 EuGVVO deutlich macht. Folglich ist das Urteil abänderbar im Sinne des § 323 ZPO; der Europäische Vollstreckungstitel kann also auf einem solchen Urteil beruhen.
Die EuVTVO fasst gemäß seinem Art. 4 Absatz 3 lit. b auch eine von einer Verwaltungsbehörde z.B. dem Jugendamt geschlossene und von ihr beurkundete Unterhaltsvereinbarung gemäß §§ 59, 60 SGB VIII unter den Begriff der „öffentlichen Urkunde“[475]. Fraglich ist, ob auch dieser Titel in Deutschland abgeändert werden kann. § 323 Absatz 1 ZPO findet auch auf in Absatz 4 genannte Schuldtitel entsprechende Anwendung, welche keine Urteile darstellen. Schuldtitel im Sinne des § 794 Absatz 1 Nummer 1 ZPO sind vor einem deutschen Gericht geschlossene Vergleiche, gemäß Nummer 2 a Beschlüsse gemäß §§ 1615 f. BGB[476], die in einem vereinfachten Verfahren über den Unterhalt Minderjähriger den Unterhalt festsetzen, einen Unterhaltstitel ändern oder den Antrag zurückweisen und nach Nummer 5 von einem deutschen Gericht oder Notar ausgestellte Urkunden. Die in Absatz 4 aufgezählten Schuldtitel setzen also die Beteiligung eines deutschen Gerichts oder eines deutschen Notars voraus und können somit nur Grundlage eines deutschen Europäischen Vollstreckungstitels sein. Vor-

---

[470] *Baur/Stürner*, Zwangsvollstreckungs- Konkurs- und Vergleichsrecht, Band I, Rn. 45.32; Thomas/Putzo – *Reichold*, § 323 ZPO Rn. 1.
[471] *Jauernig*, Zivilprozessrecht, § 63 VI; Musielak - *Musielak*, § 323 ZPO Rn. 2.
[472] BGH NJW-RR 1989, 322, 323; OLG Düsseldorf FamRZ 80, 1046; OLG Köln, MDR 88, 974.
[473] OLG München FamRZ 92, 213; Baumbach/Lauterbach/Albers/Hartmann – *Hartmann*, § 323 ZPO Rn. 4; *Baur/Stürner*, Zwangsvollstreckungs- Konkurs- und Vergleichsrecht, Band I, Rn. 45.32.
[474] OLG Zweibrücken FamRZ 1986, 376; *Brox/Walker*, Zwangsvollstreckungsrecht, Rn. 175; Baumbach/Lauterbach/Albers/Hartmann – *Hartmann*, § 775 ZPO Rn. 11.
[475] BT-Drucks 15/5222, S. 13.
[476] Baumbach/Lauterbach/Albers/Hartmann – *Hartmann*, § 794 ZPO Rn. 13; Thomas/Putzo – *Putzo*, § 794 ZPO Rn. 2 ff., 43.

liegend geht es jedoch um die Rechtsbehelfe gegen einen Europäischen Vollstreckungstitel, der im europäischen Ausland ausgestellt worden ist.
Abschließend ist festzuhalten, dass eine Abänderungsklage gegen den Europäischen Vollstreckungstitel selbst ist nicht möglich[477]. Er zählt als vollstreckbare Ausfertigung nicht zu den Schuldtiteln i.S.d. § 323 ZPO.
Im Ergebnis kann ein ausländisches Urteil in Form eines ausländischen Unterhaltstitels als Europäischer Vollstreckungstitel bestätigt und im Rahmen eines Abänderungsurteils abgeändert werden, wenn ein deutsches Gericht für die Abänderungsklage international zuständig ist.

c) Internationale Zuständigkeit deutscher Gerichte

Für eine Abänderungsklage gelten keine besonderen internationalen Zuständigkeitsregeln[478]. Die deutsche Zivilprozessordnung sieht noch nicht mal einen speziellen Gerichtsstand für Abänderungsklagen von deutschen Urteilen vor. Die Zuständigkeit deutscher Gerichte für eine Klage, mit der eine ausländische Entscheidung abgeändert werden soll, ist daher nur eröffnet, wenn eine Zuständigkeitsanknüpfung nach den §§ 12 ff. ZPO, 23, 71 GVG oder innerhalb der Europäischen Gemeinschaft nach dem EuGVÜ bzw. der EuGVVO zum maßgeblichen Zeitpunkt gegeben ist[479].
Folglich ist die Zuständigkeit für den Fall des Unterhaltstitels nach Art. 5 Nummer 2 oder Art. 2 EuGVVO zum Zeitpunkt der Klageerhebung neu zu bestimmen. Dies kann dazu führen, dass für die Abänderungsklage ein anderes Gericht international zuständig ist als im Erstprozess. Dieses Ergebnis ist zwar aus prozessökonomischer Sicht unbefriedigend, weil sich das Zweitgericht den Fall neu erarbeiten muss. Andererseits kennt das Gericht des Ortes, an dem der Unterhaltsberechtigte seinen Wohnsitz oder seinen gewöhnlichen Aufenthalt hat, die örtlichen Maßstäbe, welche für die Höhe des Unterhalts eine große Rolle spielen, besser als ein anderes Gericht innerhalb der Europäischen Gemeinschaft. Folglich muss es hingenommen werden, dass der Gerichtsstand neu ermittelt wird.
Somit ist die Möglichkeit, gegen das dem ausländischen Vollstreckungstitel zugrunde liegende Urteil in Deutschland Abänderungsklage i.S.d. § 323 ZPO zu erheben, auf die Fälle beschränkt, in denen ein deutsches Gericht (zufällig) nach der EuGVVO zuständig ist.

d) Zwischenergebnis zur Abänderungsklage

Der Vollstreckungsschuldner kann mit der Abänderungsklage gegen das dem Europäischen Vollstreckungstitel zugrunde liegende anerkennungsfähige Urteil die Zwangsvollstreckung verhindern, wenn ein deutsches Gericht für die Klage zuständig ist. Da der Vollstreckungsschuldner auf diese Zuständigkeit keinen Einfluss hat, ist diese Rechtsschutzmöglichkeit in Deutschland unbefriedigend. Zudem würde das deutsche

[477] So auch *Heß*, Aktuelle Perspektiven der europäischen Prozessrechtsangleichung, JZ 2001, 573, 578.
[478] OLG Frankfurt IPRax 1981, 136; *Nagel/Gottwald*, Internationales Zivilprozessrecht, § 3 Rn. 61.
[479] BGH FamRZ 1983, 806; *Geimer*, Internationales Zivilprozessrecht, Rn. 957.

Gericht keinen Europäischen, sondern einen deutschen Vollstreckungstitel ausstellen, wenn das Erkenntnisverfahren und die Vollstreckung in Deutschland stattfinden.
Die Abänderungsklage bietet keinen Rechtsschutz gegen den Europäischen Vollstreckungstitel.

4. Bereicherungsklage nach erfolgter Vollstreckung

Nach erfolgter Vollstreckung könnte der Vollstreckungsschuldner in Deutschland eine Klage wegen ungerechtfertigter Bereicherung erheben. Dazu müsste ohne Rechtsgrund in sein Vermögen vollstreckt worden sein. Dies wäre der Fall, wenn die vollstreckte Entscheidung nicht anerkennungsfähig war[480]. Die Anerkennungsfähigkeit der ausländischen Entscheidung richtet sich nach der EuGVVO[481]. Im Rahmen derer kann ein ordre-public-Verstoß zur Anerkennungsverweigerung führen (Art. 34 Nummer 1 EuGVVO). Somit müsste der Schuldner das ohne Rechtsgrund Geleistete mittels einer Klage vor deutschen Gerichten nach erfolgter Vollstreckung wegen eines ordre-public-Verstoßes zurückverlangen können. Dem steht jedoch Art. 5 EuVTVO entgegen, der den Gleichlauf zwischen Anerkennungs- und Vollstreckungsvoraussetzungen wahrt, indem eine Entscheidung vollstreckt werden soll, „ohne dass (...) die Anerkennung angefochten werden kann". Somit kann die Vollstreckung nie ohne Rechtsgrund erfolgen. Der Geltendmachung von Anerkennungsversagungsgründung könnte auch Art. 21 Absatz 2 EuVTVO entgegenstehen, welcher eine solche Korrektur der ausländischen Entscheidung zugunsten eines zügigen Vollstreckungsverfahrens bei grenzüberschreitenden Sachverhalten verhindern will. Dem Wortlaut nach verbietet zwar Art. 21 Absatz 2 EuVTVO nicht auch einem an der Vollstreckung unbeteiligten Gericht, die Entscheidung bzw. die Bestätigung in der Sache nachzuprüfen. Allerdings muss nach Sinn und Zweck der Vorschrift ausgelegt werden, dass auch die Überprüfung der ausländischen Entscheidung in einem Folgeprozess, wie einer Bereichungsklage, unzulässig ist. Folglich kann der Vollstreckungsschuldner in Deutschland auch nicht durch eine Bereicherungsklage die ausländische Entscheidung hinsichtlich eines ordre-public-Verstoßes überprüfen lassen[482].

5. Erfüllungseinwand gemäß § 775 Nummer 5 ZPO

Der Vollstreckungsschuldner kann gemäß § 775 Nummer 5 ZPO vor der Vollstreckung eines Europäischen Vollstreckungstitels einwenden, gezahlt zu haben[483]. Dieser Erfüllungseinwand verleiht dem Schuldner jedoch keinen Schutz gegen die Entscheidung in der Sache, sondern hat lediglich den Zweck, dass der Schuldner die Vollstreckung in sein Vermögen verhindern kann.

---

[480] *Coester-Waltjen*, Überlegungen zu einem künftigen Europäischen Vollstreckungstitel, FS Beys 2003, 183, 197.
[481] Siehe Punkt B III 2.
[482] A. A.: *Coester-Waltjen*, Einige Überlegungen zu einem künftigen Europäischen Vollstreckungstitel, FS Beys 2003, 183, 197, 198.
[483] *Wagner*, Das Gesetz zur Durchführung der VO zum Europäischen Vollstreckungstitel, IPRax 2005, 401, 405; *Heß*, Europäischer Vollstreckungstitel und nationale Vollstreckungsgegenklage, IPRax 2004, 493, 494.

6. Das EG-Vollstreckungstitel-Durchführungsgesetz

Das EG-Vollstreckungstitel-Durchführungsgesetz, welches seit dem 21. Oktober 2005 in Deutschland gilt, enthält sowohl die Einführung der Vorschriften §§ 1079 ff. ZPO als auch Änderungen in den Büchern 1 und 2 der ZPO, durch die Belehrungspflichten gegenüber Vollstreckungsschuldnern ergänzt werden, um dem Mindeststandard des Kapitels III der EuVTVO gerecht zu werden.

Die Gesetzgebungszuständigkeit des Bundes ergibt sich aus Art. 74 Absatz 1 Nummer 1 GG. Die Erforderlichkeit der bundesgesetzlichen Regelung gemäß Art. 72 Absatz 2 GG ist einerseits begründet auf „unzumutbare Behinderungen für den grenzüberschreitenden Rechtsverkehr“[484]. Andererseits ist die Regelung des § 1086 ZPO, der die Erhebung der Vollstreckungsgegenklage vorsieht, als Argument für die Erforderlichkeit heranzuziehen: Bei einer Zuständigkeit der Länder, bestünde die Gefahr, dass innerhalb Deutschlands unterschiedliche Voraussetzungen der Vollstreckungsgegenklage bestünden und somit die strengeren Regelungen durch Wohnsitzverlegungen umgangen werden könnten[485].

a) Einführung der §§ 1079 ff. ZPO

Der deutsche Gesetzgeber hat die Durchführungsvorschriften zur EuVTVO nicht in das AVAG integriert, sondern die Vorschriften §§ 1079 ff. zur EuVTVO in das 11. Buch der ZPO zur justitiellen Zusammenarbeit in der Europäischen Union eingefügt. Es handelt sich lediglich um acht neue Vorschriften, weil sie die allgemeinen Vorschriften der §§ 704 ff. ZPO ergänzen, keine eigenständigen Rechtsmittelzüge konzipiert wurden und die Anträge auf Berichtigung und Widerruf einer Bestätigung im Wesentlichen gleichen Voraussetzungen unterstellt sind[486].

Die neuen Vorschriften sind in zwei Titel eingeteilt. Der erste Titel regelt die Bestätigung inländischer Titel als Europäische Vollstreckungstitel (§§ 1079-1081 ZPO), wohingegen der Titel 2 die Zwangsvollstreckung aus Europäischen Vollstreckungstiteln im Inland (§§ 1082-1086 ZPO) behandelt.

aa) Die Bestätigung inländischer Titel als Europäische Vollstreckungstitel

§ 1079 ZPO regelt die Zuständigkeit deutscher Gerichte, Behörden und Notare für die Ausstellung der Bestätigungen nach Art. 9 Absatz 1, 24, 25 und Art. 6 Absätze 2 und 3 EuVTVO. Die Bestätigung obliegt der Stelle, die auch die vollstreckbare Ausfertigung des Titels gemäß §§ 724, 797 ZPO erteilt[487]. Für die Bestätigungen als Europäischer Vollstreckungstitel von gerichtlichen Entscheidungen und Prozessvergleichen sind die Gerichte erster Instanz, bei Anhängigkeit des Rechtsstreits in höherer Instanz ist dieses Gericht für die Bestätigung zuständig[488]. Gemäß § 20 Nummer 1 Rechtspflegergesetz

---

[484] BT-Drucks 15/5222, S. 17.

[485] BT-Drucks 15/5222, S. 17.

[486] *Wagner*, Das Gesetz zur Durchführung der VO zum Europäischen Vollstreckungstitel, IPRax 2005, 401, 402; *Kropholler*, Europäisches Zivilprozessrecht, 8. Auflage, Artikel 20 EuVTVO Rn. 11.

[487] BT-Drucks 15/5222, S. 23; Saenger – *Saenger*, Zivilprozessordnung, § 1079 ZPO Rn. 3.

[488] Saenger – *Saenger*, Zivilprozessordnung, § 1079 ZPO Rn. 3.

(RPflG) ist der Rechtspfleger aus Gesichtspunkten der Effizienz zuständig, wobei die Möglichkeit der Vorlage an den Richter gemäß §§ 5 Absatz 1 Nummer 2, 6 RPflG unberührt bleiben[489]. Die EuVTVO hat es den Mitgliedstaaten überlassen, ob derjenige, der den Titel geschaffen hat, auch über die Bestätigung entscheidet oder ob man die Bestätigungsentscheidung einer anderen Stelle überlässt. Letzteres würde die Objektivität der Bestätigungsentscheidung erhöhen, da keine Eigenprüfung stattfände. Mit der Schaffung des § 1079 ZPO hat sich der deutsche Gesetzgeber aus praktischen Gründen für die Identität von Titelschaffendem und Bestätigendem entschieden[490]. Die Vorschrift entspricht inhaltlich § 56 AVAG für die Bescheinigungen nach der EuGVVO[491].

§ 1080 ZPO enthält die klarstellende Regelung, dass die Bestätigungsentscheidungen der deutschen Stelle wie im innerstaatlichen Verfahren bei der Erteilung einer vollstreckbaren Ausfertigung nach § 724 ZPO ohne vorherige Anhörung des Schuldners erfolgen[492]. Er erhält jedoch gemäß § 1080 Absatz 1 Satz 2 ZPO eine Ausfertigung der Bestätigung von Amts wegen. § 1080 Absatz 2 ZPO regelt, dass dem Gläubiger die gleichen Rechtsmittel gegen eine abweisende Entscheidung zustehen wie im Rahmen der Klauselerteilung nach § 724 Absatz 2 ZPO. Diese Generalverweisung hat den Hintergrund, dass die Nennung aller konkreten Rechtsbehelfsmöglichkeiten die Vorschrift unübersichtlich gestaltet hätte[493]. Die deutschen Vorschriften der Anfechtung einer Entscheidung über die Verweigerung der Vollstreckungsklausel[494] wie z.B. § 731 (Klage auf Erteilung der Vollstreckungsklausel), § 573 Absatz 1 (Erinnerung), §§ 567 Absatz 1 Nummer 2 ZPO i.V.m. § 11 RPflG (sofortige Beschwerde), §§ 573 Absatz 2, 567 ZPO (sofortige Beschwerde), § 54 BeurkG i.V.m. 20 ff. FGG (Beschwerde) sind daher entsprechend anwendbar.

In § 1081 ZPO ist in Anlehnung an § 319 ZPO die deutsche Zuständigkeit für das Berichtigungs- und Widerrufsverfahren gemäß Art. 10 EuVTVO geregelt. Es handelt sich um die einzigen Rechtsbehelfsverfahren gegen eine Bestätigungsentscheidung, Art. 10 Absatz 4 EuVTVO. Der Antrag gemäß Art. 10 Absatz 1 EuVTVO ist gemäß Absatz 1 danach bei dem Gericht zu stellen, das die Bestätigung ausgestellt hat, welches ebenfalls über den Antrag entscheidet. Bei notariellen oder behördlichen Entscheidungen ist der Antrag bei der Stelle zu stellen, die die Bestätigung ausgestellt hat. Zur Entscheidung muss der Antrag an das Amtsgericht, in dessen Bezirk der Notar oder die Behörde ihren Sitz haben, zugeleitet werden. Diese Regelung entspricht somit § 797 Absatz 3 ZPO.

Der deutsche Gesetzgeber hat das Berichtigungs- und Widerrufsverfahren gemäß Art. 20 Absatz 2 EuVTVO durch § 1081 Absatz 2 und 3 ZPO ausgestaltet: Aus Rechtssi-

---

489 *Wagner*, Das Gesetz zur Durchführung der VO zum Europäischen Vollstreckungstitel, IPRax 2005, 401, 403.

490 *Wagner*, Das Gesetz zur Durchführung der VO zum Europäischen Vollstreckungstitel, IPRax 2005, 401, 403.

491 BT-Drucks 15/5222, S: 23.

492 BT-Drucks 15/5222, S. 23, 24; Saenger – *Saenger*, Zivilprozessordnung, § 1080 ZPO Rn. 1.

493 *Wagner*, Das Gesetz zur Durchführung der VO zum Europäischen Vollstreckungstitel, IPRax 2005, 401, 403.

494 Baumbach/Lauterbach/Albers/Hartmann – *Hartmann*, § 1080 ZPO Rn. 6.

cherheitsgründen ist der Antrag auf Widerruf gemäß § 1081 Absatz 2 ZPO an eine Monatsfrist bzw. bei Zustellung der Bestätigung im Ausland an eine Zweimonatsfrist gebunden[495]. Dabei handelt es sich um eine Notfrist, die durch Parteivereinbarung gemäß § 224 Absatz 1 ZPO nicht abgekürzt werden kann. Bei unverschuldeter Versäumung kann Wiedereinsetzung in den vorigen Stand beantragt werden[496]. Der Antrag auf Berichtigung ist § 319 ZPO entsprechend an keine Frist gebunden[497]. Die Fristberechnung richtet sich nach §§ 222 ZPO, 187 ff. BGB[498]. Funktionell ist der Rechtspfleger für die Berichtigung und den Widerruf zuständig, § 20 Nummer 11 RPflG[499]. Verfahren und Rechtsbehelf für Bestätigung und Widerruf richten sich nach § 1081 Absatz 3 nach § 319 Absatz 2 und 3 ZPO analog. Die Verwendung des Formblattes in Anhang VI ist demnach fakultativ. Jedenfalls müssen die Gründe des Berichtigungs- oder Widerrufsantrags dargelegt werden. Diese Verweisung hat die Konsequenz, dass gegen einen stattgegebenen Berichtigungs- bzw. Widerrufsantrag kein Rechtsbehelf möglich ist, gegen die Ablehnung allerdings die Rechtspflegererinnerung gemäß § 11 Nummer 2 RPflG erhoben werden kann[500]. Dieser Rechtsbehelf kann als Ausgleich für die funktionelle Zuständigkeit des Rechtspflegers an Stelle des Richters angesehen werden.

bb) Die Zwangsvollstreckung aus Europäischen Vollstreckungstiteln im Inland

Die Vorschrift des § 1082 ZPO wiederholt die Art. 5 und 20 Absatz 1 Satz 2 EuVTVO mit der Maßgabe, dass die Zwangsvollstreckung aus einem Europäischen Vollstreckungstitel im Inland stattfindet, ohne dass es einer Vollstreckungsklausel bedarf. Folglich sind die §§ 724 ff. ZPO auf die Titel nach der EuVTVO nicht anwendbar[501]. Allerdings gelten ansonsten wieder die allgemeinen Vorschriften des deutschen Zwangsvollstreckungsrechts, solange die EuVTVO nichts Spezielleres regelt[502]. Bei der Vollstreckung von Europäischen Vollstreckungstiteln in Deutschland gegen Sicherheitsleistung ist demnach § 751 Absatz 2 ZPO anwendbar[503].

§ 1083 ZPO regelt, dass der Gläubiger nach Art. 20 Absatz 2 lit. c EuVTVO eine beglaubigte Übersetzung in deutscher Sprache vorzulegen hat. So schließt der deutsche Gesetzgeber die durch Art. 20 Absatz 2 lit. c EuVTVO eingeräumte Möglichkeit aus, andere als deutsche Sprachen für die Ausstellung der Bestätigung zuzulassen[504].

---

[495] BR-Drucks. 15/1222 S. 14, 25; *Wagner*, Das Gesetz zur Durchführung der VO zum Europäischen Vollstreckungstitel, IP5ax 2005, 401, 404.

[496] *Kropholler*, Europäisches Zivilprozessrecht, 8. Auflage, Artikel 10 EuVTVO Rn. 16.

[497] BR-Drucks. 15/1222 S. 25.

[498] Baumbach/Lauterbach/Albers/Hartmann – *Hartmann*, § 1081 ZPO Rn. 5.

[499] *Kropholler*, Europäisches Zivilprozessrecht, 8. Auflage, Artikel 10 EuVTVO Rn. 15.

[500] BT-Drucks 15/5222, S. 25; *Wagner*, Das Gesetz zur Durchführung der VO zum Europäischen Vollstreckungstitel, IPRax 2005, 401, 404; Baumbach/Lauterbach/Albers/Hartmann – *Hartmann*, § 1081 ZPO Rn. 8.

[501] *Kropholler*, Europäisches Zivilprozessrecht, 8. Auflage, Artikel 20 EuVTVO Rn. 11.

[502] BR-Drucks. 15/1222 S. 26; *Wagner*, Das Gesetz zur Durchführung der VO zum Europäischen Vollstreckungstitel, IPRax 2005, 401, 404.

[503] BR-Drucks. 15/1222 S. 26.

[504] BR-Drucks. 15/1222 S. 26, 27.

Die Rechtsbehelfe des Schuldners gegen einen im Ausland ausgestellten Europäischen Vollstreckungstitel sind auf die Anträge nach Art. 21 und 23 EuVTVO beschränkt, welche keine materiellen Einwände gegen den zu vollstreckenden Anspruch umfassen. § 1084 Absatz 1 ZPO legt unabhängig von der Differenzierung zwischen diesen beiden Antragsmöglichkeiten die ausschließliche örtliche und sachliche Zuständigkeit des Amtsgerichts als Vollstreckungsgericht fest[505]. § 802 ZPO ist anwendbar. Diese Zuständigkeitszuweisung soll der Einheitlichkeit der Vollstreckung von inländischen und ausländischen Vollstreckungstiteln dienen, zumal die Abschaffung des Vollstreckbarerklärungsverfahrens nicht auf unbestrittene Forderungen beschränkt bleiben soll[506]. Die Zuständigkeitszuweisung ist daher vorausschauend, weil die Vollstreckung EU-ausländischer Titel in Deutschland in Anbetracht des Maßnahmenprogramms von Tampere zum Normalfall werden wird. Über die Anträge entscheidet der Richter, nicht der Rechtspfleger, weil Letzterem eine Prüfung gemäß Art. 21 Absatz 1 EuVTVO nicht zugemutet werden soll[507]. Gemäß § 1084 Absatz 2 ZPO sind die Vorschriften der § 769 Absatz 1 und 3 und § 770 ZPO entsprechend auf die Einstellung der Zwangsvollstreckung und die Aufhebung der bereits getroffenen Vollstreckungsmaßregeln (Art. 21 EuVTVO) anwendbar. Die Entscheidungen gemäß Art. 23 EuVTVO ergehen aufgrund ihrer Eilbedürftigkeit als einstweilige Anordnungen (§ 1084 Absatz 3 ZPO) und sind § 707 Absatz 2 Satz 2 ZPO der Anfechtung entzogen[508].

Gemäß § 1085 ZPO sind die §§ 775, 776 ZPO bei Entscheidungen nach Art. 6 Absatz 2 EuVTVO entsprechend anwendbar. Die entsprechende Anwendung des § 776 ZPO erfordert zunächst, dass die im Ursprungsstaat getroffene Entscheidung mit einem Tatbestand des § 775 ZPO korrespondiert, damit die entsprechende Rechtsfolge des § 776 ZPO ermittelt werden kann[509].

Schließlich ist in § 1086 Absatz 1 ZPO die ausschließliche örtliche Zuständigkeit des deutschen Gerichtes am Wohnsitz bzw. Sitz des Schuldners geregelt, bei dem eine Vollstreckungsabwehrklage gemäß § 767 Absatz 2 ZPO erhoben werden kann. Die sachliche Zuständigkeit ergibt sich aus §§ 23, 71, 96 GVG[510]. Funktionell sind das Prozessgericht gemäß § 767 ZPO und in Unterhaltssachen das Familiengericht (§ 23b GVG) zuständig. Weiterhin gilt die Präklusionsvorschrift des § 767 Absatz 2 ZPO gemäß § 1086 Absatz 2 ZPO auch für gerichtliche Vergleiche und öffentliche Urkunden. Somit besteht eine Diskrepanz zu § 797 IV ZPO. Diese war für den deutschen Gesetzgeber unumgänglich, weil gerichtliche Vergleiche und öffentliche Urkunden gemäß §§ 24 Absatz 2, 25 Absatz 2 EuVTVO nicht nach der EuVTVO anfechtbar

---

[505] Saenger – *Saenger*, Zivilprozessordnung, § 1084 ZPO Rn. 1.
[506] BR-Drucks. 15/1222 S. 27.
[507] BR-Drucks. 15/1222 S. 28; Saenger – *Saenger*, Zivilprozessordnung, § 1084 ZPO Rn. 2; *Kropholler*, Europäisches Zivilprozessrecht, 8. Auflage, Artikel 22 EuVTVO Rn. 9; a. A. Baumbach/Lauterbach/Albers/Hartmann – *Hartmann*, § 1084 ZPO Rn. 3.
[508] BR-Drucks. 15/1222 S. 28; Saenger – *Saenger*, Zivilprozessordnung, § 1084 ZPO Rn. 4.
[509] BR-Drucks. 15/1222 S. 28.
[510] BT-Drucks. 15/5222 S. 15, 29; *Wagner*, Das Gesetz zur Durchführung der VO zum Europäischen Vollstreckungstitel, IPRax 2005, 401, 408.

sind. Durch den Verweis auf § 767 Absatz 2 ZPO wird diesen Titeln keine Rechtskraft beigemessen, sondern setzt lediglich die Durchsetzung der Titel sicher[511].
Die im deutschen Recht somit eingeräumte Möglichkeit, Vollstreckungsabwehrklage zu erheben, verstößt nicht gegen Art. 21 Absatz 2 EuVTVO, weil sie dem gemäß Art. 20 Absatz 1 EuVTVO unberührten Vollstreckungsrecht angehört[512]. Angesichts der Vorschrift des § 1086 ZPO hat sich der deutsche Gesetzgeber nicht der Kritik am Wegfall der Rechtsbehelfe des Schuldners gegen die Entscheidung in der Sache angeschlossen. Die Überprüfung des Titels anhand des ordre public kann auch mit der Vollstreckungsabwehrklage nicht erreicht werden[513]. Die Erhebung der Vollstreckungsabwehrklage gegen die Vollstreckung aus einem Europäischen Vollstreckungstitel für unbestrittene Forderungen setzt zudem nach der Gesetzesbegründung ausdrücklich die Vollstreckung in Deutschland und die internationale Zuständigkeit der deutschen Gerichte voraus[514]. Insofern wird das oben gefundene Ergebnis gestützt.

b) Belehrungspflichten

Um dem Mindeststandard des Kapitels III der EuVTVO zu entsprechen, wurden in die ZPO weitere Belehrungsvorschriften in die §§ 215, 276 Absatz 2, 338 und 499 eingefügt. Zu berücksichtigen ist in diesem Zusammenhang, dass die ZPO – wie bereits im Rahmen der einzelnen Vorschriften erläutert - schon vor Einführung der neuen Vorschriften im Wesentlichen den Vorgaben des Kapitels III der EuVTVO entsprach. Dies gilt vor allem für die Zustellungsvorschriften der §§ 166 ff. ZPO. Die einzelnen Änderungen sind bereits im Rahmen der Darstellung des Kapitels III der EuVTVO im Einzelnen erläutert worden[515]. Gesetzgeberische Änderungen sind dagegen sowohl im Mahnverfahren aufgrund § 703c Absatz 1 Satz 2 Nummer 1 und 2 ZPO als auch im Vereinfachten Verfahren über den Unterhalt Minderjähriger (§§ 645 ff. ZPO) aufgrund § 659 ZPO nicht erforderlich.

7. Zwischenergebnis zum deutschen Zivilverfahrens- und Zwangsvollstreckungsrecht

Das deutsche Prozess- und Zwangsvollstreckungsrecht bietet über die auf präkludierte Einwendungen beschränkte Möglichkeit der Vollstreckungsgegenklage hinaus keinen Rechtsbehelf, mit dem die dem Europäischen Vollstreckungstitel zugrunde liegende Entscheidung in der Sache überprüft werden kann. Die Klage auf Abänderung des ausländischen Ersturteils ist auf die Fälle beschränkt, in denen die deutschen Gerichte international zuständig sind. Dies ist bei der Anwendung des Europäischen Vollstreckungstitels in Deutschland gerade nicht der Fall. Die Erinnerung nach § 732 ZPO und die Klage wegen Unzulässigkeit der Klauselerteilung gemäß § 768 ZPO sind wegen

---

[511] *Wagner*, Das Gesetz zur Durchführung der VO zum Europäischen Vollstreckungstitel, IPRax 2005, 401, 408.
[512] BegrRegE, BT-Drucks., 15 zu § 1086 ZPO; Saenger – *Saenger*, Zivilprozessordnung, § 1086 ZPO Rn. 1; *Kropholler*, Europäisches Zivilprozessrecht, 8. Auflage, Artikel 20 EuVTVO Rn. 13.
[513] *Kropholler*, Europäisches Zivilprozessrecht, 8. Auflage, Artikel 20 EuVTVO Rn. 13.
[514] BT-Drucks., 15/5222 S. 15.
[515] Siehe Punkt B III. 1. c) cc).

der Einführung von § 1081 ZPO i.V.m. Art. 10 EuVTVO nicht anwendbar. Mit der Vollstreckungserinnerung nach § 766 ZPO ist die Überprüfung der Entscheidung in der Sache nicht möglich.
Demnach hat der Schuldner weder im Urteilsstaat noch im Vollstreckungsstaat die Möglichkeit, auf dem ordentlichen Rechtsweg eine uneingeschränkte Kontrolle des inländischen ordre public des Vollstreckungsstaates zu erlangen.
Es ist abschließend festzustellen, dass trotz der Regelung des Art. 21 Absatz 2 EuVTVO nicht präkludierte Einwendungen in der Sache im Vollstreckungsverfahren vorgebracht werden können. Die Bindung des Zweitrichters an die Rechtskraft des zu vollstreckenden Urteils kann in anderen europäischen Staaten aufgrund weiterer oder engerer Präklusionsvorschriften geringer oder stärker sein[516].

VI Rechtsbehelfe auf verfassungsrechtlicher Ebene

Mangels gemeinschaftsrechtlicher oder zivilprozessualer nationaler Rechtsbehelfe ist die Abschaffung des Vollstreckbarerklärungsverfahrens unter verfassungsrechtlichen Gesichtspunkten näher zu beleuchten. Es werden im Folgenden Rechtsbehelfe untersucht, mit denen Verletzungen des Grundgesetzes bzw. der Europäischen Menschenrechtskonvention geltend gemacht werden könnten. Grundproblematik ist das „Spannungsverhältnis“[517] zwischen der Pflicht des Vollstreckungsstaates, Gemeinschaftsrecht anzuwenden und gleichzeitig inländische verfassungsrechtlich geschützte Wertvorstellungen durchzusetzen. Die vorliegende Situation ist aufgrund des Gesetzes zur Änderung des Grundgesetzes vom 21. Dezember 1992[518] entstanden, mit dem die Art. 23 GG in der heutigen Fassung eingefügt wurde. Diese Änderung des Grundgesetzes wurde vom Bundesverfassungsgericht für verfassungsmäßig erachtet[519].

1. Rechtsbehelfe im deutschen Verfassungsrecht

Aufgrund des Wegfalls der ordre-public-Kontrolle und der nur sehr restriktiven nachträglichen Kontrollmöglichkeit der Entscheidung des Ursprungsstaates im Vollstreckungsstaat in der Sache durch den Vollstreckungsschuldner (Art. 5, 6, 10, 21 Absatz 2 EuVTVO) kommt die Verfassungsbeschwerde des Vollstreckungsschuldners in Deutschland in Betracht. Es handelt sich bei einer Verfassungsbeschwerde um einen außerordentlichen Rechtsbehelf[520]; sie gehört nicht zum Rechtsweg gemäß Art. 19 Absatz 4 GG[521].

---

[516] Mit dieser Thematik beschäftigt sich *Yessiou-Faltsi*, Der Europäische Vollstreckungstitel und die Folgen für das Vollstreckungsrecht in Europa, in Gottwald (Hrsg.), Perspektiven der justiziellen Zusammenarbeit in der Europäischen Union, 213, 243 f.
[517] So *v. Danwitz*, Verfassungsfragen des deutsch-amerikanischen Rechtshilfeverkehrs, DÖV 2004, 501, 504, zur Pflicht zur Rechtshilfe, welche der Pflicht zum Verfassungsschutz gegenübergestellt wird.
[518] BGBl. I S. 2086.
[519] BVerfGE 89, 155 – *Maastricht*.
[520] BVerfGE 18, 315, 325; Sachs – *Sturm*, Artikel 93 GG Rn. 68; Umbach/Clemens/Dollinger – *Ruppert*, § 90 BVerfGG Rn. 12.
[521] BVerfGE 79, 365, 367; *Pieroth/Schlink*, Grundrechte, Rn. 1117.

Auszuschließen ist von vorneherein eine Verfassungsbeschwerde gegen die ausländische Entscheidung bzw. die im Ausland ausgestellte Bestätigung der Entscheidung als Europäischer Vollstreckungstitel[522]: Anhand der Regelungen der §§ 94 Absatz 3, 95 Absatz 2 Bundesverfassungsgerichtsgesetz (BVerfGG) ist zwar erkennbar, dass auch eine gerichtliche Entscheidung als „Akt öffentlicher Gewalt" gemäß § 90 Absatz 1 BVerfGG gilt[523]. Mit der Verfassungsbeschwerde ist allerdings nur die Entscheidung eines deutschen Gerichts angreifbar[524]. Mangels eines zulässigen Beschwerdegegenstandes („Akt der öffentlichen Gewalt") ist also keine Urteilsverfassungsbeschwerde gegen die ausländische Entscheidung möglich. Im Folgenden werden jedoch Verfassungsbeschwerden vor dem Bundesverfassungsgericht gegen die EuVTVO selber, gegen das Zustimmungsgesetz des Bundes zur Kompetenzübertragung auf EG-Ebene und gegen den Vollstreckungsakt in Deutschland auf ihre Zulässigkeit hin untersucht.

a) Verfassungsbeschwerde gegen die EuVTVO

aa) Zulässigkeit

Nach § 90 Absatz 1 BVerfGG können mit der Verfassungsbeschwerde nur „Akte der öffentlichen Gewalt" überprüft werden. Dabei handelt es sich nach ständiger Rechtsprechung des Bundesverfassungsgerichts nur um Akte der staatlichen deutschen, an das Grundgesetz gebundenen öffentlichen Gewalt[525]. Verordnungen des Rates und der Kommission, welche als Organe der Europäischen Gemeinschaften keine Adressaten der deutschen Grundrechte sind, fallen somit grundsätzlich nicht unter den Begriff des Aktes der öffentlichen Gewalt im Sinne des Art. 93 Absatz 1 Nummer 4a GG, § 90 Absatz 1 BVerfGG[526]. Hinsichtlich des Spannungsverhältnisses zwischen der europäischen Rechtsordnung und dem deutschen Grundgesetz und damit einhergehend bezüglich der Zuständigkeit des Bundesverfassungsgerichts, über Gemeinschaftsrecht zu entscheiden, hat dieses einige Grundsatzentscheidungen getroffen.

(1) „Solange I und II"

Erstmals erging am 29. Mai 1974 im so genannten „Solange I-Beschluss" eine Entscheidung des Bundesverfassungsgerichts zum Grundrechtsschutz bei der Auslegung von Gemeinschaftsrecht[527]. Anlass war die Vorlage an das Bundesverfassungsgericht der Rechtssache „Internationale Handelsgesellschaft". Damals erachtete das Bundesverfassungsgericht noch die konkrete Normenkontrolle nach Art. 100 GG nach einer Entscheidung des EuGH im Rahmen des Vorabentscheidungsverfahrens (Art. 234 EG n.F., Art. 177 EG a.F.) für zulässig und geboten, „solange der Integrationsprozess der Gemeinschaft nicht so weit fortgeschritten ist, dass das Gemeinschaftsrecht auch einen

---

[522] *Heß*, Die Integrationsfunktion des Europäischen Zivilverfahrensrechts, IPRax 2001, 389, 395.
[523] BVerfGE 7, 198, 207; Umbach/Clemens/Dollinger – *Ruppert*, § 90 BVerfGG Rn. 55, 58.
[524] BVerfGE 1, 10; 6, 15, 18; 18, 385, 387f.; 22, 91; 22, 293.
[525] BVerfGE 1, 10; 6, 15, 18; 18, 385, 387f.; 22, 91; 22, 293.
[526] BVerfGE 22, 293, 295 ff.; 89, 155 ff. Schmidt-Bleibtreu/Klein-*Schmidt-Bleibtreu/Hopfauf*, Artikel 93 GG Rn. 107; Jarass/Pieroth – *Jarass*, Artikel 23 GG Rn. 38.
[527] BVerfGE 37, 271 ff.

von einem Parlament beschlossenen und in Geltung stehenden formulierten Katalog von Grundrechten enthält, der dem Grundrechtskatalog des Grundgesetzes adäquat ist". Voraussetzung für die Zulässigkeit der Normenkontrolle war die Überzeugung des vorlegenden deutschen Gerichts, dass die entscheidungserhebliche Vorschrift des Gemeinschaftsrechts in der vom Europäischen Gerichtshof vorgegebenen Auslegung gegen das Grundgesetz verstößt. Die Argumentation wurde damals auch auf Art. 24 GG gestützt, welcher die Übertragung von Hoheitsrechten auf zwischenstaatliche Einrichtung regelt.

Am 22. Oktober 1986 erging nunmehr die so genannte „Solange II-Entscheidung"[528], in welcher das Bundesverfassungsgericht seine Gerichtsbarkeit und gleichzeitig die Zulässigkeit von Normenkontrollverfahren im Sinne des Art. 100 GG ablehnte, „solange die Europäischen Gemeinschaften, insbesondere die Rechtsprechung des Gerichtshofs der Gemeinschaften einen wirksamen Schutz der Grundrechte gegenüber der Hoheitsgewalt der Gemeinschaften generell gewährleisten". Der Beschwerdeführer machte die Ungültigkeit sekundären Gemeinschaftsrechts geltend. Die Verfassungsbeschwerde wurde jedoch wegen des Anwendungsvorrangs des Gemeinschaftsrechts abgewiesen. Allerdings konstatierte das Bundesverfassungsgericht hinsichtlich der Grenzen des Anwendungsvorrangs, dass die „konstituierenden Strukturen" der deutschen Verfassung dem Europarecht vorgingen. Das Bundesverfassungsgericht wird seine Gerichtsbarkeit über die Anwendbarkeit von abgeleitetem Gemeinschaftsrecht also solange nicht mehr ausüben, wie dem vom Grundgesetz unabdingbar gebotenen Grundrechtsschutz „im wesentlichen" entsprochen würde und der Wesensgehalt der Grundrechte generell verbürgt wäre. Der Grundrechtsschutz wird also mit dieser Entscheidung in weiten Teilen von Bundesebene auf die europäische Ebene übertragen, wodurch das Gericht der Rechtsprechung des Europäischen Gerichtshofs und den rechtsetzenden europäischen Organen großes Vertrauen entgegenbrachte.

(2) „Maastricht"

In einem Urteil[529] bezüglich der Verfassungsmäßigkeit des am 7. Februar 1992 in Maastricht unterzeichneten Vertrags über die Europäische Gemeinschaft entschied das Bundesverfassungsgericht am 12. Oktober 1993, dass das Demokratieprinzip die Bundesrepublik Deutschland nicht an einer Mitgliedschaft in einer supranational organisierten zwischenstaatlichen Gemeinschaft hindere. Eine Einschränkung bestehe jedoch darin, dass dem Deutschen Bundestag Aufgaben von nennenswertem Gewicht verbleiben müssten. Weiterhin werde Art. 38 GG (Wahlrechtsgrundsätze und Rechtsstellung der Abgeordneten) verletzt, „wenn ein Gesetz, das die deutsche Rechtsordnung für die unmittelbare Geltung und Anwendung von Recht der – supranationalen – Europäischen Gemeinschaften öffnet, die zur Wahrnehmung übertragenen Rechte und das beabsichtigte Integrationsprogramm nicht hinreichend bestimmbar festlegt"[530].

---

[528] BVerfGE 73, 339 ff.
[529] BVerfGE 89, 155 ff.
[530] BVerfGE 58, 1, 37 ff. – *Eurocontrol.*

Das Bundesverfassungsgericht legt in dieser Entscheidung auch seine Kompetenz fest zu prüfen, „ob Rechtsakte der europäischen Einrichtungen und Organe sich in den Grenzen der ihnen eingeräumten Hoheitsrechte halten oder aus ihnen ausbrechen“[531]. Es behielt sich in dieser Entscheidung also entgegen der „Solange II-Rechtsprechung“ wieder die Kontrolle von Europarecht nach Maßgabe der Grundrechte vor – allerdings in Kooperation mit dem Europäischen Gerichtshof. Diese Zusammenarbeit bestehe darin, dass eine Verfassungsbeschwerde zum Bundesverfassungsgericht erst dann zulässig sei, wenn zuvor der Europäische Gerichtshof vergeblich angerufen worden ist. Zudem sei die Kontrolle des Bundesverfassungsgerichts auch darauf beschränkt, die „generelle Gewährleistung der unabdingbaren Grundrechtsstandards“ zu leisten. Diese Grenze des Vorrangs europäischen Rechts werde dann erreicht, wenn der Kernbereich nationaler Grundrechtsprinzipien und fundamentaler Strukturprinzipien der nationalen Verfassung verletzt sei.

(3) „Tabakrichtlinie“

Die Entscheidung des Bundesverfassungsgerichts zu einer Verfassungsbeschwerde gegen die Kennzeichnungspflicht von Tabakerzeugnissen[532] wurde von einigen als „Solange III-Entscheidung“ bezeichnet[533], weil das Gericht sich mit dem Schutzbereich der Meinungsfreiheit gemäß Art. 5 Absatz 1 Satz 1 GG beschäftigte, obwohl es sich um die Rechtmäßigkeit einer europäischen Richtlinie handelte. Somit hätte man in dieser Entscheidung einen Rückschritt hinsichtlich des europäischen Integrationsprozesses und eine Rückübertragung der Zuständigkeit für Grundrechtsschutz auf das Bundesverfassungsgericht erkennen können.

(4) „Bananenmarkt-Entscheidung“

Als aktuellste Entscheidung hinsichtlich dieser Problematik ist die so genannte „Bananenmarkt-Entscheidung“ des Bundesverfassungsgerichts vom 7. Juni 2000[534] zu nennen: Die Klägerin, eine traditionelle Bananenimporteurin, beantragte über das Kontingent der Europäischen Gemeinschaft hinausgehende Lizenzen für Bananenimporte aus so genannten Drittstaaten. Sie berief sich dabei auf eine Härtefallregelung in der EG-Bananenmarkt-Verordnung, da ihre Importe während des Bemessungszeitraums, der die Basis für das Kontingent bildet, extrem niedrig gewesen seien. Darüber hinaus sei sie durch die Importbeschränkung in ihrer Existenz gefährdet. Der VGH Kassel gewährte einstweiligen Rechtsschutz und legte gleichzeitig die Entscheidung dem Europäischen Gerichtshof vor. Dieser entschied, dass der Erlass diesbezüglicher einstweiliger Maßnahmen nur von Gemeinschaftsgerichten getroffen werden könnte. Eine dagegen erhobene Verfassungsbeschwerde wurde vom Bundesverfassungsgericht zurückgewiesen[535], wobei offen blieb, ob das Bundesverfassungsgericht dafür zuständig wäre, die Bananenmarkt-Verordnung zu verwerfen, wenn sie gegen das Recht der Welthan-

---

[531] Vgl. dazu auch BVerfGE 75, 223.
[532] BVerfG NJW 1997, 2871.
[533] *Dauses*, Eine Lanze für „Solange III“, EuZW 1997, 705.
[534] BVerfG NJW 2000. 3124 ff = BVerfGE 102, 147 ff.
[535] BVerfG EuZW 1995, 412.

delsorganisation verstieße. Schließlich legte das Verwaltungsgericht Frankfurt[536] dem Bundesverfassungsgericht die Frage vor, ob die Verordnung mit dem Grundgesetz bzw. mit dem deutschen Zustimmungsgesetz zur Kompetenzübertragung vereinbar sei. Mit der Beantwortung kehrte das Bundesverfassungsgericht zur „Solange II-Rechtsprechung" zurück[537], indem es eine Verfassungsbeschwerde für den Fall zulässig erklärte, dass die europäische Rechtsentwicklung einschließlich der Rechtsprechung des Europäischen Gerichtshofs im Sinne der „Solange II-Rechtsprechung" hinter den Grundrechtsstandard des Grundgesetzes zurückfällt. Weiterhin sind Verfassungsbeschwerden und Vorlagen von Gerichten wegen einer Verletzung in Grundrechten des Grundgesetzes durch sekundäres Gemeinschaftsrecht in dem Fall von vorne herein unzulässig, wenn in ihrer Begründung nicht im Einzelnen dargelegt wird, dass der erforderliche Grundrechtsstandard generell unterschritten ist. In einer solchen Begründung ist also eine Gegenüberstellung des Grundrechtsschutzes auf nationaler und europäischer Ebene nach dem Muster der „Solange II-Entscheidung" zu leisten.

(5) Grundrechtecharta

Eine Grundrechtecharta[538] bzw. ein geschriebener Grundrechtskatalog für die Mitgliedstaaten der Europäischen Gemeinschaft wird bereits seit Jahrzehnten diskutiert. Der Europäische Gerichtshof stützte die Existenz von EG-Grundrechten bisher auf ungeschriebene allgemeine Rechtsgrundsätze des primären Gemeinschaftsrechts, welche wiederum aus der gemeinsamen Erklärung des Rates, des Europäischen Parlaments und der Kommission von 1977 über Grundrechte, der Erklärung über Grundrechte und Grundfreiheiten von 1989, der EMRK und den gemeinsamen Verfassungstraditionen der Mitgliedstaaten hergeleitet wurden. Auf Initiative der deutschen Ratspräsidentschaft beschlossen die Staats- und Regierungschefs am 4. Juni 1999 in Köln, diese geltenden Grundrechte zu kompilieren und „sichtbarer" zu machen[539]. Durch den Vertrag von Nizza wurde im Dezember 2000 schließlich eine Grundrechtecharta der Europäischen Union (EGRC)[540] eingeführt, welche unter der Leitung von Roman Herzog in einem Konvent entwickelt worden ist und als zweiter Teil der Europäischen Verfassung, deren Ausarbeitung im Juni 2003 beendet wurde, Bindungswirkung entfalten soll. Die Verfassung wurde zwar am 29. Oktober 2004 von den Regierungschefs der Mitgliedstaaten unterzeichnet. Allerdings haben die Bürger in Frankreich und in den Niederlanden den Verfassungsentwurf am 29. Mai bzw. am 1. Juni 2005 abgelehnt. Aufgrund dessen beschloss der Europäische Rat auf seiner Tagung am 16. und

---

[536] VG Frankfurt a. M. EuZW 1997, 182.

[537] Kommentierung der „Bananenmarkt"-Entscheidung: *Lecheler*, Zum Bananenmarktbeschluss des BVerfG NJW 2000, 3124; JuS 2001, 120 ff.; *Schmid*, Ein enttäuschender Rückzug, NVwZ 2001, 249 ff.

[538] Ausführlich *Alber*, Die Selbstbindung der europäischen Organe an die Europäische Charta der Grundrechte, EuGRZ 2001, 349 ff.

[539] Schlussfolgerungen des Europäischen Rates, Bull. EU 6-1999, S. 7, 14; *Pietsch*, Die Grundrechtecharta im Verfassungskonvent, ZRP 2003, 1.

[540] Proklamation am 7. Dezember 2000 im Rahmen der Konferenz der Staats- und Regierungschefs in Nizza vom Europäischen Parlament, vom Rat und der Europäischen Kommission, im Amtsblatt EG 2000 C 364/1.

17. Juni 2005, dass "die ursprünglich für den 1. November 2006 geplante Bestandsaufnahme zur Ratifizierung nicht mehr haltbar ist, da jene Länder, die den Text nicht ratifiziert haben, nicht vor Mitte 2007 eine gute Antwort geben könnten". In allen Mitgliedstaaten wird nun „eine Denkpause" eingelegt und die Zeit für Dialog und Kommunikation genutzt. Im ersten Halbjahr 2006 wird der Europäische Rat den Stand der Ratifizierungsdebatte prüfen[541].

Fraglich ist, ob sich an der Vorgabe aus der „Bananenmarkt-Entscheidung" in Verbindung mit der „Solange II-Entscheidung" etwas durch die Grundrechtecharta ändern könnte. Es kann im Hinblick auf Art. 53 der Charta jedenfalls nicht Zweck der Schaffung der Charta sein, dass nun die nationalen Verfassungsgerichte jeden Rechtssatz des Gemeinschaftsrechts am Maßstab deutscher Grundrechte überprüfen könnten und so zu den „Solange I-Maßstäben" zurückgekehrt wird[542]. Vielmehr würde die europäische Grundrechtecharta unabhängig neben Grundrechten aus anderen Rechtsquellen stehen. Durch die Charta soll auch nicht am Prinzip des Anwendungsvorranges von Gemeinschaftsrecht gerüttelt werden; vielmehr wäre sie nach ihrer Übernahme in den Vertrag der Europäischen Gemeinschaften ebenfalls vorrangig anzuwenden[543].

(6) Zwischenergebnis

Eine Verfassungsmäßigkeitsprüfung kann aufgrund der Rechtsprechung des Bundesverfassungsgerichts nur unter dem Gesichtspunkt erfolgen, dass das Vorliegen der Voraussetzungen von „Solange II" in Verbindung mit denen der „Bananenmarkt-Entscheidung" ernsthaft angezweifelt wird. Danach muss in einer Begründung im Einzelnen dargelegt werden, dass die Europäischen Gemeinschaften, insbesondere der EuGH, keinen wirksamen Schutz der Grundrechte gegenüber der Hoheitsgewalt der Gemeinschaften mehr gewährleisten. Es geht nun nicht mehr nur um die angemessene Berücksichtigung der subjektiven Rechte des Schuldners, sondern auch um die Beachtung staatstragender deutscher Prinzipien, also um Wertvorstellungen bei der politischen Ausgestaltung des Staates der Bundesrepublik Deutschland. Das Bundesverfassungsgericht akzeptiert jedoch, dass sich auf der gemeinschaftsrechtlichen Ebene unter Umständen andersartige Fragen bei der Regelung von Grundrechten oder der Konkretisierung ihres Schutzbereichs stellen als auf nationaler Ebene[544].

---

541 Abrufbar unter: http://europa.eu.int/constitution/referendum_de.htm.

542 *Everling*, Durch die Grundrechtecharta zurück zu Solange I?, EuZW 2003, 225; dagegen nicht überzeugend: *Seidel*, Pro futuro: Kraft Gemeinschaftsrechts Vorrang des höheren einzelstaatlichen Grundrechtsschutzes?, EuZW 2003, 97.

543 *Everling*, Durch die Grundrechtecharta zurück zu Solange I?, EuZW 2003, 225.

544 BVerfGE 73, 339, 386; *v. Danwitz*, Verfassungsfragen des deutsch-amerikanischen Rechtshilfeverkehrs, DÖV 2004, 501, 503 befasst sich mit der Durchsetzung von Rechtsanschauungen des ersuchenden Staates bei Rechtshilfeersuchen und räumt auch ein, dass der ersuchende Staat sich nicht auf seine Hoheitsrechte bzw. die Gefährdung seiner Sicherheit berufen könne, wenn die fremde Rechtsordnung und die sie tragenden Vorstellungen „nicht im einzelnen mit den Rechtsanschauungen des ersuchten Vertragsstaates übereinstimmen oder in einer ihm unbekannten Verfahrensart verfolgt werden. Begrenzt wird diese Pflicht von allem durch den ordre public."

Die Zulässigkeit einer Verfassungsbeschwerde gegen die EuVTVO würde jedoch den Grundsatzentscheidungen folgend nur dann vom Bundesverfassungsgericht eingehender untersucht, wenn eine generelle Unterschreitung des deutschen Grundrechtestandards vorläge. Dies ist jedoch erst dann der Fall, wenn der EuGH durch seine Entscheidungspraxis mehrfach gezeigt hat, dass auf europäischer Ebene der deutsche Standard nicht gewahrt wird. Eine solche Reihe von Entscheidungen ist zurzeit nicht absehbar. Folglich wird vorliegend davon ausgegangen, dass die Voraussetzungen der „Solange II-Entscheidung" nicht jedenfalls noch nicht vorliegen.

bb) Fragen der Begründetheit

Obwohl die Zulässigkeitsvoraussetzungen einer Verfassungsbeschwerde gegen die EuVTVO jedenfalls aktuell nicht vorliegen, werden im Weiteren solche Aspekte der Begründetheit angesprochen, mit denen sich das Bundesverfassungsgericht im Fall der Zulässigkeit beschäftigen müsste. Dabei ist zu berücksichtigen, dass der Schwerpunkt dieser Arbeit im zivilprozessualen Bereich liegt.
Es werden die Grundrechte behandelt, welche durch die EuVTVO verletzt sein könnten, weil die ordre-public-Kontrolle bzw. eine Überprüfbarkeit der bestätigten Entscheidung in der Sache im Vollstreckungsstaat gänzlich entfällt. Bei der Begründetheitsprüfung würde das Bundesverfassungsgericht jedoch nicht einzelfallbezogen argumentieren, sondern die EuVTVO würde als abstrakte Vorschrift betrachtet.
Denkbar wäre, dass das Bundesverfassungsgericht eine Verletzung des Anspruchs auf rechtliches Gehör (Art. 103 Absatz 1 GG) und des allgemeinen Prozessgrundrechtes (Art. 2 Absatz 1 GG) prüfen würde. Dies wäre der Fall, wenn dem Schuldner trotz Ausschöpfung aller Rechtsbehelfe im Ursprungsstaat und auch nach der Vorlage des Ursprungsgerichts an den EuGH gemäß Art. 234 EG kein nach dem GG ausreichender Schutz gewährt werden könnte. Unter Berücksichtung der „Solange II-Maßstäbe" muss allerdings beachtet werden, dass auch dann die Rechtsprechung des Bundesverfassungsgerichts zum Anspruch auf rechtliches Gehör nicht in der für deutsche Verfahren geltenden Strenge bei der Bewertung ausländischer Gerichtsverfahren zugrunde zulegen ist[545]. Die für einen ordre-public-Verstoß erforderliche Offensichtlichkeit und Schwere des Verfahrensfehlers kann jedenfalls dann bejaht werden, wenn das Entscheidungsergebnis auf dem Verfahrensfehler beruht, also eine Kausalität nachgewiesen werden kann.
Weiterhin käme die Prüfung von Art. 19 Absatz 4 GG und des Justizgewährungsanspruches in Betracht. Die Garantie wirkungsvollen Rechtsschutzes nach Art. 19 Absatz 4 GG ist ein wesentlicher Bestandteil des Rechtsstaates[546] und ist daher im Vergleich zum allgemeinen Justizgewährungsanspruch vorrangig zu untersuchen: „Demjenigen, der durch die öffentliche Gewalt in seinen Rechten verletzt wird, steht der Rechtsweg offen". Gemeint ist allein die durch das GG konkretisierte öffentliche Gewalt[547]. Unter den Begriff der „öffentlichen Gewalt" gemäß Art. 19 Absatz 4 Satz 1 GG fallen Akte

[545] BVerfGE 102, 147, 164; Calliess/Ruffert – *Kingreen*, Artikel 6 EU Rn. 88; *Schlosser*, 2. Auflage, Artikel 34-36 EuGVVO Rn. 7; *Oppermann*, Europarecht, Rn. 497.
[546] BVerfGE 88, 118, 123; 96, 27, 39 f.; BVerfG NJW 2003, 1924 ff.
[547] BVerfGE 58, 1, 26 ff; 59, 63, 85 f.

der Exekutive und unter Einschränkungen der Legislative[548], aber nicht der Judikative, denn die Vorschrift gewährt den Schutz durch den Richter, aber nicht gegen ihn[549]. Die EuVTVO selbst ist jedoch als legislativer Akt kein Akt öffentlicher Gewalt im Sinne des Art. 19 Absatz 4 GG.
Der Justizgewährungsanspruch ist nicht nur ein „verfahrensrechtlicher Appendix" der materiellen Grundrechte[550], sondern dient der Durchsetzung aller subjektiven privaten Rechte[551]. In den systematischen Zusammenhängen bestehen Berührungspunkte und Überschneidungen mit weiteren verfassungsrechtlichen Verfahrensgrundsätzen. Der Justizgewährungsanspruch umfasst allerdings neben dem Zugang zu den Gerichten, die Prüfung des Streitbegehrens in einem förmlichen Verfahren sowie die verbindliche gerichtliche Entscheidung[552]. Durch diese Definition wird die teilweise bemängelte Rechtsschutzlücke gefüllt, welche aufgrund der engen Auslegung des Begriffs „öffentliche Gewalt" des Art. 19 Absatz 4 GG bestand. Allerdings wird trotz des verbleibenden Risikos falscher Rechtsanwendung nur eine einmalige gerichtliche Entscheidung durch den Justizgewährungsanspruch garantiert, jedoch kein Instanzenzug. Der Justizwährungsanspruch beinhaltet daneben die Aufgabe des Gesetzgebers, das Rechtsschutzsystem näher auszuformen und insbesondere die prozessualen Voraussetzungen für Rechtsmittel und Rechtsbehelfe festzulegen[553]. Somit könnte sich das Bundesverfassungsgericht mit der Prüfung des Justizgewährungsanspruchs befassen.
Auch die Verletzung des Rechts auf den gesetzlichen Richter könnte als Prüfungspunkt in Betracht kommen. Nach Art. 101 Absatz 1 Satz 2 GG darf niemand seinem gesetzlichen Richter entzogen werden. Richter in diesem Sinne ist jeder staatliche Richter von der untersten Instanz bis zum Bundesverfassungsgericht und zum EuGH[554]. Der gesetzliche Richter ist der, welcher den Rechtsstreit nach dem Geschäftsverteilungsplan des jeweiligen Gerichts entscheiden soll. Das „Entziehen" bedeutet eine Verhinderung oder Beeinträchtigung der Verhandlung und Entscheidung einer Sache[555]. Eine Rechtsverletzung entfällt dann, wenn dem Vollstreckungsschuldner im ausländischen Verfahren ein gleichwertiger gesetzlicher Richter gewährt wird. Sinn und Zweck des Art. 101 Absatz 1 Satz 2 GG ist es, der Gefahr vorzubeugen, dass die Justiz durch eine Manipulation der rechtsprechenden Organe sachfremden Einflüs-

---

548 BVerfGE 24, 33, 49 ff; 24 367, 401; *Pieroth/Schlink*, Grundrechte, Rn. 1009 f.

549 BVerfGE 15, 275, 280; 49, 329, 340 f.; 65, 76, 90; 76, 93, 98; Sachs – *Sachs/Krüger*. Artikel 19 GG Rn. 125; *Pieroth/Schlink*, Grundrechte, Rn. 1009; *Jarass/Pieroth*, Artikel 19 GG Rn. 31; (Dieser Grundsatz wird durch eine neue Entscheidung hinsichtlich des Justizgewährungsanspruchs insofern abgeändert, als dass er nunmehr nur noch für Artikel 19 Absatz 4 GG, jedoch hinsichtlich des allgemeinen Justizgewährungsanspruchs relativiert wurde.)

550 *Geimer*, Verfassung, Völkerrecht und Internationales Zivilverfahrensrecht, ZfRV 1992, Heft 5, 321, 326.

551 BVerfG NJW 1991, 413; *Geimer*, Verfassung, Völkerrecht und Internationales Zivilverfahrensrecht, ZfRV 1992, Heft 5, 321, 326.

552 BVerfG NJW 2003, 1924; NJW 2003, 3687, 3688.

553 BVerfG NJW 2003, 1924.

554 BVerfGE 73, 339, 366 ff; 82, 159, 192; *Pieroth/Schlink*, Grundrechte, Rn. 1059.

555 *Pieroth/Schlink*, Grundrechte, Rn. 1064; Sachs – *Degenhart*, Artikel 101 GG Rn. 10 ff.

sen ausgesetzt wird[556]. Diese Gefahr besteht im Rahmen der EuVTVO auch dann nicht, wenn die Bestätigung, welche den Europäischen Vollstreckungstitel bildet, von demselben Richter ausgestellt wird, der auch die Entscheidung selbst getroffen hat. Denn bei einem Rechtsstreit in Deutschland, würde auch nur *ein* Richter mit der Sache befasst sein. Der Richter in einem anderen Mitgliedstaat ist dem deutschen hinsichtlich des Zwecks des Art. 101 Absatz 1 Satz 2 GG grundsätzlich gleichzustellen, da es nicht um die Gewährung eines deutschen Richters geht, sondern ein Anspruch auf eine objektive Beurteilung des Lebenssachverhalts durch einen Spruchkörper der Judikative. Die Befähigung zum Richteramt wird in allen Mitgliedstaaten vom Bestehen juristischer Prüfungen abhängig gemacht.
Eine Manipulation der Judikative ist trotz der Abschaffung des Exequaturverfahrens nicht ersichtlich. Eine Verletzung des Rechts auf den gesetzlichen Richter kann grundsätzlich ausgeschlossen werden. Denkbar ist jedoch der Fall, dass das ausländische Gericht im Erkenntnisverfahren gegen seine Pflicht verstößt, die Sache dem EuGH gemäß Art. 234 EG vorzulegen. Nur unter dieser Voraussetzung würde ein Verstoß gegen Art. 101 Absatz 1 Satz 2 GG geprüft.
Ebenso müsste die verhältnismäßige Beachtung des Subsidiaritätsprinzip (Art. 23 Absatz 1 GG i.V.m. Art. 5 Absatz 2 EG) Berücksichtigung finden. Das Bundesverfassungsgericht könnte sich die Frage stellen, ob durch die Abschaffung des Exequaturs ein Verstoß gegen das Subsidiaritätsprinzip gemäß Art. 23 Absatz 1 GG i.V.m. Art. 5 Absatz 2 EG (Ex-Art. 3b EG) vorliegt. Der Subsidiaritätsgrundsatz in Art. 23 Absatz 1 Satz 1 GG ist an dieser Stelle zum ersten Mal als Folge des Maastricht-Vertrages von 1992 in das Grundgesetz eingefügt worden und daher im Sinne von Art. 5 Absatz 2 EG n.F. zu verstehen[557]. Das Subsidiaritätsprinzip nach Art. 5 Absatz 2 EG beschränkt die gemeinschaftliche Kompetenz in den Bereichen, „die nicht in ihre ausschließliche Zuständigkeit fallen, (...), sofern und soweit die Ziele der in Betracht gezogenen Maßnahmen auf Ebene der Mitgliedstaaten nicht ausreichend erreicht werden können und daher wegen ihres Umfangs oder ihrer Wirkungen besser auf Gemeinschaftsebene erreicht werden können". Insofern werden vom Subsidiaritätsprinzip zwei Seiten umfasst: Zum einen dürfen die Mitgliedstaaten die anstehenden Aufgaben nicht in ausreichendem Maße eigenständig erledigen können, und zum anderen muss die Union bzw. die Gemeinschaft dazu besser in der Lage sein[558]. Zudem ist der Subsidiaritätsgrundsatz nicht als zusätzliche Gemeinschaftskompetenz zu verstehen, sondern hat den Zweck, auf anderen Rechtsgrundlagen beruhende Kompetenzen zum Wohl der Mitgliedstaaten einzuschränken[559].

---

556 BVerfGE 95, 322, 327; Sachs – *Degenhart*, Artikel 101 GG Rn. 5; Schmidt-Bleibtreu/Klein-*Brockmeyer*, Artikel 101 GG Rn. 8.

557 Schmidt-Bleibtreu/Klein-*Brockmeyer*, Artikel 23 GG Rn. 11; *Jarass*, EG-Kompetenzen und das Prinzip der Subsidiarität nach Schaffung der Europäischen Union, EuGRZ 1994, 210 ff.

558 *Trüe*, Das System der Rechtssetzungskompetenzen der Europäischen Gemeinschaft und der Europäischen Union, S. 75.

559 *Trüe*, Das System der Rechtssetzungskompetenzen der Europäischen Gemeinschaft und der Europäischen Union, S. 76, *Pernice*, Europäische Union: Gefahr oder Chance für den Föderalismus in Deutschland, Österreich und der Schweiz?, DVBl. 1993, 909, 915; *Jarass*, EG-Kompetenzen und das Prinzip der Subsidiarität nach Schaffung der Europäischen Union, EuGRZ 1994, 209, 211.

Der Begriff der ausschließlichen Zuständigkeit in Art. 5 Absatz 2 EG ist mangels einer Aufzählung solcher Zuständigkeiten im EG-Vertrag unklar und daher umstritten[560]. Ein möglicher, allerdings recht weit gefasster Ansatz der Beschreibung dieser Voraussetzung könnte man in der sich aus dem Primärrecht ergebenden Verpflichtung der Europäischen Gemeinschaft sehen, allein für die Erfüllung der in Frage stehenden Aufgaben zuständig zu sein[561]. Auch uneinheitlich definiert werden die Negativ- und Positivkriterien, die zur Kompetenzabgrenzung mit „sofern und soweit" eingeleitet werden. Statt der näheren Auseinandersetzung mit diesen Fragen wird vorliegend das Gegengewicht des Subsidiaritätsprinzips, das Solidaritätsprinzip, zur Abgrenzung und Abwägung herangezogen: Beide Prinzipien beruhen auf dem Gedanken des Gemeinwohls, wobei das Subsidiaritätsprinzip die Verwirklichung des Gemeinwohls einer unteren Einheit gegenüber Individual- und Gruppeninteressen anstrebt[562]. Das Solidaritätsprinzip bezeichnet dagegen die Durchsetzung der Interessen eines übergeordneten Verbundes gegenüber den Einzelinteressen dessen Mitgliedern. Es geht also bei der Untersuchung eines Verstoßes gegen das Subsidiaritätsprinzip um die Abwägung zwischen den Interessen der Europäischen Gemeinschaften und denen der Mitgliedstaaten. In einer Begründetheitsprüfung würde das Bundesverfassungsgericht jedoch beachten müssen, dass das Subsidiaritätsprinzip jedoch weder ein deutsches Grundrecht noch eine konstituierende Struktur des Grundgesetzes ist. Vielmehr kann das Subsidiaritätsprinzip als Kompetenzausübungsschranke der Europäischen Organe nur als Maßstab in einer politischen Abwägung angewendet werden[563].
Im Rahmen der Regelung des Art. 21 Absatz 2 EuVTVO könnte sich das Bundesverfassungsgericht nicht die Frage stellen, ob Art. 6 Absatz 1 EMRK verletzt ist. Denn die EMRK gilt in Deutschland im Range des Zustimmungsgesetzes gemäß Art. 59 Absatz 2 Satz 1, 2. Alt. GG, also als einfaches Bundesrecht[564]. Somit kann eine Verfassungsbeschwerde auch nicht auf die Verletzung einer Bestimmung der EMRK gestützt werden[565]. Art. 6 EMRK ist nur bei der Auslegung deutscher Grundrechte zu berücksichtigen.

---

[560] *Calliess*, Subsidiaritäts- und Solidaritätsprinzip in der Europäischen Union, S. 77; Calliess/Ruffert - *Calliess*, Artikel 5 EG Rn. 18 ff.; *Franzen*, Privatrechtsangleichung durch die Europäische Gemeinschaft, S. 58.

[561] Lenz/Borchardt – *Langguth*, Artikel 5 EG Rn. 25.

[562] *Calliess*, Subsidiaritäts- und Solidaritätsprinzip in der Europäischen Union, S. 185; Millgramm, Föderalismus und Individuum, DVBl. 1990, 740, 744.

[563] Schmidt-Bleibtreu/Klein-*Brockmeyer*, Artikel 23 GG Rn. 12; zur Justiziabilität des Subsidiaritätsprinzips innerhalb der EG siehe Calliess/Ruffert – *Calliess*, Artikel 5 EG Rn. 60 ff.

[564] BVerfGE 82, 106, 115.

[565] BVerfGE 64, 135, 157.

b) Verfassungsbeschwerde gegen das Zustimmungsgesetz des Bundes zur Kompetenzübertragung auf EG-Ebene

aa) Zulässigkeit

Grundsätzlich wird eine Verfassungsbeschwerde vor dem Bundesverfassungsgericht gegen Zustimmungsgesetze zu völkerrechtlichen Verträgen nicht ausgeschlossen[566]. Ein verfassungsrechtlicher Rechtsbehelf könnte aus folgenden Gründen jedoch nur im Rahmen einer so genannten „Nachbesserungsverfassungsbeschwerde" erhoben werden:

Der Bundesregierung als Trägerin auswärtiger Gewalt obliegt die Verpflichtung, ihren Austritt aus völkerrechtlichen Zusammenschlüssen zu erklären bzw. das Übereinkommen zu kündigen, wenn ein Rechtsschutzdefizit vor einem zuständigen nichtdeutschen Gericht besteht[567]. Die Verfassungsbeschwerde wegen Unterlassens kann jedoch meist, wie auch im vorliegenden Fall, wegen Fristablaufs (§ 93 Absatz 3 BVerfGG) nicht gegen das entsprechende Zustimmungsgesetz des Bundestages erhoben werden. Daher hat das Bundesverfassungsgericht im Chemiewaffenbeschluss[568] klargestellt, dass für die so genannte „Nachbesserungsverfassungsbeschwerde" die Jahresfrist nicht gilt. Teilweise wird vertreten, dass die Bundesrepublik Deutschland von Verfassungswegen verpflichtet sei, aus dem Gesichtspunkt der Notzuständigkeit ein Forum zu eröffnen, wenn das Rechtspflegebedürfnis im Inland zu lokalisieren ist und der Rechtsschutz durch das supranationale Gericht (EuGH) nicht mehr gewährleistet ist[569]. Gegen diese Ausnahmeregelung könnte man einerseits den Gesetzeswortlaut (§ 93 Absatz 3 BVerfGG) und andererseits die Rechtssicherheit anführen, zugunsten derer Fristen festgelegt werden, nach deren Ablauf ein Zustand konserviert werden soll. Für eine solche Notzuständigkeit spricht allerdings die mangelnde Vorhersehbarkeit der politischen Entwicklung auf Jahre im Voraus. Aufgrund des Zusammenspiels vieler unberechenbarer Faktoren liefe es dem Zweck der Fristenregelung zuwider, eine solche Verfassungsbeschwerde abzulehnen. Der Beginn des Fristablaufs setzt voraus, dass eine Kenntnisnahme der verletzenden Umstände möglich ist. Dies war bei Erlass des Zustimmungsgesetzes nicht der Fall. Das Zusammenwachsen der Europäischen Gemeinschaft in der Dimension des Maßnahmenprogramms von Tampere konnte nicht bei jeder legislativen Maßnahme im Rahmen des Art. 23 Absatz 1 GG eingeschätzt werden. Daher ist der Gewährung einer Notzuständigkeit zuzustimmen.

Der Vollstreckungsschuldner muss darlegen können, dass „die öffentliche Gewalt Schutzvorkehrungen entweder überhaupt nicht getroffen hat oder dass offensichtlich die getroffenen Regelungen und Maßnahmen gänzlich ungeeignet sind, das Schutzziel zu erreichen"[570]. Die Bundesrepublik Deutschland kann gemäß Art. 23 Absatz 1 Satz 2

[566] BVerfGE 6, 295 ff.; 84, 90 ff.; Schmidt-Bleibtreu/Klein-*Schmidt-Bleibtreu/Hopfauf*, Artikel 93 GG Rn. 110.

[567] *Geimer*, Verfassung, Völkerrecht und Internationales Zivilverfahrensrecht, ZfRV 1992, Heft 5, 321, 344.

[568] BVerfGE 77, 170, 214.

[569] *Geimer*, Verfassung, Völkerrecht und Internationales Zivilverfahrensrecht, ZfRV 1992, Heft 5, 321, 344.

[570] BVerfG NJW 1988, 1651; NJW 1989, 1271, 1275.

GG Hoheitsrechte auf die supranationale Ebene übertragen. Die Frage, ob die Bundesrepublik ausreichende Schutzvorkehrungen bei der Übertragung getroffen hat, um Grundrechtsverletzungen zu verhindern, wird letztlich – laut seinem „Maastricht-Urteil" - vom Bundesverfassungsgericht entschieden, das allerdings seine Befugnisse in Kooperation mit dem EuGH auszuüben hat[571]. Folglich würde sich das Bundesverfassungsgericht nur dann mit einer Verfassungsbeschwerde mit dem Ziel einer Kompetenzrückübertragung oder einer Nachbesserung des Gesetzes beschäftigen, wenn durch die Tatsache, dass die Entscheidung eines anderen Mitgliedstaates von ihrer Vollstreckung in Deutschland nicht mehr überprüft werden kann, die Europäischen Gemeinschaften die Bedingung aus der „Solange II-Entscheidung" des Bundesverfassungsgerichts nicht mehr erfüllen. Wie bereits festgestellt, wird der deutsche Grundrechtestandard nicht generell unterschritten, weil der EuGH dafür mehrfach den Wesensgehalt der deutschen Grundrechte vernachlässigt haben müsste. Somit wäre zum jetzigen Zeitpunkt eine Nachbesserungsverfassungsbeschwerde unzulässig.

bb) Fragen der Begründetheit

Für den Fall, dass sich das Bundesverfassungsgericht mit der Begründetheit einer solchen Verfassungsbeschwerde beschäftigen würde, kämen die folgenden Aspekte in Betracht: Wenn es an der „erforderlichen demokratischen Legitimationskette"[572] für den innerstaatlichen Rechtsanwendungsbefehl der EuVTVO fehlte, wäre das Gesetz des Bundestages mit Zustimmung des Bundesrates gemäß Art. 23 Absatz 1 Satz 2 GG zur Schaffung der Rechtsgrundlage der EuVTVO verfassungswidrig. Es würde daher geprüft, ob es verfassungsmäßig ist, dass der Bundestag dem Rat die Kompetenz übertragen hat, gemäß Art. 61 lit. c EG Maßnahmen nach Art. 65 EG zu erlassen. Art. 65 EG eröffnet der Gemeinschaft eine eigenständige Kompetenz zur justitiellen Zusammenarbeit in Zivilsachen[573]. Gemäß Art. 65 lit. c EG sind auch solche Maßnahmen möglich, welche die Beseitigung der Hindernisse für eine reibungslose Abwicklung von Zivilverfahren betreffen - erforderlichenfalls durch Förderung der Vereinbarkeit der in den Mitgliedstaaten geltenden zivilrechtlichen Verfahrensvorschriften. Zu den Grenzen der nach Art. 23 Absatz 1 Satz 2 GG übertragbaren Hoheitsrechte gehören gemäß Art. 23 Absatz 1 Satz 3 GG die Vorgaben des Art. 79 Absatz 3 GG[574]. Die Gliederung des Bundes in Länder, die grundsätzliche Mitwirkung der Länder bei der Gesetzgebung und die in den Art. 1 bis 20 niedergelegten Grundsätze dürfen demnach durch die Kompetenzübertragung von nationaler auf EG-Ebene nicht berührt werden.

---

[571] BVerfGE 89, 155, 175 (*Maastricht*); Jarass/Pieroth – *Jarass*, Artikel 23 GG Rn. 35.

[572] *Pfeiffer*, Einheitliche unmittelbare und unbedingte Urteilsgeltung in Europa, FS Jayme 2004, 675, 680.

[573] *Heß*, Die Europäisierung des internationalen Zivilprozessrechtes durch den Amsterdamer Vertrag – Chancen und Gefahren, NJW 2000, 23.; Calliess/Ruffert – *Brechmann*, Artikel 65 EG Rn. 1; Lenz/Borchardt – *Bergmann*, Artikel 65 EG Rn. 6, 8.

[574] Jarass/Pieroth - *Jarass*, Artikel 23 GG Rn. 35; Maunz/Dürig – *Scholz*, Artikel 23 GG Rn. 54, 55; zum Begriff der "Struktursicherungsklausel" siehe Gemeinsame Verfassungskommission, BT-Drucksache 12/6000, S. 20 f.

Zudem müssen dem Deutschen Bundestag Aufgaben und Befugnisse von substanziellem Gewicht verbleiben[575].

Folglich könnte sich das Bundesverfassungsgericht mit der Frage befassen, ob bei Übertragung der Hoheitsrechte demokratische Grundsätze im Sinne des Art. 20 des deutschen Grundgesetzes nicht angemessen berücksichtigt worden sind. Bei der Beurteilung der Verfassungsmäßigkeit der Kompetenzübertragung durch ein Gesetz des Bundestages würde auch Art. 38 GG als ein Teil des Demokratieprinzips verhältnismäßig berücksichtigt. Im „Maastricht-Urteil"[576] stellte das Bundesverfassungsgericht mit Bezug auf die „Eurocontrol-Entscheidung"[577] eine Verletzung des Art. 38 GG für den Fall fest, dass ein Gesetz, das die deutsche Rechtsordnung den Europäischen Gemeinschaften öffnet, „die zur Wahrnehmung übertragenen Rechte und das beabsichtigte Integrationsprogramm nicht hinreichend bestimmbar festlegt". Bei Vorliegen eines zu unbestimmten Gesetzes zur Kompetenzübertragung könnten wesentliche Änderungen des EU- bzw. EG-Vertrages dazu führen, dass Ermächtigungen nicht mehr von dem ursprünglichen Zustimmungsgesetz des Bundestages gedeckt sind. Auch in der „Maastricht-Entscheidung" betont das Bundesverfassungsgericht, dass die demokratische Legitimation der Wahrnehmung der Befugnisse durch die Europäische Gemeinschaft unter anderem entscheidend darauf beruht, dass diese Befugnisse der Staatengemeinschaft als hinreichend bestimmbare Einzelermächtigungen übertragen worden sind[578]. Die Mitgliedstaaten sind daher also keinesfalls einem Automatismus unterworfen, wonach die Bestimmung des Kompetenzumfangs von den entsprechenden europäischen Organen abhängt.

Im Rahmen der Begründetheit der Verfassungsbeschwerde wäre auch bezüglich der hinreichenden Bestimmtheit des Gesetzes zu berücksichtigen, dass das Maßnahmenprogramm von Tampere die Abschaffung der Vollstreckbarkeitserklärung im Vollstreckungsstaat nicht nur im Bereich der unbestrittenen Forderungen vorsieht. Vielmehr ist dies für den gesamten Bereich der EuGVVO geplant. Die grundsätzliche territoriale Beschränkung der Urteilswirkungen reflektiert demokratische Grundprinzipien, die nicht durch die Vorteile der „Entscheidungsfreizügigkeit" überlagert werden können[579]. Weiterhin muss die Einschätzungsprärogative der Legislative bei der verfassungsrechtlichen Prüfung berücksichtigt werden, außerdem die betroffenen Rechtsgüter[580]. Der Gesetzgeber hat sich an einer sachgerechten und vertretbaren Beurteilung legislativer Erkenntnisquellen zu orientieren und diese voll zu erschöpfen. Das europäische Integrationsprogramm muss sich im konkreten Fall dem Zustimmungsgesetz mit hinreichender Deutlichkeit entnehmen lassen[581].

---

[575] BVerfGE 89, 155 (*Maastricht*).
[576] BVerfGE 89, 155 ff.
[577] BVerfGE 58, 1, 37 ff.
[578] BVerfGE 89, 155, 185 f.; Schmidt-Bleibtreu/Klein-*Brockmeyer*, Artikel 23 GG Rn. 14.
[579] *Bruns*, Der anerkennungsrechtliche ordre public in Europa und den USA, JZ 1999, 278, 286.
[580] *Pfeiffer*, Kooperative Reziprozität bei § 328 I Nummer 5 ZPO, RabelsZ Band 55 (1991), 734, 762.
[581] BVerfGE 89, 155, 187 f. (*Maastricht*).

c) Verfassungsbeschwerde gegen den Vollstreckungsakt

Eine Verfassungsbeschwerde gegen den Vollstreckungsakt durch deutsche Vollstreckungsbeamte ist zulässig, ohne dass die hohe Hürde der Voraussetzungen der „Solange II-Entscheidung" vorliegen müssten. Deutsche Stellen unterliegen bei der Umsetzung und dem Vollzug sowie der Anwendung von Gemeinschaftsrecht den Grundrechten[582]. Das Bundesverfassungsgericht ist also dafür zuständig, auch über auf europäischem Recht beruhende deutsche Vollstreckungsmaßnahmen zu entscheiden. Verfassungsbeschwerden gegen Vollstreckungsakte sind aber nur insoweit zulässig, als der gerügte Grundrechtsverstoß im Vollstreckungsverfahren als solchem liegt[583]. Wie die Erinnerung wäre dieses Rechtsmittel bei einer Grundrechtsverletzung bezüglich der Art und Weise des Vollstreckungsverfahrens möglich, jedoch nicht bezüglich der zugrunde liegenden Entscheidung über den Streitgegenstand bzw. Anspruch („in der Sache"). Mit der Möglichkeit einer Verfassungsbeschwerde gegen den Vollstreckungsakt könnte sich der Schuldner also grundsätzlich nicht gegen Nachteile wehren, die ihm aufgrund des Wegfalls des Vollstreckbarerklärungsverfahrens in Deutschland entstehen. Daher wird dieser Rechtsbehelf hier nicht weiter untersucht.

d) Ergebnis zu den deutschen verfassungsrechtlichen Rechtsbehelfen

Die Verfassung und ihre Werteordnung beeinflussen das Zivilprozessrecht[584] insofern, als dass einerseits das Zivilprozessrecht wie alles einfache Bundesrecht verfassungsgemäß ausgelegt werden muss. Auf der anderen Seite werden in manchen Verfassungsnormen grundlegende Verfahrensprinzipien festgelegt, wie zum Beispiel in Art. 103 Absatz 1 GG der Anspruch auf rechtliches Gehör, in Art. 101 Absatz 1 Satz 2 GG das Recht auf den gesetzlichen Richter und in Art. 3 Absatz 1 GG der grundsätzliche Anspruch auf Gleichbehandlung. Aufgrund der dogmatischen Nähe des anerkennungsrechtlichen zum kollisionsrechtlichen ordre public ist an dieser Stelle darauf zu verweisen, dass in Art. 6 Satz 2 EGBGB als Konsequenz des Spanier-Beschlusses des Bundesverfassungsgerichts[585] ausdrücklich die Beachtung der deutschen Grundrechte als Voraussetzung für die Anwendung einer fremden Rechtsnorm zur Voraussetzung gemacht wird.

Bei der Auslegung des Zivilverfahrensrechts müssen zwei Extreme in Einklang gebracht werden: Es gibt eine verfassungsrechtlich gebotene grundsätzliche Pflicht Deutschlands, ausländische Entscheidungen anzuerkennen[586]. Diese Pflicht besteht jedoch nur mit der Einschränkung, das Ergebnis der ausländischen Entscheidung auf

---

[582] BVerfGE 58, 1, 24; Umbach/Clemens/Dollinger – *Ruppert*, § 90 BVerfGG Rn. 57; Jarass/Pieroth - *Jarass*, Artikel 23 GG Rn. 38.
[583] BVerfGE 28, 1, 8 f.; *Lechner/Zuck*, § 90 BVerfGG Rn. 106.
[584] BVerfGE 49, 148; *Geimer*, Verfassung, Völkerrecht und Internationales Verfahrensrecht, ZfRV 1992, Heft 5, 321; *Martiny*, Handbuch des Internationalen Zivilverfahrensrechts, Band III/1, Rn. 1000.
[585] BVerfGE 31, 58.
[586] *Geimer*, Verfassung, Völkerrecht und Internationales Verfahrensrecht, ZfRV 1992, Heft 6, 401, 405.

ihre Vereinbarkeit mit der Verfassung überprüfen zu können[587]. Auf europäischer Ebene hat das Bundesverfassungsgericht mit der „Solange II- Entscheidung" bzw. der „Bananenmarkt-Entscheidung" deutlich gemacht, dass es nicht für die Überprüfung von Grundrechtsverstößen zuständig ist, solange der EuGH den deutschen Grundrechtsstandard „im wesentlichen" gewährleistet. Der EuGH wacht aber nur über den europäischen ordre public[588]. Daher hat das Bundesverfassungsgericht indirekt gleichfalls entschieden, dass die Einhaltung des europäischen ordre public grundsätzlich für die Gewährleistung des deutschen Grundrechtsschutzes „im wesentlichen" ausreichen muss[589]. Mit dieser Einschätzung rechtfertigte das Bundesverfassungsgericht seine Entscheidung, dem EuGH diese Aufgabe zu übertragen.
Für die vorliegende Situation bedeutet die „Solange II-Rechtsprechung", dass nach der Auffassung des Bundesverfassungsgerichts die Überprüfung des europäischen ordre public durch das Ursprungsgericht für den Rechtsschutz des deutschen Vollstreckungsschuldners genügt. Gleichzeitig kann man den Rückschluss ziehen, dass das Bundesverfassungsgericht dem Vollstreckungsschuldner einen Rechtsbehelf zusichert, wenn er nach den Anforderungen der „Bananenmarkt-Entscheidung" einen Verstoß gegen deutsche Grundrechte durch die Bestätigung einer Entscheidung als Europäischer Vollstreckungstitel darlegen kann, durch den die Voraussetzungen von „Solange II" unterlaufen werden.
Um die Zulässigkeit einer Verfassungsbeschwerde gegen die EuVTVO bzw. gegen das Zustimmungsgesetz zu bejahen, muss feststehen, dass der EuGH den deutschen Grundrechtsstandard nicht mehr ausreichend im Sinne der Rechtsprechung des Bundesverfassungsgerichts sichert. Übertragen auf die vorliegende Problematik wäre das der Fall, wenn durch die Beachtung des europäischen ordre public durch den Richter im Erkenntnisstaat nicht mehr der deutsche Grundrechtsstandard gesichert wäre und der Europäische Gerichtshof durch eine Reihe von Entscheidungen gezeigt hat, dass auf europäischer Ebene der deutsche Grundrechtestandard unterschritten wird. Weil eine solche Entscheidungspraxis nicht erkennbar ist, wären die Verfassungsbeschwerden gegen die EuVTVO bzw. gegen das Zustimmungsgesetz zurzeit unzulässig.
Im Ergebnis ist also festzustellen, dass grundsätzlich Abweichungen vom deutschen Recht und dessen Grundlagen, die nicht zu einem im Sinne der „Solange II-Entscheidung" wesentlichen Grundrechtsverstoß führen, zugunsten des europäischen Integrationsprozesses hingenommen werden müssen.

2. Rechtsbehelf vor dem Europäischen Gerichtshof für Menschenrechte

Ebenfalls in Betracht zu ziehen ist die Variante, sich im Rahmen der Europäischen Menschenrechtskonvention als Vollstreckungsschuldner gegen die Rechtsschutzverkürzung zur Wehr zu setzen. Die Möglichkeit dieses Rechtsbehelfs hat zwar keinen Einfluss auf die Eröffnung einer Beschwerdemöglichkeit vor dem Bundesverfassungs-

---

[587] BVerfGE 63, 343, 379; *Martiny*, Handbuch des Internationalen Zivilverfahrensrechts, Band III/1, Rn. 1000.

[588] EuGHE 2000 I-1935, vom 28. März 2000, Rs. C-7/98 – *Krombach/Bamberski* = IPRax 2000, 406 ff.; EuGHE 4.2.1988 Rs 145/86 – *Hoffmann/Krieg* – Slg. 1988, 645 Rn. 21.

[589] Dazu auch Geimer/Schütze – *Geimer*, Europäisches Zivilverfahrensrecht, 2. Auflage, Einl Rn. 8.

gericht, wird jedoch der Vollständigkeit halber als Rechtsbehelf vor einem weiteren europäischen Gericht aufgeführt.

a) Einordnung der EMRK

Die Europäische Menschenrechtskonvention bildet eine eigene Grundrechtsordnung, deren Wahrung bei der Einführung eines Europäischen Vollstreckungstitels von Bedeutung ist. Sie genießt gegenüber der deutschen Grundrechtsordnung faktischen Vorrang, obwohl die EMRK in Deutschland den Status eines einfachen Bundesgesetzes innehat (Art. 59 Absatz 2 GG)[590]. Dieser Vorrang lässt sich aus Art. 1 EMRK herleiten, welcher bestimmt, dass alle Mitgliedstaaten den Standard der Konvention zusichern, so dass in Deutschland bei Auslegung von Grundrechten die EMRK zu wahren ist. Trotz der Einbindung der EMRK in deutsches Verfassungsrecht verfügt die Konvention zu ihrer Durchsetzung über einen eigenen Rechtsbehelf.
Alle Mitgliedstaaten der Europäischen Union sind gleichzeitig Mitglied der EMRK, und es bestehen gute Aussichten, dass auch die Europäische Union selbst der Konvention beitritt[591]. Andererseits zog der Europäische Gerichtshof in einer Entscheidung vom 28. März 1996 trotzdem den Rückschluss, dass das Gemeinschaftsrecht einen Beitritt der Europäischen Union zur EMRK verbiete[592]. Bisher ist die EMRK nur in Art. 6 Absatz 2 EU erwähnt. Demnach achtet die EU die Grundrechte, wie sie in der EMRK „gewährleistet sind und wie sie sich aus den gemeinsamen Verfassungsüberlieferungen der Mitgliedstaaten als allgemeine Grundsätze des Gemeinschaftsrechts ergeben".

b) Zulässigkeit der Individualbeschwerde nach Art. 34 EMRK

Gemäß Art. 34 EMRK kann jede natürliche Person, „die behauptet, durch eine der Hohen Vertragsparteien in einem der in dieser Konvention oder den Protokollen dazu anerkannten Rechte verletzt zu sein, mit einer Beschwerde befasst werden". Maßstab für die Beurteilung der Abschaffung des Exequaturverfahrens durch den Europäischen Gerichtshof für Menschenrechte wären nicht die deutschen Grundrechte, sondern die Konventionsrechte.

aa) Beschwerdegegenstand

Der Beschwerdegegenstand der Individualbeschwerde vor dem EuGMR kann jede Maßnahme oder Unterlassung der Träger von Staatsgewalt eines Konventionsstaates sein, welche durch Ratifikation der EMRK als Vertragspartei durch die Konventionsrechte verpflichtet werden[593]. Die Individualbeschwerde kann nur gegen Mitgliedstaa-

---

[590] *Streinz*, Europarecht, Rn. 57f; *Grabenwarter*, Europäische Menschenrechtskonvention, § 3 Rn. 6.
[591] Siehe Hauptpunkte des Berichts der Gruppe „Charta" unter dem Vorsitz von Herrn António Vitorino, der der Plenartagung des Europäischen Konvents am 28. und 29. Oktober 2002 vorgelegt wurde, abrufbar unter http://european-convention.eu.int.
[592] EuGH Gutachten 2/94, Urteil vom 28. März 1996, Slg. I-1759.
[593] Frowein/Peukert – *Peukert*, Artikel 25 (11. Zusatzprotokoll: Artikel 34) EMRK Rn. 40; *Kleine-Cosack*, Verfassungsbeschwerden und Menschenrechtsbeschwerde, § 13 Rn. 29.

ten der Konvention gerichtet werden[594]. Durch das Gesetz, welches die Übertragung von Hoheitsrechten gemäß Art. 23 GG zum Inhalt hat, könnte Deutschland als Mitgliedstaat die EMRK verletzt haben. Die EuVTVO als Rechtsakt der Gemeinschaft als solcher kann schon deshalb nicht vor dem EuGMR angefochten werden können, weil die Europäische Gemeinschaft selbst nicht Vertragspartei der EMRK ist[595].

bb) Rechtswegerschöpfung und Subsidiarität

Der Vollstreckungsschuldner kann sich nach Art. 35 EMRK erst dann mit einer Individualbeschwerde an den Europäischen Gerichtshof für Menschenrechte wenden, wenn die innerstaatlichen (auch formlosen) Rechtsbehelfe erschöpft sind[596]. Darüber hinaus muss auch die Verfassungsbeschwerde zum Bundesverfassungsgericht eingelegt werden, wenn die Konventionsverletzung damit erfasst werden kann[597]. Wie bereits festgestellt scheidet eine Verfassungsbeschwerde jedoch derzeit aus. Somit ist der Rechtsweg grundsätzlich nicht erschöpft.

cc) Zuständigkeit

Neben der Erschöpfung des Rechtsweges ist vorliegend problematisch, ob der EuGMR zuständig wäre. Zuständig für solche Individualbeschwerden ist nach dem 11. Zusatzprotokoll zur EMRK ein Ständiger Europäischer Gerichtshof für Menschenrechte (EuGMR)[598]. Nach Art. 1 EMRK werden durch die Konvention (einschließlich der Zusatzprotokolle) grundsätzlich alle Personen geschützt. Darunter fallen neben den natürlichen und juristischen Personen auch die nichtstaatlichen Organisationen und Personenvereinigungen[599].

In Fällen wie dem vorliegenden, in dem ein EU-Mitgliedsstaat Gemeinschaftsrecht vollzieht, ist jedoch die Zuständigkeit des EuGMR nicht eindeutig. Es ist nämlich vorweg bereits fraglich, ob ein EG-Mitgliedstaat neben den EU-Grundrechten auch an die EMRK gebunden ist. Problematisch ist daran, dass der Europäische Gerichtshof für Menschenrechte dann das Gemeinschaftsrecht an der EMRK messen müsste, ohne dass sich die Europäischen Gemeinschaften sich zur Einhaltung der Menschenrechtskonvention verpflichtet haben. Wie bereits angesprochen, unterliegen zwar die Europäischen Gemeinschaften mangels Beitritts nicht den Bindungen der EMRK als sol-

---

[594] Frowein/Peukert – *Peukert*, Artikel 25 (11. Zusatzprotokoll: Artikel 34) EMRK Rn. 42; *Grabenwarter*, Europäische Menschenrechtskonvention, § 9 Rn. 2.

[595] EuGMRE NJW 1999, 3107, 3108.

[596] *Oppermann*, Europarecht, Rn. 81; Frowein/Peukert – *Peukert*, Artikel 26 (11. Zusatzprotokoll: Artikel 35) EMRK Fn. 1.

[597] Frowein/Peukert - *Peukert*, Artikel 26 (11. Zusatzprotokoll: Artikel 35) EMRK Rn. 9, 24 f.; *Mayer-Ladewig*, Artikel 35 EMRK Rn. 12.

[598] *Bruns*, Der anerkennungsrechtliche ordre public in Europa und den USA, JZ 1999, 278, 285, Fn. 92.

[599] *Kleine-Cosack*, Verfassungsbeschwerden und Menschenrechtsbeschwerde, § 13 Rn. 20. *Meyer-Ladewig*, Artikel 34 EMRK Rn. 4, 7 ff.

cher, jedoch müssen die Organe der Mitgliedstaaten beim Vollzug von Gemeinschaftsrecht die Konvention beachten, Art. 6 Absatz 2 EU[600].

Hinsichtlich dieses Spannungsverhältnisses argumentierte die Europäische Kommission für Menschenrechte folgendermaßen[601]: Auf der einen Seite sollten sich die Konventionsstaaten nicht durch die Übertragung von Hoheitsrechten auf zwischenstaatliche Einrichtungen der Beachtung der EMRK entziehen können. Die deutschen Organe unterlägen beim Vollzug von Gemeinschaftsrecht ratione personae den Bindungen der EMRK. Außerdem überprüfe der EuGH die Einhaltung der Gemeinschaftsgrundrechte und damit auch der EMRK. Andererseits solle aufgrund der praktischen Erfordernisse des internationalen Rechtsverkehrs die Zulässigkeit der Übertragung von Hoheitsrechten nicht durch die Pflicht der Konventionsstaaten eingeschränkt sein, vor Vollzug von Gemeinschaftsrecht die Vereinbarkeit mit der EMRK zu prüfen. In dieser Hinsicht stellte die Kommission eine der „Solange II-Rechtsprechung" des Bundesverfassungsgerichts ähnelnde Rechtsprechung auf: Solange die Grundrechte innerhalb der internationalen Institution, mit der meist der Europäische Gerichtshof in Luxemburg gemeint ist, einen gleichwertigen Schutz erfahren, müssen die Konventionsstaaten nicht selbst für den Schutz der Grundrechte sorgen.

Der Europäische Gerichtshof für Menschenrechte erachtete dagegen zunächst anders als die Europäische Kommission für Menschenrechte die Mitgliedstaaten grundsätzlich für verantwortlich zu überprüfen, ob der Vollzug von Gemeinschaftsrecht der EMRK entspricht[602]. In der Entscheidung „Cantoni"[603], in der es um eine in nationales Recht umgesetzte Gemeinschaftsrichtlinie ging, wandte der EuGMR die Konvention an, ohne sich zum Verhältnis zwischen Gemeinschaftsrecht und der EMRK zu äußern. In einer späteren Entscheidung („Matthews v. Vereinigtes Königreich")[604] ähnelte die Argumentation des Europäischen Gerichtshofs für Menschenrechte der Begründung der Europäischen Kommission für Menschenrechte. Der EuGMR befürwortet im Ergebnis, dass die Konventionsstaaten auch nach der Übertragung von Hoheitsrechten die Beachtung der EMRK bei Vollzug von Gemeinschaftsrecht gewährleisten und überprüfen müssen, sofern ein effektiver Grundrechtsschutz nicht sichergestellt ist. Die Übertragung von Hoheitsbefugnissen auf internationale Organisationen sei durch die EMRK unter der Voraussetzung zulässig, dass die Rechte der EMRK weiterhin „zugesichert" sind. Die Vertragsstaaten sind demnach auch dafür verantwortlich, dass die Rechtsakte der EG nicht gegen die EMRK verstoßen.

---

[600] BVerfGE 74, 258, 370; 82, 106, 115; *Meyer-Ladewig*, Einleitung EMRK, Rn. 29; Jarass/Pieroth – *Jarass*, Einleitung Grundgesetz, Rn. 8; *Streinz*, Europarecht, Rn. 220.

[601] Europäische Kommission für Menschenrechte, *M. & Co. v. Deutschland*, DR 64, 138 ff. (1990); dazu ausführlich *Becker*, Grundrechtsschutz bei der Anerkennung und Vollstreckbarerklärung im europäischen Zivilverfahrensrecht, Diss. Köln 2003, S. 70 ff.

[602] *Peters*, Einführung in die Europäische Menschenrechtskonvention, § 4 IV 2.

[603] EuGMR, 15.11.1996, *Cantoni v. Frankreich*, Reports of Judgements and Decisions 1996-V, 1614 Rn. 30 = EuGRZ 26 (1999), 193.

[604] EuGMRE, vom 18. Februar 1999, Az. 24833/94 - *Matthews* = EuGRZ 26 (1999), 200 ff.; dazu ausführlich *Becker*, Grundrechtsschutz bei der Anerkennung und Vollstreckbarerklärung im europäischen Zivilverfahrensrecht, Diss. Köln 2003, S. 74 ff.

Der EuGMR würde sich also dann für zuständig erklären, wenn der Grundrechtsstandard der EMRK durch den EuGH nicht gewährleistet würde. Für eine solche Unterschreitung liegen jedoch zurzeit keine Anhaltspunkte vor.
Folglich wäre die Individualbeschwerde unzulässig.

c) Fragen der Begründetheit

Der Europäische Gerichtshof für Menschenrechte würde sich in der Begründetheitsprüfung mit der Frage beschäftigen, ob Art. 6 EMRK durch die EuVTVO verletzt würde[605].

d) Ergebnis zur Individualbeschwerde

Folglich wäre der Individualbeschwerde des Vollstreckungsschuldners zum EuGMR derzeit unzulässig.

3. Ergebnis zu den verfassungsrechtlichen Rechtsbehelfen

Einer Verfassungsbeschwerde vor dem Bundesverfassungsgericht sowohl gegen die EuVTVO als auch gegen das Zustimmungsgesetz des Bundes zur Kompetenzübertragung auf EG-Ebene wären derzeit unzulässig, da der EuGH die Voraussetzungen der „Solange II-Entscheidung" nicht unterläuft. Auch verweigert der EuGMR seine Zuständigkeit im Rahmen einer Individualbeschwerde, solange der Standard der Konventionsrechte durch den EuGH gesichert ist. Für die Unterschreitung des EMRK-Standards durch die Rechtsprechung des EuGH liegen derzeit keine Anhaltspunkte vor.

VII Ergebnis zur Möglichkeit und zum Umfang der Überprüfbarkeit eines Europäischen Vollstreckungstitels

Abschließend ist festzuhalten, dass die Rechtmäßigkeit der dem Europäischen Vollstreckungstitel zugrunde liegenden Entscheidung im Vollstreckungsstaat weder mit ordentlichen Rechtsbehelfen im deutschen Zivilrechtsweg noch auf gemeinschaftsrechtlicher Ebene in der Sache nachgeprüft werden kann. Ebenso ist versprechen die verfassungsrechtlichen Rechtsbehelfe keinen Erfolg. Die Überprüfung des inländischen ordre public ist somit gänzlich ausgeschlossen.
Die Bewertung dieses gegenseitigen Vertrauens, welches sich die Mitgliedstaaten der EG somit eingeräumt haben, wird im Folgenden zunächst durch einen Vergleich der Anerkennung und Vollstreckung von Gerichtsentscheidungen innerhalb der USA mit der neuen Rechtslage in der EG vorgenommen. Diese Vorgehensweise wird für die Beurteilung der Recht- und Zweckmäßigkeit der Abschaffung des Vollstreckbarerklärungsverfahrens durch die EuVTVO aufschlussreich sein.

---

605 Zum Schutzbereich siehe Punkt D 2. b) bb) (1) (a) (bb).

C Urteilsanerkennung und Vollstreckung innerhalb der USA

Der Schwerpunkt der vergleichenden Überlegung liegt in der Frage der Notwendigkeit bzw. Angemessenheit, das Vollstreckbarerklärungsverfahren und damit insbesondere den ordre-public-Vorbehalt innerhalb eines Zusammenschlusses von Staaten abzuschaffen. Daher wird im Folgenden dargestellt, unter welchen Voraussetzungen in den USA Urteile anerkannt und vollstreckt werden, wobei zum besseren Verständnis zunächst eine kurze Einführung in das US-amerikanische Gerichts- und Rechtssystem folgt.

I Das US-amerikanische Gerichtssystem

Die Vereinigten Staaten von Amerika sind ein föderativer Zusammenschluss von 50 Bundesstaaten, die alle über ein eigenes Gerichtssystem (*State Courts*) verfügen. Es existieren zwar daneben so genannte Bundesgerichte (*Federal Courts*), an deren Spitze der *Supreme Court of the United States of America* steht. Diese beiden Gerichtssysteme sind auch hinsichtlich des Instanzenzuges voneinander zu trennen[606].

1. Die *Federal Courts*

Die sachlich ausschließlichen Zuständigkeiten der Bundesgerichte sind in Art. 3 Absatz 2 der amerikanischen Bundesverfassung geregelt[607]: Demnach wird die Gerichtsbarkeit der Bundesgerichte sowohl für die Streitigkeiten begründet, die im Geltungsbereich dieser Verfassung, der Gesetze der Vereinigten Staaten und der Verträge entstehen, die unter deren Hoheit abgeschlossen wurden oder künftig geschlossen werden, als auch für Fälle, in denen Botschafter, öffentliche Minister oder Konsuln betroffen sind. Zudem ziehen die *Federal Courts* die Schifffahrts- und Seegerichtsbarkeit an sich. Sie sind auch immer dann zuständig, wenn die USA Partei sind bzw. bei Streitigkeiten zwischen zwei oder mehr Staaten. Ihre Zuständigkeit ist zudem dann begründet, wenn zwischen einem Staat und Bürgern eines anderen Staates, zwischen Bürgern verschiedener Staaten, zwischen Bürgern desselben Staates, die aufgrund von Verleihungen seitens verschiedener Staaten Ansprüche auf Grund und Boden erheben, und zwischen einem Staat oder dessen Bürgern und fremden Staaten und Bürger. Somit sind vorrangig die grenzüberschreitenden Fälle und solche Streitigkeiten den *Federal Courts* zugewiesen, die schon von der Natur der Sache her nicht vor den *State Courts* verhandelt werden könnten.

---

[606] *Voegele*, Full Faith and Credit – Die Anerkennung zivilrechtlicher Entscheidungen zwischen den US-amerikanischen Bundesstaaten, Diss. Berlin 2003, S. 31.

[607] Article III Section 2 US-Constitution: "The judicial power (of the United States) shall extend to all cases, in law and equity, arising under this Constitution, the laws of the United States, and treaties made, under their authority;--to all cases affecting ambassadors, other public ministers and consuls;--to all cases of admiralty and maritime jurisdiction;--to controversies to which the United States shall be party;--to controversies between two or more states;--between a state and citizens of a state;--between citizens and different states;--between citizen of the same state claiming lands under grants off different states, and between a state, or the citizens thereof, and foreign states, citizens or subjects."

Darüber hinaus sind die Bundesgerichte in *federal question cases* und *diversity cases* konkurrierend zuständig[608]. Wenn der streitige Anspruch auf Bundesrecht beruht, liegt ein *federal question case* vor. Dagegen setzt die Annahme eines *diversity case* voraus, dass Kläger und Beklagten nicht die gleiche Staatsangehörigkeit haben, der Streitwert höher liegt als 75.000 $ und der Fall nicht in die ausschließliche Zuständigkeit eines Einzelstaates fällt.
Die Bundesgerichte sind grundsätzlich in drei Instanzen aufgeteilt. Das höchste Gericht ist der *Supreme Court of United States*. Er wird meist als Revisions- bzw. Berufungsinstanz tätig. Zudem ist er befugt, die Bundesverfassung und das Bundesrecht auszulegen und sowohl Bundes- als auch Staatenrecht bei einem Verstoß gegen höherrangiges Recht für nichtig zu erklären[609]. Die unteren Bundesgerichte heißen *District Courts*, von denen es in jedem Bundesstaat mindestens einen gibt. Daneben existieren auf derselben Ebene spezielle untere Bundesgerichte wie beispielsweise der *Court of International Trade* oder die *Tax Courts*. Die Rechtsmittelinstanzen sind grundsätzlich die allgemeinen *Circuit Courts of Appeal*, wohingegen bei den speziellen Gerichtsbarkeiten besondere Berufungsgerichte zuständig sind.

2. Die *State Courts*

Die *State Courts* sind grundsätzlich für alle Streitigkeiten, die nicht einer anderen Gerichtsbarkeit zugewiesen ist, zuständig[610]. Die allgemeine sachliche Zuständigkeit der Staatengerichte kann ausgeschlossen werden durch die ausschließliche oder konkurrierende Bundeszuständigkeit. Allerdings sind die *state courts* einerseits im Gebiet des Erb- und Familienrechts ausschließlich zuständig; andererseits besteht auch eine ausschließliche Zuständigkeit des Gerichts des Belegenheitsortes einer Immobilie hinsichtlich des Eigentumstitels[611].
Die Struktur und die Bezeichnung der *State Courts* variieren von Staat zu Staat. Zum Beispiel wird in Kalifornien das höchste Gericht „*Supreme Court*" und der instanzlich darunter gelegene Gerichtshof „*Court of Appeal*", also Berufungsgericht, genannt. Dieser Aufbau ähnelt der Bundesgerichtsbarkeit. Im Staat New York hingegen heißt das höchste Gericht „*Court of Appeal*" und das darunter gelegene heißt „*Supreme Court, Appelate Division*".
Trotz einer gemeinsamen überstaatlichen (Bundes-) Gerichtsbarkeit erscheint es aufgrund der einzelstaatlichen Zivilprozessrechtssysteme und der allgemeinen Zuständigkeit der *State Courts* sinnvoll, einen Vergleich mit der aktuellen Situation in der Europäischen Gemeinschaft vorzunehmen.

---

[608] *Hay*, U.S.-amerikanisches Recht, Rn. 109.
[609] Article VI sec. 2 US-Constitution; *Marbury v. Madison*, 5 U.S. 137 (1803).
[610] *Schack*, Einführung in das US-amerikanische Zivilprozessrecht, S. 18.; *Hay*, U.S.-amerikanisches Recht, Rn. 118.
[611] *Hay*, U.S.-amerikanisches Recht, Rn. 118, 128.

II Quellen des US-amerikanischen Rechts

Zur Einführung in das US-amerikanische Recht werden dessen Quellen in Kürze erläutert.

1. Quellen des Bundesrechts

Bei der US-amerikanischen Verfassung und ihren Zusätzen, den *federal statutes, regulations, rules, administrative decisions,* welche die *regulations* interpretieren, und den von den Gerichten aufgestellten Grundsätzen (*case law*) handelt es sich beispielsweise um Bundesrecht. Die *federal statutes* sind von der Legislative geschaffenes Recht, regeln gesellschaftliche Fragen und sind auf die Zukunft gerichtet formuliert. Die richterlichen Prinzipien haben dagegen die Beurteilung vergangenen Verhaltens in einer bestimmten Situation zum Inhalt. Sie werden gegebenenfalls als *precedent* (Präzedenzfall) für spätere gleich gelagerte Fälle behandelt. *Regulations* and *rules* sind in der Verwaltung erlassen worden und haben dieselbe Wirkung wie ein *statute* des Kongresses.

2. Quellen des einzelstaatlichen Rechts

Im Staatenrecht ist die Fächerung der verschiedenen Quellen ebenso breit: Wiederum ist jeder Staat an eine eigene Verfassung gebunden. Die *state statutes* und die *regulations* haben die gleiche Funktion wie im Bundesrecht. Das *state case law* betrifft solche Sachverhalte, die von der Materie her nicht ausdrücklich den Bundesgerichten zugewiesen sind. Es ist darauf hinzuweisen, dass weder die *precedents* der Bundesgerichte für Staatengerichte bindend sind noch umgekehrt. Außerdem bindet das *state case law* nur den Staat, dessen Gerichte es entwickelt haben. Hier wird die Eigenständigkeit der Gerichte der amerikanischen Bundesstaaten erneut deutlich. Auch die rechtliche Auslegung von vergleichbaren Sachverhalten ist für die Gerichte der anderen Staaten unverbindlich. Auch insofern sind die nebeneinander unabhängig existierenden Gerichtsbarkeiten der amerikanischen Bundesstaaten mit denen in der Europäischen Gemeinschaft vergleichbar.
Weiterhin stellt sich die Frage, wie die Bundesstaaten in den USA die Urteilsanerkennung und –vollstreckung handhaben.

III Die Urteilsanerkennung und –vollstreckung im zwischenstaatlichen Rechtsverkehr

Um die Prinzipien der Urteilsanerkennung und -vollstreckung nachvollziehen zu können, werden vorrangig die Wirkungen eines rechtskräftigen, also anerkennungsfähigen Urteils in den USA skizziert.

1. Wirkungen eines rechtskräftigen Urteils in den USA

Einem US-amerikanischen Urteil kommt die Wirkung der *res judicata* und der *collateral estoppel* zu:

a) Die *res judicata*-Wirkung (*claim preclusion*)

Die Wirkung der *res judicata*, heute auch *claim preclusion* genannt, beinhaltet, dass die erneute Klage unzulässig ist; sie gilt nur inter partes[612]. Der Beklagte ist vor neuen Klagen geschützt („*bar*"), und der erfolgreiche Kläger kann nunmehr nur noch aus dem Urteil, jedoch nicht mehr aus dem zugrunde liegenden Anspruch vorgehen („*merger*"). Durch die res judicata-Wirkung der gerichtlichen Entscheidung des Erststaates ist der Beklagte daran gehindert, gegenüber dem Gericht im Vollstreckungsstaat noch Einwendungen geltend zu machen, die er bereits im Erstverfahren hätte geltend machen können[613]. Diese Art der Einwendungen wird als *defenses* bezeichnet. Darüber hinaus gibt es die *counterclaims*, zu denen beispielsweise die Aufrechnung, die Geltendmachung von Sachmängeln oder ein Lösungsrecht wegen Irrtums (*rescission*) zählen, welche weniger engen Präklusionsvorschriften unterliegen[614]: Diese Einwendungen können grundsätzlich trotz der *res judicata*-Wirkung des Urteils im Nachhinein geltend gemacht werden[615]. Um Missbrauch oder Rechtsunsicherheit zu vermeiden, werden von diesem Grundsatz jedoch diverse Ausnahmen gemacht[616].

b) Collateral estoppel

Das Rechtsinstitut des *collateral estoppel* hat zum Inhalt, dass alle Entscheidungen über Tatsachenbehauptungen die im ersten Prozess behandelt wurden, in allen Folgeprozessen bindend sind. Diese Wirkung ist jedoch auf solche Punkte beschränkt, die entscheidend („*necessary*") waren und auch tatsächlich verhandelt wurden („*actually litigated*"). Die *collateral estoppel* wirkt nicht nur zwischen den Parteien, sondern auch gegenüber Dritten, die nicht am Prozess beteiligt waren[617]. Deshalb geht die Rechtskraftwirkung amerikanischer Urteile über die deutscher Urteile hinaus. Der Bezug zu Dritten wird jedoch in dieser Arbeit nicht problematisiert, da der Rechtsschutz des Vollstreckungsschuldners im Vordergrund stehen soll.

2. Anerkennungsverfahren

In den amerikanischen Bundesstaaten müssen Urteile aus anderen Gerichtsbarkeiten (*jurisdictions)* anerkannt werden, bevor man sie vollstrecken lassen kann. Die Vollstreckung setzt grundsätzlich ein inländisches Urteil als Titel voraus. Nach der „merger"-Doktrin geht im zwischenstaatlichen Urteilsverkehr in den USA der dem Ersturteil zugrunde liegende Anspruch in diesem Zweiturteil auf. Das ausländische Urteil ist nur Anspruchsgrundlage für die Erlangung eines inländischen Titels im Vollstre-

---

[612] *Schack*, Einführung in das US-amerikanische Zivilprozessrecht, S. 73.

[613] Restatement Second, Judgments, § 18 (2); *Schack*, Einführung in das US-amerikanische Zivilprozessrecht, S. 73.

[614] Restatement Second, Judgments, § 22; *Nelle*, Anspruch, Titel und Vollstreckung, S. 122.

[615] *Chapin & Chapin, Inc. v. MacShane Contracting Co.*, 374 F.Supp.1191, 1194 (D.C. Pa. 1974), Restatement Second, Judgments § 22.

[616] Mehr zu den möglichen Einwendungen unter Punkt C III 2. b) aa) (2).

[617] *Schack*, Einführung in das US-amerikanische Zivilprozessrecht, S. 74; *Lange*, Der Zivilprozess in den Vereinigten Staaten, Rn. 139.

ckungsstaat[618]. In dieser Hinsicht ist ein Unterschied zur neuen Rechtslage in der EU nach Inkrafttreten der EuVTVO festzustellen. Beispielsweise in Deutschland ist nämlich bei Vorliegen eines Europäischen Vollstreckungstitels weder ein inländisches Urteil, noch eine Vollstreckbarerklärung zur Vollstreckung in Deutschland erforderlich. Vielmehr bildet das ausländische Urteil in Kombination mit der Bestätigung über den Europäischen Vollstreckungstitel die Grundlage für die Vollstreckung. Durch diesen Unterschied könnte bereits zum Ausdruck kommen, dass das Vertrauen der US-amerikanischen Staaten zueinander in der Anerkennungs- und Vollstreckungspraxis hinter dem der europäischen Mitgliedstaaten zurückbleibt.
Bezüglich der Voraussetzungen für die Anerkennung ist zwischen Urteilen der *federal* und der *state courts* zu unterschieden:

a) Anerkennung von bundesgerichtlichen Entscheidungen

Unproblematisch erfolgt die Anerkennung von Entscheidungen örtlicher Bundesdistriktgerichte, welche den Urteilen von Bundesdistriktgerichten anderer Bundesstaaten gleichgestellt werden, sobald sie registriert sind[619]. Mit der Registrierung entsteht ein neues Urteil. Die Anerkennungspflicht von Bundesgerichtsurteilen durch Einzelstaatengerichte ergibt sich zwar nicht aus der Verfassung, jedoch aus der bisher ergangenen Rechtsprechung.

b) Anerkennung von einzelstaatlichen Gerichtsentscheidungen

Urteile der *state courts* hingegen werden grundsätzlich nur dann in einem anderen Bundesstaat anerkannt, wenn der Gläubiger erfolgreich auf die Inanspruchnahme von *full faith and credit* geklagt hat (*action upon the judgment*) oder alternativ wenn das Urteil nach dem *Uniform Enforcement of Foreign Judgments Act*[620] registriert worden ist.

aa) Klage auf Anerkennung und Vollstreckbarkeit nach der *full faith and credit clause*

Um Urteile aufgrund der *full faith and credit clause* anerkennen zu lassen, muss der Gläubiger zwar ein separates Klageverfahren durchlaufen[621]. Vorteilhaft ist jedoch die Tatsache, dass nur einige restriktive Einreden des Schuldners gegen die Anerkennung des Urteils möglich sind. Insofern handelt es sich um ein ordentliches, jedoch summa-

---

[618] *Hay*, U.S.-amerikanisches Recht, Rn. 211.
[619] *Schack*, Einführung in das US-amerikanische Zivilprozessrecht, S. 77; *Hay*, U.S.-amerikanisches Recht, Rn. 214; 28 USC § 1963 (1982).
[620] *Revised Uniform Enforcement of Foreign Judgements Act*, entworfen von der "National Conference of Commissioners of Uniform State Laws", genehmigt von der "American Bar Association", New York, 13. August 1964, 13 U. L. A. 149 (1986); abrufbar unter http://www.law.upenn.edu/bll/ulc/fnact99/1920_69/ruefja64.pdf.
[621] *Lange*, Der Zivilprozess in den Vereinigten Staaten, Rn. 139.

risches Gerichtsverfahren[622]. Trotzdem ist es im Vergleich zum Registrierungsverfahren zeitaufwändiger.

(1) Wirkung der Klage auf Vollstreckbarkeit

In den USA bewirkt die *full faith and credit clause*[623] im Zusammenwirken mit der *supremacy clause* der US-Verfassung (Art. 6 Absatz 2)[624], die den Vorrang von Bundesrecht vor Staatenrecht anordnet, die volle wechselseitige Anerkennung bundesstaatlicher Entscheidungen[625]. Die Urteilswirkungen, die der Staat, in dem das Erkenntnisverfahren stattgefunden hat, der Entscheidung beimisst, erstrecken sich aufgrund dieses Rechtsinstituts auf den Vollstreckungsstaat[626]. Dadurch, dass Entscheidungen aus einem Bundesstaat in einem anderen dieselben Wirkungen entfalten, soll eine Verbindung zwischen Staaten geschaffen werden, die zwar Souveränität genießen, aber insgesamt eine Nation bilden[627]. Allerdings hat das Zweitgericht Anerkennungsversagungsgründe zu überprüfen[628].
Zu der verfassungsrechtlichen Bestimmung der *full faith and credit clause* existiert ein Ausführungsgesetz, welches die Erstreckung der *res judicata*-Wirkung des Urteils im Vollstreckungsstaat zum Inhalt hat[629]. Für die Anerkennung ist aus Gründen der Rechtssicherheit insbesondere erforderlich, dass es sich um ein Endurteil (*final judgment*) handelt.
Im Übrigen erstreckt sich der Geltungsbereich dieses Ausführungsgesetzes der *full faith and credit clause* auch auf die Anerkennung von Entscheidungen von Bundesgerichten. Diese wenden dann das Anerkennungsrecht des Staates an, in dem sie sich befinden[630].

(2) Einwendungen gegen die Anerkennung im Vollstreckungsstaat

Im Folgenden werden die möglichen nachträglichen Einwendungen des Vollstreckungsschuldners gegenüber der Klage auf Vollstreckbarkeit des Gläubigers dargestellt.

---

[622] *Voegele*, Full Faith and Credit – Die Anerkennung zivilrechtlicher Entscheidungen zwischen den US-amerikanischen Bundesstaaten, Diss. Berlin 2003, S. 55.
[623] Artikel IV Absatz 1 US-Constitution: „Full faith and credit shall be given in each state to the public acts, records, and judicial proceedings of every state.".
[624] Artikel VI Absatz 2 US-Constitution: "This Constitution, and the laws of the United States which shall be made in pursuance thereof; and all treaties made, or which shall be made, under the authority of the United States, shall be the Supreme law of the land; and the judges in every state shall be bound thereby, anything in the Constitution or laws of any State to the contrary notwithstanding."
[625] *Bruns*, Der anerkennungsrechtliche ordre public in Europa und den USA, JZ 1999, 278, 281; *Voegele*, Full Faith and Credit – Die Anerkennung zivilrechtlicher Entscheidungen zwischen den US-amerikanischen Bundesstaaten, Diss. Berlin 2003, S. 28.
[626] *Farmland Dairies v. Barber*, 489 N.Y. S. 2d 713; *Phillipps v. Griffin*, 259 N.Y.S. 105, 107.
[627] *Voegele*, Full Faith and Credit – Die Anerkennung zivilrechtlicher Entscheidungen zwischen den US-amerikanischen Bundesstaaten, Diss. Berlin 2003, S. 29.
[628] Dazu mehr in Punkt C III 3.
[629] *Farmland Dairies v. Barber*, 489 N.Y.S. 2d 713, 478 N.E.2d 1314; *Phillips v. Griffen*, 259 N.Y.S. 105, 107 (1932).
[630] *Nelle*, Anspruch, Titel und Vollstreckung, S. 135.

In den US-Bundesstaaten kann der Vollstreckungsschuldner gegenüber der Klage auf Vollstreckbarkeit im Zweitstaat Einwendungen in der Sache erheben, wobei regelmäßig solche Einwendungen präkludiert sind, welche er im Erstprozess hätte geltend machen können[631]. Da der Umfang dieser Präklusionswirkung zu den Urteilswirkungen gehört, richtet er sich auch nach dem Recht des Erststaates.
Darüber hinaus verbleiben dem Beklagten nach Eintritt der Rechtskraft des Ersturteils nur noch zwei Arten von Einwendungen: Entweder die erfolgte Befriedigung des Gläubigers (*satisfaction*) oder die Aufhebung des Vollstreckungsurteils aus besonderen Gründen (*relief from judgment*). Diese besonderen Einwendungen können auch den Anspruch selbst betreffen.

(a) Eintragung der Befriedigung (*satisfaction*)

Sobald der Schuldner die Forderung gegenüber dem Gläubiger erfüllt hat, kann er sich eine Quittung (*satisfaction-piece*) ausstellen lassen, welche dem Zweitgericht vorzulegen ist[632]. Falls der Gläubiger sich weigert, eine Quittung auszustellen, kann der Schuldner durch das Erstgericht feststellen und eintragen lassen, dass die Forderung durch Erfüllung erloschen ist. Die Befriedigung ist nicht auf Zahlung der umstrittenen Summe beschränkt, sondern der Anspruch muss in irgendeiner Weise nachträglich untergehen. Es handelt sich also in etwa um die im deutschen Recht als „anspruchsvernichtend" bezeichneten Einwendungen.
Nach Eintragung der Befriedigung steht wiederum dem Gläubiger das Recht zu, sich dagegen mit dem Rechtsmittel der Berufung zu wehren.

(b) Antrag auf Aufhebung des Urteils (*relief from judgment*)

Abgesehen von den Einwendungen in der Sache, welche möglicherweise wegen Präklusion ausgeschlossen sind, kann der Beklagte der Klage auf Vollstreckbarkeit sich auf Einwendungen berufen, welche gemäß § 115 *Restatement second of the Law* gegen das Ersturteil zulässig wären[633]. Danach kann die Aufhebung des Urteils beispielsweise wegen prozessualer Arglist (*fraud*) erfolgen, auf die im Rahmen der Anerkennungsversagungsgründe später genauer eingegangen wird[634]. Weitere Aufhebungsgründe können die Bestechung der Jury oder des gegnerischen Anwalts bzw. einer an-

---

[631] Dabei handelt es sich um eine Konsequenz der res-judicata-Wirkung (Punkt C III 1. a)).
[632] *Nelle*, Anspruch, Titel und Vollstreckung, S. 149.
[633] Restatement Second, Conflict of Laws, § 115 comment e: "e. Other bases for equitable relief. A judgment will usually be subject to equitable relief in the state of rendition on other grounds besides the fraud of the adverse party. So equitable relief will usually be available in situations where the complainant has been prevented from presenting his claim or defense by the duress or breach of promise, as opposed to the fraud, of the adverse party, by the bribery of the jury or of the complainant's attorney or other representative by the adverse party or by the error or corruption of court officials. More detailed rules as to the situations where equitable relief will usually be available against a judgment are stated in ss 118-125 of the Restatement of Judgments (1942). It should be reiterated that the rule of this Section is applicable only in situations where equitable relief could be obtained in the state of rendition against the particular judgment."
[634] Siehe zum fraud Punkt C III 3. a) bb).

deren die Gegenpartei repräsentierenden Person, Irrtum oder Bestechlichkeit von Gerichtspersonen sein.
Die in der Praxis bedeutsamste bundesrechtliche Kodifizierung eines Aufhebungsantrags (*motion for relief*) ist FRCP 60 (b)[635]. In dieser Regelung sind die verschiedensten Aufhebungsgründe aufgelistet, welche sowohl Fehler im Prozess selbst betreffen als auch nachträglich eingetretene Tatsachen berücksichtigen. Durch diese Kumulierung von Gründen wird die amerikanische Rechtsauffassung deutlich, welche die Vollstreckungsgegeneinwände systematisch nah bei den Restitutionsgründen einordnet.
In vielen Bundesstaaten wurde eine dem FRCP 60 (b) nachgebildete einzelstaatliche Regelung formuliert, welche die Aufhebung eines Anerkennungsurteils erlaubt (*relief from judgment*). Diese ist zum Beispiel dann möglich, wenn das Ersturteil eines anderen Bundesstaates zwischenzeitlich aufgehoben worden ist[636]. Weiterhin zählen zu den gängigen Aufhebungsgründen ausdrücklich auch hier der *fraud* (prozessuale Arglist)[637], die Erfüllung, die Aufrechnung oder ein im Nachhinein geschlossener Vergleich[638]. Die *relief from judgment* wird wegen Verstoßes gegen die *full faith and credit clause* nur in dem Fall versagt, wenn der Antragsteller im Erstverfahren säumig war und die Rechtsmittelfrist hat verstreichen lassen[639].

[635] Rule 60 Federal Rule of Civil Procedure for the United States District Courts: Relief From Judgment or Order:
(a) Clerical Mistakes. Clerical mistakes in judgments, orders or other parts of the record and errors therein arising from oversight or omission may be corrected by the court at any time of its own initiative or on the motion of any party and after such notice, if any, as the court orders. During the pendency of an appeal, such mistakes may be so corrected before the appeal is docketed in the appellate court, and thereafter while the appeal is pending may be so corrected with leave of the appellate court.
(b) Mistakes; Inadvertence; Excusable Neglect; Newly Discovered Evidence; Fraud, Etc. On motion and upon such terms as are just, the court may relieve a party or a party's legal representative from a final judgment, order, or proceeding for the following reasons: (1) mistake, inadvertence, surprise, or excusable neglect; (2) newly discovered evidence which by due diligence could not have been discovered in time to move for a new trial under Rule 59(b); (3) fraud (whether heretofore denominated intrinsic or extrinsic), misrepresentation, or other misconduct of an adverse party; (4) the judgment is void; (5) the judgment has been satisfied, released, or discharged, or a prior judgment upon which it is based has been reversed or otherwise vacated, or it is no longer equitable that the judgment should have prospective application; or (6) any other reason justifying relief from the operation of the judgment. The motion shall be made within a reasonable time, and for reasons (1), (2), and (3) not more than one year after the judgment, order, or proceeding was entered or taken. A motion under this subdivision (b) does not affect the finality of a judgment or suspend its operation. This rule does not limit the power of a court to entertain an independent action to relieve a party from a judgment, order, or proceeding, or to grant relief to a defendant not actually personally notified as provided in Title 28, U.S.C., § 1655, or to set aside a judgment for fraud upon the court. Writs of coram nobis, coram vobis, audita querela, and bills of review and bills in the nature of a bill of review, are abolished, and the procedure for obtaining any relief from a judgment shall be by motion as prescribed in these rules or by an independent action.
[636] *Kallmann v. Wolf Corp.*, 266 N.Y.S. 2d 779 (1966).
[637] *Overmyer v. Eliot Realty*, 83 Misc.2d 694, 371 N.Y.S.2d 246, 257.
[638] *Nelle*, Anspruch, Titel und Vollstreckung, S. 143 f.
[639] *Jones v. Roach*, 118 Ariz. 146, 575 P.2d 345, 348.

(c) Zwischenergebnis zu den Einwendungen im Vollstreckungsstaat

Bevor ein Urteil eines US-amerikanischen Staates in einem anderen Bundesstaat anerkannt wird, prüft das Gericht des anerkennenden Staates, ob dem Ersturteil *full faith and credit* zukommt. Der Schuldner kann bei unzureichender Berücksichtigung der *full faith and credit clause* durch das Zweitgericht gegenüber der Klage auf Vollstreckbarkeit des Gläubigers einen Aufhebungsantrag nach § 115 *Restatement second of the Law* stellen. Dessen Begründetheit muss das Zweitgericht vor Anerkennung inzident prüfen. Weiterhin kann der Schuldner Einwendungen in der Sache geltend machen, die nicht durch das Ersturteil präkludiert sind.
Ob und wie der Schuldner nach der Entscheidung über die Anerkennung des Zweitgerichts, welche mit Hilfe einer Klage auf Vollstreckbarkeit oder auch durch Registrierung (*Uniform Enforcement of Foreign Judgments Act*) erfolgt, gegen die Entscheidung des Zweitgerichts vorgehen kann, ist umstritten. Jedenfalls verbleibt weiterhin die Möglichkeit, im Erststaat einen Antrag auf Aufhebung des Urteils zu stellen.

bb) Exkurs: *Uniform Enforcement of Foreign Judgments Act*

Das Registrierungsverfahren nach der Vorlage des Mustergesetzes *Uniform Enforcement of Foreign Judgments Act*, das in vielen Bundesstaaten alternativ möglich ist, hat gegenüber der Klage auf Vollstreckbarkeit den Vorteil, dass sich der Gläubiger ein aufwändiges Gerichtsverfahren ersparen kann. Der Nachteil des Gläubigers stellt die Möglichkeit des Vollstreckungsschuldners dar, Einreden gegen das erststaatliche Urteil nach Registrierung geltend zu machen.

(1) Ursprung

Dem *Uniform Enforcement of Foreign Judgment Act* wurde urspünglich 1948 durch die *National Conference of Commissioners on Uniform State Laws* zugestimmt. Aufgrund dieses Regelwerkes als Muster sind in 45 Bundesstaaten der Vereinigten Staaten von Amerika daran angelehnte Gesetze erlassen worden, welche im grenzüberschreitenden Rechtsverkehr zwischen den Bundesstaaten angewandt werden. Diese Vorschriften haben ein einheitliches Verfahren für die Anerkennung von Urteilen aus anderen US-Bundesstaaten zum Inhalt[640]. Die Bezeichnung *foreign* täuscht hier über die Tatsache, dass das Registrierungsverfahren nämlich gerade nicht auch auf ausländische im Sinne von außer-amerikanische Urteile anwendbar ist[641].

(2) Wirkung

Mit der Registrierung ist das Ersturteil einem Urteil eines Gerichts im Registrierungsstaat gleichgestellt[642]. Das heißt, das Ersturteil in Gestalt eines neuen Urteils ist allen

---

[640] Revised Uniform Enforcement of Foreign Judgment Act, Prefatory Note.

[641] Section 1 of the Uniform Enforcement of Foreign judgments Act [Definitions] In this Act „foreign judgment" means any judgment, decree, or order of a court of the United States or of any court which is entitled to full faith and credit in this state.

[642] Dazu auch *Becker*, Grundrechtsschutz bei der Anerkennung und Vollstreckbarerklärung im europäischen Zivilverfahrensrecht, Diss. Köln 2003, S. 49;

Vorschriften des Zweitstaates unterworfen, beispielsweise bezüglich der Wiedereröffnung des Verfahrens, der Aussetzung der Vollstreckung, weiterer Einreden und der Verteidigungsmittel. Somit muss der Gläubiger beim vereinfachten Registrierungsverfahren in Kauf nehmen, dass bei der Überprüfung des Ersturteils im Vollstreckungsstaat dessen Regeln gelten. Es existieren aber dafür keine Anerkennungsversagungsgründe bei der Registrierung des Urteils, weil dem Schuldner die Möglichkeit verbleibt, sich noch nach Registrierung zu wehren. Der Vollstreckungsschuldner kann im Registrierungsverfahren Einwände gegen den zugrunde liegenden Anspruch nach den Grundsätzen der Klage auf Vollstreckbarkeit (*action upon the judgment*) geltend machen, hier aber erst im Rechtsbehelfsverfahren und nicht bereits im Rahmen des Anerkennungsprozesses[643].

Fraglich ist, inwieweit das verfassungsrechtliche Prinzip der *full faith and credit clause* durch das Registrierungsverfahren eingeschränkt wird. Der Grundsatz beinhaltet, dass bei der Anerkennung innerhalb der USA eine Wirkungserstreckung des Ersturteils zu erfolgen hat. Im Rahmen des *Uniform Enforcement of Foreign Judgments Act* wird das Ersturteil jedoch vom Ursprungsstaat abgekoppelt. Daher erfolgt durch die Registrierung keine „echte", das heißt bedingungslose Anerkennung. Diese Beschränkung des *full faith and credit*-Grundsatzes ist gerechtfertigt, weil keine Anerkennungsversagungsgründe geltend gemacht werden können und aus Gläubigerschutzgesichtspunkten wenigstens die während des Erkenntnisverfahrens im Erststaat vom Schuldner vorgebrachten Einwendungen nach der Registrierung wie bei der Klage auf Vollstreckbarkeit ausgeschlossen sind. Somit wird die *full faith and credit clause* durch das Registrierungsverfahren nicht verletzt.

(3) Verfahren

Der Vollstreckungsgläubiger muss bei der Geschäftsstelle des Zweitgerichts eine beglaubigte Ablichtung des Ersturteils vorlegen und eine eidesstattliche Erklärung bezüglich dessen Vollstreckbarkeit abgeben. Um zur Sicherung des Vollstreckungsvermögens einen Überraschungseffekt zu erzielen, wird die Registrierung veranlasst, ohne dass der Schuldner vorher angehört oder benachrichtigt wird[644]. Der einzige Schutz des Vollstreckungsschuldners besteht in der 30-tägigen Sperrfrist bis zur Auskehrung des Vollstreckungserlöses[645]. Diese Frist läuft von dem Zeitpunkt an, zu dem der Schuldner von der Registrierung erfahren hat oder diesbezüglich fahrlässigerweise nichts wusste.

Section 2 of the Uniform Enforcement of Foreign Judgments Act [Filing and Status of Foreign Judgments] A copy of any foreign judgment authenticated in accordance with the Act of Congress or the statutes of this State may be filed in the office of the clerk of any District Court or of any Superior Court of this State. The clerk shall treat the foreign judgment in the same manner as a judgment of the District Court or Superior Court of this State. A judgment so filed has the same effect and is subject to the same procedures, defenses and proceedings for reopening, vacating or staying as a judgment of the District Court or the Superior Court of this State and may be enforced or satisfied in like manner.

[643] *Nelle*, Anspruch, Titel und Vollstreckung, S. 174 f.

[644] *Nelle*, Anspruch, Titel und Vollstreckung, S. 172.

[645] CPLR § 5403.

(4) Rechtsbehelf

Die Möglichkeit der Aufhebung (*relief from judgment*) ist im Rahmen des Registrierungsverfahrens umstritten[646]. Dies wird aber auch nur deshalb teilweise abgelehnt, weil der Schuldner statt der Registrierung auch das Ersturteil angreifen könnte. Aber bei diesem Verfahren handelt es sich nicht um eine herkömmliche Anerkennung, bei der normalerweise der Anspruch aus dem Ersturteil in dem Zweiturteil aufgeht.

(5) Zwischenergebnis zum *Uniform Enforcement of Foreign Judgments Act*

Aufgrund der Tatsache, dass keine „echte" Anerkennung mit der Folge der Wirkungserstreckung im Rahmen des *Uniform Enforcement of Foreign Judgments Act* stattfindet, bezieht sich die folgende Abhandlung, welche der Beurteilung des Europäischen Vollstreckungstitels dienlich sein soll, ausschließlich auf die Inanspruchnahme von *full faith and credit* durch die Klage auf Vollstreckbarkeit (*action upon the judgment*).

c) Grenzen der Rechtskrafterstreckung nach Anerkennung

Die *full faith and credit clause* bewirkt, dass einem Urteil eines amerikanischen Bundesstaates in einem anderen Bundesstaat die Wirkungen zu verleihen sind, welche ihm im Urteilsstaat zukommen. Grundsätzlich richtet sich dabei die materielle Rechtskraft des Urteils nach dem Recht des Erststaates. Von diesem Grundsatz werden folgende Ausnahmen gemacht.

Die Verjährung des Titels richtet sich in den USA nach dem Recht des Vollstreckungsstaates[647]. Dies erscheint aus deutscher Sicht inkonsequent, lässt sich jedoch dadurch erklären, dass die Verjährungsregeln im amerikanischen Recht dem Prozessrecht zugeordnet sind. Ebenfalls wird die Klageabweisung durch das Gericht des Erststaates wegen Verjährung teilweise dem Prozessrecht zugeordnet und deshalb als nicht anerkennungsfähig erachtet.

Präklusionswirkungen zählen nach US-amerikanischer Rechtsprechung nicht zur materiellen Rechtskraft und brauchen somit auch nicht anerkannt werden. Es eröffnet sich nur dann eine Anerkennungsmöglichkeit, wenn das Prozessrecht des Zweitstaates eine inhaltlich gleiche Präklusionsregel vorsieht[648]. Diesbezüglich ist eine Parallele zur Anerkennungspraxis unter Staaten der Europäischen Union zu erkennen, nach der auch die Wirkungen des Urteils bezüglich der Präklusionsnorm nach dem Recht des Erststaates auch nur soweit anerkannt werden, wie sie dem Recht des Vollstreckungsstaates bekannt sind[649].

---

[646] *Nelle*, Anspruch, Titel und Vollstreckung, S. 170.

[647] Restatement Second, Conflict of Law § 118; *Nelle*, Anspruch, Titel und Vollstreckung, S. 133, 170; s. z.B. N.Y. CPLR § 202.

[648] *Eisenberg/Woodward*, § 38.03 [a 1]; *Chapman v. Aetna* Fin. Co., 615 f 2d 361, 363 (5th Cir. 1980).

[649] Siehe zur anwendbaren Präklusionsnorm bei einer Vollstreckungsgegenklage in Deutschland Punkt B IV 1. d).

d) Zwischenergebnis zu den Anerkennungsmöglichkeiten

Obwohl das Registrierungsverfahren sich aus Praktikabilitätsgründen scheinbar in den meisten Anerkennungsfällen anbietet, ist die Möglichkeit der Klage auf Vollstreckbarkeit nicht nur theoretisch interessant: Wenn der *Uniform Enforcement of Foreign Judgments Act* in einem Bundesstaat nicht gilt, muss der Gläubiger dann doch eine Klage auf Vollstreckbarkeit erheben (*action upon the judgment*), dessen Rechtsgrundlage das fremde Urteil bildet[650]. Genauso kann trotz der Registrierungsmöglichkeit der Gläubiger die Anerkennung und Vollstreckung des erststaatlichen Urteils mit einem separaten Klageverfahren auf der Grundlage der *full faith and credit clause* anstrengen, wenn er die Einwendungen des Schuldners in der Sache, welche nach dem Recht des Vollstreckungsstaates beurteilt werden, ausschließen will. Das vereinfachte Registrierungsverfahren ist dem Gläubiger zudem teilweise sowohl bei Versäumnisurteilen, den aufgrund einer *cognovit note* ergangenen besonderen Anerkennungsurteilen als auch in einigen Bundesstaaten bei bundesgerichtlichen Urteilen verwehrt[651].

Da nur die Klage auf Vollstreckbarkeit mit dem immanenten Ziel der Anerkennung nach der *full faith and credit clause* mit dem europäischen System vergleichbar ist, sind die Gründe, aufgrund derer die Anerkennung nach diesem verfassungsrechtlichem Prinzip versagt werden können, im Folgenden zu untersuchen.

3. Anerkennungsversagungsgründe[652]

Eine Einschränkung der *full faith and credit clause* kann der anerkennende Staat dann machen, wenn sein ordre public der Anerkennung entgegensteht[653]. Insbesondere wird die Anerkennung aus bundesverfassungsrechtlichen also überstaatlichen Gründen versagt, wenn verfahrensrechtliche Gerechtigkeitsgrundsätze verletzt wurden (*due process clause*) und prozessuale Arglist (*fraud*) vorliegt. Der materielle ordre public wird auch, aber seltener als Versagungsgrund angeführt. Diese Versagungsgründe sind vom Gericht vor der Anerkennung zu prüfen, können auch gegebenenfalls vom Beklagten entweder im Rahmen der dargestellten Einwendungen gegenüber der Klage auf Vollstreckbarkeit oder im Rechtsbehelfsverfahren gegen das Anerkennungsurteil vorgebracht werden[654]. Bereits an dieser Stelle ist festzustellen, dass innerhalb der Vereinigten Staaten von Amerika nicht auf Anerkennungshindernisse verzichtet wird, obwohl ihr Recht einer gemeinsamen Verfassung untersteht und allgemein der US-

---

[650] *Schack*, Einführung in das US-amerikanische Zivilprozessrecht, S. 77.

[651] Bundesgerichtliche Urteile sind von der Registrierung in Kalifornien, Indiana, Massachusetts, Michigan, New Jersey und Vermont ausgeschlossen; *Nelle*, Anspruch, Titel und Vollstreckung, S. 168.

[652] Zu den Anerkennungshindernissen in den USA siehe auch *Becker*, Grundrechtsschutz bei der Anerkennung und Vollstreckbarerklärung im europäischen Zivilverfahrensrecht, Diss. Köln 2003, S. 46-48.

[653] Siehe Restatement of the law, Conflict of laws 2nd (1971), § 103: „A judgement rendered in one State of the United States need not to be recognized or enforced in a sister State if such a recognition or enforcement is not required by the national policy of full faith and credit because it would involve an improper interference with *important interests of a sister State*."

[654] Deshalb entspricht das US-amerikanische Vollstreckbarkeitsverfahren nicht dem der Artikel 41 ff. EuGVVO. Daher unzutreffend: *Becker*, Grundrechtsschutz bei der Anerkennung und Vollstreckbarerklärung im europäischen Zivilverfahrensrecht, Diss. Köln 2003, S. 45.

amerikanische Rechtsraum vereinheitlichter ist als der der Europäischen Gemeinschaft[655].

a) Verfahrensrechtliche Hindernisse

Die Anerkennungsversagung wegen eines Verstoßes gegen den verfahrensrechtlichen ordre public kann entweder auf die *due process clause*, den Grundsatz fairen rechtsstaatlichen Verfahrens, oder den *fraud*, die prozessuale Arglist, gestützt werden[656].

aa) Due process clause

Die *due process clause* entstammt der Bundesverfassung der Vereinigten Staaten von Amerika[657]. Auf der einen Seite ist im 5. Zusatzartikel[658] geregelt, dass jemandem nur dann Leben, Freiheit oder Eigentum genommen werden, wenn ein ordentliches Gerichtsverfahren stattgefunden hat, dass nach Recht und Gesetz abgelaufen ist.
Im 14. Zusatzartikel[659] ist in Absatz 1 ein anderer Teil der *due process clause* geregelt: Kein Staat darf jemandem das Leben, die Freiheit oder das Eigentum nehmen, es sei denn durch ein ordentliches Gerichtsverfahren, nach Recht und Gesetz. Genauso wenig darf jemandem innerhalb des staatlichen Territoriums der Schutz der Gesetze versagt werden. Damit wird nicht das Prozessrecht der einzelnen Staaten geregelt. Vielmehr sind die Staaten frei, ihr Verfahrensrecht in Übereinstimmung mit ihrer eigenen Vorstellung von Politik und Gerechtigkeit zu gestalten, es sei denn, dass Justizgrundsätze verletzt werden, welche in der staatenübergreifenden Tradition verankert sind[660].

---

655 *Voegele*, Full Faith and Credit – Die Anerkennung zivilrechtlicher Entscheidungen zwischen den US-amerikanischen Bundesstaaten, Diss. Berlin 2003, S. 75.

656 *Bruns*, Der anerkennungsrechtliche ordre public in Europa und den USA, JZ 1999, 278, 283.

657 US Constitution 5th Amendment, 14th Amendment.

658 5th Amendment US-Constitution: "No person shall be held to answer for a capital, or otherwise infamous crime, unless on a presentment or indictment of a grand jury, except in cases arising in the land or naval forces, or in the militia, when in actual service in time of war or public danger; nor shall any person be subject for the same offense to be twice put in jeopardy of life or limb; nor shall be compelled in any criminal case to be a witness against himself, nor be deprived of life, liberty, or property, without due process of law; nor shall private property be taken for public use, without just compensation."

659 14th Amendment Section 1 US-Constitution: "All persons born or naturalized in the United States, and subject to the jurisdiction thereof, are citizens of the United States and of the state wherein they reside. No state shall make or enforce any law which shall abridge the privileges or immunities of citizens of the United States; nor shall any state deprive any person of life, liberty, or property, without due process of law; nor deny to any person within its jurisdiction the equal protection of the laws."

660 U.S. Constitution - Analysis and Interpretation, Fourteenth Amendment, Section 1: Rights guaranteed procedural due Process – Civil, S. 16 (U.S. Government): *Snyder v. Massachusetts*, 291 U.S. 97, 105 (1934); *West v. Louisiana*, 194 U.S. 258, 263 (1904); *Chicago, B. & Q. R.R. v. Chicago*, 166 U.S. 226 (1897); *Jordan v. Massachusetts*, 225 U.S. 167, 176 (1912). Siehe *Boddie v. Connecticut*, 401 U.S. 371 (1971), for one recent limitation. The power of a State to determine the limits of the jurisdiction of its courts and the character of the controversies which shall be heard in them and to deny access to its courts is also subject to restrictions imposed by the contract, full faith and credit, and privileges and immunities clauses of the Constitution. *Angel v. Bullington*, 330 U.S. 183 (1947).

Deshalb haben die Staaten selbst auch die Art und Weise geregelt, wie man Rechte durchsetzen und Unrecht berichtigen lassen kann[661].
Die Väter der US-amerikanischen Verfassung hatten einerseits die Absicht, die Staaten zu einer Nation zusammenzuführen. Andererseits wollten sie, dass den Staaten die Möglichkeit verbleibt, einige wesentliche Attribute von Souveränität zu bewahren. Damit ist insbesondere die Ziehung der Grenzen für die Zuständigkeit der Gerichte durch die Staaten selber gemeint[662]. Gesetze eines Staates, welche einem Beklagten verbieten, ein Gericht anzurufen und mit einer Klage eine Entscheidung überprüfen zu lassen, sind auch dann verfassungsmäßig, wenn die wesentlichen Rechte des Beklagten gegen die Vollstreckung eines Urteils, welches ohne die Beachtung der *due process clause* gefällt wurde, garantiert sind[663]. Das heißt, der Beklagte muss mit Rechtsbehelfen die Einhaltung der *due process clause* überprüfen lassen können. Die *due process clause* geht insofern einher mit der *full faith and credit clause*, als dass das Zweitgericht die Entscheidung nur nach letzterem Prinzip anerkennen darf, wenn die Grundsätze der *due process clause* eingehalten wurden.
Einerseits kommt der *due process clause* eine dem prozessualen ordre public ähnliche Funktion zu, andererseits findet man einige Elemente im Anerkennungsversagungsgrund des Art. 27 Nummer 2 EuGVÜ bzw. Art. 34 Nummer 2 EuGVVO wieder. In den USA kommt dieser verfahrensrechtlich begründete Versagungsgrund in zwischenstaatlichen Anerkennungs- und Vollstreckungsrecht durch § 104 *Restatement second of the Law*[664] zum Ausdruck, nach dem ein Staat das Urteil eines Bundesstaates weder anzuerkennen noch zu vollstrecken braucht, wenn das Urteil von einem unzuständigen Gericht gefällt wurde oder kein angemessenes rechtliches Gehör gewährt wurde.

(1) Interlokale Unzuständigkeit des Erstgerichts

Ein amerikanischer Bundesstaat kann ein Urteil eines anderen Bundesstaates dann verweigern, wenn die Gerichte des Urteilsstaates nach ihrem Prozessrecht nicht zuständig waren[665]. Die Möglichkeit eines Bundesstaates, die Grenzen der internationalen und sachlichen Zuständigkeit seiner Gerichte selbst festzulegen, ist auch den Be-

---

661 *Insurance Co. v. Glidden Co.*, 284 U.S. 151, 158 (1931); *Iowa Central Ry. v. Iowa*, 160 U.S. 389, 393 (1896): *Honeyman v. Hanan*, 302, U.S. 375 (1937). Siehe auch *Lindsey v. Normet*, 405 U.S. 56 (1972).

662 *International Shoe Co. v. Washington*, 326 U.S. 310, 319 (1945); *Hanson v. Denckla*, 357 U.S. 235, 251 (1958). U.S. Constitution - Analysis and Interpretation, Fourteenth Amendment, Section 1: Rights guaranteed procedural due Process – Civil, S. 1707 (U.S. Government); dazu mehr in Punkt C III 3. a) aa) (1) (a).

663 U.S. Constitution - Analysis and Interpretation, Fourteenth Amendment, Section 1: Rights guaranteed procedural due Process – Civil, S. 1696 (U.S. Government).

664 § 104 Restatement of the Law, Conflict of Laws 2nd (1971): "A judgment rendered without judicial jurisdiction or without adequate notice or adequate opportunity to be heard will not be recognized or enforced in other states."

665 *Nelle*, Anspruch, Titel und Vollstreckung, S. 133.

schränkungen unterworfen, welche die Grundsätze über Verträge, *full faith and credit* und die Privilegierungs- und Immunitätsbestimmungen in der Verfassung vorgeben[666]. Eine Entscheidung, die entgegen den innerstaatlichen mit der *due process clause* übereinstimmenden Zuständigkeitsregeln in einem anderen US-Bundesstaat getroffen wurde, wird nicht anerkannt[667]. Dieser Anerkennungsverweigerungsgrund ist innerhalb der EU gemäß Art. 35 Absatz 3 EuGVVO ausdrücklich unzulässig, was bereits an anderer Stelle kritisiert wird[668]. Durch die Tatsache, dass selbst amerikanische Gerichte die Zuständigkeit des Gerichtes eines Bundesstaates nachprüfen, wird die Kritik an Art. 35 Absatz 3 EuVTVO und gleichzeitig Art. 6 Absatz 1 lit. b EuVTVO gestützt.

(a) Territorial jurisdiction

Bei der *territorial jurisdiction* („internationale" Zuständigkeit) geht es um die Abgrenzung der Zuständigkeiten der Bundesstaaten untereinander. Die Staaten legen sie selbst durch Gesetz oder ihr *common law* fest. Zu beachten ist dabei einzig die Vereinbarkeit mit der *due process clause* in Form des 14. Zusatzartikels der Bundesverfassung[669]. Die internationale Zuständigkeit eines Gerichts kann zum Beispiel darauf begründet werden, dass entweder eine Sache, um die gestritten wird, oder der Beklagte sich in diesem Staat befindet oder bei Eintritt des Ereignisses befunden hat.

(aa) Begründung der „Lehre der minimum contacts" durch "International Shoe v. Washington"

Historisch bedeutsam ist im Rahmen des Territorialitätsprinzips bei der Bestimmung der internationalen Zuständigkeit die Entscheidung des *Supreme Court „International Shoe"*[670] aus dem Jahre 1945. Der Gerichtshof begründete die „Lehre der *minimum contacts*" bei der Bestimmung der internationalen Zuständigkeit, die sich nach der Person des Gerichtspflichtigen richtet (*jurisdiction in personam*). Der Beklagte muss minimalen Kontakt zum Forumstaat haben, so dass das Verfahren nicht traditionellen Vorstellungen von grundlegender Gerechtigkeit (*„traditional notions of fair play and substantial justice"*) widerspricht. In dieser Formulierung findet wieder die *due process clause* ihren Ausdruck.

(bb) Einschränkung der Lehre der minimum contacts durch "World-Wide Volkswagen Corp. et al. v. Woodson"

In der Entscheidung „World-Wide Volkswagen Corp. v. Woodson"[671] wurde die Lehre der *minimum contacts* angewandt, um die internationale Zuständigkeit über zwei aus-

---

[666] *Angel v. Bullington*, 330 U.S. 183 (1947); U.S. Constitution - Analysis and Interpretation, Fourteenth Amendment, Section 1: Rights guaranteed procedural due Process – Civil, S. 1695 (U.S. Government).

[667] §§ 105, 106 Restatement of the Law, Conflict of Laws 2nd (1971).

[668] Siehe Punkt B III 1. c) bb) (2).

[669] *Schack*, Einführung in das US-amerikanische Zivilprozessrecht, S. 24.

[670] *International Shoe Co. v. Washington*, 326 US 310, 316 (1945).

[671] *World-Wide Volkswagen Corp. et al. v. Woodson*, District Judge of Creek County, Oklahoma, et al., 444 US 286 (1980).

ländische Unternehmen auszuschließen, die beide keine geschäftlichen Kontakte im Forumsstaat pflegten. Weil die Lehre der *minimum contacts* in diesem Fall zu einem unbefriedigenden Ergebnis führte, wurde sie – wie schon in anderen Fällen zuvor - eingeschränkt. Einer allzu großzügigen Ausdehnung der *jurisdiction* musste aufgrund des Grundsatzes eines fairen Verfahrens entgegengewirkt werden.
Der Sachverhalt gestaltete sich folgendermaßen: Die Kläger erlitten bei einem Unfall in Oklahoma, der durch einen behaupteten Defekt an ihrem Kfz bedingt war, körperliche Verletzungen. Den defekten Wagen hatten die Kläger im Vorjahr in New York als Einwohner New Yorks erworben. Der Unfall ereignete sich während einer Fahrt von New York nach Arizona, dem neuen Wohnsitz der Kläger. Die Beklagten waren Autoeinzelhändler und ihr Großhändler New York Corporations vertrieben ihre Wagen nicht in Oklahoma. Das Gericht fand keine Umstände, die es rechtfertigen würden, die internationale Zuständigkeit der Gerichtsbarkeit von Oklahoma anzunehmen: Erstens betrieben die Beklagten keine Geschäfte in Oklahoma. Zweitens schlossen sie weder Kauf- noch Dienstleistungsverträge in diesem Staat. Weiterhin machten sie sich keine der staatlichen Vergünstigungen zunutze. Viertens bemühten sich die Beklagten weder, Geschäfte durch Handelsvertreter abzuschließen, noch mit Hilfe von Werbung gezielt die Bevölkerung von Oklahoma zu erreichen. Fünftens wurde festgestellt, dass sie weder Autos an die Einwohner von Oklahoma verkauften, noch wurde der Automobilmarkt von Oklahoma direkt oder indirekt vom Beklagten bestückt. Die einzige Verbindung zu Oklahoma, nämlich die Tatsache, dass die Kläger den Staat bei ihrer Durchreise durchquerten, erachteten die Richter als unzureichend, um die Gerichtsbarkeit des Staates zu begründen. Wenn man als Argument anführt, dass es vorhersehbar sei, dass der Käufer mit seinem Auto in andere Staaten fährt, dann ist die weitere Einschränkung zu machen, dass Vorhersehbarkeit nur insofern relevant ist, als dass der Beklagte bei Berücksichtigung seines Verhaltens und der Verbindung zum Forumstaat vernünftigerweise seine Gerichtspflichtigkeit in diesem Staat annehmen muss[672]. Was für marginale Mehreinkünfte die Antragsteller angesichts der Tatsache, dass ihre Produkte in Oklahoma benutzbar sind, auch erhalten mögen, der Kontakt zu diesem Staat sei bei weitem zu schwach, um es zu rechtfertigen, dass Oklahoma seine Zuständigkeit *in personam* über die Beklagten ausübt[673]. Daher wurde die Lehre der ausreichenden *minimum contacts* dahingehend ausgelegt, dass der Beklagte sich im Forumstaat zweckgerichtet betätigt hat und sich dieses Vorteils bewusst ist[674]. Dies muss entweder durch den Geschäftsbetrieb im US-verfassungsrechtlichen Sinne geschehen oder, indem Produkte mit der Erwartung in den Handel gebracht werden, dass sie von Verbrauchern des Staates gekauft werden[675].

[672] Id. at 297. des Urteils.
[673] Id. at 299. des Urteils.
[674] *Hanson v. Denckla*, 357 U.S. 235, 253 (1985), zitiert in *World-Wide Volkswagen Corp. v. Woodson*, 444 U.S. 286, 297 (1980).
[675] Id. at 298: Of the three dissenters, Justice Brennan argued that the "minimum contacts"' test was obsolete and that jurisdiction should be predicated upon the balancing of the interests of the forum State and plaintiffs against the actual burden imposed on defendant.

Das Gericht stellte in dieser bedeutsamen Entscheidung heraus, dass das Konzept der *minimum contacts* als Kombination von zwei verbundenen, aber unterscheidbaren Funktionen angesehen werden kann. Es beschütze den Beklagten gegen die Hürden eines Prozesses in einem fremden Staat. Außerdem führe es dazu, dass die Staaten durch ihre selbst festgelegten Zuständigkeitsregeln nicht die Grenzen überschreiten, welche ihnen aufgrund der Koexistenz der jeweils souveränen Staaten gesetzt sind.

(cc) Forum non conveniens

Die Lehre des *forum non conveniens*[676] beinhaltet, dass ein Gericht freiwillig auf die Ausübung seiner Zuständigkeit verzichtet[677]. Im Gegensatz zur Lehre der *minimum contacts*, welche die Mindestvoraussetzungen für die Begründung der Zuständigkeit aufstellt, beschreibt die Lehre des *forum non conveniens* das andere Extrem, nämlich die Möglichkeit eines Gerichts, sich trotz seiner internationalen Zuständigkeit für unzuständig zu erklären. Diese Ermessensentscheidung ist dem deutschen Rechtssystem insbesondere wegen des Anspruchs auf den gesetzlichen Richter aus Art. 101 Absatz 1 Satz 2 GG fremd. Durch eine solche Verzichtsmöglichkeit soll eine zu weit formulierte Zuständigkeitsbegründung korrigierbar sein. Erwähnenswert ist in diesem Zusammenhang, dass sowohl das materielle also auch das Kollisionsrecht des verweisenden Staates anwendbar bleibt, es also sich nur um einen reinen Ortswechsel des Prozesses handelt. Weiterhin muss auch wirklich ein besser geeignetes Forum zur Verfügung stehen. Mit einer Abweisung von Klagen aufgrund der Lehre des *forum non conveniens* soll auch das *forum shopping* dann eingedämmt werden, wenn Ausländer nur deshalb in den USA klagen, um vom US-amerikanischen Recht zu profitieren[678].
Weil der Richter, in dessen Ermessen die Anwendung der Lehre des *forum non conveniens* liegt, auch dann gesetzlich zuständig ist, wenn er die Klage nicht – obwohl vertretbar – an ein besser geeignetes Gericht verweist, kann für das ergangene Urteil *full faith and credit* in Anspruch genommen werden, ohne dass die *due process clause* entgegensteht. Ein US-amerikanisches Gericht kann nicht aufgrund der Lehre des *forum non conveniens* interlokal unzuständig sein.

---

id. at 299: While Justices Marshall and Blackmun applied the test and found jurisdiction because of the foreseeability of defendants that a defective product of theirs might cause injury in a distant State and because the defendants had entered into an interstate economic network.

Id. at 313. The balancing of interests test was applied in *Asahi Metal Industry Co. v. Superior Court*, 480 U.S. 102 (1987), holding unreasonable exercise of jurisdiction by a California court over an indemnity action by a Taiwan tire manufacturer against a Japanese manufacturer of tire valves, the underlying damage action by a California motorist having been settled.

[676] Die Lehre vom *forum non conveniens* ist durch den Supreme Court vor den Bundesgerichten (*Gulf Oil Corporation v. Gilbert*, 330 US 501 (1947)) und auch in den meisten Einzelstaaten (z. B. Kalifornien, CCP § 410.30; in New York CPLR § 327 (a) (1984).

[677] *Schack*, Einführung in das US-amerikanische Zivilrecht, S. 33; *Weinschenk*, Die Anerkennung und Vollstreckung bundesdeutscher Urteile in den Vereinigten Staaten unter den „Foreign Country Money Judgment Recognition Acts", Diss. Mainz 1986, S: 132 ff.

[678] In dem beispielhaften Fall *Piper Aircraft Co. v. Reyno*, 454 US 235 (1981) erklärt der Supreme Court, dass er so die vermehrten Klagen von Ausländern gegen US-amerikanische Hersteller eindämmen wolle, auch wenn dies die Anwendbarkeit eines für den Kläger ungünstigeren Rechts zufolge habe.

(b) Örtliche Zuständigkeit (*venue*)

Weiterhin könnte auch der Verstoß gegen die örtliche Zuständigkeit die Anerkennung einer fremden Entscheidung wegen Verstoßes gegen die *due process clause* verhindern. Die bundesrechtliche Regelung[679] bestimmt, das die örtliche Zuständigkeit grundsätzlich nur in dem Gerichtsbezirk eröffnet ist, in welchem der Beklagte wohnt oder in dem ein wesentlicher Teil der Ereignisse oder Versäumnisse, welche Anlass zu der Streitigkeit gaben, vorgefallen sind.

(2) Rechtliches Gehör

Alle amerikanischen Staaten müssen dem Schuldner irgendwann vor Eintritt der Rechtskraft des Endurteils die Möglichkeit geben, gehört zu werden[680].

(a) Gesetzliche Ausgestaltung

Urteile, die ohne Anhörung ergehen, müssen gemäß § 104 *Restatement second of the Law* von einem anderen Bundesstaat nicht anerkannt werden. Die Benachrichtigung des Verfahrensbeteiligten und die angemessene Möglichkeit, im Prozess bezüglich seiner Klage oder Verteidigung gehört zu werden, sind zu zwei fundamentalen Bedingungen erklärt worden, welche in allen zivilisierten Ländern geschaffenen Rechtssystemen gelten[681]. Es ist allerdings keine unentbehrliche Anforderung an das Vorliegen von *due process*, dass jedes Verfahren, welches den Besitz oder die Verfügung über Eigentum klären soll, ausschließlich durch eine mündliche Verhandlung vor Gericht geklärt werden muss. Schriftliche Verfahren betreffend Eigentumsrechte, welche später in eine mündliche Verhandlung übergehen, verstoßen dann nicht gegen die *due process clause*, wenn der Gegenseite eine den Umständen entsprechend angemessene

---

[679] 28 USC § 1391. Venue generally.
(a) A civil action wherein jurisdiction is founded only on diversity of citizenship may, except as otherwise provided by law, be brought only in (1) a judicial district where any defendant resides, if all defendants reside in the same State, (2) a judicial district in which a substantial part of the events or omissions giving rise to the claim occurred, or a substantial part of property that is the subject of the action is situated, or (3) a judicial district in which any defendant is subject to personal jurisdiction at the time the action is commenced, if there is no district in which the action may otherwise be brought.(b) A civil action wherein jurisdiction is not founded solely on diversity of citizenship may, except as otherwise provided by law, be brought only in (1) a judicial district where any defendant resides, if all defendants reside in the same State, (2) a judicial district in which a substantial part of the events or omissions giving rise to the claim occurred, or a substantial part of property that is the subject of the action is situated, or (3) a judicial district in which any defendant may be found, if there is no district in which the action may otherwise be brought.

[680] Restatement of the Law, Conflict of Laws 2nd, § 104; *Postal Telegraph Cable Co. v. Newport*, 247 U.S. 464, 476 (1918); *Baker v. Baker, Eccles & Co.*, 242 U.S. 294, 403 (1917); *Louisville & Nashvill R.R. v. Schmidt*, 177 U.S. 230, 236 (1900).

[681] *Twining v. New Jersey*, 211 U.S. 78, 110 (1908); *Jacob v. Roberts*, 223 U.S. 261, 265 (1912). U.S. Constitution - Analysis and Interpretation, Fourteenth Amendment, Section 1: Rights guaranteed procedural due Process – Civil, S. 1733 (U.S. Government); *Voegele*, Full Faith and Credit – Die Anerkennung zivilrechtlicher Entscheidungen zwischen den US-amerikanischen Bundesstaaten, Diss. Berlin 2003, S. 90 ff.

Gelegenheit gegeben wird, gehört zu werden[682]. Der Anspruch auf *due process* beinhaltet auch nicht zwangsläufig das Recht, dass dem Schuldner jede erdenkliche Verteidigung gewährt werden muss, bevor das Endurteil gefällt wird. Vielmehr darf er auf die von ihm ergriffenen Prozesshandlungen[683] bzw. die Berufung verwiesen werden.

(b) Richtungweisende Urteile zum rechtlichen Gehör

Im Folgenden werden zwei im amerikanischen Recht richtungweisende Fälle für den Grundsatz des rechtlichen Gehörs dargestellt:
Eine Kautionsversicherungsgesellschaft wehrte sich gegen ein Urteil, das ohne Benachrichtigung und ohne die Möglichkeit des Beklagten erging, sich zur Haftungsproblematik zu äußern. Es wurde entschieden, es reiche für die Garantie auf verfahrensrechtliche Gerechtigkeit aus, dass in der einzelstaatlichen Praxis die Nachholung einer diesbezüglichen unterbliebenen Anhörung in der Berufungsinstanz möglich sei. Ebenso könne die Gesellschaft ihre Klage wegen Versagung rechtlichen Gehörs nicht auf die Tatsache stützen, dass sie die Möglichkeit einer Anhörung wegen einer versehendlichen Verfolgung des falschen Verfahrens vor den *State Courts* verloren habe[684].
In dem zweiten Fall ist dem Kläger sein Recht auf Verfahrensgerechtigkeit jedoch unrechtmäßigerweise verwehrt worden: Ein erstinstanzliches Gericht hielt eine Zeugenaussage für unerheblich und entschied daraufhin zugunsten des Klägers. Der *state appellate court* erachtet diese Zeugenaussage jedoch als wesentlich und hob daraufhin das erstinstanzliche Urteil auf, indem er ein endgültiges Urteil zugunsten des Beklagten fällte. Hinsichtlich der Einhaltung der *due process clause* wurde bemängelt, dass der Kläger im Berufungsprozess nicht mehr die Möglichkeit gehabt habe, Beweis zur Widerlegung dieser entscheidenden Zeugenaussage anzuführen[685].

bb) Fraud

Als weitere Ausnahme vom Grundsatz des *full faith and credit* aus verfahrensrechtlichen Gründen gilt die prozessuale Arglist (*fraud*). Es wird zwischen dem Betrug innerhalb des Verfahrens (*intrinsic fraud*) und dem Betrug außerhalb des Verfahrens (*extrinsic fraud*) unterschieden, wobei lediglich der *extrinsic fraud* regelmäßig zur Anerkennungsversagung führt[686]. Aus diesem Grund kann die Anerkennung versagt werden, wenn der Antragsteller durch Zwang oder Vertragsbruch der anderen Partei daran gehindert wurde, die Klagegründe vorzutragen bzw. zu verteidigen. Als Beispiele sind auch die Bestechung der Jury oder des Gerichts zu nennen. Unter die Bezeichnung des *fraud* sind ebenso die Fälle zu fassen, in denen der Beklagte sich deshalb nicht ausrei-

---

682 *Anderson Nat'l Bank v. Luckett*, 321 U.S. 233, 246-47 (1944).

683 *Lindsey v. Normet*, 405 U.S. 56, 65-69 (1972). However, if one would suffer too severe an injury between the doing and the undoing, he may avoid the alternative means. Stanley v. Illinois, 405 U.S. 645, 647 (1972).

684 *American Surety Co. v. Baldwin*, 287 U.S. 156 (1932). *Cf. Logan v. Zimmerman Brush Co.*, 455 U.S. 422, 429-30, 432-33 (1982).

685 *Saunders v. Shaw*, 244 U.S. 317 (1917).

686 *Voegele*, Full Faith and Credit – Die Anerkennung zivilrechtlicher Entscheidungen zwischen den US-amerikanischen Bundesstaaten, Diss. Berlin 2003, S. 98.

chend verteidigt, weil der Kläger ihm aufgrund arglistigen Verhaltens keinen Anlass dazu gibt[687]. Auch der umgekehrte Fall, in dem der potentielle Kläger aufgrund des Verhaltens des potentiellen Beklagten nicht klagt, wird unter diesen Rechtsbegriff gefasst. Im deutschen Recht bezeichnet man diese Fälle als Prozessbetrug. Bei Nichtbeachtung arglistigen Verhaltens durch das Erstgericht wird dessen Urteil wegen des Tatbestandes des *fraud* nicht anerkannt und daher auch nicht vollstreckt.
Zusammenfassend lässt sich sagen, dass zur betrügerischen Erlangung eines Urteils eine umfangreiche und nicht immer widerspruchsfreie Rechtsprechung verschiedenste Fallgruppen entwickelt worden ist, deren konkrete Zuordnung sich als schwierig erweist[688]. Jedenfalls ist dieser Anerkennungsversagungsgrund innerhalb der Europäischen Gemeinschaft dem ordre public zuzuordnen[689].

b) Materiellrechtliche Hindernisse

Hinsichtlich des Verstoßes gegen die öffentliche Ordnung ist zu unterscheiden zwischen dem zugrunde liegenden Anspruch selbst und der Anerkennung. Zum Verstoß des Anspruchs gegen die öffentliche Ordnung des Zweitstaates entschied der *Supreme Court* in der Grundsatzentscheidung „Fauntleroy v. Lum"[690], dass die Fehlerhaftigkeit einer Entscheidung kein Anerkennungsversagungsgrund darstelle und dass die Unwirksamkeit des Vertrages, auf dem der anzuerkennende Anspruch beruht, nicht als Begründung eines Verstoßes gegen die öffentliche Ordnung angeführt werden dürfe[691]. Insofern sind die Voraussetzungen für einen ordre-public-Verstoß aufgrund des anzuerkennenden Anspruchs selbst äußerst hoch anzusetzen.
Für die Variante, dass erst die Anerkennung gegen die öffentliche Ordnung des Zweitstaates verstößt, werden gesetzliche Ausnahmen gemacht: Für die Versagung der Anerkennung eines Urteils eines US-amerikanischen Bundesstaates reichen gemäß § 103 des *Restatement Second of the Law* wichtige Interessen des anerkennenden Bundesstaates[692]. Fraglich ist, ob es Interessen gibt, welche der Anerkennung aufgrund des Entscheidungsergebnisses widersprechen (materieller ordre public). Für die Beurteilung des ordre-public-Verstoßes ist das Recht des Vollstreckungsstaates maßgeblich. Es gibt aufgrund des engen Anwendungsbereichs dieser genannten Norm nur wenige Fälle, in denen ein Verstoß gegen den einzelstaatlichen materiellen ordre public geltend gemacht wurde[693]. Die Rechtsprechung des *Supreme Court* macht deutlich, dass die *full faith and credit clause* nur seltene Ausnahmen zulässt[694]. Sie hat den Zweck,

---

[687] Restatement of the Law, Conflict of Laws 2nd (1988), § 115 Comment d.
[688] *Nelle*, Anspruch, Titel und Vollstreckung, S. 169.
[689] Siehe auch zum Prozessbetrug im deutschen Recht Punkt D II 2. b) bb) (1) (c).
[690] 210 U.S. 230 ff. (1907).
[691] Herausgearbeitet in *Vögele*, Full Faith and Credit – Die Anerkennung zivilrechtlicher Entscheidungen zwischen den US-amerikanischen Bundesstaaten, Diss. Berlin 2003, S. 104.
[692] *Bruns*, Der anerkennungsrechtliche ordre public in Europa und den USA, JZ 1999, 278, 284.
[693] Restatement of the law, Conflict of laws (2nd) 1971, § 103 comment a; *Voegele*, Full Faith and Credit – Die Anerkennung zivilrechtlicher Entscheidungen zwischen den US-amerikanischen Bundesstaaten, Diss. Berlin 2003, S. 118.
[694] Das genaue Ausmaß dieser Ausnahmen sei jedoch ungewiss. Der Supreme Court habe das letzte Wort, die Ausnahmen von der full faith and credit clause festzulegen.

die Bundesstaaten zu einem integralen Bestandteil einer einheitlichen Nation zu machen[695] Trotzdem soll auf die Bedürfnisse jedes individuellen Staates Rücksicht genommen werden. Als nationaler ordre public eines Staates wird der Schutz der Menschenwürde bzw. fundamentale Interessen angeführt[696]. Auch wenn nach § 103 des *Restatement second of the Law* theoretisch auch das Ergebnis der Entscheidung einem gewichtigen Interesse eines Staates zuwiderlaufen könnte, wird der Inhalt einer Entscheidung eines Bundesstaates praktisch gar nicht in Frage gestellt. Auch extreme Divergenzen im materiellen Recht werden nicht als gewichtige Interessen der Staaten im Sinne des § 103 eingestuft[697]. Trotz der vorsichtigen Einstellung zur Durchbrechung der *full faith and credit clause* ist doch anzumerken, dass die Möglichkeit eines materiellen ordre-public-Verstoßes zumindest diskutiert wird und dem anerkennenden Staat die Möglichkeit einer Überprüfung zusteht, auch wenn der *Supreme Court* die Versagung der Anerkennung wegen gewichtiger einzelstaatlicher Interessen in den meisten Fällen abgelehnt hat.

c) Zwischenfazit zu den Anerkennungsversagungsgründen

Bevor ein amerikanischer Staat eine in einem Bundesstaat getroffene gerichtliche Entscheidung anerkennt, kann das Gericht prüfen, ob verfahrensrechtliche oder materiellrechtliche Versagungsgründe dagegen sprechen. Die Versagung wegen materiellrechtlicher Gründe erfolgt in der gerichtlichen Praxis selten[698]. Hinsichtlich des Vergleichs mit der EU ist jedoch als entscheidendes Ergebnis festzuhalten, dass der Zweitstaat die Anerkennung aufgrund der *due process clause* und wegen prozessualer Arglist (*fraud*) versagen kann, wodurch der prozessuale Standard gewährleistet wird. Die US-amerikanischen Staaten verlassen sich also diesbezüglich nicht darauf, dass alle Mitgliedstaaten diese gemeinsame verfassungsrechtliche Bestimmung fehlerfrei anwenden, sondern möchten sich ihre Überprüfung vor der Anerkennung vorbehalten[699]. Die Verweigerung der Anerkennung ist gerade im Hinblick auf die *due process clause* umso wahrscheinlicher, je mehr einer Partei Schutz gewährt werden soll, und umso seltener je mehr staatliche Interessen im Vordergrund stehen[700].

---

[695] *Milwaukee County v. M. E. White Co.*, 296 U.S. 268, 276-7 (1935).

[696] *Mr. Justice Stone* in seiner vom Urteil abweichenden Meinung in *Yarborough v. Yarborough*, 290 U.S. 202 (1933), und mit Unterstützung der Mehrheit in *Milwaukee County v. M. E. White Co.*, 296 U.S. 268 (1935) und *Magnolia Petroleum Co. v. Hunt*, 320 U.S. 430 (1943). Siehe auch *Industrial Commission of Wisconsin v. McCartin*, 330 U.S. 622 (1947); Restatement of the law, Conflict of laws (2nd) 1971, § 103 comment b.

[697] *M&R Investments Co. inC. v. Hacker*, 511 So. 2d 1099, 1100 (Fla. App. 1987); *Marina Associates v. Barton*, 563 –n.E. 2d, 1110, 1113 (Ill. App. 1990); *Great Bay Hotel & Casino Saltzman*, 609, A 2d 817, 820 (Pa. Super 1992); *S.a. Practice Management Assoc. v. Thurton*, 588 N.E. 2d 408, 411 (Ill. App. 1992); *International Recovery Sys., Inc. v. Gabler*, 527 N.W. 2d 20, 22 (Mich, Ct. App. 1995).

[698] *Becker*, Grundrechtsschutz bei der Anerkennung und Vollstreckbarerklärung im europäischen Zivilverfahrensrecht, Diss. Köln 2003, S. 48.

[699] *Becker*, Grundrechtsschutz bei der Anerkennung und Vollstreckbarerklärung im europäischen Zivilverfahrensrecht, Diss. Köln 2003, S. 50.

[700] *Voegele*, Full Faith and Credit – Die Anerkennung zivilrechtlicher Entscheidungen zwischen den US-amerikanischen Bundesstaaten, Diss. Berlin 2003, S. 119.

IV Zusammenfassung zur US-amerikanischen Rechtslage

Für die Anerkennung und Vollstreckung von Urteilen eines Bundesstaates in einem anderen ist ein mit dem bisherigen europäischen Exequaturverfahren vergleichbare ausdrückliche Anerkennung erforderlich. In diesem Rahmen ist regelmäßig die Einhaltung der Bundesverfassung und in engen Grenzen die einzelstaatliche öffentliche Ordnung überprüfbar. Es sind keine Tendenzen ersichtlich, welche die Abschaffung des Vollstreckbarerklärungsverfahrens erkennen lassen.

D Vergleiche und Bewertung

Nach Darstellung der Rechtslage in den USA und in der Europäischen Gemeinschaft vor Einführung der EuVTVO bieten sich diesbezügliche Vergleiche an, im Rahmen derer eine Abwägung der widerstreitenden Interessen erfolgt.

I Rechtslage in den USA im Gegensatz zur Rechtslage nach Einführung der EuVTVO

Bei der Anerkennung des Urteils eines anderen US-Bundesstaates wird die Erfüllung der verfassungsrechtlichen *full faith and credit clause* im Gleichlauf mit der *due process clause*[701] überprüft. Das Beispiel USA, welche zwar wie Europa in einem föderativen System organisiert sind, zeigt, dass auch die Existenz eines gemeinsamen Höchstgerichts, das über die Ausübung von Justizhoheit im Einzelfall wacht, eine Kontrolle im Anerkennungsstaat nicht ausschließt bzw. diese sogar geboten sein kann[702]. Allerdings ist in der Praxis bei der Versagung der Anerkennung aufgrund des materiellen ordre-public-Vorbehalts in den USA deutliche Zurückhaltung festzustellen[703].

Bei der Bewertung dieser Vorsicht ist Folgendes zu bedenken: Im Rahmen der Überprüfung des Ersturteils auf einen relevanten verfahrensrechtlichen Verstoß legt das Zweitgericht seiner Prüfung weder nationales Recht des Ursprungs- noch des Vollstreckungsstaates, sondern Bundesverfassungsrecht zugrunde (5. und 14. Zusatzartikel). Die innerstaatlichen prozessualen ordre-public-Maßstäbe der Bundesstaaten stimmen hinsichtlich der verfassungsrechtlichen Ausgestaltung der *due process clause* überein, weshalb das Ergebnis einer solchen Kontrolle weitgehend vorhersehbar ist. Somit ist das Prozessrisiko geringer, und der Beklagte wird sich eher auf diese Einwendung berufen. Genauso sind die Gerichte bei der Überprüfung der anzuerkennenden Entscheidung eher gewillt, *full faith and credit* zu verweigern, weil die Erstentscheidung gegen Bundesrecht verstößt, als wenn „nur" nationale Gerechtigkeitsvorstellungen entgegenstehen. Den innerstaatlichen materiellen ordre public als Versagungsgrund anzuführen, würde bedeuten, die Vereinigten Staaten in ihrer Einheit anzugreifen. Dieser Angriff könnte insofern der Verfassung zuwiderlaufen, als dass deren gesetzgeberische Idee ja gerade die Schaffung einer Gesamtnation war. Trotzdem sollen die Eigenheiten in den Einzelstaaten weiter bestehen. Bei der Abwägung zwischen der Einheitlichkeit des föderativen Zusammenschlusses und der Eigenheiten der Einzelstaaten wird in den USA der Gesamtnation Vorrang eingeräumt, was auch in diesem Zusammenhang zum Tragen kommt.

Der Unterschied, dass die USA den verfahrensrechtlichen ordre public im Gegensatz zur EU bundesverfassungsrechtlich – also für alle Bundesstaaten geltend - formuliert haben, ist jedoch nur scheinbar. Schließlich verfügt die EU im Hinblick auf Art. 6

[701] *Voegele*, Full Faith and Credit – Die Anerkennung zivilrechtlicher Entscheidungen zwischen den US-amerikanischen Bundesstaaten, Diss. Berlin 2003, S. 78.

[702] *Kohler*, Systemwechsel im europäischen Anerkennungsrecht, in: Baur/Mansel, Systemwechsel im europäischen Kollisionsrecht, 147, 161.

[703] *Bruns*, Die anerkennungsrechtliche ordre public in Europa und den USA, JZ 1999, 278, 283.

EMRK, welcher gemäß Art. 6 Absatz 2 des Vertrages über die Europäische Union (im Folgenden „EU") von der Union zu achten ist, auch über einen prozessualen Standard, den prozessualen ordre public européen, der unter Berücksichtigung der zu ihm entwickelten Rechtsprechung nicht hinter dem der *due process clause* zurückbleibt. Das verbleibende Grundproblem sind jedoch Divergenzen in der Europäischen Gemeinschaft, welche vor allem den prozessualen Mindeststandard betreffen. Im Hinblick auf die beispielhafte und noch näher zu besprechende „Krombach-Entscheidung"[704] des EuGH ist es fraglich, ob Art. 6 EMRK, welcher in allen Mitgliedstaaten beachten werden müsste, tatsächlich einen einheitlichen Standard schafft.
Die Zurückhaltung, einen Verstoß gegen den materiellen ordre public anzunehmen, ist zwar auch unter den Mitgliedstaaten der Europäischen Gemeinschaften festzustellen, jedoch ist sie nicht so eng zusammengewachsen, dass die nationale Identität der Staaten hinter der EG zurückstehen muss, Art. 6 Absatz 3 EU. Die Ausgestaltung des Systems der Europäischen Gemeinschaft als supranationale Organisation zeigt deutlich die Gewichtung zwischen der Gemeinschaft und dem Einzelstaat: Der Mitgliedstaat steht im Vordergrund; er kann Kompetenzen übertragen, muss es aber nicht. Im Gegensatz dazu legt in den USA der *Supreme Court* die Grenzen der staatlichen Interessen fest, eine Praxis, die in der EU wegen Verstoßes gegen das Subsidiaritätsprinzip von vornherein ausgeschlossen wäre.
Der ordre public im US-amerikanischen Anerkennungs- und Vollstreckungsrecht umfasst auch die Vereinbarkeit der Zuständigkeit des Gerichtes im Ursprungsstaat mit den verfassungsrechtlichen Prinzipien der Gerichtspflichtigkeit des Beklagten[705]. Auch eine solche Prüfung ist dem Vollstreckungsschuldner versagt. Im Hinblick auf die Würdigung von Art. 6 Absatz 1 lit. b EuVTVO ist als weiteres Indiz für eine im Hinblick auf den Anspruch auf rechtliches Gehör unverhältnismäßige Benachteiligung der Interessen des Vollstreckungsschuldners anzumerken, dass auch in der US-amerikanischen Anerkennungs- und Vollstreckungspraxis die internationale Zuständigkeit des Erstgerichts vom Zweitgericht unabhängig von der betroffenen Materie überprüft werden kann.
Aus der US-amerikanischen Praxis im zwischenstaatlichen Rechtsverkehr ist zu schlussfolgern, dass noch nicht mal das Vertrauen der amerikanischen Bundesstaaten zueinander ausreicht, um das Anerkennungs- und Vollstreckbarkeitsverfahren abzuschaffen. Das anscheinend fehlende Vertrauen ist jedoch nicht in Misstrauen umzudeuten, sondern in wechselseitigen Respekt für historische und kulturelle Eigenheiten. Im Vergleich zum europäischen System fällt weiterhin auf, dass in den USA trotz ihrer Untergliederung in Bundesstaaten nur eine Nation lebt und dadurch eigentlich ein höheres Integrationsniveau[706] aufweisen müsste als die Europäische Gemeinschaft. Wenn man das System der USA nicht in Frage stellen will, gibt es Anlass zu der Annahme,

---

[704] EuGHE 2000 I-1935, vom 28. März 2000, Rs. C-7/98 – *Krombach/Bamberski* = IPRax 2000, 406 ff.
[705] *Coester-Waltjen*, Einige Überlegungen zu einem künftigen Europäischen Vollstreckungstitel, FS Beys 2003, 183, 192.
[706] *Bruns*, Die anerkennungsrechtliche ordre public in Europa und den USA, JZ 1999, 278, 283.

dass das europäische System unverhältnismäßig integrativ ist[707]. Das Ziel der Europäischen Gemeinschaften ist es nicht, zu einer Nation zusammenzuwachsen. Gleichfalls haben die Mitgliedstaaten Kompetenzen auf die europäische Ebene übertragen und dadurch einen Teil ihrer Eigenständigkeit aufgeben wollen.
Vergleichend mit der Anerkennungsversagung durch den Richter im Zweitstaat aufgrund gemeinsamer verfassungsrechtlicher Bestimmungen in den USA kann der Vollstreckungsschuldner in der EG nur im Ursprungsstaat, jedoch nicht im Vollstreckungsstaat, einen Verstoß gegen Art. 6 Absatz 2 EU in Verbindung mit Art. 6 EMRK geltend machen. Insofern wird dem gegenseitigen Vertrauen innerhalb der EU im Vergleich zum weitaus integrativeren politischen Hintergrund des US-amerikanischen Systems eine größere Bedeutung beigemessen. Es drängt sich daher die Frage auf, ob diese geringen Anforderungen an das gegenseitige Vertrauen innerhalb der Europäischen Gemeinschaft in eine ordnungsgemäße, gleichwertige Rechtspflege zulasten der Rechte und Interessen der Vollstreckungsschuldner eine Rechtfertigung findet.

II Bisherige Rechtslage ↔ Rechtslage nach Einführung der EuVTVO: Bedürfnis nach einer ordre-public-Kontrolle im Vollstreckungsstaat?

Bei der Interessensabwägung könnte der Vergleich der bisherigen Rechtslage in der Europäischen Gemeinschaft mit der Rechtslage mit Einführung der EuVTVO weiterhelfen. Wie bereits festgestellt, entfällt durch die Abschaffung des Vollstreckbarerklärungsverfahrens bei Einführung der EuVTVO die Möglichkeit des Gerichts des Vollstreckungsstaates, die dem Europäischen Vollstreckungstitel zugrunde liegende ausländische Entscheidung in der Sache, also auch hinsichtlich des inländischen ordre public zu überprüfen.
Die zwangsvollstreckungsrechtlichen Rechtsbehelfe gegen den im Ausland ausgestellten Vollstreckungstitel könnten zum angemessenen Schutz des Schuldners ausreichen, obwohl mit deren Hilfe die zugrunde liegende Entscheidung nicht in vollem Umfang auf ihre Rechtmäßigkeit - insbesondere nicht bezüglich des inländischen ordre public - überprüft werden kann. Das Bedürfnis für die Kontrolle des ordre public des Vollstreckungsstaates im Vollstreckungsstaat entstünde von vorne herein nämlich nur dann, wenn dieser nicht bereits im Urteilsstaat überprüft worden ist bzw. hätte überprüft werden können oder mit dem ordre public des Ursprungsstaates identisch ist. Daher stehen zunächst die Kontrollmöglichkeiten im Urteilsstaat im Vordergrund:
Im Urteilsstaat kann der ordentliche Rechtsweg beschritten werden, wobei dem Schuldner sämtliche Rechtsbehelfe inklusive der Rechtsmittel gegen dort ergangene Entscheidungen zur Verfügung stehen. Es hängt im Einzelnen von der nationalen Rechtsordnung ab, welche Gründe für die Zulässigkeit dieser Rechtsbehelfe ausreichen. Diese Voraussetzungen brauchen vorliegend nicht umfassend ermittelt werden. Ebenso geht es nicht darum, ob der Richter im Urteilsstaat dessen inländischen ordre public beachtet. Weiterhin ist klarstellend festzuhalten, dass die Tatsache, dass der ausländische Richter das anwendbare Recht nach seinem Internationalen Privatrecht

---

[707] *Becker*, Grundrechtsschutz bei der Anerkennung und Vollstreckbarerklärung im europäischen Zivilverfahrensrecht, Diss. Köln 2003, S. 50 f.: Becker sieht in der Einführung der EuVTVO eine deutliche Absetzung des EU-Rechts vom amerikanischen Recht.

ermittelt und daher den Fall nach einer anderen Rechtsordnung löst, als es der Richter im Vollstreckungsstaat täte, keinen Verstoß gegen den inländischen ordre public des Vollstreckungsstaates darstellt. Vielmehr ist das Ergebnis der Rechtsanwendung, welches durch die Anerkennung im Vollstreckungsstaat Wirkung entfaltet, entscheidend für einen Verstoß. Es steht also die Frage im Vordergrund, ob der Vollstreckungsschuldner im Urteilsstaat das Ergebnis der Rechtsanwendung hinsichtlich dessen Vereinbarkeit mit dem nationalen ordre public des Vollstreckungsstaates überprüfen lassen kann.

1. Überprüfung des ordre public des Vollstreckungsstaates im Urteilsstaat

In der „Krombach-Entscheidung" des EuGH[708] wurde die Existenz eines europäischen ordre public insofern bejaht, als dass der EuGH nur über die Grenzen des inländischen ordre public der Mitgliedstaaten wache. Diese Grenzen bilde der europäische ordre public, den demnach alle Mitgliedstaaten von Amts wegen beachten müssen[709]. Daher ist u.a. der europäische ordre public, der einen Teil des deutschen bzw. vollstreckungsstaatlichen ordre public darstellt, Prüfungsmaßstab im Erststaat. Der ausländische Richter überprüft jedoch unabhängig vom nationalen Rechtsschutzsystem aus folgenden Gründen nicht die Einhaltung des Teils des deutschen ordre public bzw. des ordre public des jeweiligen Vollstreckungsstaates, der nicht europäischer ordre public ist: Der Richter ist auf der einen Seite in der Regel nicht in der Lage, die Beachtung eines ausländischen ordre public zu beurteilen, weil er das ausländische Rechtssystem nicht kennt. Andererseits liegen ihm für eine solche Prüfung aufgrund seiner internationalen Zuständigkeit nach Gemeinschaftsrecht bzw. nach internationalen Übereinkommen keine Anhaltspunkte vor. Der Sachverhalt ist von ihm bei korrekter Anwendung der internationalen Vorschriften im Urteilsstaat und gegebenenfalls nach dessen Internationalem Privatrecht zu beurteilen. Der ausländische Richter wird den Fall also an seiner Rechtsordnung messen und dabei eventuell deren international zwingenden Vorschriften und Gerechtigkeitsvorstellungen durchsetzen. Die Beachtung des ordre public des Vollstreckungsstaates kommt dabei nicht in Betracht. Trotzdem kann nach der EuVTVO unmittelbar in diesem Staat vollstreckt werden. Folglich ist das Bedürfnis nach einer ordre-public-Kontrolle im Vollstreckungsstaat nicht durch eine bereits erfolgte Überprüfung im Urteilsstaat ausgeschlossen. Der Vollstreckungsschuldner kann sich im Erststaat nicht auf den Teil des inländischen ordre public berufen, der nicht europäischer ordre public im Sinne der „Krombach-Entscheidung" ist.

Dem Vollstreckungsschuldner verbleibt lediglich die Möglichkeit, alle Rechtsbehelfe im Ausland auszuschöpfen und gegebenenfalls die Vorlage des Erstgerichts abzuwarten. Wie bereits festgestellt, ist er hinsichtlich der Überprüfung durch den EuGH je-

---

[708] EuGHE 2000 I-1935, vom 28. März 2000, Rs. C-7/98 – *Krombach/Bamberski* = IPRax 2000, 406 ff.

[709] Kohler lehnt diese „Simulation von Inlandsverhältnissen" hinsichtlich des einheitlichen europäischen ordre public ab. Jeder Mitgliedstaat übernehme selbst die Verantwortung, dass die gemeinschaftsrechtlichen Grundrechte beachtet würden (*Kohler*, Von der EuGVVO zum Europäischen Vollstreckungstitel, in: Reichelt/Rechberger (Hrsg.), Europäisches Kollisionsrecht, 63, 77).

doch von der Entscheidung des Ursprungsgerichts zur Vorlage beim EuGH gemäß Art. 234 EG abhängig.

2. Einheitlicher europäischer ordre public

Eine Rechtsschutzlücke aufgrund des gefundenen Ergebnisses würde jedoch nur dann bestehen, wenn ein Teil der nationalen ordre-public-Maßstäbe nicht gleichzeitig europäischer ordre public ist und diese Teile jenseits der Grenzen des europäischen ordre public innerhalb der Rechtssysteme der Mitgliedstaaten divergieren. Die ordre-public-Kontrolle könnte also unter der Voraussetzung entfallen, dass sich die nationalen ordre-public-Standards innerhalb der Europäischen Gemeinschaft entsprechen. Es müsste einen einheitlichen ordre public der Europäischen Gemeinschaft geben, welcher die nationalen Maßstäbe entbehrlich macht bzw. ersetzt. Sollte dies nicht der Fall sein, besteht grundsätzlich weiterhin das Bedürfnis nach einer Kontrolle des einzelstaatlichen ordre public. Es entstünde durch die Einführung der EuVTVO eine Rechtsschutzlücke zulasten des Schuldners.

a) Abgrenzung eines gemeineuropäischen ordre public zum ordre public européen

Zur Klarstellung ist der angesprochene denkbare gemeineuropäische ordre public aller Mitgliedstaaten abzugrenzen von dem „ordre public européen" oder „ordre public communautaire". Bei Letzterem handelt es sich um die europarechtliche Ordnung in der Europäischen Gemeinschaft, welche wiederum Bestandteil der deutschen öffentlichen Ordnung ist[710]. Das heißt, dass der deutsche anerkennungsrechtliche ordre public sowohl deutsches als auch europäisches zwingendes Recht durchsetzt. Also ist der ordre public européen in die nationale öffentliche Ordnung integriert; er ergänzt sie um europäische Werte. Dies wurde auch in der „Ecco-Swiss-Entscheidung" des EuGH[711] für das europäische Kartellrecht ausdrücklich bejaht: Es wurde in diesem Zusammenhang darauf hingewiesen, dass Art. 81 EG im Rahmen des ordre-public-Vorbehalts zu berücksichtigen sei. Außerdem ist nach Art. 6 Absatz 2 EU die Europäische Menschenrechtskonvention zu beachten, welche mit ihrem Art. 6 einen prozessualen Standard vorgibt. Bei diesem handelt es sich um einen Teil des ordre public européen.
Vorliegend geht es aber nicht um die Frage nach zwingendem Gemeinschaftsrecht, sondern nach einem gemeineuropäischen internationalen ordre public, welcher alle nationalen ordre-public-Maßstäbe zu ersetzen vermag und diese nicht lediglich ergänzt.

---

[710] BGH NJW 1969, 978, 980; *Geimer*, Internationales Zivilprozessrecht, Rn. 2969a; *Geimer*, Anerkennung ausländischer Entscheidungen in Deutschland, S. 139, 140; *v. Bar/Mankowski*, Internationales Privatrecht, Band 1, § 3 Rn. 46.

[711] EuGHE 1999 I, Tz. 35 ff., Rs. C-126/97 - *Ecco/Swiss/Benetton International BV.*; *Heß*, Urteilsfreizügigkeit und ordre-public-Vorbehalt bei Verstößen gegen Verfahrensgrundrechte und Marktfreiheiten, IPRax 2001, 301, 305.

b) Die Vorstellung eines gemeineuropäischen ordre public

Man könnte einen gemeineuropäischen ordre public auf die EU-Grundfreiheiten, die EMRK, die Europäische Grundrechtecharta oder auf die Schnittmenge der übereinstimmenden Verfassungsprinzipien der Mitgliedstaaten stützen. Dafür spricht, dass die Europäische Union im Entwurf für eine Europäische Verfassung als Wertegemeinschaft bezeichnet wird[712]. Auch nach Art. 6 Absatz 1 EU beruht die Europäische Union auf den Grundsätzen der Freiheit, der Demokratie, der Achtung der Menschenrechte und Grundfreiheiten sowie der Rechtsstaatlichkeit. Zu beachten ist jedoch, dass diese präambelähnliche Formulierung die Mitgliedstaaten nicht ausdrücklich zur Einhaltung der Grundsätze verpflichtet[713]. Vielmehr werden mit Art. 6 Absatz 1 EU zur Untermauerung des Vertragswerks eine gemeinsame politische Einstellung und das Bekenntnis zu gemeineuropäischen Grundwerten ausgedrückt. Aus Sorge vor einer Entstaatlichung und schrittweisen Auflösung der Nationalstaaten wurde die Wahrung der nationalen Identität der Mitgliedsstaaten in Art. 6 Absatz 3 EU formuliert[714]. Sie wird als „unausgesprochenes Selbstverständnis" der Gemeinschaft qualifiziert[715] und bezieht sich auf bestimmte kulturell verwurzelte Rechtsregeln[716]. Diese Formulierung darf einerseits nicht als Blockade des Integrationsprozesses verstanden werden. Andererseits soll Art. 6 Absatz 3 EU dazu dienen, einen realistischen Gegenpol zur geplanten Vereinheitlichung Europas zu bilden und so ein Auseinanderbrechen zu verhindern. Es darf nicht so weit kommen, dass Mitgliedstaaten gezwungen werden, fremde gerichtliche Entscheidung anzuerkennen oder zu vollstrecken, wenn dadurch die nationale Identität des Vollstreckungsstaates verletzt wird[717].

Auch in Art. 22 der Europäischen Grundrechtecharta findet sich, orientiert an Art. 6 Absatz 3 EU[718], ein Hinweis auf die Beachtung der nationalen Identität innerhalb Europas: „Die Union achtet die Vielfalt der Kulturen, Religionen und Sprachen." Die Kulturenvielfalt erlangt besondere Bedeutung im Familien- und Erbrecht[719], welches zwar hinsichtlich der EuVTVO nur bei unbestrittenen Unterhaltszahlungen berührt sein könnte. Andererseits sollte das Maßnahmenprogramm von Tampere in seiner Gesamtheit nicht aus den Augen verloren werden, weshalb auch familienrechtliche Aspekte für die langfristige Abschaffung des anerkennungsrechtlichen ordre public in sämtlichen Rechtsgebieten relevant sind. Grundsätzlich wird die kulturelle Identität als

---

[712] So auch Präsident des Bundesverfassungsgerichts *Hans-Jürgen Papier* in einem Interview in der Zeitschrift „Der Spiegel" (39/2003, S. 28-31).

[713] *Pfeiffer*, Einheitliche unmittelbare und unbedingte Urteilsgeltung in Europa, FS Jayme 2004, 675, 683; Calliess/Ruffert - *Kingreen*, Artikel 6 EU Rn. 2.

[714] Calliess/Ruffert - *Puttler*, Artikel 6 EU Rn. 189; Lenz/Borchardt – *Bitterlich*, Artikel 6 EU Rn. 8.

[715] Calliess/Ruffert - *Puttler*, Artikel 6 EU Rn. 189; Lenz/Borchardt – *Bitterlich*, Artikel 6 EU Rn. 10.

[716] *Jayme*, Die kulturelle Dimension des Rechts – ihre Bedeutung für das Internationale Privatrecht und die Rechtsvergleichung, RabelsZ Band 67 (2003), 211, 214; *Rupp*, Bemerkungen zum europarechtlichen Schutz der „nationalen Identität" der EU-Mitgliedstaaten, FS Rudolf 2001, 173, 174.

[717] *Pfeiffer*, Einheitliche unmittelbare und unbedingte Urteilsgeltung in Europa, FS Jayme 2004, 675, 688.

[718] Jürgen Meyer - *Hölscheidt*, Artikel 22 EGRC Rn. 2; *Lenz/Borchardt*, Erläuterung zu Artikel 22 EGRC.

[719] *Pfeiffer*, Einheitliche unmittelbare und unbedingte Urteilsgeltung in Europa, FS Jayme 2004, 675, 688.

Mindestbestand an Werten bezeichnet, welche im menschlichen Zusammenleben von Bedeutung sind und welche die Gesellschaft und den Staat beeinflussen und zu dem machen, was sie sind.
Gegen die Existenz eines gemeineuropäischen ordre public spricht vor allem, dass der EuGH in zwei Entscheidungen[720] wortgleich festgestellt hat, dass er den Mitgliedstaaten den Inhalt der öffentlichen Ordnung nicht vorschreibe. Der EuGH habe vielmehr nur über die Grenzen zu wachen, innerhalb derer ein Mitgliedstaat einen ordre-public-Verstoß annimmt und somit die Urteilsfreizügigkeit in Frage stellt. Bei den zitierten Entscheidungen legt der EuGH - wie bereits kurz ausgeführt - die Vorstellung zugrunde, dass es eine europäische Schnittmenge aller ordre-public-Maßstäbe gibt, die er den „europäischen ordre public" nennt und zu dessen Beachtung die Mitgliedstaaten verpflichtet sind. Es wird jedoch mit dieser Vorstellung gleichzeitig eingeräumt, dass es Bereiche der nationalen ordre-public-Maßstäbe gibt, die sich nicht decken. Nach höchstrichterlicher europäischer Rechtsprechung kann der europäische ordre public demnach nicht die nationalen Maßstäbe ersetzen.
Weil die Schlussfolgerung aus dieser Rechtsprechung bei der Einführung der EuVT-VO ungeachtet geblieben ist, wird im Folgenden die Frage untersucht, ob die nationalen Gerechtigkeitsvorstellungen, welche sich aufgrund kultureller, (rechts)geschichtlicher und auch verfassungsrechtlicher Eigenheiten unterscheiden, durch eine gemeineuropäische Werteordnung gänzlich ersetzbar sind. Dann wäre die ordre-public-Kontrolle vor Vollstreckung ausländischer Entscheidungen entbehrlich.

aa) Grundsätzliche Bedenken

Gegen die Existenz bzw. die unproblematische Definition eines gemeineuropäischen ordre public sprechen zum einen unabwägbare Entwicklungen in der europäischen Rechtspflege nach der Erhöhung der Mitgliederanzahl am 1. Mai 2004 durch die EU-Erweiterung von 15 auf 25. Der Inhalt eines nationalen ordre public entwickelt sich zumeist aus den in dem jeweiligen Staat herrschenden grundlegenden staatstragenden Prinzipien (objektiver ordre public) und aus den Grundrechten, auf die sich der Bürger direkt berufen kann (subjektiver ordre public)[721]. Zudem zeigte die Ablehnung der Europäischen Verfassung durch Frankreich und die Niederlande deutlich die Vorbehalte, welche gegen die in der Verfassung niedergelegten Bestimmungen zur Wertegemeinschaft bestehen.

(1) Zeitliche und mathematische Probleme

Die Entwicklung solcher Gerechtigkeitsvorstellungen stellt einen langwierigen rechtshistorischen und gesellschaftspolitischen Prozess dar. Die nationalen Verfassungen enthalten die Werte, welche die entsprechende Gruppe von Menschen durch Erfahrun-

[720] EuGHE 2000 I-1935, vom 28. März 2000, Rs. C-7/98 – *Krombach/Bamberski* = IPRax 2000, 406 ff.; EuGHE 2000 I 2973, vom 11. Mai 2000, Rs. C-38/98 – *Renault/Maxicar* = IPRax 2001, 328 ff.
[721] Siehe Punkt B I 3. h) bb) (2).

gen für sich entwickelt hat. Rechtsregeln können daher als „Erinnerungsfiguren" bezeichnet werden, durch die die Wesensart einer Gruppe definiert wird[722].
Das deutsche Grundgesetz und somit auch die Gerechtigkeitsvorstellungen, welche im deutschen ordre public zum Ausdruck kommen, sind beispielsweise trotz der zeitlichen Distanz tief greifend und mehr als jede andere Verfassung weitgehend durch die Erfahrungen mit dem System des Nationalsozialismus beeinflusst. Die staatstragende Ideologie Frankreichs dürfte schon im 18. Jahrhundert ihren Ursprung haben und prägt auch die aktuelle Verfassung der fünften Republik wesentlich. Solche Jahrhunderte überschreitende Entwicklungen sind durch unzählige nationale Eigenheiten beeinflusst und für den Staat ein unentbehrliches Gerüst. Die Vorstellung, auf europäischer Ebene unter Berücksichtigung solcher Sensibilitäten heute einen gemeinsamen ordre public zu formulieren, ist mangels hinreichender gemeinsamer europäischer Erfahrungen als „Europäisches Volk" oder „Vereinigte Staaten von Europa" aus dieser Sichtweise irrealistisch. Auch dieser Gesichtspunkt wird wiederum durch das bisherige Scheitern des Europäischen Verfassung bestätigt.
Auch die Bundesregierung äußerte sich 1999 nach dem Gipfel von Tampere zu den integrativen Entwicklungen des europäischen Rechtsraums vorsichtig[723]. Das Recht sei ein „erlebter Identifikationspunkt" und die europäischen Rechtsräume seien über Jahrhunderte zu dem gewachsen, was sie heute darstellen. Angesichts dieser nationalen Kulturgüter werde zwar eine Homogenisierung ausgeschlossen, jedoch die Möglichkeit eingeräumt, „Inseln des gemeinsamen Rechts" zu schaffen. Auch im Jahr 2000 weist Außenminister Joschka Fischer zum Thema der europäischen Integration darauf hin, dass die europäischen Nationalstaaten „nicht wegzudenkende Realitäten" seien, in denen die Menschen umso mehr Sicherheit und Geborgenheit suchen, je weiter die Europäisierung der Politik fortschreite[724].
Aufgrund der Feinheiten in den gesellschaftlichen und politischen Entwicklungen eines europäischen Staates oder Staatenbundes mangelt es für einen gemeineuropäischen ordre public an einer bezifferbaren Grundlage. Die historischen, traditionellen und weltanschaulichen Hintergründe lassen sich nicht durch das Gebilde der Europäischen Union auf einen Nenner bringen, da ein mathematisches Herangehen an dieses Konstrukt versagt. Der gemeineuropäische ordre public kann nicht durch Addition oder mit Hilfe der Schnittmengenlehre ermittelt werden. Wenn man ihn künstlich konstruieren will, würde diese rechtsvergleichende Arbeit bei Berücksichtigung von 25 verschiedenen nationalen - regelmäßig konturlosen – ordre-public-Maßstäben ein langwieriges und kompliziertes Studium in Anspruch nehmen. In der Europäischen Verfassung könnte man einen Anfang dieser Arbeit sehen. Jedoch genauso wenig wie die nationalen Verfassungen durch die Europäische Verfassung entbehrlich werden könnten, entfällt auch nicht der nationale neben einem europäischen ordre public. Um den Stand der Entwicklung eines gemeineuropäischen ordre public beurteilen zu können, könnte man sich am Stellenwert der Europäischen Verfassung orientieren. Solange diese -

[722] *Jayme*, Die kulturelle Dimension des Rechts – ihre Bedeutung für das Internationale Privatrecht und die Rechtsvergleichung, RabelsZ Band 67 (2003), 211, 221.
[723] Erklärung *Joschka Fischers* am 28. Oktober 1999 vor dem Deutschen Bundestag.
[724] In der Rede *Joschka Fischers* „Vom Staatenverbund zur Föderation – Gedanken über die Finalität der europäischen Integration" am 12. Mai 2000 in der Humboldt-Universität in Berlin.

wenn überhaupt - als Zusatz neben den nationalen Verfassungen stehen soll, kann auch die Beachtung des nationalen ordre public nicht entbehrlich sein.
In diesem Sinne ist zu beachten, dass durch den ordre public Wert- und Ordnungsvorstellungen zum Ausdruck kommen, die auf das einzelstaatliche Rechtssystem im Ganzen bezogen sind. Dies liegt daran, dass jeder nationalen Einzelnorm allgemeine Rechtsprinzipien zugrunde liegen[725]. Mangels eines einheitlichen Rechtssystems ist es zweifelhaft, ob man mit der Schaffung eines gemeineuropäischen ordre public allen verschiedenen nationalen Systemen gerecht werden kann.
Innerhalb von kürzester Zeit ist jedenfalls die Entwicklung eines gemeinsamen ordre public für 25 Staaten weder realisierbar noch erzwingbar.

(2) Verschiedenheit des Kollisionsrechts

In diesem Zusammenhang ist auch der Tatsache Beachtung zu schenken, dass die Abschaffung des Vollstreckbarerklärungsverfahrens nicht mit der Vereinheitlichung des Kollisionsrechts innerhalb der Europäischen Gemeinschaft einhergeht. Diesbezüglich muss zwar eingeräumt werden, dass dieses Projekt aufgrund der Verschiedenheit der Rechtssysteme schwieriger zu bewältigen ist als die bereits erfolgte Harmonisierung der internationalen Zuständigkeit[726]. Allerdings ist die Einstellung des Rates hinsichtlich dieser Diskrepanzen durchaus anzuzweifeln, weil er der vollständigen Vereinheitlichung des Kollisionsrechts trotz der Einführung der EuVTVO keinen hohen Stellenwert einräumt[727]. Diese Rangfolge wird an der Position des vereinheitlichten Kollisionsrechts im Maßnahmenprogramm des Rates vom 30. November 2000 deutlich[728]. An letzter Stelle bei den flankierenden Maßnahmen zur gegenseitigen Anerkennung, welche für jeden Programmbereich und in jeder Stufe vorgesehen werden „können", sind die Maßnahmen zur Harmonisierung von Kollisionsnormen genannt. Zudem gibt es im EG-Vertrag keine allgemeine Kompetenz zur Schaffung eines gemeinsamen Internationalen Privatrechts. Eine Vereinheitlichung erfolgt in diesem Bereich nur in einzelnen Sachbereichen. Daher wird jeder Mitgliedstaat der Europäischen Gemeinschaft auch in Zukunft sein eigenes Kollisionsrecht anwenden, welches daher im Gegensatz zum rasch vereinheitlichten internationalen Verfahrensrecht nicht durch den EuGH überprüfbar ist.

---

725 *Pfeiffer*, Einheitliche unmittelbare und unbedingte Urteilsgeltung in Europa, FS Jayme 2004, 675, 685.

726 *Gressot-Leger*, Faut-il supprimer le contrôle de la loi appliquée par le juge étranger lors de l'instance en exequatur ?, J.D.I. 3, 2003, 767, 784.

727 *Gressot-Leger*, Faut-il supprimer le contrôle de la loi appliquée par le juge étranger lors de l'instance en exequatur ?, J.D.I. 3, 2003, 767, 784.

728 Maßnahmenprogramm zur Umsetzung des Grundsatzes der gegenseitigen Anerkennung gerichtlicher Entscheidungen in Zivil- und Handelssachen, S. 1, im Amtsblatt der Europäischen Gemeinschaften (2001/C12/6,9); *Kohler*, Der europäische Justizraum für Zivilsachen und das Gemeinschaftskollisionsrecht, IPRax 2003, 401, 407; *Storme* bedauert bereits 1996, dass mit der Harmonisierung des Kollisionsrechts nicht begonnen wird (Ein einheitlicher Europäischer Vollstreckungstitel als Vorbote eines weltweiten Titels, FS Nakamura 1996, 581, 590).

Vereinheitlichtes materielles Kollisionsrecht existiert bisher nur in folgender Form: Das Römische Vertragsübereinkommen (EVÜ)[729] ist gemäß seinem Art. 1 auf vertragliche Schuldverhältnisse bei Sachverhalten anwendbar, die eine Verbindung zum Recht verschiedener Staaten aufweisen. Das Übereinkommen trat für die Bundesrepublik Deutschland am 1. April 1991 in Kraft. Die so genannte Rom I-Verordnung wurde im Jahre 2005 von der Kommission vorgelegt. Auch für das Internationale Privatrecht der außervertraglichen Schuldverhältnisse existiert seit dem 22. Juli 2003 ein Vorentwurf, welcher unter dem Namen „Rom II" bekannt ist[730]. Die vollkommene Vereinheitlichung, die das nationale Kollisionsrecht entbehrlich machen würde, gestaltet sich nichtsdestotrotz als langwieriger Prozess, an dessen Anfang die Schaffung einer entsprechenden Rechtsgrundlage im EG-Vertrag stehen sollte.
Selbst in dem Ausschnitt des bisher vereinheitlichten Kollisionsrechts finden sich Einbruchstellen für inländische Eingriffsnormen wie zum Beispiel in Art. 7 Absatz 2 EVÜ, der als Art. 34 in das deutsche EGBGB integriert wurde[731]. So können auch im Rahmen des Römischen Übereinkommens die Gerechtigkeitsvorstellungen, welche sich in Grundrechten, staatstragenden Prinzipien und dem ordre public widerspiegeln, durchgesetzt werden. Auch wenn EG-rechtliche Vorgaben diese Durchsetzung einschränken können[732], kommt es nie dazu, dass ausländische zwingende Bestimmungen im Inland entgegen dem ordre public der lex fori angewendet werden müssen. Vielmehr müssen solche in Abweichung vom inländischen Internationalen Privatrecht zwingend anwendbare ausländische Bestimmungen den inländischen Wertungsmaßstäben entsprechen. Insofern wird der Verschiedenheit des Kollisions- und auch des Sachrechts durch diesen Mechanismus im EVÜ Rechnung getragen, wobei der Verstoß gegen zwingende deutsche Rechtsvorschriften noch keine Verletzung des deutschen ordre public bedeuten muss. Mit der Einführung der EuVTVO kann im Vollstreckungsstaat jedoch noch nicht überprüft werden, ob zwingende Bestimmungen im Erkenntnisverfahren missachtet wurden.
Bereits im Rahmen des EuGVÜ war die Rechtfertigung der fehlenden Überprüfbarkeit des erststaatlichen Internationalen Privatrechts durch den Zweitrichter durchaus fraglich. Die außerordentliche Kontrolle der anzuerkennenden Entscheidung hinsichtlich der zugrunde liegenden Vorfrage (Art. 27 Nummer 4 EuGVÜ), die nach erststaatlichem Kollisionsrecht gelöst worden ist, wurde mit den gravierenden Unterschieden zwischen den verschiedenen Systemen des Kollisionsrechts gerechtfertigt[733]. Daraus ist zu schließen, dass dem Erstrichter bzw. dem erststaatlichen Recht kein vollstes Vertrauen entgegen gebracht wurde. Der Vollstreckungsstaat hatte vielmehr die Möglichkeit, über diesen Versagungsgrund das Ergebnis der Anwendung des fremden Kollisi-

[729] Römisches EWG-Übereinkommen über das auf vertragliche Schuldverhältnisse anzuwendende Recht vom 19. Juni 1980, BGBl. 1986 II, S. 810, Jayme/Hausmann, Nummer 70.
[730] KOM (2003) 427 endgültig.
[731] Wortlaut des Artikels 7 Absatz 2 EVÜ: „Dieses Übereinkommen berührt nicht die Anwendung der nach dem Recht des Staates des angerufenen Gerichts geltenden Bestimmungen, die ohne Rücksicht auf das auf den Vertrag anzuwendende Recht den Sachverhalt zwingend regeln."
[732] EuGHE 2001 I-2189, vom 15. März .2001, Rs. C-165/98.
[733] *Gressot-Leger*, Faut-il supprimer le contrôle de la loi appliquée par le juge étranger lors de l'instance en exequatur ?, J.D.I. 3, 2003, 767, 785.

onsrechts überprüfen. Wie wird aber nun die gänzliche Abschaffung einer Überprüfbarkeit im Exequaturverfahren ohne Harmonisierung dieses Rechtsgebiets verteidigt?[734]
Auch angesichts der schleppenden Vereinheitlichung des Kollisionsrechts im Gegensatz zum internationalen Verfahrensrecht ist die nachträgliche Überprüfbarkeit des anerkennungsrechtlichen ordre public vor Vollstreckung zum jetzigen Zeitpunkt nicht entbehrlich.

(3) Zwischenergebnis

Diese dargelegten grundsätzlichen und theoretischen Bedenken gegenüber der Unterstellung, es existiere ein gemeineuropäischer ordre public, werden durch die folgende Darstellung der in der Praxis zutage kommenden Unterschiede der nationalen verfahrensrechtlichen und materiellrechtlichen ordre-public-Maßstäbe vertieft.

bb) Bisherige Anwendung der ordre-public-Kontrolle in der Praxis

Gegen die Vorstellung eines gemeineuropäischen ordre public sprechen auch die von nationalen und europäischen Gerichten dargelegten Unterschiede und die Anwendung des ordre-public-Vorbehalts in der Praxis. Im Folgenden steht deren Anwendung im deutschen Rechtsraum im Vordergrund. Um die Argumentation der Gerichte nachvollziehen zu können, muss an dieser Stelle bereits ein verfassungsrechtlicher Aspekt der ordre-public-Kontrolle berücksichtigt werden, wodurch die Verflochtenheit von ordre public und grundlegenden Verfassungsprinzipien erneut deutlich wird. Es geht beim deutschen verfahrensrechtlichen ordre public im Wesentlichen um die Beachtung von Art. 103 GG und Art. 6 EMRK.

(1) Unterschiedlicher verfahrensrechtlicher ordre public

Für die Darstellung der Unterschiede ist zunächst der deutsche verfahrensrechtliche ordre public zu konturieren: Dieser ist dann verletzt, wenn das erststaatliche Verfahren mit grundlegenden Verfahrensmaximen des deutschen Rechts unvereinbar ist[735], das heißt, „nicht als in einem geordneten, rechtsstaatlichen Verfahren ergangen angesehen werden kann“[736]. Allerdings werden nur schwere und offensichtliche Verstöße gegen diese Verfahrensgrundsätze als bisher anerkennungsschädlich angesehen[737]. Das euro-

---

[734] *Gressot-Leger* (Faut-il supprimer le contrôle de la loi appliquée par le juge étranger lors de l'instance en exequatur ?, J.D.I. 3, 2003, 767, 787 f.) vertritt hierzu die Auffassung, dass die Überprüfbarkeit des vom Erstrichter angewandten Rechts keine eigene Funktion im Exequaturverfahren habe und daher entbehrlich sei, weil die internationale Zuständigkeit und der internationale ordre public (und im französischen IPR die *absence de fraude à la loi)* vor der Anerkennung kontrolliert würden.
Der fehlenden Überprüfbarkeit des angewandten Rechts kommt jedoch im Rahmen der EuVTVO eine andere Bedeutung zu, weil hier gerade diese Voraussetzungen wegfallen.

[735] BGHZ 48, 327, 331; *Geimer/Schütze*, Internationale Urteilsanerkennung, Band I/2, S. 1600.

[736] BGH NJW 1990, 2201, 2203; *Schlosser*, 2. Auflage, Artikel 34-36 EuGVVO Rn. 2.

[737] BGH NJW 1990, 2201, 2203; *Heß*, Urteilsfreizügigkeit und ordre-public-Vorbehalt bei Verstößen gegen Verfahrensgrundrechte und Marktfreiheiten, IPRax 2001, 301, 305.

päische Recht liefert jedoch ebenfalls insbesondere durch Art. 6 EMRK einen verfahrensrechtlichen Mindeststandard, dessen Einhaltung den Vorgaben des deutschen Verfassungsrechts genügen könnte. Zudem werden durch das Kapitel III der EuVTVO Mindeststandards geschaffen, welche die unterschiedlichen Verfahrensstandards in den Mitgliedstaaten möglicherweise ausgleichen. Dass dieser Ausgleich umfassend nicht gewährleistet ist, hat bereits die nähere Untersuchung der Vorschriften des Kapitels III gezeigt[738]. Der erforderliche umfassende Schutz des Vollstreckungsschuldners ist darüber hinaus auch deshalb nicht gegeben, da sich die Art. 12 ff. EuVTVO lediglich auf Auszüge zivilverfahrensrechtlicher Probleme beschränken. Zudem kann der Vollstreckungsschuldner nur unter engen Voraussetzungen mit Einlegung eines Widerspruchs gemäß Art. 10 Absatz 1 lit. b EuVTVO einen Verstoß gegen das Kapitel III rügen.

Im Folgenden wird zunächst die Frage beantwortet, ob Unterschiede zwischen den deutschen verfassungsrechtlichen und den europäischen Vorgaben bei der Beurteilung von grundlegenden Verfahrensprinzipien bestehen. Dazu werden diese im Überblick dargestellt.

(a) Verfahrensgrundrechte im deutschen und europäischen Recht

(aa) Schutz durch deutsches Verfassungsrecht

Nach der Rechtsprechung des Bundesverfassungsgerichts wird aus Art. 2 Absatz 1 GG (allgemeine Handlungsfreiheit) in Verbindung mit dem Rechtsstaatsprinzip als „allgemeines Prozessgrundrecht“ der Anspruch auf ein faires Verfahren abgeleitet[739]. „Der Richter muss das Verfahren so gestalten, wie die Parteien des Zivilprozesses es von ihm erwarten dürfen: Er darf sich nicht widersprüchlich verhalten[740], darf aus eigenen oder ihm zuzurechnenden Fehlern oder Versäumnissen keine Verfahrensnachteile ableiten[741] und ist allgemein zur Rücksichtnahme gegenüber den Verfahrensbeteiligten in ihrer konkreten Situation verpflichtet[742].“ Bei dieser Überprüfung geht es nicht um die Einhaltung deutschen Verfahrensrechts, also zum Beispiel der ZPO, sondern nur um die Beachtung der Prinzipien, durch welche die verfassungsrechtlichen Gerechtigkeitsvorstellungen zum Ausdruck kommen. Zu den verfassungsrechtlichen elementaren Prinzipien zählen weiterhin solche, die in den Forderungen der Rechtsstaatlichkeit wurzeln[743], zum Beispiel der Grundsatz der Unabhängigkeit und Unparteilichkeit des

[738] Siehe oben Punkt B III 1. c) cc).

[739] BVerfGE 57, 250, 275; 78, 123, 126; Sachs - *Degenhart*, Artikel 103 GG Rn. 44; Jarass/Pieroth – *Jarass*, Artikel 20 GG Rn. 89

[740] BVerfGE 52, 203, 212; 69, 381, 387; Sachs - *Degenhart*, Artikel 103 GG Rn. 16, 42; Schmidt-Bleibtreu/Klein-*Brockmeyer*, Artikel 103 GG Rn. 4.

[741] BVerfGE 51, 188, 192; 60, 1 , 6; 75, 183, 190.

[742] BVerfGE 38, 105, 111 f.; 40, 95, 98 f.; 46, 202, 210; Sachs - *Degenhart*, Artikel 103 GG Rn. 29 ff; Maunz/Dürig – *Schmidt-Aßmann*, Artikel 103 Absatz 1 GG Rn. 94; *Pieroth/Schlink*, Grundrechte, Rn. 1076 f.

[743] *Geimer*, Anerkennung ausländischer Entscheidungen in Deutschland, S. 135; dazu auch *Martiny*, Handbuch des Zivilverfahrensrechts, Band III/1, Rn. 164 ff.

Gerichts, der Anspruch auf rechtliches Gehör (Art. 103 Absatz 1 GG)[744], der Grundsatz der Gleichbehandlung der Parteien (Waffengleichheit)[745] und der grundsätzliche Anspruch der Parteien auf ein faires Verfahren[746].
Das Recht auf rechtliches Gehör dient neben der Rechtsweggarantie des Art. 19 Absatz 4 Satz 1 GG dem Ziel der Gewährleistung eines wirkungsvollen Rechtsschutzes[747].

(bb) Schutz durch die Europäische Menschenrechtskonvention

Mit der Formulierung von Verfahrensgarantien in der Europäischen Menschenrechtskonvention ist ein europäischer Standard geschaffen worden. Ein faires, zügiges und öffentliches Verfahren wird durch Art. 6 Absatz 1 der EMRK garantiert[748]. Zu dem grundsätzlichen Anspruch auf ein faires Verfahren kommt das gesetzlich verankerte Gebot der Unparteilichkeit und Unabhängigkeit des Gerichts. Art. 6 EMRK ist auf Verfahren über u.a. zivilrechtliche Ansprüche und Verpflichtungen vor Gerichten der Vertragsstaaten anwendbar[749] und ist daher von den Gerichten, die einen Europäischen Vollstreckungstitel nach der EuVTVO ausstellen und welche die zugrunde liegende Entscheidung fällen, zu beachten[750]. Allerdings wird für die Anwendbarkeit dieser Norm neben der zivilrechtlichen Natur des Anspruchs vorausgesetzt, dass der Anspruch nach innerstaatlichem Recht auf vertretbare Weise geltend gemacht wird und ein ernsthafter Streit darüber besteht[751]. Für den wichtigsten Anspruch dieser Vorschrift, die Anhörung in billiger Weise („*fair trial*"), findet man in der EMRK keine konkrete Definition, er ergibt sich jedoch aus der Formulierung des Art. 6 Absatz 1 EMRK[752].

---

744 BGH NJW 1978, 1114, 1115; NJW 1990, 2201, 2203; siehe auch „Ausgestaltung des Anspruchs auf rechtliches Gehör" in Punkt B III 1. c) bb) (3) (a) (aa).
745 BVerfGE 52, 313, 153 ff.
746 BVerfGE 57, 250, 275; 78; 123, 226.
747 BVerfG NJW 1997, 726; Sachs - *Degenhart*, Artikel 103 GG Rn. 3.
748 Frowein/Peukert – *Peukert*, Artikel 6 EMRK, Rn. 1; *Meyer-Ladewig*, Artikel 6 EMRK Rn. 2; zu den einzelnen Verfahrens- und Justizgarantien des Artikels 6 EMRK siehe auch *Grabenwarter*, Europäische Menschenrechtskonvention, § 24 Rn. 2 ff.
749 Frowein/Peukert - *Peukert*, Artikel 6 EMRK Rn. 5; *Peters*, Einführung in die Europäische Menschenrechtskonvention, § 18 I 1; *Meyer-Ladewig*, Artikel 6 EMRK Rn. 5.
750 Zum sachlichen Anwendungsbereich des Artikels 6 EMRK auf zivilprozessuale Exequaturverfahren: *Becker*, Grundrechtsschutz bei der Anerkennung und Vollstreckbarerklärung im europäischen Zivilprozessrecht, Diss. Köln 2003 S. 89 ff. Er bejaht das Vorliegen eines kontradiktorischen Verfahrens mit dem Argument, dass die Vollstreckbarerklärung an die Stelle eines neuen Erkenntnisverfahrens trete und dass der Anwendungsbereich des Artikels 6 EMRK nach der Rechtsprechung der Europäischen Kommission und des Europäischen Gerichtshofs für Menschenrechte weit auszulegen sei. *Peters* begründet in ähnlicher Weise die Anwendbarkeit des Artikels 6 EMRK auf Zwangsvollstreckungsverfahren damit, dass dessen Zweck der Durchsetzung des erstrittenen Rechts diene (Einführung in die Europäische Menschenrechtskonvention, § 18 I 1 b).
751 *Meyer-Ladewig*, Artikel 6 EMRK Rn. 5; *Grabenwarter*, Europäischen Menschenrechtskonvention, § 24 Rn. 12.
752 Frowein/Peukert – *Peukert*, Artikel 6 EMRK Rn. 71; *Peters*, Einführung in die Europäische Menschenrechtskonvention, § 19 V; *Meyer-Ladewig*, Artikel 6 EMRK Rn. 35.

Das Problem der Durchsetzbarkeit der EMRK ist die mangelnde Verpflichtung der Vertragsstaaten, im nationalen Verfahrensrecht Garantien dieser Art vorzusehen[753]. Vielmehr wird den Vertragsstaaten selbst überlassen, wie sie den Mindeststandard aus der Konvention befolgen. Daher ist bei der Anwendung fremden Verfahrensrechts nicht sicher, dass es Art. 6 EMRK entspricht. Art. 6 EMRK gewährt nach der Rechtsprechung des Europäischen Gerichtshofs für Menschenrechte neben dem Schutz in anhängigen Verfahren auch den Zugang zu den Gerichten[754]. Fraglich ist, ob der Schutzbereich des Art. 6 EMRK dadurch betroffen ist, dass dem Vollstreckungsschuldner im Vollstreckungsstaat die Überprüfung durch ein Zweitgericht verwehrt bleibt, Art. 21 Absatz 2 EuVTVO. Der Schutzbereich des Art. 6 EMRK ist dann eröffnet, wenn ein Mitgliedsstaat, der als Konventionsstaat der EMRK den Zugang zu seinen nationalen Gerichten garantieren muss, auf die Gerichte anderer Mitgliedstaaten verweist. Eine solche Verweisung ist nach Sinn und Zweck der Garantie auf Zugang zu einem Gericht konventionskonform, wenn alle Gerichtssysteme und -urteile der Mitgliedstaaten der EU gleichwertig sind. Wie bereits im Zusammenhang mit dem Zweck der Existenz der Vorschriften zur internationalen Zuständigkeit festgestellt wurde[755], sind die Entscheidungen der Gerichte der Mitgliedstaaten vor dem Hintergrund des Schuldnerschutzes nicht gleichwertig. Es ist nicht gleichgültig, vor welchem Gericht im Rechtsraum der Europäischen Gemeinschaft sich der Beklagte verteidigen muss. Daher ist der durch Art. 6 EMRK garantierte Zugang zum Gericht auch auf den nationalen Rechtsraum zu beziehen. Das Recht auf Zugang zum Gericht nach Art. 6 EMRK kann bei Wahrung des Verhältnismäßigkeitsgrundsatzes eingeschränkt werden, solange ihr Wesensgehalt unangetastet bleibt[756]. Möglicherweise wird das Recht auf Zugang zum Gericht in unangemessener Weise eingeschränkt, wenn nach Art. 21 Absatz 2 EuVTVO im Vollstreckungsstaat kein Rechtsbehelf gegen die Entscheidung in der Sache zur Verfügung gestellt wird.

Art. 13 EMRK könnte ebenfalls dem Schutz des Vollstreckungsschuldners dienen. Er garantiert die Durchsetzung der Rechte aus der EMRK mit einer wirksamen Beschwerde bei einer nationalen Instanz[757]. Die Vorschrift basiert auf Art. 8 der Allgemeinen Erklärung der Menschenrechte der Vereinten Nationen vom 10. Dezember 1948[758]. Die Konventionsstaaten müssen für die Wahrung von Art. 13 EMRK einen Rechtsbehelf zur Verfügung stellen, mit dem im innerstaatlichen Recht eine Konventi-

---

[753] *Meyer-Ladewig*, Einleitung Rn. 28 f.; *Grabenwarter*, Europäische Menschenrechtskonvention, § 3 Rn. 1.

[754] EuGMRE 52, 29, Rn. 80 – *Sporrong und Lönnroth*; EuGMR, Urteil vom 6. Dezember 2000, Rn. 26 – *Yagtzilar u. a. v. Griechenland*; Frowein/Peukert - *Peukert*, Artikel 6 EMRK Rn. 53; *Peters*, Einführung in die Europäische Menschenrechtskonvention, § 18 III 1.

[755] Siehe Punkt B III 1. c) bb) (3) (a) (bb).

[756] *Grabenwarter*, Europäische Menschenrechtskonvention, § 24 Rn. 49; *Meyer-Ladewig*, Artikel 6 EMRK Rn. 20 f.; *Peters*, Einführung in die Europäische Menschenrechtskonvention, § 18 2. a).

[757] Wortlaut des Artikels 13 EMRK: „Sind die in der vorliegenden Konvention festgelegten Rechte und Freiheiten verletzt worden, so hat der Verletzte das Recht, eine wirksame Beschwerde bei einer nationalen Instanz einzulegen, selbst wenn die Verletzung von Personen begangen worden ist, die in amtlicher Eigenschaft gehandelt haben."

[758] Jürgen Meyer - *Eser*, Artikel 47 EGRC Rn. 2.

onsverletzung geltend gemacht werden kann[759]. Durch die bloße Beschwerdemöglichkeit wird jedoch weniger als gerichtlicher Rechtsschutz garantiert. Art. 13 EMRK wird daher von Art. 6 Absatz 1 EMRK überlagert, wenn letzterer einen Weg zum Gericht garantiert[760]. Art. 13 EMRK wird aus systematischen Gründen dann nicht angewendet, wenn eine Konventionsverletzung durch ein gerichtliches Verfahren gerügt wird[761]. Die Vorschrift hat somit für die Kritik an der Abschaffung des ordre-public-Vorbehalts keine Bedeutung.
Art. 6 Absatz 1 EMRK hingegen bietet hinsichtlich der Garantie auf ein faires Verfahren und des Zugangs zum Gericht einen umfangreichen Schutzbereich, dessen Beachtung im erststaatlichen Erkenntnisverfahren von Bedeutung ist.

(cc) Schutz durch die Europäische Grundrechtecharta

Falls die Europäische Verfassung in Kraft treten sollte, könnte auch diese einen Anspruch auf ein faires Verfahren gewähren. Art. 6 Absatz 1 EMRK wurde nämlich in Form des Art. 47 Absatz 2 in die Grundrechtecharta der Europäischen Union (im Folgenden „EGRC") übertragen[762]. Nach Erwägungsgrund (11) der Präambel der EuVT-VO zielt diese insbesondere darauf ab, „die uneingeschränkte Wahrung des Rechts auf ein faires Verfahren, wie es in Art. 47 der Charta verankert ist, zu gewährleisten". Dem gemäß hat jede Person das Recht auf eine öffentliche Verhandlung durch ein unabhängiges, unparteiisches und durch Gesetz errichtetes Gericht in einem fairen Verfahren und innerhalb einer angemessenen Frist. Auch die Möglichkeit der Beratung, Verteidigung und Vertretung wird garantiert. Für die vorliegende Untersuchung gibt es keine nennenswerten Unterschiede zu Art. 6 Absatz 1 EMRK. In den Diskussionen im Konvent standen die formale Fassung und die systematische Stellung im Vordergrund, während grundsätzlich die Einfügung dieses Artikels in die Charta unbestritten war[763].
Nach Art. 47 Absatz 1 EGRC hat jede Person, deren durch Gemeinschaftsrecht garantierte Rechte oder Freiheiten verletzt worden sind, das Recht, „nach Maßgabe der in diesem Art. vorgesehenen Bedingung bei einem Gericht einen wirksamen Rechtsbehelf einzulegen". Hinsichtlich dieses Rechts ist auf Art. 13 EMRK zu verweisen, auf

---

[759] *Meyer-Ladewig*, Artikel 13 EMRK, Rn. 8; Frowein/Peukert – *Frowein*, Artikel 13 EMRK Rn. 3.
[760] Frowein/Peukert – *Frowein*, Artikel 13 EMRK Rn. 7; *Meyer-Ladewig*, Artikel 13 EMRK Rn. 2.
[761] Frowein/Peukert - *Frowein*, Artikel 13 EMRK Rn. 9; *Becker*, Grundrechtsschutz bei der Anerkennung und Vollstreckbarerklärung im europäischen Zivilverfahrensrecht, Diss. Köln 2003, S. 99.
[762] Charte 4473/00 zu Artikel 47 Absatz 2 (*Bernsdorff/Borowsky*, Protokolle, S. 39); Jürgen Meyer - *Eser*, Artikel 47 EGRC Rn. 20;
Wortlaut des Artikels 47 EGRC:
„Jede Person, deren durch das Recht der Union garantierte Rechte oder Freiheiten verletzt worden sind, hat das Recht, nach Maßgabe der in diesem Artikel vorgesehenen Bedingungen bei einem Gericht einen wirksamen Rechtsbehelf einzulegen.
Jede Person hat das Recht darauf, dass ihre Sache von einem unabhängigen, unparteiischen und zuvor durch Gesetz errichteten Gericht in einem fairen Verfahren, öffentlich und innerhalb angemessener Frist verhandelt wird. Jede Person kann sich beraten, verteidigen und vertreten lassen.
Personen, die nicht über ausreichende Mittel verfügen, wird Prozesskostenhilfe bewilligt, soweit diese Hilfe erforderlich ist, um den Zugang zu Gerichten wirksam zu gewährleisten."
[763] Jürgen Meyer - *Eser*, Artikel 47 EGRC Rn. 24.

den sich das Präsidium des Konvents gestützt hat[764]. Allerdings wurde der Bezug auf die nationale Instanz aufgrund der Tatsache gestrichen, dass die Adressaten der EGRC die Europäischen Organe sind und Rechtsbehelfe zur Durchsetzung der Charta deshalb nur vor Europäischen Gerichten eingelegt werden können[765]. Es wurde jedoch nicht abschließend verneint, dass parallel nationale Gerichte angerufen werden können, wenn ein Mitgliedstaat bei der Anwendung von materiellem Gemeinschaftsrecht die EMRK missachtet[766]. Daher könnte die Vorschrift des Art. 47 Absatz 1 EGRC verletzt sein, wenn in das Vermögen des Vollstreckungsschuldners aufgrund eines Europäischen Vollstreckungstitels vollstreckt wird, falls sie verbindlich wird.

(dd) Zwischenergebnis zum verfahrensrechtlichen Mindeststandard

Es lässt sich demnach eine weitgehende Kongruenz zwischen den vom Bundesverfassungsgericht aufgestellten Grundsätzen zur Verfahrensgerechtigkeit und dem sachlichen Anwendungsbereich des Art. 6 EMRK und auch des Art. 47 Europäische Grundrechtecharta erkennen. Problematisch sind daher weniger die Unterschiede zwischen europäischen und nationalen Verfahrensprinzipien bzw. dem deutschen und dem europäischen prozessualen ordre public, als vielmehr die Diskrepanzen zwischen den nationalen Verfahrensvorschriften der Mitgliedstaaten untereinander. Es verbleibt trotz gemeinsamer deutscher und europäischer Gerechtigkeitsvorstellungen im prozessualen Bereich das Risiko, dass die anderen europäischen Staaten den europäischen Mindeststandard nicht wahren, weil sie nicht zur Anpassung ihrer Vorschriften verpflichtet sind. Der Vollstreckungsschuldner kann sich im Ursprungsstaat nur auf dessen ordre public und den europäischen ordre public berufen. Die Anrufung des EuGH ist nicht möglich, weil keine entsprechende Klage- bzw. Beschwerdeart zur Verfügung steht. Also ist der Vollstreckungsschuldner bis auf die Rechtsbehelfe im Ursprungsstaat, in dem der Konventionsverstoß mangels Anpassung der Verfahrensvorschriften begangen und geduldet wurde, nicht nur vor Verstößen gegen den deutschen, sondern auch gegen den europäischen ordre public im Sinne des Art. 6 Absatz 2 EU in Verbindung mit Art. 6 EMRK schutzlos.
Auf einen vollständigen Vergleich zwischen sämtlichen nationalen Verfahrensrechtssystemen der verschiedenen Mitgliedstaaten muss in dieser Untersuchung aufgrund des erforderlichen Umfangs zwar verzichtet werden, allerdings werden einige Diskrepanzen anhand von Beispielen dargestellt. Dazu bietet sich vorrangig die Entscheidung „Krombach" des Europäischen Gerichtshofs aus dem Jahre 2000 an, in der der mögliche Verstoß gegen den verfahrensrechtlichen ordre public thematisiert wird.

---

[764] Charte 4473/00 zu Artikel 47 Absatz 2 (*Bernsdorff/Borowsky*, Protokolle, S. 38); Jürgen Meyer - *Eser*, Artikel 47 EGRC Rn. 2.
[765] Jürgen Meyer - *Eser*, Artikel 47 EGRC Rn. 7.
[766] *Bernstorff/Borowsky*, Protokolle, S. 176, 276 f.

(b) „Krombach-Entscheidung“ des EuGH[767]

Zur Entscheidung des EuGH kam es, als ihm der Bundesgerichtshof drei Fragen bezüglich der Auslegung von Art. 27 Nummer 1 EuGVÜ zur Vorabentscheidung gemäß Art. 234 EG (Art. 177 EG a. F.) vorgelegte. Unklarheiten entstanden im Rahmen des Antrags des in Frankreich wohnhaften Gläubigers auf Vollstreckung des Urteils der Cour d'assises Paris vom 13. März 1995 in Deutschland, welches zum Nachteil des in Deutschland wohnhaften Schuldners (im Folgenden: „Krombach“) ergangen war.
Der französischen Entscheidung, mit welcher Krombach zur Zahlung von 350.000 FF verurteilt worden war, liegt folgender Sachverhalt zugrunde: Nachdem in Deutschland ein Ermittlungsverfahren gegen den deutschen Arzt Krombach wegen des Todes einer vierzehnjährigen französischen Staatsangehörigen eingestellt worden war, wurde auf Strafanzeige des Vaters des Opfers in Frankreich ein weiteres Ermittlungsverfahren eröffnet. Dieses endete mit einem Anklage vor der Cour d'assises Paris. Im Rahmen dieses Strafprozesses erhob der Vater des Opfers eine zivilrechtliche Klage auf Zahlung von Schadensersatz. Obwohl die strafrechtliche Anklage sowie die Zivilklage Krombach ordnungsgemäß zugestellt worden waren, erschien er trotz Anordnung nicht persönlich zur Hauptverhandlung. Die von Krombach beauftragten Prozessbevollmächtigten wurden nicht gehört, und das Schwurgericht fällte zwei für Krombach nachteilhafte Entscheidungen: Auf der einen Seite wurde er wegen des strafrechtlichen Delikts zu 15 Jahren Zuchthaus verurteilt. Andererseits entschied das Gericht, dass dem Vater des Opfers ein Schadensersatzanspruch in Höhe von 350.000 FF gegen Krombach zustehe. Durch eine Entscheidung des LG Kempten wurde das Urteil der Cour d'assises mit einer Vollstreckungsklausel versehen, wogegen Krombach zunächst erfolglos beim Oberlandesgericht Beschwerde und später beim Bundesgerichtshof Rechtsbeschwerde einlegte. Krombach rügte die fehlende Möglichkeit, sich wirksam zu verteidigen. Nach Aussetzung des Verfahrens legte der Bundesgerichtshof dem Europäischen Gerichtshof unter anderem indirekt die Frage vor, wie der Begriff öffentliche Ordnung des Vollstreckungsstaates im Sinne von Art. 27 Nummer 1 EuGVÜ auszulegen ist. Dazu erklärte der Europäische Gerichtshof in den Vorbemerkungen, dass es zwar nicht seine Sache sei, den Inhalt des nationalen ordre public zu bestimmen. Jedoch sei er damit beauftragt, über „die Grenzen zu wachen, innerhalb derer sich das Gericht eines Vertragsstaates auf diesen Begriff stützen darf, um der Entscheidung eines Gerichts eines anderen Vertragsstaates die Anerkennung zu versagen“[768]. Bei der Festlegung und Ermittlung dieser Grenzen wende der Gerichtshof die Grundrechte zu den allgemeinen Rechtsgrundsätzen an, wobei er sich von den „gemeinsamen Verfassungstraditionen der Mitgliedsstaaten“ und vergleichbaren völkerrechtlichen Verträgen insbesondere der EMRK leiten ließe[769].

---

[767] EuGHE 2000 I-1935, vom 28. März 2000, Rs. C-7/98 – *Krombach/Bamberski* = IPRax 2000, 406 ff.; dazu auch ausführlich *Jayme/Kohler*, Europäisches Kollisionsrecht, IPRax 2000, 454, 461 f.

[768] EuGHE 2000 I-1935, vom 28. März 2000, Rs. C-7/98 – *Krombach/Bamberski* = IPRax 2000, 406 ff.

[769] EuGHE 2000 I-1935, vom 28. März 2000, Rs. C-7/98 – *Krombach/Bamberski* = IPRax 2000, 406 ff.; EuGHE 1986, 1651, vom 15. Mai 1986, Rs. 222/84 – *Johnston*.

Die erste Frage des Bundesgerichtshofs lautete, ob das Gericht des Vollstreckungsstaates, in dem der Beklagte seinen Wohnsitz hat, im Rahmen der ordre-public-Klausel des Art. 27 Nummer 1 EuGVÜ berücksichtigen darf, dass das Gericht des Ursprungsstaates seine Zuständigkeit auf die Staatsangehörigkeit des Opfers stützte. Der Europäische Gerichtshof bemerkte, dass das Vollstreckungsgericht nach Art. 28 EuGVÜ nicht die Zuständigkeit des Erstgerichts nachprüfen dürfe, wobei Art. 28 Absatz 3 EuGVÜ ausdrücklich ausschlösse, die Zuständigkeit im Rahmen eines ordre-public-Verstoßes zu rügen. Die Antwort auf die erste Frage lautete daher, dass der ordre-public-Verstoß gemäß Art. 27 Absatz 1 EuGVÜ nicht allein darauf gestützt werden darf, dass das Erstgericht seine Zuständigkeit zu Unrecht angenommen hat.

Weiterhin ging es in der zweiten Frage des Bundesgerichtshofs darum, ob im Rahmen des Art. 27 Nummer 1 EuGVÜ berücksichtigt werden kann, dass das Erstgericht dem in einem Adhäsionsverfahren Beklagten das Recht versagt hat, sich verteidigen zu lassen, ohne persönlich zu erscheinen. Der EuGH entschied diesbezüglich, dass das Recht auf einen Verteidiger nach Ansicht des EuGH für die Gestaltung und Durchführung eines fairen Prozesses von herausragender Bedeutung sei und zu den Grundrechten gehöre, die sich aus den gemeinsamen Verfassungstraditionen ergäben. Zudem habe der Europäische Gerichtshof für Menschenrechte in seiner Rechtsprechung zu Strafverfahren wiederholt angemerkt, dass die Verteidigungsmöglichkeit zu den „grundlegenden Merkmalen eines fairen Prozesses" gehöre[770]. Trotz einer Regelung in Art. II des Protokolls zum EuGVÜ seien die Verteidigungsrechte des Angeklagten in allen Verfahren zu wahren, die zu einer Entscheidung zu seinen Lasten führen könnten. In diesem Zusammenhang stellt der EuGH auch fest, dass die Vereinfachung der Förmlichkeiten bei der Anerkennung und Vollstreckung von Entscheidungen innerhalb der Europäischen Gemeinschaften nicht dazu führen darf, dass der Anspruch auf rechtliches Gehör vernachlässigt wird[771]. Daher ist eine Korrektur über die ordre-public-Klausel in Ausnahmefällen möglich, wenn die nationalen Vorschriften und das anwendbare EG-Recht – hier das EuGVÜ – nicht ausreichen, den verfahrensrechtlichen Standard der EMRK zu sichern.
In den Schlussanträgen des Generalanwalts[772] betrachtet auch dieser die Anerkennung des französischen Urteils als Grundrechtsverletzung, weil die beiden nationalen Regelungen unterschiedlich seien und eine Anerkennung in Deutschland eine Verletzung der Vorschriften der deutschen Rechtsordnung über den Anspruch auf rechtliches Gehör zur Folge habe.
Abschließend ist zugunsten der Koexistenz von nationalem und europäischem Mindeststandard anzumerken, dass der EuGH in dieser Entscheidung keinen Hinweis darauf gibt, dass der nationale ordre public aufgrund der in Art. 6 Absatz 2 EU in der Verbindung mit der Europäischen Menschenrechtskonvention überflüssig geworden

---

[770] EuGMRE vom 23. November 1993, Serie A, Nummer 277/A - *Poitrimol/Frankreich*; EuGMRE vom 22. September 1994, Serie A, Nummer 197-B, - *Pelladoah/Niederlande*.

[771] EuGHE 2000 I-1935, vom 28. März 2000, Rs. C-7/98 – *Krombach/Bamberski* = IPRax 2000, 406, 409; EuGH, Urteil vom 11. Juni 1985, Slg. 1985, 1779, Rn. 10 - *Debaecker und Plouvier*.

[772] Schlussanträge des Generalanwalts Antonion Saggio vom 23.September 1999, Rs. C-7/98, Rn. 22 - *Krombach/Bamberski*.

sei[773]. Vielmehr wird vom EuGH implizit nach wie vor zwischen den beiden Maßstäben unterschieden, dem nationalen und dem europäischen ordre public.

(c) Prozessbetrug

Wenn die der Anerkennung und Vollstreckung zugrunde liegende Entscheidung durch betrügerische Handlungen erlangt wurde, ist ebenfalls eine ordre-public-Verletzung denkbar[774]. Der Betrug muss vorsätzlich während des Erstprozesses im Ausland begangen worden und kausal für die gerichtliche Entscheidung sein. Weiterhin bedarf es einer substantiierten Darstellung des Prozessbetrugs vor dem deutschen Richter, wobei ordentliche Rechtsbehelfe im Ausland verwehrt worden sein müssen.

In einem solchen Fall hat auch der Bundesgerichtshof die Vollstreckbarkeit einer ausländischen Entscheidung aufgrund eines Verstoßes gegen die ordre-public-Klausel abgelehnt[775]. Die Gläubigerin hatte dem Schuldner nach Klagezustellung und erneut nach dem Urteil versichert, dass sie die Klage nur angestrebt habe, um ihrer Bank gegenüber kreditwürdiger zu erscheinen. Entgegen ihrer Ankündigung beantragte die Gläubigerin jedoch die Vollstreckung. Nach Ansicht des Bundesgerichtshofs widerspreche es der öffentlichen Ordnung der Bundesrepublik Deutschland, „ein durch Täuschung des ausländischen Gerichts erschlichenes Urteil zu vollstrecken, nachdem der Kläger den im Inland wohnhaften Beklagten ebenfalls durch Täuschung davon abgehalten hatte, sich gegen die wahrheitswidrig begründete Klage und gegen das Urteil zu wehren".

In einer solchen Situation muss sich der Vollstreckungsschuldner nach Einführung der EuVTVO mit den Rechtsbehelfen im Urteilsstaat begnügen, wobei je nach Mitgliedstaat nicht gesichert ist, dass er nach Eintritt der Rechtskraft die ausländische Entscheidung wegen eines Prozessbetruges angreifen kann. Die Anwendbarkeit der Klage nach § 826 BGB in Deutschland wird im weiteren Verlauf untersucht.

(d) Fehlende Übersetzung der Klageschrift

Auch der folgende Fall aus dem Jahr 2003 zeigt bestehende Diskrepanzen zwischen den nationalen Verfahrensordnungen trotz des Art. 6 EMRK und trotz des Haager Zustellungsübereinkommens bzw. der Europäischen Zustellungsverordnung auf:

Dem deutschen Beklagten wurde eine Klageschrift allein in portugiesischer Sprache ohne Beifügung einer deutschen Übersetzung seitens eines portugiesischen Gerichts zugestellt. Die Zustellung erfolgte durch einfachen Brief per Post. Darauf erging ein Versäumnisurteil zulasten des in Deutschland ansässigen Beklagten in einem Verfahren, auf das der deutsche Staatsangehörige sich nicht einließ und in dem der Zustellungsmangel trotz ausdrücklicher Rüge im portugiesischen Berufungsverfahren infolge fehlerhafter Rechtsanwendung nicht berücksichtigt wurde. Das OLG Köln stellte im

---

[773] *Pfeiffer*, Einheitliche unmittelbare und unbedingte Urteilsgeltung in Europa, FS Jayme 2004, 675, 685.

[774] BGH IPRax 1987, 236, 237; *Geimer*, Internationales Zivilprozessrecht, Rn. 2986.

[775] BGH IPRax 1987, 236, 237.

Vollstreckbarverfahren einen Verstoß gegen den deutschen prozessualen ordre public fest[776].
Folglich ist die Kontrolle des verfahrensrechtlichen ordre public in Deutschland geboten.

(e) Beweisverbote

Als Beispiele für einen möglichen Verstoß gegen den verfahrensrechtlichen ordre public sind auch Beweisverbote zu nennen, aufgrund derer solche Beweise entgegen Art. 103 Absatz 1 GG nicht gewürdigt werden, die den ausländischen Richter zu einer für den Beklagten günstigeren Entscheidung im Erststaat veranlasst hätten[777]. Genauso problematisch ist der umgekehrte Fall, wenn das ausländische Urteil auf Beweisen beruht, die nach unserer Verfassung nicht verwertet werden dürfen. In dieser Hinsicht bietet die EuVTVO keinen Mindeststandard. Die EG-Verordnung über die Beweisaufnahme in Zivil- und Handelssachen[778] betrifft nur die Zusammenarbeit zwischen den Gerichten der Mitgliedstaaten, harmonisiert jedoch nicht die Vorschriften zur Beweisaufnahme in den nationalen Prozessordnungen. Weiterhin könnte es theoretisch zu dem Fall kommen, dass die Rechtsordnung des Ursprungsstaates die außerordentliche Nachprüfung von Justizirrtümern oder die Berücksichtigung neuer Tatsachen im Vollstreckungsverfahren ansiedelt, während nach dem Recht des Vollstreckungsstaates eine solche Korrektur im Rechtsmittelverfahren vorgesehen ist[779]. Die gleichen Probleme tauchen bei der differierenden Einordnung von Einwendungen in der Zwangsvollstreckung auf.

(f) Fazit für die Einführung der EuVTVO

Anhand dieser Entscheidungen und Beispiele lässt sich schlussfolgern, dass die Einhaltung der nationalen Vorschriften in den einzelnen Mitgliedstaaten nicht gleichzeitig die Beachtung sämtlicher deutscher und europäischer Verfahrensgrundrechte und -prinzipien mit sich bringt. Auch die Begründungen des Europäischen Gerichtshofs machen die Gefahr deutlich, dass es durch den Wegfall der ordre-public-Kontrolle im Zuge der Einführung der EuVTVO zu Grundrechtsverletzungen des Vollstreckungsschuldners - insbesondere im Hinblick auf den Anspruch auf rechtliches Gehör - kommen könnte.

---

[776] Entscheidung des OLG Köln vom 3. Januar 2003 – 16 W 42/02.

[777] *Geimer*, Verfassung, Völkerrecht und Internationales Zivilverfahrensrecht, ZfRV 1992, Heft 6, 401, 410.

[778] Verordnung (EG) Nummer 1206/2001 des Rates vom 28. Mai 2001, im Amtsblatt EG L 174 /1 vom 27. Juni 2001.

[779] *Coester-Waltjen*, Einige Überlegungen zu einem künftigen Europäischen Vollstreckungstitel, FS Beys 2003, 183, 193.

(2) Unterschiedlicher materieller ordre public

Bei der Prüfung des materiellen ordre public geht es um die Wahrung grundlegender unverzichtbarer Werte der nationalen Rechtsordnungen[780]. Weil die ordre-public-Prüfung mit Art. 5 EuVTVO abgeschafft wurde, muss der deutsche Vollstreckungsschuldner auch ein ausländisches Urteil gegen sich gelten lassen, das gegen den deutschen materiellen ordre public verstößt.

Der Bundesgerichtshof hat zwar erst wenige Male entschieden, dass der materielle ordre public verletzt ist, schließt aber die Möglichkeit nicht aus[781]. Das Argument, dass ordre-public-Verstöße zwar oft gerügt, aber nur selten von den Gerichten attestiert werden[782], kann deshalb keine Auswirkungen auf die Rechtmäßigkeit der Abschaffung dieser Kontrolle haben, weil diese raren Verstöße besonders intensiv sein können. Es folgt die Darstellung der für den materiellen ordre public relevanten rechtlichen Divergenzen:

(a) Einführung

Zur Verdeutlichung ist anhand der Darstellung einiger Beispielsfälle der Maßstab bei der Prüfung des materiellen anerkennungsrechtlichen ordre public zu erläutern: Das ausländische Urteil darf zwar wegen des Verbots der *révision au fond* nicht in vollem Umfang nachgeprüft werden, aber das Zweitgericht darf die Vollstreckbarkeitserklärung, begründet auf einen materiellen ordre-public-Verstoß, dann verweigern, wenn grundlegende Rechtsunterschiede das Ergebnis der Urteilsanerkennung und -vollstreckung untragbar machen[783]. Je weniger der Fall Bezug zum anerkennenden Staat hat, desto untragbarer muss das Ergebnis der Anerkennung hinsichtlich der Rechtsordnung des Zweitstaates sein.

Im Gegensatz zum Verfahrensrecht fehlt im materiellen Sach- und Kollisionsrecht ein europäischer Mindeststandard, wie ihn Art. 6 EMRK für das faire Verfahren gewährleistet. Es ist im Übrigen zweifelhaft, ob es überhaupt möglich ist, solche einheitlichen Rahmenbedingungen für die nationalen materiellen Rechtsordnungen zu formulieren. Das materielle Recht ist abstrakt gestaltet, weil es den Zweck hat, mit wenigen Vorschriften eine Lösung für eine unüberschaubare Anzahl an Fällen zu bieten. Andererseits beschreibt das Verfahrensrecht die immer wiederkehrende Situation eines Verfahrens vor einem Gericht oder einer sonstigen staatlichen Behörde mit sämtlichen Vor- und Nachwirkungen. Diesbezügliche Schwierigkeiten wie der Zugang des verfahrenseinleitenden Schriftstücks, angemessene Verteidigungsmöglichkeiten etc. werden in allen Mitgliedstaaten angegangen; daher wäre die Harmonisierung unkompli-

---

780 *Wagner*, Vom Brüsseler Übereinkommen über die Brüssel I-Verordnung zum Europäischen Vollstreckungstitel, IPRax 2002, 75, 83.

781 BGH NJW 1992, 3096, 3101; BGH NJW 1999, 2372 ff.

782 So zum Beispiel *Stein*, Der Europäische Vollstreckungstitel für unbestrittene Forderungen tritt in Kraft - Aufruf zu einer nüchternen Betrachtung, IPRax 2004, 181, 182.

783 BGHZ 118, 312, 330; 123, 268, 270; 138, 331, 334; *Schack*, Internationales Zivilverfahrensrecht, Rn. 867; *Martiny*, Handbuch des Internationalen Zivilverfahrensrechts, Band III/1, Rn. 979, 992; *Gressot-Leger*, Faut-il supprimer le contrôle de la loi appliquée par le juge étranger lors de l'instance en exequatur ?, J.D.I. 3, 2003, 767, 786.

zierter[784]. Das materielle Zivilrecht in den jeweiligen Mitgliedstaaten ist hingegen uneinheitlicher und weniger kompatibel als die Verfahrensrechtsvorschriften, wodurch Ungerechtigkeiten entstehen, wie man sie beispielsweise im Internationalen Privatrecht beim Normenmangel oder der Normenhäufung kennt. Daher muss der Richter das materielle Ergebnis überprüfen und gegebenenfalls korrigieren. Das Korrekturbedürfnis rührt daher, dass im Kollisionsrecht der Lebenssachverhalt in sachliche bzw. zeitliche Abschnitte unterteilt wird, die möglicherweise nach unterschiedlichen Rechtsordnungen zu beurteilen sind[785]. Diese willkürliche kumulierte Anwendung des Sachrechts verschiedener nationaler Rechtsordnungen, welche auf eine einheitliche ausgewogene Lösung abzielt, hat häufig ein widersprüchliches Ergebnis zur Folge. Diesen Widersprüchen wird im deutschen Internationalen Privatrecht durch das Institut der Anpassung entgegengewirkt. Im Rahmen einer solchen Prüfung sollten die nationalen Wertungen in Form des ordre public angemessen berücksichtigt werden[786]. Im Anerkennungsrecht wird zwar nicht das Ergebnis der Rechtsanwendung durch das Erstgericht mit Hilfe des Instituts der Anpassung korrigiert, aber zumindest bestand bisher die Möglichkeit, aus der Perspektive eines deutschen Rechtsanwenders untragbaren Ergebnisse durch den anerkennungsrechtlichen ordre-public-Vorbehalt entgegenzuwirken. Der Verstoß gegen den materiellen anerkennungsrechtlichen ordre public kann genauso wie der kollisionsrechtliche auf dem Zusammenstoß zwei inkompatibler Rechtsordnungen beruhen, dessen widersprüchliches Ergebnis der Richter im Ursprungsstaat nicht korrigiert.

Allein in Westeuropa sind mehrere Zivilrechtssysteme entstanden, wobei schon der Begriff des „Zivilrechts“ aufgrund der unterschiedlichen Rechtsordnungen Schwierigkeiten bereitet. Am auffälligsten unterscheiden sich die Systeme des Common und des Civil Law. Es gibt innerhalb dieser Rechtsordnungen systematische Zusammenhänge, deren Durchbrechung zu einem untragbaren Ergebnis führen kann. Für das deutsche Recht sind das Abstraktionsprinzip und die Verflechtungen des Erb- und Familienrechts als Beispiel zu nennen. Auch im Zusammenhang mit den Strafschadensersatzansprüchen (*punitive damages*)[787] stellt sich die verschiedene Einordnung von Zivil- und Strafrecht als problematisch heraus. Es scheint aus heutiger Sicht unwahrscheinlich, dass ein gemeinsames europäisches System materiellen Zivilrechts entwickelt werden kann.

Es sind jedoch nicht nur die verschiedenen Systeme, in denen zivilrechtliche Fälle gelöst werden, die zu untragbaren Ergebnissen im Sinne eines materiellen ordre-public-Verstoßes führen, sondern auch die neben den juristischen Eigenheiten entwickelten gesellschaftlichen, politischen, wirtschaftliche und religiösen Traditionen und Überzeugungen können eine Anerkennung und Vollstreckung eines ausländischen Urteils

---

[784] Zur Verschiedenartigkeit des verfahrensrechtlichen und materiellen ordre public siehe auch *Stein*, Der Europäische Vollstreckungstitel für unbestrittene Forderungen tritt in Kraft - Aufruf zu einer nüchternen Betrachtung, IPRax 2004, 181, 184 ff.

[785] *V. Hoffmann/Thorn*, Internationales Privatrecht, § 6 Rn. 34; *Kropholler*, Internationales Privatrecht, § 4 III 2.

[786] *Kropholler*, Internationales Privatrecht, § 4 III 2, 3; dazu auch *Kegel/Schurig*, Internationales Privatrecht, § 16 VI.

[787] Siehe dazu Punkt D II 2. b) bb) (2) (a) (cc).

verbieten. In den meisten Fällen des ordre-public-Verstoßes verschmelzen diese Aspekte, welche die „Untragbarkeit“ ausmachen.
Die Existenz des unterschiedlichen materiellen ordre public innerhalb der Europäischen Gemeinschaft wird im Folgenden anhand von Fallbeispielen verdeutlicht:

(aa) Sittenwidrige Bürgschaftsverträge

Der Bundesgerichtshof stellte in einer Entscheidung dar, unter welchen Voraussetzungen ein materieller ordre-public-Verstoß im Zusammenhang mit sittenwidrigen Bürgschaftsverträgen anzunehmen ist[788]. Im Endeffekt verneinte der BGH den Verstoß, den das OLG Karlruhe jedoch zum Anlass genommen hatte, die Anerkennung zu versagen.

In der Entscheidung des Bundesgerichtshofs verbürgte sich der Schuldner, ein französischer Staatsangehöriger, im Jahre 1987 als 21jähriger in Frankreich für ein Darlehen von 550.000 FF (163.990 DM). Diese Summe gewährte die Gläubigerin der Schwester des Schuldners. Als die Schwester das Darlehen nicht tilgte und sie und der Schuldner als Bürge als Gesamtschuldner vom Landgericht Straßburg 1992 zur Rückzahlung des Darlehens zuzüglich 11,5 % Zinsen verurteilt wurden, war der Schuldner mittlerweile von Frankreich nach Deutschland gezogen und arbeitete dort für ein Nettogehalt von 2.200 DM. Der Beschluss wurde auf Antrag der Gläubigerin vom zuständigen Landgericht Baden-Baden mit der deutschen Vollstreckungsklausel versehen. Relevant für die vorliegende Untersuchung ist nun, dass das Oberlandesgericht Karlsruhe den Antrag der Gläubigerin auf Beschwerde des Schuldners aufgrund eines ordre-public-Verstoßes nach Art. 27 Nummer 1 EuGVÜ zurückwies. Dagegen legte die Gläubigerin wiederum erfolgreich Rechtsbeschwerde beim Bundesgerichtshof ein, wodurch die Entscheidung des OLG Karlruhe aufgehoben und zurückverwiesen wurde.

Der Bundesgerichtshof hielt das Urteil des Oberlandesgerichts Karlruhe wegen falscher Anwendung des Art. 27 Nummer 1 EuGVÜ für rechtsfehlerhaft und beschäftigt sich in diesem Zusammenhang mit dem Begriff der „öffentlichen Ordnung“. Die Urteilsanerkennung müsse mit den wesentlichen Grundsätzen des deutschen Rechts offensichtlich unvereinbar sein, wobei die *révision au fond*, also die Nachprüfung der ausländischen Entscheidung in der Sache, verboten sei. Je geringer der Inlandsbezug des Sachverhalts, desto gravierender müssten die Abweichungen von den wesentlichen Grundsätzen des deutschen Rechts sein. Bezugnehmend auf die Bürgenentscheidung des Bundesverfassungsgerichts[789] und stellte der Bundesgerichtshof zudem fest: Wenn „ein zuständiges ausländisches Gericht auf der Grundlage des anwendbaren ausländischen Rechts einen Bürger zur Zahlung verurteilt, kann vor der Vollstreckbarerklärung in Deutschland im Hinblick auf das Grundrecht des Bürgers auf Selbstgestaltung seiner Rechtsverhältnisse regelmäßig nur geprüft werden, ob der Schuldner wegen be-

[788] BGH NJW 1999, 2372 ff.
[789] BVerfGE 89, 214, insbesondere Rn. 52: „Es war von vorneherein abzusehen und für das Kreditinstitut auch leicht feststellbar, dass die Beschwerdeführerin im Haftungsfall voraussichtlich bis an ihr Lebensende nicht in der Lage sein würde, sich aus eigener Kraft von der übernommenen Schuldenlast zu befreien.“

sonders krasser struktureller Unterlegenheit durch die Vollstreckbarkeit zweifelsfrei zum wehrlosen Opfer der Fremdbestimmung gemacht und hierdurch auf absehbare Zeit auf das wirtschaftliche Existenzminimum der Pfändungsfreigrenzen verwiesen würde".
Zur gebotenen Einschränkung der Privatautonomie wurde dementsprechend ausgeführt, dass für die Zivilgerichte aus der allgemeinen Handlungsfreiheit (Art. 2 Absatz 1 GG) und dem Sozialstaatsprinzip (Art. 20 Absatz 1, 28 Absatz 1 GG) die Pflicht hergeleitet werde, bei der Anwendung und Auslegung der Generalklauseln §§ 138 und 242 BGB darauf zu achten, dass Verträge nicht als Mittel der Fremdbestimmung dienen[790]. Bei der Zwangsvollstreckung seien die Unpfändbarkeitsbestimmungen der §§ 811 ff. ZPO Ausdruck des Sozialstaatsprinzips. Diese Ergänzung ist von Relevanz, da mangels einer materiellen Prüfung des Bürgschaftsvertrags bei der Untersuchung der Anerkennungsversagungsgründe § 138 BGB nicht direkt anwendbar ist[791].
Nach Ansicht des OLG Karlsruhe verstößt der Beschluss des LG Straßburg deshalb gegen den deutschen ordre public, weil er den deutschen verfassungsrechtlichen Wertungen über die Privatautonomie bei der Bürgenhaftung widerspreche. Der Schuldner sei unerfahren und mit einem Nettogehalt von 2.200 DM fast vermögenslos. Die Haftung habe er nur wegen des verwandtschaftlichen Verhältnisses zu seiner Schwester, also motiviert durch eine emotionale Bindung, übernommen.
Der Bundesgerichtshof stellte hingegen fest, dass die Voraussetzungen für eine unangemessene Einschränkung der allgemeinen Handlungsfreiheit nach Maßgabe der Entscheidung des Bundesverfassungsgerichts nicht vorlägen: Erstens sei die Beeinflussung des Schuldners durch die Gläubigerin nicht in sittenwidriger Weise erfolgt. Zudem habe keine finanzielle Abhängigkeit zwischen Bruder und Schwester bestanden. Außerdem seien die Bedingungen für die Erkennbarkeit einer krassen finanziellen Überforderung des Schuldners durch die Gläubigerin nicht erfüllt, weil eine ältere Schuld des Schuldners in Höhe von 30.000 DM nicht ersichtlich war. Die pfändbaren Einkünfte des Bürgen hätten vielmehr voraussichtlich ausgereicht, weshalb keine krasse Überforderung anzunehmen sei. Also seien die Grundrechte des Schuldners nicht verletzt; der ordre-public-Verstoß liege nicht vor.

An diesem Fall ist erkennbar, dass ein Verstoß gegen den materiellen ordre public für möglich gehalten wird. Allerdings fällt bei der Entscheidung des Bundesgerichtshofs auf, dass auf der einen Seite die Vollstreckbarerklärung bzw. die Anerkennung der Entscheidung ausdrücklich von der materiellrechtlichen Komponente des Falls – dem Vertragsschluss – getrennt wird. Andererseits werden die Hauptargumente hinsichtlich des fehlenden ordre-public-Verstoßes hinsichtlich Art. 27 Nummer 1 EuGVÜ aus den Umständen des Vertragsschlusses gezogen. Diese Vorgehensweise ist wohl so zu erklären, dass aus der Sittenwidrigkeit des Vertrags(schlusses) auch ein anerkennungsrechtlicher ordre-public-Verstoß im Rahmen der folgenden Vollstreckbarerklärung

[790] BVerfGE 89, 214, 231 bis 234; BGH IPRax 1999, 371, 372.
[791] *Hohloch*, Anmerkung zum Beschluss des BGH vom 24.02.1999 – IX ZB 2/98 (Karlsruhe), JuS 2000, 95, 96.

hergeleitet werden kann[792]. So hilft sich der Bundesgerichtshof bei der Prüfung des konturlosen anerkennungsrechtlichen ordre public, indem er nach materiellem deutschem Recht die Umstände des Vertragsschlusses, wie hier die Sittenwidrigkeit, für die rechtliche Beurteilung des „untragbaren“ Ergebnisses der Urteilsanerkennung zur Hilfe nimmt.
Zusammenfassend lässt sich sagen, dass die deutschen Gerichte durch die Entscheidung des Bundesverfassungsgerichts bis zur Einführung der EuVTVO auch bei unbestrittenen Forderungen dazu angehalten wurden, vor der Ausstellung einer Vollstreckbarerklärung die Entscheidung auf einen Verstoß gegen den deutschen ordre public zu überprüfen. Nunmehr kann im Anwendungsbereich der EuVTVO das in der deutschen Verfassung festgelegte Sozialstaatsprinzip, das zur Durchbrechung schuldrechtlicher Regelungen führen kann, nicht mehr durchgesetzt werden. Es kann folglich weder bei der Auslegung von Verträgen im Rahmen zivilrechtlicher Generalklauseln noch im Zwangsvollstreckungsrecht Berücksichtigung finden kann.

(bb) Zwingender Haftungsausschluss in gesetzlicher Unfallversicherung

In einer für die Ausformung des deutschen materiellen ordre public wichtigen Entscheidung des Bundesgerichtshofs[793] ging es um folgende Konstellation: Ein 16-jähriger Schüler reiste in einer deutschen Schulklasse, welche von einem verbeamteten deutschen Lehrer begleitet wurde, nach Italien, wo der Schüler bei einer Gebirgswanderung tödlich verunglückte. Die Eltern und der jüngere Bruder des Verunglückten forderten von dem Landgericht Bozen in einem zivilrechtlichen Adhäsionsverfahren materiellen Schadenersatz und Schmerzensgeld. Das Gericht gab der Forderung insofern statt, als dass der aufsichtführende Lehrer der fahrlässigen Tötung schuldig gesprochen wurde und den Zivilparteien ein Ersatz des moralischen und materiellen Schadens zugesprochen wurde, wobei dessen Höhe in einem separaten Verfahren zu ermitteln war. Unter dem Titel der provisorisch vollstreckbaren Akontozahlung wurde der Zivilpartei bereits 20.000.000 Lire und der Ersatz der Prozesskosten in Höhe von 984.000 Lire zuzüglich Mehrwertsteuer und Ergänzungsbeitrag zugesprochen. Das Urteil des Landgerichts Bozen, Italien sollte vom Landgericht Ellwangen, Deutschland auf Antrag der Gläubiger vollstreckt werden. Diesem Antrag wurde stattgegeben. Das OLG Stuttgart wies die Beschwerde des Schuldners zurück, welcher nunmehr Rechtsbeschwerde zum Bundesgerichtshof einlegte.
Im Rahmen dieser Rechtsbeschwerde war es unter anderem fraglich, ob die Vollstreckbarerklärung nach den Art. 31, 27 Nummer 1 EuGVÜ gegen die deutsche öffentliche Ordnung verstößt. Ein solcher Verstoß wurde hinsichtlich der Tatsache zurückgewiesen, dass ein ausländisches Gericht einen deutschen Beamten wegen einer im Ausland begangenen Amtspflichtverletzung persönlich zum Ersatz von Sachschäden verurteilt. Die Freistellung des Beamten von jeder Haftung im Außenverhältnis gehöre nicht zum Kernbestand von Strukturprinzipien des Beamtenrechts, die zu den herge-

[792] Hinsichtlich des umgekehrten Falls der fehlenden Sittenwidrigkeit: *Hohloch*, Anmerkung zum Beschluss des BGH vom 24.02.1999 – IX ZB 2/98 (Karlsruhe), JuS 2000, 95, 96.
[793] BGH NJW 1993, 3269 ff.

brachten Grundsätzen des Berufsbeamtenrechts (Art. 33 Absatz 5 GG) zählten und damit ein grundrechtsgleiches Recht des Beamten darstellten[794].
Ein ordre-public-Verstoß wurde jedoch dahingehend festgestellt, dass der verbeamtete Lehrer nach dem Urteil des LG Bozen auch für Schäden haften müsse, die unter den zwingenden Haftungsausschluss der §§ 636, 637 Reichsversicherungsordnung (RVO) fallen. Aufgrund der Situation, in der der Schüler verunglückt ist, beruhte dessen Tod auf einem „Arbeitsunfall" nach §§ 636 Absatz 1 Satz 1, 548 RVO. Die Haftungsfreistellung des § 637 Absatz 4 Satz 1 RVO in Verbindung mit Absatz 1 greift ausdrücklich nur zugunsten von Lehrern, jedoch nicht umgekehrt, wenn ein Schüler einen Lehrer verletzt[795]. Der Haftungsausschluss betrifft alle Personenschäden, zu denen auch Beerdigungskosten[796], Ersatz entgangenen Unterhalts und Schmerzensgeld[797] gehören.
Nach Ansicht des BGH gehört der Haftungsausschluss nach §§ 636 ff. RVO zum Inhalt des deutschen ordre public. Er stelle ein wesentliches Element des Gesamtsystems der gesetzlichen Unfallversicherung dar. Es sei durch den Gesetzgeber ein angemessener Interessensausgleich angestrebt worden. Dieser würde gestört, wenn ihm durch im Ausland angestrengte Klagen entgegengewirkt werden könnte. Der Bundesgerichtshof zieht in seiner Argumentation einen Vergleich zwischen gewöhnlichen Arbeitnehmern und Schülern: Aufgrund des internationalen Wirtschaftsverkehrs sei es notwendig, Arbeitskräfte ins Ausland zu entsenden, ohne dass diese in das ausländische Sozialversicherungsnetz einbezogen werden. Die Mehrkosten einer Haftung im Außenverhältnis zusätzlich zu den Versicherungskosten seien vom Unternehmer nicht aufzubringen. Auch dürfe der im ausländischen Urteil ignorierte Haftungsausschluss zugunsten des Arbeitnehmers nicht mit der Möglichkeit gerechtfertigt werden, dass der Unternehmer die gegen ihn geltend gemachten zivilrechtlichen Schadensersatzansprüche im Innenverhältnis auf den Versicherer abwälzen könne. Diese Haftungsbegründung sei aufgrund der verschieden ausgestalteten Systeme der gesetzlichen Unfallversicherung und wegen der fehlenden Vergleichbarkeit von zivilrechtlicher Haftung und sozialversicherungsrechtlicher Leistungspflicht unzulässig. Weil Schüler durch das Gesetz über Unfallversicherung für Schüler und Studenten sowie Kinder in Kindergärten in vollem Umfang in die Bestimmungen über den Haftungsausschluss nach § 636 ff. RVO miteinbezogen würden, müsse der Haftungsausschluss wie bei Arbeitnehmern auch zu ihren Lasten gehen.
Der Verstoß gegen die öffentliche Ordnung wurde weiterhin vom Bundesgerichtshof speziell als Anerkennungshindernis gemäß Art. 27 Nummer 1 EuGVÜ untersucht und bejaht. Allerdings werde dadurch nicht gegen das Diskriminierungsverbot und das Funktionieren des gemeinsamen Marktes verstoßen.

In dieser Entscheidung wird die Gestaltung des deutschen Sozialversicherungssystems als ein staatstragendes Prinzip dargestellt, auf dessen Funktionieren auch nicht dann verzichtet werden kann, wenn sich der Schuldner ins Ausland begibt und dort auf-

---

[794] BGH NJW 1993, 3269, 3271.
[795] So BGH NJW 1986, 1937.
[796] BAG NJW 1989, 2838.
[797] BAG VersR 1971, 528.

grund des im internationalen Deliktsrecht vorherrschenden Ubiquitätsprinzips wahlweise das Recht des Ortes auf die Ersatzpflichtigkeit anwendbar ist, an dem das Rechtsgut verletzt wurde, oder das, an dem der Schaden eintritt. Nach Ansicht des BGH ist das Ergebnis der Anerkennung eines ausländischen Urteils dann untragbar, wenn es den verfassungsrechtlich garantierten Wirkungen des deutschen Sozialversicherungssystems zuwiderläuft. Durch die Einführung der EuVTVO ist die Bundesrepublik Deutschland daran gehindert, das aus dem verfassungsrechtlichen Sozialstaatsprinzip erwachsene deutsche Sozialversicherungssystem durchzusetzen[798].

(cc) Einführung eines Strafschadensersatzes (*punitive damages*)

Ein Verstoß gegen den materiellen ordre public ist auch dann denkbar, wenn ein Mitgliedstaat der Europäischen Gemeinschaft einen zivilrechtlichen Strafschadensersatz nach US-amerikanischen Muster einführen sollte, soweit der zuerkannte Ersatz den gewöhnlichen Differenzschaden zuzüglich Schmerzensgeld und Prozesskosten übersteigt[799]. Solche exorbitanten Abweichungen des ausländischen Deliktsrechts vom deutschen, welche insbesondere in Produkthaftungsfällen auftreten[800], können durch die Geltendmachung eines ordre-public-Verstoßes abgewehrt werden, wobei sich die Summe auf einen aus deutscher Sicht erträglichen Teil reduziert[801]. Daher ist Urteilen auf Ersatz von *punitive damages* nicht von vorneherein die Anerkennung zu versagen[802]. Der deutsche ordre public ist nämlich nach der Rechtsprechung des BGH dann nicht verletzt, wenn das ausländische Urteil in seiner Begründung plausible, nachvollziehbare Feststellungen enthält, die ergeben, dass mit dem Strafschadenersatz „restliche, nicht anders abgegoltene oder schlecht nachweisbare wirtschaftliche Nachteile pauschal ausgeglichen oder die vom Schädiger durch die unerlaubte Handlung erzielten Gewinne abgeschöpft werden sollen."[803] Bleiben die Motive des ausländischen Richters zur Verurteilung zu *punitive damages* unklar, ist es dem deutschen Richter aufgrund des Verbots der *révision au fond* jedoch nicht gestattet, nach einer möglichen Begründung zu suchen.

Die Anerkennungsfähigkeit von ausländischen Entscheidungen, in denen dem Gläubiger *punitive damages* gewährt werden, wurde einerseits vom Bundesgerichtshof in der grundlegenden Entscheidung aus dem Jahre 1992[804] im Wesentlichen mit dem Argu-

---

[798] *Becker*, Grundrechtsschutz bei der Anerkennung und Vollstreckbarerklärung im europäischen Zivilverfahrensrecht, Diss. Köln 2003, S. 131.

[799] BGHZ 75, 167; 118, 331, 334 ff.; *Wagner*, Vom Brüsseler Übereinkommen über die Brüssel I-Verordnung zum Europäischen Vollstreckungstitel, IPRax 2002, 75, 90; *Geimer/Schütze*, Europäisches Zivilverfahrensrecht, 1. Auflage, Artikel 27 EuGVÜ Rn. 49; *Geimer*, Anerkennung ausländischer Entscheidungen in Deutschland, S. 141; *Kerameus*, Rechtsvergleichende Bemerkungen zur autonomen Urteilsvollstreckung im Ausland, FS Lüke 1997, 337, 349.

[800] *Gottwald*, Anerkennung und Vollstreckung ausländischer Entscheidungen, ZZP Band 103 (1990), 257, 283.

[801] *Geimer*, Anerkennung ausländischer Entscheidungen in Deutschland, S. 141, Rauscher – *Leible*, Europäisches Zivilprozessrecht, Artikel 34 EuGVVO Rn. 20.

[802] BGHZ 118, 312; *Gottwald*, Anerkennung und Vollstreckung ausländischer Entscheidungen, ZZP Band 103 (1990), 257, 283.

[803] BGHZ 118, 312.

[804] BGH 118, 312 ff.

ment abgewiesen, dass Sanktionen, die der „Bestrafung und Abschreckung" dienten, nach deutscher Auffassung grundsätzlich unter das Strafmonopol des Staates fielen, also nicht im privatrechtlichen Rechtsverkehr eingesetzt werden dürften. Die Anerkennung der US-amerikanischen Entscheidung wurde aufgrund ihrer Unvereinbarkeit mit dem deutschen ordre public abgelehnt. Andererseits wurde die Einbeziehung des „Gedankens der Prävention" in das deutsche zivile Haftungsrecht ausdrücklich in der Entscheidung des Bundesgerichtshofs „Caroline von Monaco"[805] aus dem Jahre 1994 als Kriterium für die Berechnung des Schadensersatzes genannt, nachdem auch im frühen Soraya-Beschluss[806] des Bundesverfassungsgerichts das Risiko eines „fühlbaren materiellen Verlusts" als Gegenmittel zum unlauteren Gewinnstreben zugelassen wurde. Somit stellt sich die Frage, ob sich die deutsche Rechtsprechung der bedingungslosen Anerkennungsfähigkeit von Strafschadenersatzansprüchen annähert oder ob das Motiv der Prävention nur in Ausnahmefällen herangezogen werden darf[807].
Die Entscheidung aus dem Jahre 1992, in der die Anerkennung und Vollstreckung eines US-amerikanischen Urteils abgelehnt wurde, könnte sich deshalb von der späteren Entscheidung unterscheiden, weil es sich um ein zivilrechtliches Urteil auf Zuerkennung von *punitive damages* handelte, welches einer Gefängnisstrafe in den USA folgte. Somit bestand die Gefahr der „Doppelbestrafung"[808]. Dieses Risiko entsteht, wenn zwei inkompatible Rechtssysteme aufeinander treffen. Womöglich ahndet das eine System eine Handlung strafrechtlich, das andere öffentlichrechtlich und das dritte zivilrechtlich. Durch gegenseitige Anerkennung kann es zu einer zweifachen Bestrafung kommen, wenn das Zweitgericht die bereits erfolgte „Abgeltung der Schuld" übersieht. Dadurch, dass Strafschadensersatz jedoch in Deutschland nicht von vorne herein gegen den ordre public verstößt, sondern unter den genannten Voraussetzungen anerkennungs- und vollstreckungsfähig ist, wird der ordre-public-Vorbehalt vom Bundesgerichtshof auch nicht extensiv in Anspruch genommen. Trotzdem ist der Vorbehalt bei Berechnung des Schadensersatzanspruchs nicht entbehrlich, weil durch die Existenzgefährdung des Schuldners das Sozialstaatsprinzip ungerechtfertigt verletzt werden könnte[809]. Die Anerkennungsverweigerungsmöglichkeit eines Strafschadensersatzes muss unter den von der Rechtsprechung entwickelten Voraussetzungen erhalten bleiben, um Systemunterschiede berücksichtigen zu können.
Bisher drehte sich die Diskussion um die Anerkennung und Vollstreckung von *punitive damages* um zugrunde liegende US-amerikanische Urteile. Trotzdem kann auch im europäischen Raum nicht ausgeschlossen werden, dass ein solches Rechtsinstitut in das materielle Recht einzelner Länder integriert wird. Ein diesbezüglicher Schutz mittels Europäischen Gemeinschaftsrechts ist nicht ersichtlich.

---

[805] BGH NJW 1995, 861; bestätigt durch BGH NJW 1996, 984, 985.
[806] BVerfG NJW 1973, 1221.
[807] Zur Heranziehung des Präventionsgedankens und den entsprechenden Entscheidungen des BGH: *Rosengarten*, Der Präventionsgedanke im deutschen Zivilrecht, NJW 1996, 1935 ff.
[808] *Rosengarten*, Der Präventionsgedanke im deutschen Zivilrecht, NJW 1996, 1935, 1938.
[809] A.A. *Rosengarten*, Der Präventionsgedanke im deutschen Zivilrecht, NJW 1996, 1935, 1938, der es nicht für richtig hält, dass man „Gewinn im Ausland unter Geltung des ausländischen Rechts einfahren" und sich gleichzeitig „hinter heimischem Recht verstecken" kann, um die Tragung von Schadensfolgung unter Berufung auf den ordre-public-Vorbehalt abzuwehren.

(dd) Sonstige Beispiele

Ebenfalls könnte die Bindung des Zivilrichters an die Feststellungen des Strafgerichts gegen den deutschen ordre public verstoßen. Dies ist in Deutschland bereits im 19. Jahrhundert abgeschafft worden (§ 14 Absatz 2 Nummer 1 EGZPO)[810] und wird damit begründet, dass man die Tatsachenfeststellung nicht losgelöst vom Verfahrensziel sehen kann. Eine abstrakte und isolierte „Wahrheitsermittlung" wird abgelehnt, zumal die beiden Verfahren unterschiedliche Ziele verfolgen und die Parteien nicht identisch sind[811].

Vereinbarungen, nach denen dem ausländischen Prozessbevollmächtigten der obsiegenden Partei ein Erfolgshonorar versprochen wird (pactum de quota litis), sind bis zu einem Satz von 40 % des Streitwertes ordre-public-konform, obwohl ein solcher Vertrag mit einem deutschen Anwalt gemäß § 49 b Bundesrechtsanwaltsordnung (BRAO) in Verbindung mit § 134 BGB nichtig wäre[812]. Zudem hat der Bundesgerichtshof kürzlich entschieden, dass ein Rechtsanwalt sittenwidrig im Sinne des § 138 Absatz 1 BGB handelt, wenn er bei der Wahl ausländischen – hier US-amerikanischen - Vertragsrechts und der Vereinbarung eines Stundensatzes seinen Aufwand „in grober Weise eigensüchtig aufbläht" und bei den Einzeltätigkeiten und ihrer Dauer die objektiv gebotene Konzentration und Beschleunigung der Mandatswahrnehmung (Wirtschaftlichkeitsgebot im Mandanteninteresse) wissentlich außer acht lässt[813]. Umgekehrt wurde von einem französischen Richter die Anerkennung eines deutschen Urteils versagt, weil die Anerkennung einer Vereinbarung über die Anwaltsvergütung dem französischen ordre public widerspreche[814].

Gegen den deutschen ordre public verstoßen darüber hinaus solche ausländische Entscheidungen, mit denen ein Schuldner verurteilt wird, weil er deutsches oder europäisches Recht befolgt hat[815]. Als Beispiel ist diesbezüglich der Fall anzuführen, in dem der Schuldner deshalb nicht geleistet hat, weil ihm dies durch deutsches Devisen-, Außenwirtschafts- oder Kulturschutzrecht (Exportverbote) nicht gestattet war bzw. weil die behördliche Genehmigung nicht erteilt worden ist[816]. Nur wenn die Unmöglichkeit der rechtzeitigen Erfüllung aufgrund deutscher gesetzlicher Bestimmungen darauf zurückzuführen ist, dass der Schuldner untätig geblieben ist und sich nicht um Genehmi-

---

810 *Geimer/Schütze*, Europäisches Zivilverfahrensrecht, 1. Auflage, Artikel 27 EuGVÜ Rn. 52.; *Geimer*, Internationales Zivilprozessrecht Rn. 114; *Geimer*, Anerkennung ausländischer Entscheidungen in Deutschland, S. 142.

811 *Geimer*, Internationales Zivilprozessrecht, Rn. 114.

812 BGH NJW 1992, 3096, 3101 = BGHZ 118, 332 f.; *Geimer*, Internationales Zivilprozessrecht, Rn. 2975; *Kerameus*, Rechtsvergleichende Bemerkungen zur autonomen Urteilsvollstreckung im Ausland, FS Lüke 1997, 337, 349.

813 BGH, Urteil vom 24. Juli 2003, IX ZR 131/00.

814 Dieses Beispiel nennt *Storme*, Ein einheitlicher Europäischer Vollstreckungstitel als Vorbote eines weltweiten Titels, FS Nakamura 1996, 581, 588.

815 *Geimer*, Internationales Zivilprozessrecht, Rn. 2972; Zum Verstoß gegen gemeinschaftliches Sachrecht: Rauscher – *Leible*, Europäisches Zivilprozessrecht, Artikel 34 EuGVVO Rn. 21.

816 BGHZ 138, 331, 338; *Voegele*, Full Faith and Credit – Die Anerkennung zivilrechtlicher Entscheidungen zwischen den US-amerikanischen Bundesstaaten, Diss. Berlin 2003, S. 118; *Martiny*, Handbuch des Internationalen Zivilverfahrensrechts, Band III/1, Rn. 1090.

gungen und ähnliches bemüht hat, bleibt eine Verletzung des deutschen ordre public außer Betracht.

Sofern deutsches Verbraucherschutzrecht gemäß Art. 29 EGBGB in einem fiktiven deutschen Prozess ohne Rücksicht auf das nach internationalen Vorschriften anwendbare Recht Vorrang hätte, sind dessen grundlegende Prinzipien auch gegenüber ausländischen Urteilen beachtlich[817]. Der ordre public wäre sonst nicht gewahrt, und die Anerkennung und Vollstreckung der ausländischen Entscheidung müsste versagt werden. Diesbezüglich lässt sich einwenden, dass das deutsche Verbraucherrecht vorrangig auf EG-Richtlinien beruht und daher mit dem Verbraucherrecht anderer Mitgliedstaaten übereinstimmen sollte. Ein ordre-public-Verstoß in diesem Bereich kann daher ausgeschlossen werden.

Im europäischen Rechtsraum dürfte unterstellt werden können, dass die Gleichberechtigung von Frau und Mann gewährleistet ist. Diesbezüglich bestehen also keine Bedenken zur Abschaffung der ordre-public-Kontrolle.

(b) Auswertung zum unterschiedlichen materiellen ordre public

Mangels eines einheitlichen materiellen ordre public innerhalb der Europäischen Gemeinschaft[818] und aufgrund der angeführten Beispielsfälle ist die Gefahr erkennbar, dass dem Schuldner durch die Einführung der EuVTVO die Möglichkeit genommen wird, sein Recht auf Wahrung des materiellen ordre public durchzusetzen, der nicht zum europäischen ordre public gehört.
Um die Entstehung eines ordre-public-Verstoßes erfassen zu können, ist zunächst der Zweck des kollisionsrechtlichen ordre public zu erläutern, den der jeweilige Richter im Erkenntnisverfahren weiterhin uneingeschränkt anwenden darf. So können die unterschiedlichen Ergebnisse bei der Anwendung fremden Rechts durch einen deutschen Richter und durch einen ausländischen Richter eines anderen Mitgliedstaates verdeutlicht werden:
Der ordre-public-Vorbehalt ist im materiellen Kollisionsrecht als Ausgleich für das Risiko entstanden, welches das Internationale Privatrecht aufgrund seiner Gesamtverweisungstechnik birgt. Durch die Anwendung von inländischen Kollisionsnormen muss der Richter grundsätzlich im Wege der Gesamtnormverweisung das anzuwendende ausländische Internationale Privatrecht ermitteln. Diese Methode wurde im deutschen Recht in Art. 4 Absatz 1 Satz 1 EGBGB[819] kodifiziert. Bei der Gesamtnormverweisung sind die Sachnormen nur dann anzuwenden, wenn das Internationale Privatrecht des betreffenden Staates ohne Rück- oder Weiterverweisung die Verwei-

[817] *Geimer*, Internationales Zivilprozessrecht, Rn. 2978.
[818] Zu diesem Ergebnis kommt auch *Becker*, Grundrechtsschutz bei der Anerkennung und Vollstreckbarerklärung im europäischen Zivilverfahrensrecht, Diss. Köln 2003, S. 149.
[819] Wortlaut des Artikels 4 Absatz 1 Satz 1 EGBGB: „Wird auf das Recht eines andern Staates verwiesen, so ist auch dessen Internationales Privatrecht anzuwenden, sofern dies nicht dem Sinn der Verweisung widerspricht."

sung annimmt (Art. 4 Absatz 1 Satz 2 EGBGB)[820]. Eine Sachnormverweisung ohne den Umweg über das ausländische Kollisionsrecht erfolgt nur in Ausnahmefällen, weil sonst der internationale Entscheidungseinklang gefährdet ist. Dieses Risiko wird zum Beispiel in Kauf genommen, sofern die Gesamtnormverweisung dem „Sinn der Verweisung" widerspräche (Art. 4 Absatz 1 Satz 1 2. Halbsatz EGBGB)[821]. Auch kann die Sachnormverweisung ausdrücklich vom Gesetz angeordnet sein[822]. Dadurch, dass der deutsche Richter nach Ermittlung des ausländischen Internationalen Privatrechts im Wege der grundsätzlichen Gesamtverweisung mangels Kenntnissen im ausländischen Recht nicht weiß, wie die materiellrechtliche Lösung des Falls aussehen wird, bezeichnet Pfeiffer diese Ungewissheit als „Sprung ins Dunkle". Im deutschen Recht vertraut man folglich trotz der Unwägbarkeiten grundsätzlich auf ein akzeptables Ergebnis, lässt sich jedoch durch den ordre-public-Vorbehalt in Art. 6 EGBGB einen Rückzieher offen[823].

Nach der Einführung der EuVTVO muss hingegen im Vollstreckungsstaat darauf vertraut werden, dass das Ergebnis der Rechtsanwendung im Ausland mit inländischen Gerechtigkeits- und Wertvorstellungen übereinstimmt. Das materiellrechtliche Ergebnis muss den inländischen staatstragenden Prinzipien insbesondere hinsichtlich sozialer Gerechtigkeit und Freiheit entsprechen[824]. Diese Prinzipien sind, wie gesehen, innerhalb der Europäischen Gemeinschaft nicht einheitlich. Diese Uneinheitlichkeit ist jedoch nicht nur hinsichtlich des Ergebnisses nach Anwendung ausländischen Sachrechts problematisch, sondern mit ihr gehen bei der Anwendung von Kollisionsnormen weitere Probleme einher:

Die auf den Sachverhalt anwendbare materielle Norm, welche durch die Anwendung der einschlägigen Kollisionsnormen ermittelt wird, kann aus dem Recht eines Drittstaates stammen, welcher kein Mitgliedstaat sein muss[825]. Die Anwendbarkeit des Sachrechts eines Drittstaates folgt aus dem fehlenden Gleichlauf zwischen Zuständigkeit und materiellem Recht. Das Vertrauen auf akzeptable Ergebnisse bei der Anwendung des Rechts sämtlicher Staaten (Mitglied- und Drittstaaten) würde das Ziel des internationalen Entscheidungseinklangs zu Lasten nationaler Interessen überbewerten[826]. Der Richter im Erststaat ist zwar verpflichtet, die Anwendung des Drittrechts bzw. dessen Ergebnis auf seine Vereinbarkeit mit dem europäischen ordre public zu überprüfen. Allerdings verbleibt trotzdem die Gefahr, dass die Anwendung der unbekannten Rechtsgrundlage zu einem mit dem restlichen deutschen ordre public unver-

820 *V. Hoffmann/Thorn*, Internationales Privatrecht, § 6 Rn. 77; *Kegel/Schurig*, Internationales Privatrecht, § 10 II.

821 Beispiele: Artikel 19 Absatz 1, 40 Absatz 1, Artikel 14 Absatz 1 Nummer 3 EGBGB.

822 Beispiele: Artikel 4 Absatz 1 Satz 2, Absatz 2, 12, 17 b Absatz 1 Satz 1, 18 EGBGB.

823 *V. Bar/Mankowski* (Internationales Privatrecht, Band 1, § 7 Rn. 258) nennt den ordre public „eine Art Überdruckventil"; *Linke* (Internationales Zivilprozessrecht, Rn. 421) verwendet den Begriff „Notbremse".

824 *Pfeiffer*, Einheitliche unmittelbare und unbedingte Urteilsgeltung in Europa, FS Jayme 2004, 675, 682, verweist auf die Bezeichnung „verdecktes zweites Kollisionsrecht".

825 Beispiel: Das deutsche IPR verweist auf das belgische IPR, nach dem New Yorker Sachrecht anwendbar ist.

826 *Pfeiffer*, Einheitliche unmittelbare und unbedingte Urteilsgeltung in Europa, FS Jayme 2004, 675, 681 f.

einbaren Ergebnis führen. Dieser ist jedoch nach Einführung der EuVTVO nicht mehr überprüfbar, auch wenn ein Richter eines europäischen Mitgliedstaates das Sachrecht eines Mitglied- oder Drittstaates anwendet. Im Anwendungsbereich der EuVTVO muss man sich damit begnügen, dass der Richter im europäischen Ausland nur seinen eigenen kollisionsrechtlichen ordre public einsetzt, um ungerechte Ergebnisse zu korrigieren. Da jedoch der ordre public eines anderen Mitgliedstaates gerade nicht zwangsläufig mit dem deutschen übereinstimmt und der ausländische Richter auch nicht den deutschen ordre public anwendet – selbst wenn er von der späteren Vollstreckung in Deutschland weiß -, bleibt die Korrektur des Ergebnisses nach diesen Maßstäben ungewiss. Der Vollstreckungsschuldner kann also nicht verhindern, dass im Erkenntnisverfahren ungerechte Ergebnisse Wirkungen in Deutschland entfalten. Er kann nur darauf hoffen, dass es sich – wenn ein ordre-public-Verstoß vorliegt – um den Teil handelt, der sich mit dem europäischen deckt und deshalb vom Erstrichter als Maßstab herangezogen wird.

c) Zwischenergebnis zum Bedürfnis einer ordre-public-Kontrolle

Weil der ordre public des Vollstreckungsstaates nicht im Urteilsstaat überprüfbar ist, es weder heute einen einheitlichen gemeineuropäischen ordre public gibt, noch absehbar ist, dass ein solcher die nationalen ordre-public-Maßstäbe in unmittelbarer Zukunft ersetzen wird, entsteht durch die Abschaffung der Nachprüfbarkeit im Vollstreckungsstaat eine Rechtsschutzlücke[827]. Die Vollstreckungsabwehrklage kann diesem Missstand jedenfalls nicht abhelfen[828].

III Vergleich mit dem Strafrecht

Um einen weiteren Maßstab heranziehen zu können und die abschließende Interessenabwägung anzureichern, bietet sich der Vergleich zwischen europäischem Anerkennungs- und Vollstreckungsrecht im Zivil- und Strafrecht an.

1. Einführung zu europäischen Regelungen im Strafrecht

Neben den Maßnahmen zur Vereinfachung der gegenseitigen Anerkennung in Zivil- und Handelssachen wurden im Maßnahmenprogramm des Rates vom 30. November 2000 auch im strafrechtlichen Bereich Neuerungen auf europäischer Ebene getroffen, um die Schaffung eines gemeinsamen Rechtsraumes zu begünstigen: Zum 31. Dezember 2003 sollten die EU-Mitgliedstaaten die erforderlichen Maßnahmen treffen, um dem Rahmenbeschluss über den Europäischen Haftbefehl und über die Übergabever-

---

[827] *Kohler*, Von der EuGVVO zum Europäischen Vollstreckungstitel, in: Reichelt/Rechberger (Hrsg.), Europäisches Kollisionsrecht, 63, 76; a. A. *Hüßtege*, Braucht die Verordnung über den europäischen Vollstreckungstitel eine ordre-public-Klausel?, FS Jayme 2004, 371, 385; *Hüßtege*, Der europäische Vollstreckungstitel, in: Gottwald (Hrsg.), Perspektiven der justiziellen Zusammenarbeit in der Europäischen Union, 113, 137.

[828] *Heß*, Europäischer Vollstreckungstitel und nationale Vollstreckungsgegenklage, IPRax 2004, 493, 494.

fahren zwischen den EU-Mitgliedstaaten[829] vom 13. Juni 2002 nachzukommen[830]. Nach dessen Inkrafttreten am 7. August 2002 stellte die Bundesregierung am 22. Oktober 2003 ein diesbezügliches Gesetz vor[831]: Das Gesetz über die Internationale Rechtshilfe in Strafsachen (im Folgenden „IRG“) sollte durch Art. 1 dieses Entwurfes des deutschen Gesetzes zur Umsetzung des Rahmenbeschlusses (Europäischen Haftbefehlsgesetz – im Folgenden „EuHbG“) geändert werden. Das EuHbG trat am 1. Januar 2004 in Kraft, wurde jedoch mit Urteil vom 18. Juli 2005 vom Bundesverfassungsgesetz für nichtig erklärt[832]. Im Folgenden werden zunächst der Rahmenbeschluss und das ungültige deutsche IRG neuer Fassung dargestellt, bevor die grundsätzliche Kritik an der Idee eines Europäischen Haftbefehls und das Urteil des Bundesverfassungsgerichts im Einzelnen dargestellt werden. Schließlich wird die Bedeutung der Situation im Strafrecht für das Zivilrecht bewertet.

2. Der Rahmenbeschluss über den Europäischen Haftbefehl

Nach Art. 1 des Rahmenbeschlusses, der grundsätzlich nicht vom Bundesverfassungsgericht beanstandet wurde, handelt es sich bei dem Europäischen Haftbefehl „um eine gerichtliche Entscheidung, die in einem Mitgliedstaat ergangen ist und die Festnahme und Übergabe einer gesuchten Person durch einen anderen Mitgliedstaat zur Strafverfolgung oder Vollstreckung einer Freiheitsstrafe oder einer freiheitsentziehenden Maßregel der Sicherung bezweckt“. Zudem soll er alle früheren Instrumente des Auslieferungsrechts, die bisher im Rechtsverkehr zwischen den Mitgliedstaaten genutzt wurden, ersetzen[833]. Dem Europäischen Haftbefehl liegt die Idee zugrunde, dass die EU-Staaten ihre strafrechtlichen Entscheidungen gegenseitig anerkennen. Dafür sollen die förmlichen Verfahren zur Auslieferung von Personen, die sich nach einer rechtskräftigen Verurteilung der Justiz zu entziehen versuchen, abgeschafft und die Verfahren zur Auslieferung von Personen, die einer Straftat verdächtigt werden, beschleunigt werden[834]. Erstmals wurde das Prinzip der gegenseitigen Anerkennung in Strafsachen auf der Sitzung des Europäischen Rates in Cardiff im Jahre 1998 angesprochen und später sowohl in die Schlussfolgerungen des Sondergipfels in Tampere[835] als auch in das Maßnahmenprogramm vom 15. Januar 2001[836] aufgenommen[837]. Der Rahmenbeschluss über den europäischen Haftbefehl beruht schließlich auf der Ratssitzung in Laeken vom 14. und 15. Dezember 2001.

---

829 Rahmenbeschluss 2002/584/JI im Amtsblatt EG L 190 vom 18. Juli 2002.

830 Artikel 34 Absatz 1 des Rahmenbeschlusses.

831 Bundestagsdrucksache 547/03, 15/1718.

832 BVerfGE NJW 2005, 2289 ff.

833 Erwägungsgründe Nr. 1 und 11, Art. 31 Rahmenbeschluss; *v. Heintschel-Heinegg/Rohlff*, Der Europäische Haftbefehl, GA 2003, 44, 45.

834 Siehe Rahmenbeschluss 2002/584/JI im Amtsblatt EG L 190/1 vom 18. Juli 2002.

835 Schlussfolgerungen von Tampere, Rn. 35.

836 Amtsblatt EG 2001/C12/01 („Er unterstützte daher den Grundsatz der gegenseitigen Anerkennung, der zum Eckstein der justiziellen Zusammenarbeit sowohl in Zivil- als auch in Strafsachen innerhalb der Union werden sollte.“).

837 *Schünemann*, Europäischer Haftbefehl und EU-Verfassungsentwurf auf schiefer Ebene – Die Schranken des Grundgesetzes, ZRP 2003, 185, 186.

Mit einer Darstellung der aktuellen Veränderungen bei der gegenseitigen Anerkennung und Vollstreckung gerichtlicher Entscheidungen im strafrechtlichen Bereich sollen Parallelen und Missverhältnisse in der europäischen Rechtsvereinheitlichung und in der Entwicklung zu einem europäischen Rechtsraum offen gelegt werden, um Rückschlüsse für die Abschaffung des Vollstreckbarerklärungsverfahrens im Zivilrecht ziehen zu können.

Erwähnenswert sind eingangs die formalen Anforderungen an einen Europäischen Haftbefehl: Nach § 83 a IRG n. F. muss die Identität und Staatsangehörigkeit des Verfolgten, der Name und die Anschrift der ausstellenden Justizbehörde, die Angabe, die Bestätigung über das Vorliegen eines Haftbefehls, die Art und die rechtliche Würdigung der Straftat, die Beschreibung der Umstände, unter denen die Straftat begangen wurde, und die im Ausstellungsmitgliedstaat gesetzlich vorgeschriebene Höchststrafe dokumentiert werden.
Weiterhin verfolgt der Rahmenbeschluss folgende konkrete materiellrechtliche Neuerungen: Auf der einen Seite können die Staaten die Auslieferungen ihrer Staatsangehörigen unter bestimmten Voraussetzungen nicht mehr verweigern. Hinsichtlich des Anwendungsbereichs des Europäischen Haftbefehls wird der Grundsatz aufgestellt, dass er erstens bei solchen Handlungen erlassen werden kann, „die nach den Rechtsvorschriften des Ausstellungsmitgliedsstaates mit einer Freiheitsstrafe oder einer freiheitsentziehenden Maßregel der Sicherung im Höchstmaß von mindestens zwölf Monaten bedroht sind". Zweitens kann bei einer „Verurteilung zu einer Strafe oder der Anordnung einer Maßregel der Sicherung, deren Maß mindestens vier Monate beträgt" ein Europäischer Haftbefehl ausgestellt werden[838]. Es ist eine Liste von 32 Straftaten entworfen worden, bei deren Vorliegen die Prüfung der beiderseitigen Strafbarkeit entfällt (Art. 2 Absatz 2 des Rahmenbeschlusses). Bei allen anderen nicht ausdrücklich aufgezählten Straftaten ist das Strafrecht des Vollstreckungsstaates für die Beurteilung der Handlung als Straftat maßgeblich[839].

a) Vollstreckungsversagungsgründe im Allgemeinen

Neben Gründen, aufgrund derer der Vollstreckungsstaat verpflichtet ist, die Vollstreckung des Europäischen Haftbefehls abzulehnen (Amnestie, rechtskräftige Verurteilung, Strafunmündigkeit)[840], werden optionale Verweigerungsgründe in Art. 4 des Rahmenbeschlusses aufgezählt. Für die vorliegende Untersuchung ist von Bedeutung, dass der Vollstreckungsstaat nur dann mangels beiderseitiger Strafbarkeit der entsprechenden Handlung die Vollstreckung eines Europäischen Haftbefehls ablehnen kann, wenn es sich um eine andere als die in der Liste aus Art. 2 Absatz 2 des Rahmenbeschlusses genannten Straftaten handelt. Dies bestätigt auch § 81 Nummer 4 IRG n. F.. In § 83 IRG n. F. werden weitere Einschränkungen hinsichtlich der Zulässigkeit der Auslieferung gemacht, die sich unter anderem auf eine erfolgte rechtskräftige Verur-

[838] Artikel 2 Absatz 1 des Rahmenbeschlusses 2002/584/JI, § 81 Nr. 1 und 2 IRG n. F.; *Wehnert*, Europäischer Haftbefehl, StraFo 2003, 356, 357.
[839] Artikel 2 Absatz 4 des Rahmenbeschlusses 2002/584/JI.
[840] Artikel 3 des Rahmenbeschlusses 2002/584/JI.

teilung in einem anderen Mitgliedstaat und auf Schuldunfähigkeit beziehen. Diesbezüglich ist interessant, dass sich der deutsche Gesetzgeber im Strafrecht durch § 83 Nummer 3 IRG ausdrücklich vorbehält, eine Auslieferung zu verweigern, wenn „bei Ersuchen zur Vollstreckung das dem Ersuchen zugrunde liegende Urteil in Abwesenheit des Verfolgten ergangen ist und der Verfolgte zu dem Termin nicht persönlich geladen oder nicht auf andere Weise von dem Termin, der zu dem Abwesenheitsurteil geführt hat, unterrichtet worden war, es sei denn, der ersuchende Mitgliedstaat sichert zu, dass dem Verfolgten nach seiner Überstellung die Möglichkeit eingeräumt wird, im ersuchenden Mitgliedstaat eine Wiederaufnahme des Verfahrens zu beantragen und bei der erneuten Gerichtsverhandlung anwesend zu sein“. In dieser Formulierung ist dem Wortlaut nach ein Vorbehalt des prozessualen ordre public bzw. ein mit Art. 27 Nummer 2 EuGVÜ bzw. Art. 34 Nummer 2 EuGVVO vergleichbarer Versagungsgrund zu erkennen, welcher nunmehr bei der Vollstreckung zivilrechtlicher Urteile – noch beschränkt auf unbestrittene Forderungen - nicht mehr angeführt werden kann. Der Bundestag äußert sich in seiner Begründung zum Europäischen Haftbefehlsgesetz dahingehend[841], dass zwar deutsche Gerichte bei der Prüfung der Zulässigkeitsvoraussetzungen einer Auslieferung grundsätzlich von der Wirksamkeit eines dem Auslieferungsersuchen zugrunde liegenden Strafurteils auszugehen und dessen Rechtmäßigkeit nicht nach Maßgabe des innerstaatlichen Rechts des ersuchenden Staates zu überprüfen haben. Jedoch seien die Gerichte nach der Rechtsprechung des Bundesverfassungsgerichts verpflichtet, eine ausländische Entscheidung auf ihre Vereinbarkeit den nach Art. 25 GG verbindlichen Mindeststandard und unabdingbare verfassungsrechtliche Grundsätze zu überprüfen[842]. Dieser völkerrechtliche Mindeststandard findet sich in Art. 6 Absatz 3 lit. c EMRK[843]. Das Gebot des rechtlichen Gehörs gehört nach der Rechtsprechung des Bundesgerichtshofs nicht nur zum völkerrechtlichen Mindeststandard, sondern auch verfassungsrechtlich bedingt zum unverzichtbaren Bestand der deutschen öffentlichen Ordnung[844]. Es wird auch ausdrücklich betont, dass ausländische Abwesenheitsentscheidungen mit der Europäischen Menschenrechtskonvention in Einklang stehen müssten. Der Gesetzgeber beruft sich folglich bei den Anforderungen an Abwesenheitsurteile, aufgrund derer eine Auslieferung erfolgen soll, auf die Rechtsprechung der höchsten deutschen Bundesgerichte. In der Begründung wird auch ausdrücklich klargestellt, dass § 83 Nummer 3 IRG n. F. die Vorschrift des § 73 IRG n. F. für den Achten Teil des Gesetzes abbedingt. Dabei handelt es sich aber nicht um einen Alleingang des deutschen Gesetzgebers, sondern dieser setzt die Möglichkeit des Art. 5 Nummer 1 des Rahmenbeschlusses[845] um: Eine Vereinheitlichung im Bereich

[841] Amtliche Begründung zur Bundesdrucksache 547/03, S. 40.

[842] BVerfG NJW 1994, 2883; BVerfGE 59, 280, 282 f.; 63, 332, 337; BGH JZ 2002, 464.

[843] *Rohlff*, Der Europäische Haftbefehl, Diss. Regensburg 2003, S. 107 f.

[844] BGH, JZ 2002, 464; BGHSt 47, 120 ff.

[845] Artikel 5 Nummer 1 RbEuHb: „Die Vollstreckung des Europäischen Haftbefehls durch die vollstreckende Justizbehörde kann nach dem Recht dieses Staates an eine der folgenden Voraussetzungen geknüpft werden: 1. Ist der Europäische Haftbefehl zur Vollstreckung einer Strafe der einer Maßnahme der Sicherung ausgestellt worden, die in einem Abwesenheitsurteil verhängt worden ist, und ist die betroffene Person nicht persönlich vorgeladen oder nicht auf andere Weise vom Termin und vom Ort der Verhandlung, die zum Abwesenheitsurteil geführt hat, unterrichtet worden, so kann die Übergabe an die Bedingung geknüpft werden, dass die ausstellende Justizbehörde eine ausreichend erachtete

der Zulässigkeitsvoraussetzungen an Auslieferungen, die auf Abwesenheitsurteilen beruhen, sei im Hinblick auf die Bindung an die Regelung des Rahmenbeschlusses für einen Europäischen Haftbefehl „ohne Verringerung des deutschen Standards nicht möglich“[846]. So könne man die Tatsache berücksichtigen, dass der Rahmenbeschluss nicht vollständig jede nationale Regelung in allen Einzelheiten übernehmen konnte. In Anbetracht dieser Vorbehalte und Zugeständnisse an den nationalen Schutzstandard ist das gegenseitige Vertrauen der Mitgliedstaaten zueinander hinsichtlich eines Prozesses unter Beachtung rechtsstaatlicher Grundsätze im Strafrecht geringer als im Zivilrecht. Die Wahrung des Art. 6 EMRK, welcher im Rahmen der „allgemeinen Rechtsgrundsätze“ neben den Grundrechten ausdrücklich in Art. 1 Absatz 3 des Rahmenbeschlusses genannt wird, ist also nicht automatisch bei Beachtung der nationalen Verfahrensordnungen garantiert, sondern die Mitgliedstaaten behalten sich diese Prüfung vor[847]. Die Einhaltung prozessualer Prinzipien ist also unter engen Voraussetzungen vor Auslieferung überprüfbar.

b) Der ordre-public-Vorbehalt im Sinne des § 73 IRG

Eine wichtige Einfügung in das IRG stellt der Satz 2 des § 73 dar: „Liegt dem Ersuchen ein Europäischer Haftbefehl zugrunde, so ist dieses unzulässig, wenn die Erledigung zu vorrangigen Rechtsgrundsätzen der Europäischen Union in Widerspruch stünde“. Nach Satz 1 ist die Leistung von Rechtshilfe dann unzulässig, wenn sie wesentlichen Grundsätzen der deutschen Rechtsordnung widerspräche. Durch die Einfügung von Satz 2 kommt zum Ausdruck, dass der Europäische Haftbefehl nicht den wesentlichen Grundsätzen der deutschen, sondern „nur“ denen der europäischen Rechtsordnung entsprechen muss. Daher kann das Ersuchen im Rahmen des § 73 Satz 2 IRG nicht mit dem Argument eines Verstoßes gegen den nationalen ordre public abgelehnt werden[848].

Nichtsdestotrotz ist die Auslieferung bei einem Verstoß der zugrunde liegenden Entscheidung gegen die gemeinsamen europäischen Grundsätze der Freiheit, der Demokratie, der Achtung der Menschenrechte und der Rechtsstaatlichkeit, in die auch wesentliche Grundsätze der deutschen Rechtsordnung eingeflossen sind, und gegen die Grundrechte der Europäischen Menschenrechtskonvention unzulässig. § 73 IRG ermöglicht demnach die Rüge des Verstoßes gegen die öffentliche Ordnung, beschränkt sie jedoch auf den „europäischen ordre public“[849]. In diesem Zusammenhang kann jedoch darauf verwiesen werden, dass sich auch die ordre-public-Prüfung im Rahmen des Art. 34 Nummer 1 EuGVVO auf die europäische Dimension dieses Begriffs bezieht[850]. Wenn im Urteilsstaat Verfahrensgarantien verletzt wurden, die zu den Grund-

---

Zusicherung gibt, wonach die Person, gegen die der Europäische Haftbefehl ergangen ist, die Möglichkeit haben wird, im Ausstellungsmitgliedstaat eine Wiederaufnahme des Verfahrens zu beantragen und bei der Gerichtsverhandlung anwesend zu sein.“

[846] Amtliche Begründung zur Bundesdrucksache 547/03, S. 41.

[847] *Rohlff*, Der Europäische Haftbefehl, Diss. Regensburg 2003, S. 107.

[848] Amtliche Begründung zur Bundesdrucksache 547/03, S. 27.

[849] Amtliche Begründung zur Bundesdrucksache 547/03, S. 19.

[850] EuGHE 2000 I-1935, vom 28. März 2000, Rs. C-7/98 – *Krombach/Bamberski* = IPRax 2000, 406 ff.

rechten zählen, welche sich aus den gemeinsamen Verfassungstraditionen der Mitgliedsstaaten ergeben und in der EMRK abgesichert sind, stellt dies jedenfalls nach der Rechtsprechung des EuGH einen Versagungsgrund nach Art. 34 Nummer 1 EuGVVO dar. Insofern sind die Kontrollmaßstäbe im Straf- und Zivilrecht vergleichbar.

Nach § 78 IRG n. F. besteht die Möglichkeit, dass die Vorschriften des Achten Teils („Unterstützung von Mitgliedstaaten der Europäischen Union") des Gesetzes über die Internationale Rechtshilfe in Strafsachen die übrigen Bestimmungen, also auch Art. 73 IRG, abbedingen. Dafür muss nach Ansicht des deutschen Gesetzgebers im Einzelfall darauf geachtet werden, ob einzelne Regelungen im Achten Teil generelle Vorschriften des IRG ausschließen[851]. Insbesondere wird in der Gesetzesbegründung erwähnt, dass der ordre-public-Vorbehalt des § 73 IRG als ein übergeordnetes Prinzip der internationalen Zusammenarbeit grundsätzlich anwendbar bleibt. Somit hat der deutsche Gesetzgeber zwar der durch den Rahmenbeschluss zum Europäischen Haftbefehl intendierten Abschaffung des klassischen 2-stufigen Auslieferungsverfahrens eine Absage erteilt, jedoch wird die Überprüfung des europäischen ordre public beibehalten.

3. Kritik am Europäischen Haftbefehl

Die Umsetzung des Rahmenbeschlusses wurde trotz der Einschränkung des grundsätzlichen gegenseitigen Vertrauens durch §§ 73 Satz 2, 83 Nummer 3 IRG bereits vor dem Urteil des Bundesverfassungsgerichts kritisch beurteilt[852]: Die entfallende Prüfung der beiderseitigen Strafbarkeit bei Straftaten, die sich auf der Liste des Art. 2 Absatz 2 des Rahmenbeschlusses befinden, welche funktional mit der Abschaffung der ordre-public-Kontrolle vergleichbar ist, rief den größten Widerstand hervor. Die kontrolllose Auslieferung nach dem neuen Rahmenbeschluss ist zwar auf Delikte beschränkt, deren Höchststrafe mindestens drei Jahre beträgt, allerdings sind diese Delikte recht unpräzise formuliert, so dass eine weite Auslegung möglich wäre[853]. Eine eindeutige Beschreibung der Delikte könnte man insbesondere deshalb für erforderlich halten, weil der Europäischen Gemeinschaft keine Gesetzgebungskompetenz in Strafsachen zusteht. Nach dem Rahmenbeschluss müssen Staaten folglich möglicherweise ihre Staatsangehörigen wegen Handlungen ausliefern, die nach ihrer Rechtsordnung einen anderen Strafrahmen oder gar keine Straftaten darstellen. Neben der allgemeinen Entwicklung zur „maximalen Punitivität"[854] im europäischen Rechtsraum ist auch zu bedenken, dass es Straftatbestände gibt, die von anderen Mitgliedstaaten wieder ähnlich dem ordre-public-Verständnis für untragbar und als mit den Grundwerten dieser Rechtsordnung unvereinbar empfunden werden. Als Beispiel aus dem deutschen

---

[851] Amtliche Begründung zur Bundesdrucksache 547/03, S. 29.

[852] *Schünemann*, Europäischer Haftbefehl und EU-Verfassungsentwurf auf schiefer Ebene – Die Schranken des Grundgesetzes, ZRP 2003, 185 ff.; *Rohlff*, Der Europäische Haftbefehl, Diss. Regensburg 2003, insbesondere S. 82 ff., 102 ff.; *Wehnert*, Europäischer Haftbefehl, StraFo 2003, 356, 358.

[853] *Rohlff*, Der Europäische Haftbefehl, Diss. Regensburg 2003, S. 89; *Wehnert*, Europäischer Haftbefehl, StraFo 2003, 356, 358 führt für den Kritikpunkt der fehlenden Schärfe insbesondere die Zweifachnennung des nach deutschem Recht identischen Delikts – „Betrug „ und „Betrugsdelikte" – an.

[854] *Schünemann*, Europäischer Haftbefehl und EU-Verfassungsentwurf auf schiefer Ebene – Die Schranken des Grundgesetzes, ZRP 2003, 185, 187.

Strafgesetzbuch kann § 130 Absatz 3 angeführt werden, nach dem die „Auschwitz-Lüge“ einen Straftatbestand darstellt. Ebensoviel Unverständnis könnte die Auslieferung holländischer Ärzte, welche eine Abtreibung vorgenommen haben, an irische Staatsanwälte hervorrufen. So werden wie auch im Zivilrecht Wertungsunterschiede deutlich, die nicht durch die Unterstellung einer einheitlichen europäischen Wertegemeinschaft nivelliert werden können. Der Grundsatz der gegenseitigen Strafbarkeit muss nach Ansicht der Kritiker des Rahmenbeschlusses schon deshalb beibehalten werden, weil Defizite im materiellen und im Verfahrensrecht sogar von der Kommission selbst festgestellt worden sind[855].

Auch wird gefordert, für die Mitgliedstaaten verbindlich festzulegen, eine doppelte Verteidigungsmöglichkeit im Sinne von § 140 StPO zu eröffnen und gegebenenfalls einen Pflichtverteidiger im Ausstellungs- und im Vollstreckungsstaat beizuordnen[856]. Ein Ziel der Europäischen Union ist es, die bürgerliche Freiheit zu fördern. Der Rahmenbeschluss über den europäischen Haftbefehl wirkt dieser Maxime in mancher Hinsicht ohne Rechtfertigung entgegen und könnte daher im Einzelfall zu rechtstaatlich schlechthin unerträglichen Konsequenzen führen[857]. Auch bei den Beratungen zu dem Gesetzentwurf der Bundesregierung wurde festgestellt, dass aufgrund der teils noch erheblichen Unterschiede der Rechtsordnungen der Mitgliedsstaaten eine „spiegelbildliche Gleichstellung ausländischer Haftbefehle und rechtskräftiger Urteile mit inländischen Entscheidungen“ nicht realisierbar sei[858]. Zudem werde ein solcher Eingriff in die staatliche Hoheitsgewalt bei Berücksichtigung des aktuellen Standes der Rechtsvereinheitlichung von keinem Mitgliedstaat erwünscht.

4. Das Urteil des Bundesverfassungsgerichts zur Nichtigkeit des EuHbG

Das Bundesverfassungsgericht führte als Begründung für die Verfassungswidrigkeit des EuHbG die unverhältnismäßige Einschränkung des Grundrechts des Ausbürgerungs- und Auslieferungsverbots an. Art. 16 GG gewährleiste als Grundrecht „die besondere Verbindung der Bürger zu der von ihnen getragenen freiheitlichen Rechtsordnung“[859]. Der Beziehung des Bürgers zu einem freiheitlichen demokratischen Gemeinwesen entspreche es, dass der Bürger von dieser Vereinigung grundsätzlich nicht ausgeschlossen werden kann. Das Europäische Haftbefehlsgesetz verstoße gegen Art. 16 Abs. 2 Satz 1 GG, weil der Gesetzgeber bei der Umsetzung des Rahmenbeschlusses über den Europäischen Haftbefehl die verfassungsrechtlichen Anforderungen des qualifizierten Gesetzesvorbehalts aus Art. 16 Abs. 2 Satz 2 GG nicht erfüllt habe. Durch den Ausschluss des Rechtswegs gegen die Bewilligung einer Auslieferung in einen Mitgliedstaat der Europäischen Union verstoße das Gesetz zudem gegen Art. 19 Abs. 4 GG[860].

---

[855] *Wehnert*, Europäischer Haftbefehl, StraFo 2003, 356, 359.
[856] *Wehnert*, Europäischer Haftbefehl, StraFo 2003, 356, 358.
[857] *Schünemann*, Europäischer Haftbefehl und EU-Verfassungsentwurf auf schiefer Ebene – Die Schranken des Grundgesetzes, ZRP 2003, 185, 188.
[858] Begründung des Referentenentwurfs: http://www.bundestag.de/presse/hib/2003/2003_226/06.html; *Wehnert*, Europäischer Haftbefehl, StraFo 2003, 356, 359.
[859] BVerfGE NJW 2005, 2289.
[860] BVerfGE NJW 2005, 289, 2295.

Die in der "Dritten Säule" der Europäischen Union praktizierte Zusammenarbeit einer begrenzten gegenseitigen Anerkennung ist ein auch unter Subsidiaritätsgesichtspunkten (Art. 23 Abs. 1 GG) schonender Weg, um die nationale Identität und Staatlichkeit in einem einheitlichen europäischen Rechtsraum zu wahren. Der Gesetzgeber war beim Erlass des Umsetzungsgesetzes zum Rahmenbeschluss über den Europäischen Haftbefehl verpflichtet, das Ziel des Rahmenbeschlusses so umzusetzen, dass die Einschränkung des Grundrechts auf Auslieferungsfreiheit verhältnismäßig ist. Das Bundesverfassungsgericht rügt diesbezüglich die Umsetzung des Art. 4 Nummer 7 lit. a und b des Rahmenbeschlusses durch den deutschen Gesetzgeber[861]. Insbesondere habe dieser über die Beachtung der Wesensgehaltsgarantie hinaus dafür Sorge zu tragen, dass der Eingriff in den Schutzbereich des Art. 16 Abs. 2 GG „schonend" erfolgt. Dabei müsse er beachten, dass mit dem Auslieferungsverbot gerade auch die Grundsätze der Rechtssicherheit und des Vertrauensschutzes für den von einer Auslieferung betroffenen Deutschen gewahrt werden sollen. Das Bundesverfassungsgericht stellte jedoch auch fest, dass die Auslieferung Deutscher, jedenfalls bei Beachtung der verfassungsrechtlichen Bindungen, nicht gegen die in Art. 1 und 20 GG niedergelegten Grundsätze verstoße und daher keine Grundgesetzänderung erfordere. Daher wurde auch nicht die Umsetzung des Rahmenbeschlusses generell in Frage gestellt. Bei maßgeblichem Inlandsbezug der zugrunde liegenden Handlung muss nach dem Urteil des Bundesverfassungsgerichts das Vertrauen des Verfolgten in die eigene Rechtsordnung von Art. 16 Abs. 2 GG in Verbindung mit dem Rechtsstaatsprinzip dann in besonderer Weise geschützt werden[862].
Weiterhin stellt das Gericht ausdrücklich fest, dass die Art. 6 und 7 EU und der gesamteuropäische Standard der EMRK nicht implizieren, dass die rechtsstaatlichen Strukturen unter den Mitgliedstaaten der Europäischen Union „materiell synchronisiert" sind und eine entsprechende nationale Einzelfallprüfung deshalb überflüssig ist[863]. Die Grundrechte dürften trotz der Aussprache des gegenseitigen Vertrauens unter den Mitgliedstaaten nicht verfassungswidrig eingeschränkt werden[864].

5. Rückschluss auf den Europäischen Vollstreckungstitel

Zunächst sind in der Kritik hinsichtlich des Wegfalls des Erfordernisses der beiderseitigen Strafbarkeit Parallelen zu den Kritikpunkten am Europäischen Vollstreckungstitel mit dem Blick auf die fehlende Rechtsvereinheitlichung festzustellen. Zudem rechtfertigen die materiellen Unterschiede zwischen der Situation nach der Ausstellung eines Europäischen Haftbefehls und der nach Ausstellung eines Europäischen Vollstreckungstitels für unbestrittene Forderungen nicht die Schutzlosstellung des Vollstreckungsschuldners in Deutschland: Unter Zugrundelegung des verfassungsrechtlich nicht beanstandeten Rahmenbeschlusses zum Europäischen Haftbefehl kann schließlich die im ersuchenden Staat verurteilte Person im ersuchten Staat eine Verletzung rechtsstaatlicher Prinzipien – auch wenn denen insbesondere europäische Maßstäbe

---

[861] BVerfGE NJW 2005, 2289, 2292.
[862] BVerfGE NJW 2005, 2289, 2292.
[863] BverfGE NJW 2005, 2289, 2296.
[864] Vgl. dazu auch EuGMR, NJW 1999, 1173, 1175; NJW 1999, 3107, 3108.

zugrunde liegen müssen– geltend machen. Die ausländische Vollstreckbarentscheidung strafrechtlicher gerichtlicher Entscheidungen erfolgt nicht automatisch, sondern es werden diverse traditionelle Auslieferungsvoraussetzungen im Rahmenbeschluss über den Europäischen Haftbefehl beibehalten. Der Schuldner, gegen den ein Europäischer Vollstreckungstitel wegen einer unbestrittenen Forderung im europäischen Ausland erlangt wurde, kann sich im Vollstreckungsstaat nicht gegen den Titel in der Sache wehren. Es stellt sich die Frage, warum im Strafrecht ein solcher „Rest-Vorbehalt" als erforderlich angesehen, also das gegenseitige Vertrauen der Mitgliedstaaten zueinander eingeschränkt wird.
Diesen Unterschied zur europäischen Rechtsentwicklung im Zivilrecht könnte man damit rechtfertigen, dass im Strafrecht höherrangige Rechtsgüter betroffen sind. Wenn eine Person, gegen die ein Europäischer Haftbefehl ausgestellt wurde, welcher auf einem Verfahren beruht, das gegen deutsche rechtsstaatliche Prinzipien verstößt, seine Strafe verbüßen muss, sind neben den Prozessgrundrechten auch Freiheit, Ehre und psychische Gesundheit beeinträchtigt. Ob jedoch die bei der unrechtmäßigen Vollstreckung zivilrechtlicher Urteile regelmäßig geringwertigeren Rechtsgüter beeinträchtigt werden bzw. ob die Verletzungen weniger intensiv sind, ist jedoch zweifelhaft. Man denke allein an die Folgen der Vollstreckung eines Urteils, durch das der Schuldner zur Zahlung einer Summe verpflichtet wird, welche seine wirtschaftliche Existenz bedroht bzw. welche ihn auf Lebenszeit in seiner finanziellen und gesellschaftlichen Position beeinträchtigt[865]. Strafurteile können dagegen auch „nur" die Zahlung einer geringen Geldsumme betreffen, durch die nur geringfügig in die private Lebensführung des Täters eingegriffen wird. Daher ist es nicht verständlich, warum sich der ausliefernde bzw. vollstreckende Mitgliedstaat im Strafrecht eine Prüfung rechtsstaatlicher Grundsätze bei Abwesenheitsurteilen im Strafrecht vorbehalten darf und im Zivilrecht das gegenseitige Vertrauen eine deutlich höhere Stufe erreicht hat.
Weiterhin könnte man den Rest-Vorbehalt bei der Vollstreckung eines europäischen Haftbefehls damit rechtfertigen, dass für dessen Ausstellung nicht die Beachtung von mit Kapitel III der EuVTVO vergleichbaren Verfahrensvorschriften erforderlich ist. Dieses Argument kann jedoch dadurch entkräftet werden, dass die Einhaltung der Vorschriften erstens vom ausstellenden Gericht selbst überprüft wird, zweitens nicht in nationales Recht umgesetzt werden muss und daher fehleranfällig sind und drittens diese Vorschriften nicht alle verfahrensrechtlichen Aspekte abdecken.

Die Mitgliedstaaten der Europäischen Union gewähren sich im Bereich der strafrechtlichen Auslieferung durch den Rahmenbeschluss zum Europäischen Haftbefehl kein uneingeschränktes gegenseitiges Vertrauen. Durch diese Einschränkungsmöglichkeit kann sich Deutschland als Auslieferungsstaat vergewissern, ob grundlegende Prinzipien der europäischen Rechtsordnung eingehalten wurden. Es sind im Vergleich keine Gründe ersichtlich, warum eine solche Überprüfung im Zivilrecht ersatzlos entfallen kann. Auch nach diesem rechtsbereichsübergreifenden Vergleich ist festzustellen, dass

[865] *Wehnert* (Europäischer Haftbefehl, StraFo 2003, 356) bezeichnet den Europäischen Haftbefehl dagegen als das „sensibelste, die Grundrechte des Bürgers wie keine andere Eingriffsmaßnahme tangierende Instrument".

die Einführung des Europäischen Vollstreckungstitels für unbestrittene Forderungen in dieser Form zumindest verfrüht ist, weil keine Rechtfertigung für die entfallende Kontrollmöglichkeit ersichtlich ist.
Dieses Ergebnis wird gestützt durch das Urteil des Bundesverfassungsgerichts vom 18. Juli 2005. Zwar handelt es sich bei der Fassung des Rahmenbeschlusses um eine Maßnahme im Rahmen der „Dritten Säule“ der Europäischen Union und ist somit nicht direkt mit einer Maßnahme im Bereich der justitiellen Zusammenarbeit in Zivilsachen mit grenzüberschreitenden Bezügen (Art. 65 EG) wie der EuVTVO vergleichbar. Allerdings betont das Bundesverfassungsgericht in seinem Urteil unmissverständlich, dass das Grundgesetz auch bei der Umsetzung bzw. Eingliederung oder Durchführung europäischen Rechts vom Gesetzgeber berücksichtigt und geprüft werden muss.

IV Interessenabwägung zur Abschaffung der Kontrolle des inländischen ordre public

Um die Abschaffung der ordre-public-Kontrolle bewerten zu können, wird im Folgenden eine detaillierte Abwägung der Interessen des Vollstreckungsschuldners mit den Vorteilen des wegfallenden Vollstreckbarerklärungsverfahrens vorgenommen. Die Rechtsschutzverkürzung für den Vollstreckungsschuldner müsste in angemessenem Verhältnis zur Förderung der Entwicklung eines vereinten Europas im Sinne des Art. 23 Absatz 1 GG stehen. Die Abwägung wird im Folgenden anhand eines Vergleichs mit dem Vollstreckbarerklärungsverfahren nach der EuGVVO und mit einer eingeschränkteren Prüfung von Versagungsgründen (ausschließliche ordre-public-Kontrolle vor Anerkennung und Vollstreckung) vorgenommen:
Fraglich ist, ob es verhältnismäßig ist, diejenigen Schuldnern mit Vermögen in Deutschland, deren Gläubiger im europäischen Ausland einen Europäischen Vollstreckungstitel gegen sie erlangt haben, gegenüber solchen Schuldnern, deren Gläubiger mit einer deutschen vollstreckbaren Ausfertigung gemäß §§ 724, 725 ZPO beziehungsweise mit einer Vollstreckbarerklärung nach § 9 AVAG i.V.m. den Vorschriften der EuGVVO in das Schuldnervermögen vollstrecken wollen, zu benachteiligen. Bei letzterer Konstellation ist für die Abwägung zu beachten, das es sich bei der Vergleichsgruppe auch um Schuldner handeln muss, die die Forderungen gegen sie im Sinne des Art. 3 Absatz 1 EuVTVO nicht bestritten haben. Die Schuldner, in deren Vermögen mit Hilfe eines Europäischen Vollstreckungstitels vollstreckt wird, können die dem Titel zugrunde liegende Entscheidung bzw. die Bestätigung nicht in Deutschland, aber in dem jeweiligen Mitgliedstaat gerichtlich überprüfen lassen, Art. 10, 21 Absatz 2 EuVTVO. Dem deutschen Vollstreckungstitel liegt hingegen eine deutsche Gerichtsentscheidung zugrunde, gegen die ordentliche Rechtsmittel in Deutschland ergriffen werden können. Für die Abwägung steht daher die Frage im Vordergrund, inwiefern sich das Ergebnis der Gerichtsentscheidung und die Verfahren innerhalb der Europäischen Gemeinschaft unterscheiden.

1. Unterschiede

Wie bereits dargestellt, gibt es Unterschiede bei den nationalen verfahrensrechtlichen und materiellen ordre-public-Maßstäben[866] bzw. die Beachtung des europäischen ordre public ist nicht in allen Mitgliedstaaten gewährleistet. Schon aufgrund dieses Aspekts ist es nicht gleichgültig, wo in der Europäischen Gemeinschaft ein Gläubiger ein Urteil erlangt.

Weiterhin werden noch unterschiedliche Anforderungen an die Unbestrittenheit der Forderung gemäß Art. 3 Absatz 1 lit. b EuVTVO gestellt. Es gibt nämlich zurzeit zwei große Systeme in Europa, welche regeln, wie ein Mahnverfahren abläuft und unter welchen Voraussetzungen der Schuldner ein rechtskräftiges Endurteil gegen sich hinnehmen muss[867]: Auf der einen Seite wird der Schuldner im germanischen System - zum Beispiel in Deutschland, Österreich und in Teilen der Schweiz -, in dem ohne Begründetheitsprüfung ein Mahnbescheid ergeht, nach Ablauf einer Frist verurteilt, ohne dass der Gläubiger den behaupteten Sachverhalt beweisen musste. Im romanischen System hingegen, welches in Spanien, Italien, Frankreich und Portugal angewendet wird, muss der Gläubiger von Gesetzes wegen ein Beweismittel („*document justificatif*") vorlegen, um das von ihm Behauptete zu untermauern. Das germanische System ist also das weniger strenge, da ein Endurteil erlangt werden kann, gegen das nur noch die Berufung statthaft ist, obwohl die Begründetheit nie geprüft worden ist. So wenig wie im deutschen Mahnverfahren wird dem Gläubiger jedoch sonst kaum irgendwo abverlangt[868]. Somit kann ein in Deutschland ansässiger Schuldner, welcher nach dem romanischen Model des Mahnverfahrens verurteilt wurde, im Rahmen des Europäischen Vollstreckungstitels jedenfalls nicht deshalb benachteiligt werden, weil eine Begründetheitsprüfung entfällt. Daher bewirken die unterschiedlichen Anforderungen an die Unbestrittenheit der Forderung nicht die Schlechterstellung der Schuldner in Deutschland, gegen die ein Europäischer Vollstreckungstitel statt einem deutschen erlassen wurde. Das Kriterium der fehlenden Begründetheitsprüfung vor Erlass eines Mahnbescheids bleibt somit für die Abwägung aus deutscher Sicht unberücksichtigt, weil sie nicht zulasten des deutschen Vollstreckungsschuldners geht.

Vielmehr sind nur die unterschiedlichen ordre-public-Maßstäbe in den Mitgliedstaaten und die mangelnde Beachtung des europäischen ordre public als verfahrensrechtlicher Standard in allen Mitgliedstaaten die Grundlage der vorliegenden Interessenabwägung. Somit entspricht der Europäische Vollstreckungstitel nicht einem deutschen Vollstreckungstitel oder einer Vollstreckbarerklärung nach dem AVAG.

2. Rechtfertigung der Benachteiligung

Der Abschaffung des Vollstreckbarerklärungsverfahren liegen folgende Bestrebungen zugrunde: Der Europäische Rat hat in Tampere das Ziel festgelegt, Zwischenmaßnahmen bei der Anerkennung und Vollstreckung eines in einem anderen Mitgliedstaat

---

[866] Siehe Punkt D II 2. b) bb).

[867] *Correa Delcasso*, Le titre exécutoire européen et l'inversion du contentieux, rev. int. de dr. comp. 2001, 61, 66; *Tarzia*, Aussichten für eine Harmonisierung des Zwangsvollstreckungsrechts in der Europäischen Union, ZEuP 1996, 231, 234 f.

[868] *Schollmeyer*, Europäisches Mahnverfahren, IPRax 2002, 478, 481.

ergangenen zivilrechtlichen Urteils abzubauen[869]. Insbesondere soll dies zu einer raschen Beitreibung ausstehender Forderungen führen, um das reibungslose Funktionieren des Binnenmarktes zu fördern. Dies habe gleichzeitig die Belebung des Wettbewerbs und eine Steigerung der Angebotsvielfalt innerhalb der Gemeinschaft zur Folge. Als Hintergrund wird die Erleichterung des alltäglichen Lebens der EG-Bürger angeführt. Auch bedeutet die Schaffung eines Europäischen Vollstreckungstitels eine Arbeitserleichterung und damit eine Vereinfachung für die Gerichte des Vollstreckungsstaates. Die Mehrarbeit der Gerichte des Ursprungsstaates ist im Gegensatz zu der Aufwandseinsparung im Vollstreckungsstaat als unwesentlich einzustufen[870]. Weiterhin wird durch die Einführung der EuVTVO das Vermögen der Gläubiger geschützt, indem diese ihre Ansprüche ohne Prozessrisiko im Ausland durchsetzen können.
Durch die Abschaffung des Vollstreckbarerklärungsverfahrens werden auch diese ziele erreicht, nämlich die Vollstreckung in einem anderen Mitgliedstaat zu ermöglichen und zu beschleunigen. Das reibungslose Funktionieren des Binnenmarktes kann so gefördert werden. Fraglich ist jedoch, ob die Abschaffung der nachträglichen Überprüfbarkeit einer ausländischen Entscheidung auf ihre Vereinbarkeit mit dem ordre public des Vollstreckungsstaates notwendig, das heißt, das mildeste unter mehreren gleich geeigneten Mitteln ist, um die Ziele von Tampere zu fördern.

a) Vergleich mit dem Verfahren nach der EuGVVO

Das Verfahren nach der EuGVVO, welche die - abgesehen von der EuVTVO - jüngste Veränderung im europäischen Anerkennungs- und Vollstreckungsrecht darstellt, könnte das mildere aber gleich geeignete Mittel sein[871]. Im Gegensatz zum EuGVÜ wird der Schuldner im Rahmen der Vollstreckbarerklärung der EuGVVO erst nach Einlegung eines Rechtsmittels gehört, Art. 44, 45 EuGVVO. In dieser Beschränkung des Schuldnerschutzes ist schon eine Beschleunigung des Vollstreckbarerklärungsverfahrens und somit eine Steigerung zum EuGVÜ zu erkennen. Ob die Verlegung der Geltendmachung der Anerkennungsversagungsgründe in die Rechtsbehelfsphase verfassungsmäßig ist[872], ist zwar zweifelhaft, wird jedoch in dieser Untersuchung nicht vertieft[873]. Trotzdem ist die Vollstreckung nach dem Verfahren der EuGVVO durch die erforderliche Vollstreckbarerklärung für den Gläubiger und die staatlichen Behörden jedenfalls kostspieliger und mühsamer als im Rahmen der EuVTVO. Die Ausstellung des Vollstreckungstitels im Erststaat und die komplette Abschaffung der nachträgli-

---

[869] Amtliche Begründung zu KOM (2002) 159 endgültig, S. 1.
[870] *Coester-Waltjen*, Überlegungen zu einem künftigen Europäischen Vollstreckungstitel, FS Beys 2003, 183, 186.
[871] Zur Zwangsvollstreckung im Rahmen der EuGVVO siehe Punkt B II 3.
[872] *Kohler* (Systemwechsel im europäischen Anerkennungsrecht, 147, 151) nennt dies eine „unvertretbare Verkürzung der Rechtsstellung des Schuldners".
[873] Es überzeugt jedenfalls nicht das Argument von *Stein* (*Stein*, Der Europäische Vollstreckungstitel für unbestrittene Forderungen tritt in Kraft – Aufruf zu einer nüchternen Betrachtung, IPRax 2004, 181, 184), die Verlegung der ordre-public-Kontrolle in die Rechtsbehelfsphase im Rahmen der EuGVVO rechtfertige als konsequente Fortführung des „eingeschlagenen Ansatzes" deren komplette Abschaffung in der EuVTVO. Er übersieht dabei die Kritik an der EuGVVO, die sich durch die EuVTVO verschärft.

chen Kontrolle der ausländischen Entscheidung ist folglich besser geeignet, die Hindernisse bei der Anerkennung und Vollstreckung von Entscheidungen zu beseitigen, als das Vollstreckbarerklärungsverfahren nach der EuGVVO.

b) Ausschließliche Kontrolle des ordre public

Wie noch näher beleuchtet wird[874], könnte man den Mitgliedstaaten gestatten, einen Rechtsbehelf zu schaffen, mit dem der Schuldner den ordre public des Vollstreckungsstaates überprüfen kann, jedoch ohne dass dadurch das Vollstreckungsverfahren unterbrochen oder gehemmt wird. Dieser Vorschlag wird jedoch in dieser Abwägung nicht weiter verfolgt, weil nach Art. 21 Absatz 2 EuVTVO die Nachprüfung der Entscheidung in der Sache im Vollstreckungsstaat ausgeschlossen ist.

Die Abschaffung des Vollstreckbarerklärungsverfahrens ist daher notwendig zur Erreichung des angestrebten Zwecks.

c) Angemessener Interessenausgleich

Die Benachteiligung von Schuldnern, gegen die ein deutscher Vollstreckungstitel vorliegt bzw. in deren Vermögen aufgrund einer in Deutschland ausgestellten Vollstreckbarerklärung vollstreckt wird, gegenüber den Schuldnern, deren Gläubiger auf der Grundlage eines Europäischen Vollstreckungstitels vollstrecken wollen, müsste auch angemessen sein.
Im Folgenden wird der Zweck der Abschaffung einer Überprüfbarkeit in Deutschland mit der Beeinträchtigung der Rechte des Schuldners abgewogen. Im Hinblick auf die Ergebnisse zum Bedürfnis der ordre-public-Kontrolle wird sich die folgende Abwägung im Besonderen auf die Wahrung der Schuldnerinteressen bei der Abschaffung einer solchen nachträglichen Überprüfung beziehen. Nach der Darstellung der möglichen Grundrechtsverletzungen wird eine Abwägung im engeren Sinne vorgenommen.

aa) Prozessualer ordre public

Hinsichtlich der Abschaffung der Überprüfbarkeit des deutschen prozessualen ordre public wurde festgestellt, dass die nationalen Verfahrensgrundsätze durch Art. 6 EMRK nicht zwangsläufig eine Vereinheitlichung gefunden haben. Die Mitgliedstaaten sind nicht verpflichtet, die Bestimmungen der EMRK in nationales Recht umzusetzen, wodurch die Beachtung dieses Konventionsrechts nicht gesichert ist. Daher ist ein Verstoß gegen den Grundsatz des rechtlichen Gehörs bzw. gegen den Anspruch auf ein faires Verfahren insbesondere im Hinblick auf die Entscheidung „Krombach" des EuGH nicht ausgeschlossen.

---

874 Siehe Punkt D V.

bb) Materieller ordre public

Weiterhin könnte das Interesse des Vollstreckungsschuldners an der Wahrung des deutschen materiellen anerkennungsrechtlichen ordre public zur Unangemessenheit der Abschaffung des Exequaturverfahrens in Deutschland beitragen.
Der Bundesgerichtshof führt in der Bürgschaftsentscheidung[875] zum Verstoß gegen den materiellen ordre public durch Vollstreckung eines Urteils die Möglichkeit einer Verletzung der durch Art. 2 Absatz 1 GG garantierten allgemeinen Handlungsfreiheit an, falls die Vollstreckbarerklärung nicht von deutschen Gerichten überprüft würde. Der Entscheidung des Bundesgerichtshofs kann entnommen werden, dass es zum deutschen ordre public gehört, der strukturell unterlegenen Partei zur Einflussnahme auf die vertragliche Gestaltung zu verhelfen. Diese Unterstützung wird nicht garantiert, wenn ausländische Gerichte über den Fall entscheiden.

cc) Abwägung im engeren Sinne

Der mit der Abschaffung des Vollstreckbarerklärungsverfahrens verfolgte Zweck muss nunmehr in recht gewichtetem und wohl abgewogenem Verhältnis zu der Benachteiligung des Schuldners stehen. Die rasche Beitreibung unbestrittener Forderungen im europäischen Binnenmarkt, welche zur Verwirklichung eines vereinten Europas gemäß Art. 23 Absatz 1 Satz 1 GG im Sinne des „reibungslosen Funktionierens" beiträgt, und der Schutz des Gläubigervermögens aufgrund des erzielten Überraschungseffekts sind wichtige wirtschaftliche Ziele. Allerdings stehen ihnen erhebliche Benachteiligungen des Schuldners gegenüber.
Gegen die Verhältnismäßigkeit der vorbehaltslosen Vollstreckung von Titeln innerhalb der Europäischen Gemeinschaft sprechen neben der großen Unterschiede der Rechtsordnungen, welche die Beachtung des Art. 6 EMRK in Gefahr bringen, auch diverse grundsätzliche Nachteile des rein vertikalen Rechtsschutzsystems im Gegensatz zum bisher herrschenden gemischt horizontal-vertikalen System[876]. Das vertikale System ist weniger flexibel und ihr Rechtsschutzsystem ist im Vergleich zum horizontalen ineffektiver[877]. Dies liegt unter anderem daran, dass durch die Zuständigkeitskonzentration im Erststaat die Gläubigerposition im Verhältnis zum Schuldnerschutz unverhältnismäßig bevorzugt wird, zumal selbst im räumlichen Anwendungsbereich der EuVTVO die Unzuständigkeit eines Gerichts nur sehr eingeschränkt gerügt werden kann. Außerdem sind schwere Verfahrensfehler im Erstprozess aus praktischen Gründen häufig nicht korrigierbar[878]. Im Zweitprozess könnten sie jedoch im Rahmen einer diesbezüglichen Kontrolle (prozessualer ordre public) überprüft werden. Auch droht bei der einzig verbleibenden Kontrolle grober Fehler des Erstgerichts im Ursprungsstaat die Gefahr einer überlangen Verfahrensdauer, die einen Verstoß gegen Art. 6 EMRK bedeuten könnte. Es verbleibt nach wie vor das Vorabentscheidungsverfahren vor dem EuGH.

---

[875] BGH NJW 1999, 2372; IPRax 1999, 371.
[876] Siehe Punkt B I 3. h) bb) (3) zur Abgrenzung der beiden Systeme.
[877] *Bruns*, Der anerkennungsrechtliche ordre public in Europa und den USA, JZ 1999, 278, 285.
[878] *Schlosser*, 2. Auflage, Artikel 34-36 EuGVVO Rn. 2, 4 ff.

Weiterhin sind die Privatinteressen gegeneinander abzuwägen: Der einzige Nachteil, den der Gläubiger im Verfahren der EuGVVO im Gegensatz zu der Rechtslage bei Anwendbarkeit der EuVTVO erlitte, ist die Tatsache, dass er vor Vollstreckung bisher abwarten muss, dass eine deutsche Vollstreckbarerklärung ausgestellt wird. Allerdings wird auch die Vollstreckbarerklärung im Rahmen der EuGVVO gemäß dessen Art. 41 ohne zusätzliche geld- oder zeitraubende Prüfungen ausgestellt[879]; gemäß Art. 32 Absatz 1 EuGVVO hat das Gericht „unverzüglich" zu entscheiden. Auch im Rahmen des EuGVÜ konnte das Vollstreckbarerklärungsverfahren innerhalb der Mitgliedstaaten bereits binnen zwei oder drei Tagen[880] begonnen werden. Also verlangt das Abwarten auf die Entscheidung im für den Gläubiger ausländischen Exequaturverfahren nicht viel Geduld.

Es bestünde jedoch die Gefahr, dass der Schuldner im Rahmen des Vollstreckbarerklärungsverfahrens einen Rechtsbehelf gemäß den Art. 44, 45 EuGVVO in Anspruch nimmt. Bei dieser Gegenwehr, durch welche die Interessen des Gläubigers beeinträchtigt werden, sind jedoch zwei Aspekte zu berücksichtigen: Erstens ist diese Gegenwehr des Vollstreckungsschuldners erst in der Rechtsbehelfsphase möglich, und zweitens ist das Ergreifen eines Rechtsmittels gerade im Anwendungsbereich der EuVTVO, nämlich in Konstellationen wie in Art. 3 Absatz 1 EuVTVO beschrieben, in denen der Schuldner wenig Engagement bezüglich des Rechtsstreits zeigt, unwahrscheinlich (unbestrittene Forderungen). Allerdings könnte man einwenden, dass im Anwendungsbereich der EuVTVO die Kontrolle der ausländischen Entscheidung nicht ganz wegfalle. Vielmehr habe der Vollstreckungsschuldner noch die Möglichkeit, nicht präkludierte Einwendungen mit der Vollstreckungsgegenklage gemäß § 767 ZPO[881] geltend zu machen. Dem ist jedoch entgegenzuhalten, dass der Präklusionszeitpunkt von der deutschen Rechtsprechung streng definiert wird[882]: Die Einwendung muss nach dem Schluss der letzten Tatsachenverhandlung des Vorprozesses, also des ausländischen Verfahrens, objektiv entstanden sein. Demnach ist es vom Zufall abhängig, ob der Verstoß gegen den deutschen ordre public im Rahmen solcher Einwendungen geltend gemacht werden kann. Folglich ist der Verweis auf die nicht präkludierten Einwendungen nicht angemessen.

Auch wird für die Abschaffung des Exequaturverfahrens vorgebracht, dass der ordre-public-Verstoß gegen den Teil des nationalen ordre public, der nicht gleichzeitig europäischer ordre public ist, nur selten geltend gemacht wird[883]. Dieses Argument ist inso-

---

[879] Kohler bezweifelt ausdrücklich, dass das Bestätigungsverfahren im Ursprungsstaat weniger aufwendig sein wird, als im Regelfall das Vollstreckbarkeitsverfahren nach der EuGVVO (*Kohler*, Von der EuGVVO zum Europäischen Vollstreckungstitel, in: Reichelt/Rechberger (Hrsg.), Europäisches Kollisionsrecht, 63, 79).

[880] *Schlosser*, Das Internationales Zivilprozessrecht der Europäischen Wirtschaftsgemeinschaft und Österreich, FS Kralik 1986, 287, 293.

[881] Siehe zur deutschen Vollstreckungsgegenklage Punkt B V 1.

[882] BGH NJW 2001, 231, 232; Baumbach/Lauterbach/Albers/Hartmann - *Hartmann*, § 767 ZPO Rn. 51.

[883] *Stein*, Der Europäische Vollstreckungstitel für unbestrittene Forderungen tritt in Kraft – Aufruf zu einer nüchternen Betrachtung, IPRax 2004, 181, 182; *Stein*, Neuer Entwicklungen bei der gegenseitigen Anerkennung und Vollstreckung von zivilrechtlichen Urteilen in Europa, WiRO 2003, 289, 291. Aufgrund des seltenen Erfolgs von ordre-public-Verstößen hält *Wagner* es für gerechtfertigt, dass im

fern nicht sachlich begründet, als dass schwere Grundrechtsverletzungen nicht verhältnismäßig werden, weil sie nicht wahrscheinlich sind. Bei der Abwägung sich widersprechender Interessen kommen auch die verfassungsrechtlichen Bedenken zu Art. 6 Absatz 1 lit. b EuVTVO bzw. Art. 35 Absatz 3 EuGVVO hinsichtlich eines ausreichenden Rechtsschutzes des Vollstreckungsschuldners zum Tragen[884].
Die zeitlichen Vorteile des Gläubigers und die Förderung des internationalen Rechtsverkehrs durch die EuVTVO sind im Vergleich zu den Nachteilen des Schuldners durch die Rechtsschutzverkürzung, welche durch die Abschaffung der ordre-public-Kontrolle entsteht, geringer einzustufen. Folglich ist die Abwägung zugunsten des Schuldners zu entscheiden. Durch die Einführung der EuVTVO werden die Schuldnerinteressen nicht angemessen berücksichtigt.

3. Ergebnis zur Interessenabwägung

Die auf die nicht präkludierten Einwendungen beschränkte nachträgliche Kontrolle der Entscheidung in der Sache in Deutschland ist unangemessen. Folglich verlangen die vom Europäischen Rat in Tampere festgelegten Maßnahmen zugunsten des reibungslosen Funktionierens des Binnenmarktes zu große Opfer von den Vollstreckungsschuldnern. Um einen angemessenen Interessenausgleich zu erreichen, sollten demnach einige unabdingbare Zwischenmaßnahmen – wie die ordre-public-Kontrolle[885] - durch ein Exequaturverfahren im Vollstreckungsstaat beibehalten werden.

V Lösungsvorschläge

Zusammenfassend ist festzustellen, dass es weder einen prozessualen noch einen materiellen gemeineuropäischen ordre public gibt und dass die diesbezüglichen nationalen Gerechtigkeitsvorstellungen nicht übereinstimmen. Die EuVTVO ist trotz dieses Umstandes und ohne Berücksichtigung der EU-Erweiterung vom Mai 2004, die 10 neue ordre-public-Maßstäbe mit sich gebracht hat, in Kraft getreten. Daher bedarf es einer Auseinandersetzung mit der vorliegenden rechtlichen Situation, in der Gemeinschafts- und nationales Recht zusammenspielen und kollidieren können.

1. Vorüberlegungen zur Entwicklung des Gemeinschaftsrechts

Fraglich ist zunächst, welche Regelungen die europäischen Rechtsetzungsorgane im Nachhinein treffen könnten, um dem Missstand durch den Wegfall des anerkennungsrechtlichen ordre-public-Vorbehaltes entgegenzuwirken. Dazu gilt es zu untersuchen, wie die aus den unterschiedlichen ordre-public-Maßstäben resultierenden untragbaren Ergebnisse vermieden werden können. Das Problem entsteht durch die uneinheitliche

---

Rahmen der Einführung der EuGVVO die Prüfung der Anerkennungsversagungsgründe in die Rechtsbehelfsebenen verlegt worden ist (Vom Brüsseler Übereinkommen über die Brüssel I-VO zum Europäischen Vollstreckungstitel, IPRax 2002, 75, 83).

[884] Siehe Punkt B III 1. c) bb) zur Überprüfung der Internationalen Zuständigkeit.

[885] *Kohler*, Quantensprung im europäischen Justizraum, RIW 2003, 1.

Rechtskultur, die verschiedenen prozessualen und materiellen Rechtsgrundlagen[886]. Um die Ungewissheit des Ergebnisses der Rechtsanwendung im ausländischen Erkenntnisverfahren zu beseitigen („Sprung ins Helle“[887]), könnten mangels der Existenz eines gemeineuropäischen ordre public neue institutionelle Rahmenbedingungen einen Standard sichern. Ein ordre-public-Vorbehalt kann entfallen, wenn ein einheitlicher Raum der Freiheit, der Sicherheit und des Rechts gemäß Art. 61 lit. c EG geschaffen worden ist. Dieser vereinheitlichte Raum wächst zwar unaufhörlich, ist aber noch nicht an einem Niveau angelangt, welches die vorbehaltslose Vollstreckung fremder Entscheidungen rechtfertigen würde.

Durch das Kapitel III der EuVTVO wurde versucht, prozessuale Prinzipien zu vereinheitlichen[888]. Diese Verfahrensvorschriften weisen jedoch Lücken auf, durch die Grundrechtsverletzungen nicht ausgeschlossen werden können. Außerdem dienen sie nicht der Harmonisierung. In dieser Vorgehensweise können jedenfalls nicht die Grundlagen für einen Zustand in der Europäischen Gemeinschaft geschaffen werden, in dem der nationale ordre public überflüssig ist.

a) Schaffung gemeinsamen Rechts im Sinne des Art. 61 lit. c EG

Eine Lösung für die Situation, die durch die Abschaffung des Vollstreckbarerklärungsverfahrens entstanden ist, ist das Ziel, im Wege der unaufhörlichen Rechtschaffung und -entwicklung das Verfahrensrecht und das materielle Recht, insbesondere das Kollisionsrecht, aller Mitgliedstaaten zu vereinheitlichen[889]. Nur so würden nationale Unterschiede nivelliert, so dass das Vertrauen der Mitgliedstaaten auf einer sachlichen Grundlage fußt. Dazu müsste die EG jedoch auch die rechtliche Vereinheitlichung vorantreiben und den Mitgliedstaaten zügig vorschlagen.

Beispielsweise ist zur Harmonisierung von materiellem Sachrecht[890] am 14. Oktober 2003 ein Beschluss des Rates zum Thema „Ein kohärentes europäisches Vertragsrecht“[891] als Reaktion auf den von der Kommission vorgelegten Aktionsplan ergangen. Einige Vorschläge des Aktionsplans zielen darauf ab, die Kohärenz des gemeinschaftlichen Besitzstandes auf dem Gebiet des Vertragsrechts zu erhöhen, die Ausarbeitung von in der Europäischen Gemeinschaft geltenden Regelungen hinsichtlich allgemeiner Geschäftsbedingungen zu fördern. Ein weiteres Ziel besteht darin, „eingehender zu

---

[886] Auch *Stadler* (Das Europäische Zivilprozessrecht – Wie viel Bescheunigung verträgt Europa?, IPRax 2004, 2, 6) weist hinsichtlich der EuVTVO kritisch auf die teilweise beachtlichen Unterschiede im materiellen und im Verfahrensrecht hin.

[887] *Pfeiffer*, Einheitliche unmittelbare und unbedingte Urteilsgeltung in Europa, FS Jayme 2004, 675, 682.

[888] Zur Prozessrechtsvereinheitlichung bereits *Storme*, Ein einheitlicher Europäischer Vollstreckungstitel als Vorbote eines weltweiten Titels, FS Nakamura 1996, 581, 587.

[889] Diesbezüglich ist anzumerken, dass *Stein* (Der Europäische Vollstreckungstitel für unbestrittene Forderungen tritt in Kraft - Aufruf zu einer nüchternen Betrachtung, IPRax 2004, 181, 185) behauptet, dass „die vollständige Vereinheitlichung des gesamten Zivil- und Handelsrecht nie auch nur im Entferntesten eine Zielsetzung der Europäischen Union gewesen [sei] und [es] (...) wohl auch kaum je [werde]. Eine Verschiebung auf einen späteren angemesseneren Zeitraum käme bei dieser Argumentation einem Aufschub bis zum St. Nimmerleinstag gleich.“

[890] Als Beispiel von international harmonisiertem Sachrecht ist das Wiener Kaufrecht anzuführen.

[891] Amtsblatt EG 2003/C 246.

untersuchen", ob es die Vielfalt des Vertragsrechts erfordere, auch nicht-sektorielle Vorschriften zu schaffen. Bisher sind jedoch noch keine dahingehenden Legislativmaßnahmen vorgeschlagen worden. Vielmehr geht es um die Einrichtung von Diskussionsforen und Expertenrunden aus Forschern, Rechtspraktikern und anderen Interessengruppen, wobei auch die Mitgliedstaaten, der Rat und das Europäische Parlament bei der Schaffung eines gemeinsamen Referenzrahmens mitwirken sollen. Der Rat fordert in seiner Entschließung, regelmäßig auf dem Laufenden gehalten und mindestens alle 12 Monate über die Beratungsergebnisse unterrichtet zu werden.
Zudem hat die Kommission vor, ein Weißbuch zur Annäherung des Vertragsrechts in den Mitgliedstaaten vorzulegen. Es steht sowohl die Förderung gemeinsamer Grundsätze zur Annäherung der nationalen Rechte als Option II, als auch die Verbesserung der Qualität bereits geltender Rechtsvorschriften als Option III zur Auswahl. Bemerkenswert ist zudem, dass der Auftrag zum Entwurf eines Rechtsaktes extern ausgeschrieben wird. An diesen Vorbereitungsakten auf europäischer Ebene erkennt man, welchen zeitlichen Rahmen die Schaffung eines „kohärenten europäischen Vertragsrechts" hat.
Am 23. September 2005 hat die Kommission ihren letzten jährlichen Fortschrittsbericht zum europäischen Vertragsrecht und zur Überprüfung des gemeinschaftlichen Besitzstandes[892] vorgelegt.

b) Schaffung eines gemeineuropäischen materiellen ordre-public-Maßstabes

Eine andere theoretische Lösung könnte darin liegen, dass die europäischen Institutionen die künstliche Schaffung eines gemeineuropäischen ordre public auf lange Sicht initiieren.
Die einheitliche Formulierung der kollisionsrechtlichen ordre-public-Kontrolle wäre diesbezüglich ein erster Schritt. Dabei müsste sichergestellt sein, dass bei der Anwendung von materiellem Recht eines Drittstaates eine ordre-public-Kontrolle stattfindet, die durch ihren Umfang und Inhalt den Vorstellungen von 25 Staaten gerecht wird. Folglich sind es nicht nur die Teilbereiche des Kollisionsrechts wie das Rom I- und Rom II-Übereinkommen, die vereinheitlicht werden müssten, sondern auch die allgemeinen Teile des nationalen Kollisionsrechts[893].

c) Zwischenfazit

Die Erfüllung der beiden Voraussetzungen für die Schaffung eines einheitlichen europäischen Rechtsraums – das gefilterte oder harmonisierte Verfahrens- und Sachrecht und die harmonisierte kollisionsrechtliche ordre-public-Kontrolle – steht zeitlich nicht unmittelbar bevor[894]. Zudem ist es durchaus fraglich, ob es jemals zu einer solchen

---

[892] KOM (2005) 456 endg.

[893] Zur Überführung des Rom I-Übereinkommens in ein Gemeinschaftsinstrument siehe die Mitteilung des Wiss. Mitarbeiters *Frank Bauer*, München, „Aktuelle Entwicklungen im europäischen Kollisionsrecht – Festsetzung anlässlich des 50jährigen Bestehens des Deutschen Rates für IPR" in IPRax 2004, Heft 3, 175, 176 f.

[894] Siehe zu den in Verhandlung befindlichen Entwürfen der Kommission, zu den in Vorbereitung befindlichen Projekten und zu den weiteren auf der Tagesordnung stehenden Projekten: *Wagner*, Zur

Annäherung der EG-Staaten kommen wird. Die Einführung der EuVTVO ist aufgrund dieser aktuellen Situation und vor dem Hintergrund kritisch zu betrachten, dass die Organe der EG planen, das Vollstreckbarerklärungsverfahren für den gesamten Anwendungsbereich der EuGVVO zu streichen, also nicht „nur" hinsichtlich unbestrittener Forderungen. Diese unterschiedliche Geschwindigkeit, in der Anerkennungs- und Vollstreckungsrecht einerseits und Verfahrens-, Sach- und Kollisionsrecht andererseits harmonisiert werden, führt zu einem Ungleichgewicht, das in der EuVTVO erstmals in unerträglichem Maße zum Ausdruck kommt. Noch deutlicher wird der unterschiedliche Maßstab beim nationalen materiellen ordre public erkennbar werden, wenn der europäische Verordnungsgeber das Modell der EuVTVO auf Rechtsgebiete wie das Erb- und Familienrecht übertragen sollte[895].
Der Vorschlag, so viele Rechtsgebiete als möglich zu harmonisieren und dadurch einen einheitlichen ordre public zu schaffen, ist nicht Ziel der Europäischen Gemeinschaft. Daher ist auf einer anderen Grundlage zu untersuchen, wie man der Rechtsschutzlücke für den Vollstreckungsschuldner auf der Grundlage des bestehenden Rechts entgegentreten kann.

2. Änderungsvorschlag hinsichtlich Art. 21 EuVTVO

Die im Rahmen der EuVTVO entstandene Rechtsschutzlücke könnte dadurch geschlossen werden, dass ein Rechtsbehelf im Vollstreckungsstaat geschaffen wird, der darauf beschränkt ist, einen Verstoß gegen den nationalen ordre public geltend zu machen. Als Ausgleich zu den dadurch entstehenden Nachteilen des Gläubigers könnte trotz der laufenden Rechtsbehelfsfrist die Vollstreckung von Europäischen Vollstreckungstiteln vorläufig ermöglicht werden. So würde dem Schuldner nicht der Rechtsschutz im eigenen Staat versagt und gleichzeitig wäre der Beschleunigung des Vollstreckungsverfahrens Rechnung getragen. Wenn das Gericht im Vollstreckungsstaat tatsächlich einen Verstoß gegen den inländischen ordre public feststellen würde, müsste es gleichzeitig den Europäischen Vollstreckungstitel für den Geltungsbereich des Vollstreckungsstaates für unwirksam erklären. Der Vollstreckungsschuldner würde nunmehr einen Anspruch darauf haben, dass die Vollstreckung rückgängig gemacht wird. Ihm stünde ein Bereicherungsanspruch gegen den Gläubiger zu, weil der Rechtsgrund später weggefallen ist. In Deutschland fände sich demnach § 812 Absatz 1 Satz 2, 1. Alt. BGB als Anspruchsgrundlage. Diese Lösung berücksichtigt, dass bei der Bestätigung ausländischer Entscheidungen als Europäischer Vollstreckungstitel ein ordre-public-Verstoß selten vorliegen wird und vermeidet gleichzeitig die gänzliche Rechtsschutzversagung bezüglich des Schuldners.
Es müsste folglich ein Absatz 3 in Art. 21 EuVTVO eingefügt werden, der lauten könnte:
„Die Mitgliedstaaten dürfen dem Schuldner im Vollstreckungsmitgliedstaat einen Rechtsbehelf einräumen, um den inländischen ordre public überprüfen zu lassen. Das Vollstreckungsverfahren wird von dieser Rechtsbehelfsmöglichkeit nicht berührt.

Vereinheitlichung des internationalen Zivilverfahrensrechts vier Jahre nach In-Kraft-Treten des Amsterdamer Vertrags, NJW 2003, 2344, 2346 f.
[895] Vgl. *Rauscher*, Der Europäische Vollstreckungstitel für unbestrittene Forderungen, Rn. 22.

Stellt das Gericht im Vollstreckungsmitgliedstaat eine Unvereinbarkeit der Bestätigung der Entscheidung als Europäischer Vollstreckungstitel mit dem inländischen ordre public fest, wird der Europäische Vollstreckungstitel für den Geltungsbereich des Vollstreckungsmitgliedsstaates für unwirksam erklärt".

Fraglich ist, auf welcher Rechtsgrundlage im deutschen Recht eine solche Unwirksamerklärung beruhen könnte. Als Rechtsbehelf gegen den Vollstreckungsakt selbst steht dem Schuldner nur die Vollstreckungsgegenklage nach § 767 ZPO zur Verfügung. Diese Klageart trifft aber nicht den Fall eines nationalen Rechtsbehelfs im Sinne des Art. 21 Absatz 3 ZPO. Daher müsste der deutsche Gesetzgeber einen neuen Rechtsbehelf in diesem Sinne schaffen. Diesbezüglich wäre an die Einfügung eines § 767 a ZPO zu denken. Der Schuldner müsste mittels einer Vollstreckungsgegenklage die Möglichkeit haben, Einwendungen gegen die ausländische Entscheidung, die als Europäischer Vollstreckungstitel bestätigt wird, geltend zu machen. Der Grund, auf dem diese Einwendungen beruhen, müsste in der Verletzung des inländischen ordre public liegen. Der Entstehungszeitpunkt der Einwendung des Verstoßes gegen den deutschen ordre public wäre im Gegensatz zu § 767 Absatz 2 ZPO unerheblich, weil der Schuldner ihn schließlich nicht früher hätte geltend machen können. Daher kommt eine Präklusion im Rahmen eines neuen Rechtsbehelfs nicht in Betracht.

Weil die Einführung eines solchen neuen Absatzes angesichts der Verordnungsbegründungen ausgeschlossen ist, wird im weiteren Verlauf die rechtliche Situation in Deutschland ohne die Ermächtigungsgrundlage für einen zusätzlichen Rechtsbehelf untersucht.

3. Rechtliche Situation in Deutschland ohne die Einfügung eines Art. 21 Absatz 3 EuVTVO

a) Einfügung eines nationalen Rechtsbehelfs

Wenn der deutsche Gesetzgeber einen Rechtsbehelf hinsichtlich der Überprüfbarkeit der Bestätigung einer ausländischen Entscheidung als Europäischer Vollstreckungstitel trotz entgegenstehender gemeinschaftsrechtlicher Regelungen in die ZPO einfügen würde, drohte die Einleitung eines Vertragsverletzungsverfahrens gegen die Bundesrepublik Deutschland[896]. Zudem hat sich der deutsche Gesetzgeber in Anbetracht der Einführung des EG-Vollstreckungstitel-Durchführungsgesetzes gegen einen solchen Rechtsbehelf entschieden.

b) Analoge Anwendung des § 767 ZPO

Mithin stellt sich die Frage, ob § 767 ZPO analog angewandt werden könnte, wenn der europäische Verordnungsgeber keinen Absatz 3 in Art. 21 EuVTVO einfügt.

Erster Problempunkt bei der Anwendung dieser Klageart ist die Voraussetzung, dass sie nur bis zum Abschluss des Vollstreckungsverfahrens zulässig ist. Weil jedoch der Rechtsbehelf des Schuldners wegen eines Verstoßes gegen den inländischen ordre public den Vollstreckungsakt nicht beeinflusst, hat der Gläubiger regelmäßig zu dem

[896] Dazu *Stein*, Der Europäische Vollstreckungstitel für unbestrittene Forderungen tritt in Kraft – Aufruf zu einer nüchternen Betrachtung, IPRax 2004, 181, 191.

Zeitpunkt bereits erfolgreich vollstreckt, wenn das deutsche Gericht über den Verstoß entscheiden soll. Der Vollstreckungsakt ist beendet. Daher ist § 767 ZPO grundsätzlich nur dann anwendbar, wenn der Gläubiger noch nicht vollstreckt hat.
Die zweite Hürde bei der Anwendung der Vollstreckungsgegenklage in dem dargelegten Fall ist die Formulierung in § 767 Absatz 2 ZPO, „(...) nach dem Schluss der mündlichen Verhandlung, (...), entstanden sind (...)". Die Gründe, auf denen der ordre-public-Verstoß beruht, liegen nämlich meist bereits während des Erkenntnisverfahrens im Ausland vor, der Schuldner konnte sie nur nicht geltend machen aufgrund der Zugrundelegung ausländischer Rechtsvorstellungen. Die analoge Anwendung dieser Vorschrift setzt deren Analogiefähigkeit, eine vergleichbare Interessenslage und eine planwidrige Regelungslücke voraus[897].
Es handelt sich bei § 767 ZPO nicht um eine Ausnahmevorschrift. Die Interessenlage ist im Fall der Vollstreckungsgegenklage gegen eine Vollstreckung auf der Grundlage eines deutschen Vollstreckungstitels bzw. einer deutschen Vollstreckbarkeitserklärung dergestalt, dass der Schuldner Einwendungen gegen den Anspruch im Vollstreckungsverfahren hat, sie aber aufgrund des ausgestellten Vollstreckungstitels keine vollstreckungshindernde Wirkung haben. Die materiell-rechtliche und die prozessuale Lage sind nicht identisch. Die Situation ist insofern mit der des Schuldners vergleichbar, in dessen Vermögen aufgrund eines Europäischen Vollstreckungstitels vollstreckt wird, als dass dessen anspruchsvernichtenden Einwendungen ebenfalls keine vollstreckungshindernde Wirkung haben. Der Schuldner konnte den inländischen ordre public nicht im Bestätigungsverfahren des Europäischen Vollstreckungstitels geltend machen, weil der ausländische Richter den inländischen ordre public nicht kennt und nicht überprüft. Dem deutschen Gerichtsvollzieher hingegen reicht die Vorlage eines Europäischen Vollstreckungstitels. Daher ist die Interessenlage zwischen den beiden Situationen vergleichbar.
Die Regelungslücke ist jedoch nicht planwidrig, weil das Verfahren bei Vollstreckung einer Europäischen Vollstreckungstitels in Deutschland seit dem 21. Oktober 2005 durch das Inkrafttreten des EG-Vollstreckungstitel-Durchführungsgesetzes geregelt ist. Der deutsche Gesetzgeber hat die Rechtsbehelfe eindeutig auf Berichtigung und Widerruf in § 1081 ZPO und die Vollstreckungsgegenklage in ihrer ursprünglichen Form gemäß §§ 1086 i.V.m. 767 ZPO beschränkt. Daher liegen die Analogievoraussetzungen für § 767 Absatz 2 ZPO nicht vor.

Ein deutscher Richter würde zudem bei einer analogen Anwendung des § 767 ZPO gegen Gemeinschaftsrecht verstoßen. Der Einführung des vorgeschlagenen Absatzes 3 des Art. 21 und der damit einhergehenden analogen Anwendung des § 767 ZPO steht nämlich der Wille des europäischen Gesetzgebers entgegen. Dieser kommt einerseits bereits durch den unmissverständlichen Wortlaut des Art. 21 Absatz 2 EuVTVO zum Ausdruck[898]. Andererseits ist darüber hinaus zu berücksichtigen, dass die ursprüngliche Kritik des europäischen Parlaments an der EuVTVO das Fehlen eines Rechtsmittels gegen die Erteilung des Europäischen Vollstreckungstitels betraf und von der eu-

[897] *Larenz/Canaris*, Methodenlehre, S. 370 ff.
[898] Siehe zur Auslegung des Artikels 21 Absatz 2 EuVTVO Punkt B V 1. c).

ropäischen Kommission mit dem Argument eines gerechten Ausgleichs zwischen Schuldner- und Gläubigerrechten zurückgewiesen wurde[899].

c) Sittenwidrige vorsätzliche Schädigung, § 826 BGB

Es stellt sich weiterhin die Frage, ob sich der Vollstreckungsschuldner in Deutschland, gegen den ein Europäischer Vollstreckungstitel erwirkt worden ist, auf § 826 BGB berufen kann, wenn durch die Vollstreckung einer ausländischen Entscheidung in Deutschland ein ordre-public-Verstoß vorliegt. Nach dieser Vorschrift ist derjenige, welcher in einer gegen die guten Sitten verstoßender Weise einem anderen vorsätzlich Schaden zufügt, dem anderen zum Ersatz des Schadens verpflichtet. Für den vorliegenden Fall könnte sowohl die höchstrichterliche Rechtsprechung zu Vollstreckungsbescheiden als auch die generelle Fallgruppe des Urteilsmissbrauchs einschlägig sein.

aa) Internationale Zuständigkeit eines deutschen Gerichtes

Ein deutsches Gericht wäre gemäß Art. 5 Nummer 3 EuGVVO als Gericht „des Ortes, an dem das schädigende Ereignis eingetreten ist oder einzutreten droht" international zuständig. Der Schaden entstünde an dem Ort, an dem vollstreckt würde, mithin in Deutschland.

bb) Anwendbarkeit der Vorschrift

Fraglich ist weiterhin, ob § 826 BGB auf den Fall anwendbar ist, dass sich ein Vollstreckungsschuldner gegen einen im Ausland durch einen Europäischen Vollstreckungstitel bestätigten Titel in der Sache wehren möchte. Die Anwendbarkeit des deutschen materiellen Rechts richtet sich nach dem EGBGB, wenn nicht gemäß Art. 3 Absatz 2 EGBGB völkerrechtliche Vereinbarungen oder Rechtsakte der EG vorgehen. Das Übereinkommen von Rom über das auf vertragliche Schuldverhältnisse anzuwendende Recht vom 19. Juni 1980 (Rom I bzw. EVÜ) ist in das EGBGB integriert, jedoch vorliegend nicht anwendbar, weil es sich um ein gesetzliches Schuldverhältnis handelt. Für eine europäische Verordnung, die das auf außervertragliche Schuldverhältnisse anzuwendende Recht festlegt, liegt bisher nur ein Vorschlag vor[900]. Folglich gilt Art. 40 EGBGB.
Nach dessen Absatz 1 Satz 2 könnte der „Verletzte", also der Vollstreckungsschuldner optional verlangen, dass anstelle des Rechts des Staates, an dem die schädigende Handlung erfolgt ist, das Recht des Staates angewandt wird, in dem der Erfolg eingetreten ist. Somit kann § 826 BGB als gewähltes deutsches Recht zur Anwendung kommen.

---

[899] Mitteilung der Kommission an das europäische Parlament, KOM (2004) 90 endgültig, 2002/0090 (COD), S. 4; amtliche Begründung zu KOM (2003) 341 endgültig, S. 4.
[900] Fassung vom 25. Mai 2004, KOM (2004) 173 endg. 3.

cc) Rechtsprechung zu Vollstreckungsbescheiden

Nach ständiger Rechtsprechung steht dem Schuldner ein Anspruch auf Unterlassung der Zwangsvollstreckung aus einem rechtskräftigen Urteil zu, wenn der Titel materiell unrichtig ist, der Gläubiger davon Kenntnis hat und weiterhin besondere Umstände vorliegen, welche die Sittenwidrigkeit des gläubigerischen Verhaltens begründen[901]. Die Rechtskraft wird aus Gründen der Rechtssicherheit nur in Ausnahmefällen durchbrochen, nämlich wenn es „mit dem Gerechtigkeitsgedanken schlechthin unvereinbar wäre, dass der Titelgläubiger seine formelle Rechtsstellung unter Missachtung der materiellen Rechtslage zu Lasten des Schuldners missbraucht“[902].

(1) Übertragbarkeit

Die deutsche Rechtsprechung bezüglich eines Anspruchs des Vollstreckungsschuldners aus § 826 BGB ist größtenteils auf Fälle zugeschnitten, in denen ein Verbraucher mit einem Kreditinstitut einen sittenwidrigen Ratenkreditvertrag abgeschlossen hatte und daraufhin ein Mahnverfahren zu Lasten des Verbrauchers in die Wege geleitet wurde, welches mangels Widerspruchs des Schuldners durch den Erlass eines Vollstreckungsbescheids nach § 699 Absatz 1 ZPO endete[903]. Daher beruhen die Entscheidungen des BGH nämlich vor allem auf der Erwägung, dass der Gläubiger die Möglichkeit hatte, bewusst eine falsche rechtkräftige Entscheidung herbeizuführen, weil der Schuldner sich nicht verteidigt hat und keine Schlüssigkeitsprüfung durchgeführt wurde. Im Übrigen ist der Schuldner in Deutschland nunmehr durch die Einführung des § 688 Absatz 2 Nummer 1 ZPO vor der Wiederholung eines solchen Falls geschützt.

Bevor die Grundsätze dieser Rechtsprechung auf den Fall des Europäischen Vollstreckungstitels übertragen werden können, bedarf es aufgrund dieser Besonderheiten zunächst eines Vergleichs des Europäischen Vollstreckungstitels mit einem deutschen Vollstreckungsbescheid nach § 699 Absatz 1 ZPO. Ein Europäischer Vollstreckungstitel kann nach Art. 3 Absatz 1 lit. b EuVTVO gerade infolge eines Verfahrens ergehen, in dem der Schuldner sich nicht verteidigt hat. Die Schlüssigkeit wird jedenfalls in den Mitgliedstaaten nicht geprüft, welche ein Mahnverfahren nach dem germanischen System durchführen[904]. Daher erscheint die Orientierung an der besagten Rechtsprechung zweckmäßig.

Der Anspruch auf Unterlassung der Zwangsvollstreckung wegen vorsätzlicher sittenwidriger Schädigung beruht auf folgenden Voraussetzungen:

---

[901] MüKo BGB – *Wagner*, Band 5, Besonderes Schuldrecht III, § 826 BGB Rn. 129.

[902] So wörtlich BGH NJW 1987, 3256, 3257; außerdem ständige Rechtsprechung RGZ 155, 55, 58 ff; 156, 265, 269 f.; BGHZ 26, 391, 396 ff.; NJW 1983, 2317; NJW 1999, 1257, 1258; Staudinger – *Oechsler*, § 826 BGB Rn. 529.

[903] BGH NJW 1987, 3256 ff.; BGH NJW 1999, 1257 ff.

[904] Siehe Punkt D IV 1.

(2) Materielle Unrichtigkeit des Titels

Der Vollstreckungsbescheid muss zum Zeitpunkt der letzten mündlichen Verhandlung des Zweitprozesses unrichtig sein[905]. Der für vollstreckbar erklärte Anspruch darf nicht oder nicht in dem tituliertem Umfang bestehen. Entscheidend ist, wie nach Ansicht des jetzt urteilenden Gerichts über die Sache richtig entschieden wird[906]. Bei Vollstreckungsbescheiden, die ohne gerichtliche Prüfung des Anspruchs erlassen werden, ist es nach Ansicht der Rechtsprechung gerechtfertigt, dass der Gläubiger das Risiko auch der rechtlichen Fehlerhaftigkeit des Titels zu tragen hat[907]. Schließlich bestimme er mit seiner Rechtsauffassung den Inhalt des Titels.
Der Europäische Vollstreckungstitel ist dann aus deutscher Sicht materiell unrichtig, wenn er gegen den deutschen materiellen ordre public verstößt. Ein solcher Verstoß könnte sogar gerade in der Sittenwidrigkeit des Anspruchs liegen[908].
Der Gläubiger muss die Unrichtigkeit des Titels kennen[909]. Es genügt jedoch, wenn dem Gläubiger die Unrichtigkeit von dem über § 826 BGB erkennenden, also vom deutschen Gericht mitgeteilt wird[910]. Daher ist auch diese Voraussetzung in einem Prozess in Deutschland gegen die Rechtskraft eines Europäischen Vollstreckungstitels erfüllbar.

(3) Besondere Umstände

Über das Erfordernis der Unrichtigkeit hinaus, trägt der Geschädigte die strenge Beweislast dafür, dass besondere Umstände vorgelegen haben, die das Verhalten des Schädigers als sittenwidrig erscheinen lassen[911]. Der Bundesgerichtshof sieht im Rahmen der Prozesse aufgrund sittenwidriger Ratenkredite die besonderen Umstände darin, „dass dem Gläubiger typischerweise ein wirtschaftlich schwächerer und geschäftlich unerfahrener Kreditnehmer gegenüber steht, dem die Vertragsbedingungen gleichsam diktiert werden und der seine prozessualen Verteidigungsmöglichkeiten häufig nicht zu nutzen weiß“[912]. Von den Umständen besonderer Erfordernisse kann höchstens dann abgesehen werden, wenn die Sittenwidrigkeit so schwerwiegend ist, dass die Vollstreckung „das Rechtsgefühl in schlechthin unerträglicher Weise verletzen würde“[913]. Der Umstand, dass der Titel ohne materiellrechtliche Prüfung ergangen ist, reicht ausdrücklich nicht für sich, um die nachträgliche Überprüfung nach § 826 BGB zuzulassen[914]. Vielmehr können im Fall des Mahnverfahrens besondere Umstände beispielsweise darin liegen, dass der Gläubiger auf den Verteidigungswillen des Schuld-

---

905 Staudinger – *Oechsler*, § 826 BGB Rn. 529.
906 BGHZ 101, 380, 385.
907 BGH NJW 1987, 3256, 3257; Staudinger – *Oechsler*, § 826 BGB Rn. 530.
908 Siehe Punkt D II 2. b) bb) (2) (a) (aa).
909 BGHZ 40, 130, 132; BGH NJW 1987, 3256, 3257.
910 BGH NJW 1987, 3257; *Lackmann*, Zwangsvollstreckungsrecht, Rn. 565.
911 BGH NJW 1999, 1257, 1258; Staudinger – *Oechsler*, § 826 BGB Rn. 531, 536.
912 BGH NJW 1999, 1257; Staudinger – *Oechsler*, § 826 BGB Rn. 533.
913 BGH NJW 1987, 3256, 3258.
914 BGH NJW 1987, 3256, 3258.

ners eingewirkt hat und ihn dazu gebracht hat, die Einlassung eines Widerspruchs zu unterlassen.

(4) Fazit zur Übertragung der BGH-Rechtsprechung auf den Europäischen Vollsteckungstitel

Es ist nicht ausgeschlossen, dass ein Europäischer Vollstreckungstitel mit der Klage aus § 826 BGB wegen Missbrauchs eines unrichtigen Vollstreckungstitels angegriffen werden kann. Allerdings sind folgende Einschränkungen und Zweifel daran zu berücksichtigen:

Erstens dürfte es selten vorkommen, dass die besonderen Umstände durch das Verhalten des Gläubigers nachgewiesen werden können. Das Fehlen der ordre-public-Prüfung wird nicht hauptsächlich deshalb bemängelt, weil der Gläubiger den Schuldner schädigen könnte, sondern weil die Gerechtigkeits- und Billigkeitsvorstellungen der Mitgliedstaaten differieren. Es geht darum, dass die Vollstreckbarkeit im Ausland verliehen wird und im Inland eine Wirkung entfalten könnte, die gegen die Wertvorstellungen des Vollstreckungsstaates verstößt. Gleichzeitig ist jedoch im Erkenntnisstaat nicht zwangsläufig eine falsche Entscheidung getroffen worden. Genauso wenig kann dem Gläubiger regelmäßig eine Schädigungsabsicht unterstellt werden. Im Einzelfall ist eine solche natürlich nicht ausgeschlossen.

Als zweiter Punkt ist zu überlegen, ob die Einräumung der Klage nach § 826 BGB in diesen Einzelfällen gegen die EuVTVO verstieße. Schließlich sind nach Art. 21 Absatz 2 EuVTVO vom Wortlaut her jegliche Überprüfungsmöglichkeiten des Europäischen Vollstreckungstitels im Vollstreckungsstaat ausgeschlossen. Sinn und Zweck der Verordnung ist die Rechtssicherheit im gemeinschaftsinternen Urteilsverkehr. Die Bestätigung der Entscheidung als Europäischer Vollstreckungstitel soll abschließend die Vollstreckbarkeit verleihen. Die Verordnung schließt pauschal alle Rechtsbehelfe aus, ohne sich konkret mit den einzelnen Möglichkeiten in den Mitgliedstaaten zu beschäftigen. Diese Vorgehensweise dient der Übersichtlichkeit und der Praktikabilität. Insofern stehen die Rechtssicherheit und das Ziel, einen einheitlichen europäischen Rechtsraum zu schaffen, über dem Recht des Schuldners, ordentliche Rechtsbehelfe im Mitgliedstaat zu ergreifen.

In den möglichen Einzelfällen, in denen theoretisch der Schuldner nach deutschem Recht über § 826 BGB einen Anspruch auf Unterlassung der Zwangsvollstreckung zugesprochen bekommen könnte, läge ein Verstoß gegen die EuVTVO. Die Klage auf Herausgabe des Titels gemäß § 826 BGB ist daher insofern unzulässig, als sie eine Überprüfung der Entscheidung oder der Bestätigung in der Sache zum Gegenstand hätte[915]. Das EG-Vollstreckungstitel-Durchführungsgesetz bestätigt dieses Ergebnis nicht eindeutig. Zwar wird die Klage aus § 826 BGB weder benannt noch ausdrücklich ausgeschlossen, allerdings ist sie auch im achten Buch der ZPO nicht erwähnt. Insofern kann aus den §§ 1079 ff. ZPO keine Rückschlüsse gezogen werden. Die Unanwendbarkeit der Klage auf Unterlassung der Zwangsvollstreckung ergibt sich daher

[915] *Kropholler*, Europäisches Zivilprozessrecht, 8. Auflage, Artikel 20 EuVTVO Rn. 12.

nur aus dem Gemeinschaftsrecht, welches mit Art. 21 Absatz 2 ZPO die Überprüfbarkeit in der Sache ausschließt.

dd) Urteilsmissbrauch

Die Varianten des Europäischen Vollstreckungstitels, die nicht unter die entsprechende Rechtsprechung zum Vollstreckungsbescheid fallen, könnten unter Berufung auf Urteilsmissbrauch angegriffen werden. Diesbezüglich ist an Entscheidungen im Ursprungsstaat zu denken, die beispielsweise im romanischen System des Mahnverfahrens nach einer Schlüssigkeitsprüfung getroffen worden sind oder einen der anderen Fälle des Art. 3 EuVTVO darstellen. Die Voraussetzungen des Urteilsmissbrauchs, der auch die Unterlassung der Zwangsvollstreckung zum Ziel hat, sind zum einen die Unrichtigkeit des Urteils. Zum anderen muss der Geschädigte beweisen, dass der Gläubiger das Urteil „durch eine rechts- oder sittenwidrige Handlung im Bewusstsein der Unrichtigkeit herbeigeführt hat oder dass die Ausnutzung des zwar nicht erschlichenen, aber als unrichtig erkannten Urteils in hohem Maße unbillig geradezu unerträglich ist“[916].

Die Unrichtigkeit des Urteils aus deutscher Sicht und die Kenntnis des Gläubigers davon könnten in dem vorliegenden Fall durchaus vorliegen.

(1) Sittenwidrigkeit

Entweder müsste der Gläubiger mittels einer rechts- oder sittenwidrigen Handlung das unrichtige Urteil herbeigeführt haben, oder er würde ein im Nachhinein als unrichtig erkanntes Urteil in einem unerträglichen Maße ausnutzen[917]. Genauso wie bei den unrichtigen Vollstreckungsbescheiden weist das Verhalten des Gläubigers nur in Einzelfällen eine arglistige Komponente auf. Der Vollstreckungsschuldner müsste zudem beweisen, dass das arglistige Verhalten des Gläubigers ursächlich für die Bestätigung als Europäischer Vollstreckungstitel war. Diese Anforderung zu erfüllen, dürfte besonders schwer sein.

(2) Vorsatz

Vorsatz und Sittenwidrigkeit sind getrennt festzustellen, jedoch ist häufig ein Rückschluss aus dem sittenwidrigen Verhalten auf den Vorsatz möglich[918]. Der Vollstreckungsschuldner muss nachweisen, dass dieser die Art der Schadensfolgen vorausgesehen und gewollt oder sie billigend in Kauf genommen hat[919]. Demnach genügt auch grob fahrlässiges Verhalten nicht. Der Schädiger muss sich des objektiven Vorhandenseins der Sittenwidrigkeit nicht bewusst sein. Es reicht, wenn er die Umstände kannte, die zur Sittenwidrigkeit führten, es sei denn, der Gläubiger war der redlichen Überzeugung, dass sein Verhalten rechtmäßig war[920].

---

[916] BGHZ 26, 396; 112, 54; Palandt – *Sprau*, § 826 BGB Rn. 46.
[917] BGHZ 26, 396; 112, 54; Palandt – *Sprau*, § 826 BGB Rn. 46.
[918] BGH WM 95, 882, 895; Palandt – *Sprau*, § 826 BGB Rn. 9.
[919] BGH NJW 2000, 2896.
[920] BGH NJW 1986, 1751, 1754; NJW 1987, 3256, 3258; Palandt – *Sprau*, § 826 BGB Rn. 11.

Dem Gläubiger Schädigungsvorsatz nachzuweisen, stellt demnach ein weiteres Problem dar. In den Fällen, in denen der Europäische Vollstreckungstitel gegen den deutschen ordre public verstößt, beruht der Verstoß nicht selten auf rechtlichen Wertungen durch das Erstgericht, auf die der Gläubiger keinen direkten Einfluss hat.

ee) Ergebnis zum Urteilsmissbrauch

Der Anspruch des Vollstreckungsschuldners auf Unterlassung der Zwangsvollstreckung durch die Berufung auf Urteilsmissbrauch dürfte in den seltensten Fällen des ordre-public-Verstoßes von einem deutschen Gericht auf der Grundlage von § 826 BGB zugesprochen werden. Dies liegt daran, dass die Schutzrichtung des § 826 BGB nicht auf den vorliegenden Fall passt. Wenn ein Europäischer Vollstreckungstitel in Deutschland vollstreckt werden soll, der gegen den deutschen ordre public verstößt, kollidieren die verschiedenen staatlichen Vorstellungen von richtig und unrichtig im Sinne des § 826 BGB. Der Gläubiger hat allerdings nur selten diesen Widerspruch (bewusst) herbeigeführt oder sonst verursacht. Um das Verhalten des Gläubigers geht es aber gerade in den Ausnahmefällen des Prozessbetrugs.
Die Gefahr der Vollstreckung in Deutschland von Europäischen Vollstreckungstiteln, die gegen den deutschen ordre public verstoßen, kann nicht über die Anwendung des § 826 BGB behoben werden. Der Zuspruch eines Anspruchs auf Unterlassung der Zwangsvollstreckung verstieße nach teleologischer Auslegung - wie gesehen – gegen die EuVTVO. Weiterhin ist auch der Nachweis des sittenwidrigen gläubigerischen Verhaltens keinesfalls entbehrlich, wenn ein Verfassungsverstoß in der Vollstreckung läge. Der Schadensersatzanspruch aus § 826 BGB hat den Zweck, einen Ausgleich zwischen den Parteien zu finden und nicht die Auswirkungen von Entscheidungen ausländischer Gerichte zu korrigieren.

4. Zwischenergebnis

Auf zivilrechtlicher Ebene gibt es keine Möglichkeit, sich gegen die vorliegende Situation zur Wehr zu setzen, weil der Wille des europäischen Verordnungsgebers entgegensteht.

E Gesamtbewertung

I Gegenseitiges Vertrauen wegen gleichwertiger Rechtspflege

Die Ziele von Tampere sind stark geprägt von der Idee des gegenseitigen Vertrauens unter den Mitgliedstaaten. Im Hinblick auf die erfolgte EU-Erweiterung von 15 auf 25 Mitgliedstaaten erscheint dieses Vertrauen, das mit der Abschaffung des Vollstreckbarerklärungsverfahrens eine neue Dimension erreicht hat, zweifelhaft[921]. Große Bedenken tauchen bezüglich der Frage auf, ob das Recht und dessen Anwendung in den Beitrittsländern die „Güte und Solidität“[922] insbesondere hinsichtlich der Anwendung des Art. 6 EMRK[923] aufweist, die zur Einführung der EuVTVO erforderlich wäre. Die Rechtspflege der Mitgliedstaaten kann nach der im Laufe dieser Arbeit erfolgten Untersuchung nicht als gleichwertig bezeichnet werden. Trotzdem wird die Kontrolle der Entscheidung durch den Zweitstaat untersagt.

Es wird zwar ein einheitlicher Rechtsraum angestrebt, allerdings können bei dessen Gestaltung keine Inlandsverhältnisse zugrunde gelegt werden. Dies belegt auch die Situation in den USA, wo die Verbundenheit zwischen den Bundesstaaten ein hohes Integrationsniveau erreicht, aber andererseits die *full faith and credit clause* dem ordre-public-Vorbehalt ähnliche Einschränkungen aufweist, ohne dass diese als Misstrauen gedeutet werden. Aufgrund des eindeutigen Willens des europäischen Verordnungsgebers können die Mitgliedstaaten der Europäischen Gemeinschaft auch nicht auf eigene Rechtsbehelfe rekurrieren, indem sie ihr nationales Prozessrecht neu ordnen[924]. Die Schaffung von nationalen Rechtsbehelfen, die im Ergebnis die Abschaffung des Vollstreckbarerklärungsverfahrens im Sinne des Art. 5 EuVTVO umgingen, würde nämlich dem Ziel des europäischen Gesetzgebers zuwiderlaufen. Diesbezüglich ist auch auf das Risiko eines Vertragsverletzungsverfahrens für den Fall hinzuweisen, dass die Mitgliedstaaten die ordre-public-Kontrolle „durch die Hintertür“ wiedereinführen sollten[925].

Bezüglich der Idee, ein gemeinsames europäisches Höchstgericht zu diesem Zweck zu schaffen, ist jedoch auf den Vergleich mit den USA zu verweisen: Selbst der *Supreme Court* ist nicht zuständig, die Durchsetzung der elementaren Gerechtigkeitsvorstellun-

---

921 So auch *Stadler*, Das Europäische Zivilprozessrecht – Wie viel Bescheunigung verträgt Europa?, IPRax 2004, 2, 7; *Kohler*, Quantensprung im europäischen Justizraum, RIW 2003, 1.

922 *Christian Kohler*, mündliche Äußerung auf der Tagung der wissenschaftlichen Vereinigung für internationales Verfahrensrecht e.V. am 11. April 2003 in Tübingen, an der die Verfasserin teilgenommen hat.

923 *Stein* (Der Europäische Vollstreckungstitel für unbestrittene Forderungen tritt in Kraft – Aufruf zu einer nüchternen Betrachtung, IPRax 2004, 181, 186) hält die Sorge um die Anwendung des Artikels 6 EMRK durch die Mitgliedstaaten für unbegründet, weil der EuGMR einen Verstoß überprüfen könne. Trotzdem sei diese verbleibende Art „europäischen Grundrechtsschutzes verbesserungsfähig und -bedürftig“.

924 Diese Entwicklung vermuten *Wagner*, Vom Brüsseler Übereinkommen über die Brüssel I-Verordnung zum Europäischen Vollstreckungstitel, IPRax 2002, 75, 95 und *Kohler*, Von der EuGVVO zum Europäischen Vollstreckungstitel, in: Reichelt/Rechberger (Hrsg.), Europäisches Kollisionsrecht 63, 77.

925 *Stein*, Der Europäische Vollstreckungstitel für unbestrittene Forderungen tritt in Kraft – Aufruf zu einer nüchternen Betrachtung, IPRax 2004, 181, 191.

gen und staatspolitischen Ziele der einzelnen Bundesstaaten im Rahmen des zwischenstaatlichen Urteilsverkehrs zu garantieren und zu kontrollieren[926]. Insofern genügt nicht einmal die Institution eines Höchstgerichts, um die nationale Kontrolle entbehrlich zu machen. Daher würde auch die Einrichtung eines „europäischen Exequaturbüros“[927], welches die Bestätigung über einen Europäischen Vollstreckungstitel ausstellt, nicht die Garantie dafür bieten, dass die nationalen Wertungen berücksichtigt werden. Eine solche zentrale Stelle wäre genauso wenig wie der EuGH selbst in der Lage, die Ausgestaltung eines jeden nationalen ordre-public-Maßstabes zu beurteilen. Zwar wäre so zumindest die Wahrung des europäischen ordre public gewährleistet, und in einer solchen Behörde oder beim EuGH würden aufgrund größerer Routine weniger Fehler bei der Ausstellung unterlaufen, als bei einem nationalen Gericht. Trotzdem verbliebe die Uneinheitlichkeit nationaler Wertungen.
Folglich ist festzustellen, dass die „Wertungsstimmigkeit“[928] der europäischen Mitgliedstaaten gegenwärtig trotz Art. 6 EMRK hinter dem zurückbleibt, was für einen Schritt wie den Wegfall der ordre-public-Kontrolle erforderlich wäre. Auch unter dem Gesichtspunkt der künftigen Entwicklung sollte die Einführung der EuVTVO und die Abschaffung des Exequaturverfahrens als Anfang einer weit reichenden Entwicklung kritisch beleuchtet und nicht unterschätzt werden[929].

II Harmonisierung statt Ermessensfreiheit

Der fehlende Harmonisierungszwang hat bei der Einführung der EuVTVO folgende Auswirkungen: Es könnte zu vermeidbaren Schwierigkeiten dadurch kommen, dass es den Mitgliedstaaten freisteht, ihre einzelstaatlichen Verfahrensvorschriften an die Mindestvorschriften der EuVTVO anzupassen[930]. Insofern hängen die Zustellungserfordernisse davon ab, ob es sich um einen grenzüberschreitenden Sachverhalt handelt, der auf die Ausstellung einer Bestätigung über einen Europäischen Vollstreckungstitel gerichtet ist oder ob es sich um einen rein inländischen Sachverhalt handelt. Dieser Zustand führt dazu, dass die Voraussetzungen der EuVTVO selten vorliegen, weil bei Beginn des Verfahrens nicht abzusehen war, ob ein Europäischer Vollstreckungstitel ausgestellt werden muss. Weil zu erwarten ist, dass diverse Mitgliedstaaten die für den europäischen Vollstreckungstitel erforderlichen, unverbindlichen Mindestanforderungen nicht erfüllen werden, wird es folglich dazu kommen, dass Entscheidungen aus nur einigen Mitgliedstaaten als Europäischer Vollstreckungstitel im vereinfachten Verfahren vollstreckt werden können[931]. Die Kontrolle der Beachtung der materiellen Vor-

---

[926] *Bruns*, Der anerkennungsrechtliche ordre public in Europa und den USA, 278, 285.
[927] Siehe Vorschlag von *Storme* in „Verbesserungsvorschlag hinsichtlich der zuständigen Behörde“ in Punkt B III 1. f) cc).
[928] *Pfeiffer*, Einheitliche unmittelbare und unbedingte Urteilsgeltung in Europa, FS Jayme 2004, 675, 690.
[929] So auch *Coester-Waltjen*, Überlegungen zu einem künftigen europäischen Vollstreckungstitel, FS Beys 2003, 183, 185.
[930] Stellungnahme des Europäischen Wirtschafts- und Sozialausschusses vom 8. April 2003 zu KOM (2002) 159 endgültig (C 85), S. 1.
[931] *Becker*, Grundrechtsschutz bei der Anerkennung und Vollstreckbarerklärung im europäischen Zivilverfahrensrecht, Diss. Köln 2003, S. 24.

aussetzungen für die Ausstellung eines Europäischen Vollstreckungstitels erfolgt durch den jeweiligen Mitgliedstaat selber – ein Umstand, der die einheitliche Auslegung und Anwendung der EuVTVO nicht gerade unterstützt.
Allerdings kann sich kein Mitgliedstaat dem Verkehr mit Europäischen Vollstreckungstiteln dadurch entziehen, indem er die Mindestvorschriften nicht einhält. Vielmehr muss er als Mitgliedsstaat der Verordnung trotzdem ausländische Europäische Vollstreckungstitel vollstrecken. Es wäre jedenfalls sinnvoll, dass die Mitgliedstaaten den Mindeststandard der EuVTVO verbindlich umsetzen müssen[932].
Allerdings stellt die Harmonisierung der Verfahrensvorschriften keine leichte Aufgabe dar. Bereits die Storme-Kommission stellte in ihrem Entwurf für eine Vereinheitlichung des Zwangsvollstreckungsrechts fest: „Es ist genau die Unterschiedlichkeit der Wurzeln des europäischen Prozessrechts (...), die eine völlige Vereinheitlichung und Systematisierung behindert.“[933] Diese Divergenzen kommen nicht nur im Zustellungsrecht oder Mahnverfahren, sondern auch in der Stellung des Gerichts oder der Vollstreckungsorgane zum Ausdruck. Jedoch kann auch ohne vollständige Angleichung eine Harmonisierung erfolgen, durch die der Rechtsschutz des Vollstreckungsschuldners gewährleistet ist, indem die bereits formulierten europäischen Mindestvorschriften wie zum Beispiel die der EuVTVO verbindlich im nationalen Recht berücksichtigt werden müssen. Wenn diese Umsetzung jedoch nur „wünschenswert“ bleibt, ist der Schritt eines gemeinsamen Europäischen Vollstreckungstitels nicht nachvollziehbar.

III Zivilverfahrensrechtliches Ergebnis zur Abschaffung der ordre-public-Kontrolle

Die Untersuchung hat zum Ergebnis, dass die Abschaffung der Überprüfbarkeit des nationalen ordre public zum jetzigen Zeitpunkt aufgrund der Uneinheitlichkeit der meisten Zivil(verfahrens)rechtsgebiete, in denen sich auch verfassungsrechtliche Grundwertungen widerspiegeln, Grundrechtsverstöße nicht ausschließt. Große praktische Probleme der EuVTVO liegen im noch divergierenden Zustellungs- und Mahnverfahrensrecht der Mitgliedstaaten. Die Einhaltung der Bedingungen hinsichtlich des Schuldnerschutzes, welche das Kapitel III aufstellt, ist daher unwahrscheinlich. Auf der einen Seite könnte man bei der kritischen Bewertung der EuVTVO berücksichtigen, dass eine nachträgliche Kontrolle in Deutschland nur in den Fällen wegfällt, in denen die Forderungen unbestritten sind[934]. Allerdings ist die Tendenz erkennbar, dass die Organe der EG einen Europäischen Vollstreckungstitel in allen zivilrechtlichen

---

[932] Hinsichtlich der Zustellung: *Stadler*, Das Europäische Zivilprozessrecht – Wie viel Bescheunigung verträgt Europa?, IPRax 2004, 2, 4.

[933] *Storme* (ed.) S. 110; *Schilken*, Die Vorschläge der Kommission für ein europäisches Zivilprozessbuch – einstweiliger und summarischer Rechtsschutz und Vollstreckung, ZZP Band 109 (1996), 315, 331.

[934] Die Beschränkung auf Entscheidungen über unbestrittene Forderungen führt *Hüßtege* (Braucht die Verordnung über den europäischen Vollstreckungstitel eine ordre-public-Klausel?, FS Jayme 2004, 371, 385) für den ausreichenden Schutz des Schuldners durch die EuVTVO an, weshalb eine ordre-public-Klausel überflüssig sei. Durch eine Überprüfung im Zweitstaat sei der Schuldnerschutz überspannt, es sei denn, es liege ein „kollusives Zusammenwirken“ zwischen dem Erstgericht und dem Gläubiger vor. Aber selbst in diesem Fall solle im Ursprungsstaat der „Missstand“ beseitigt werden.

Bereichen einführen werden[935]. Außerdem handelt es sich bei schätzungsweise 90 % der gerichtlichen Entscheidungen, die in einem anderen Mitgliedstaat als dem Ursprungsmitgliedstaat vollstreckt werden, um unbestrittene Forderungen[936]. Dass die Einführung der EuVTVO in der vorgestellten Form und mit den aufgezeigten Konsequenzen auf den politischen Vorgaben von Tampere und daher auf dem Willen der Regierungschefs der Mitgliedstaaten beruht, sollte zwar bei jeglicher Ausübung von Kritik beachtet werden. Allerdings kann dieses Argument nicht die Übertretung rechtsstaatlicher Grundsätze und nicht die Verletzung deutscher Grundrechte rechtfertigen[937].
Der im Ursprungsstaat überprüfbare europäische ordre public deckt sich nicht mit dem deutschen. Schlussfolgerung ist also, dass eine Kontrolle des nationalen ordre public vor Anerkennung und Vollstreckung aus zivilverfahrensrechtlicher Sicht nicht entbehrlich ist, weil es einerseits keinen gemeineuropäischen ordre public gibt und auch in absehbarer Zeit nicht geben wird und weil andererseits das nationale Kollisionsrecht im Gegensatz zum internationalen Zivilverfahrensrecht nicht ausreichend vereinheitlicht ist. Die diesbezüglichen Pläne müssen und werden als Langzeitprojekt reifen. Bis zur Fertigstellung eines solch unabwägbaren Vorhabens wird der Bürger schutzlos gestellt. Das Tempo der Rechtsvereinheitlichung im internationalen Zivilverfahrensrecht sollte gedrosselt werden, damit sich ein Gleichgewicht einpendeln kann.

IV Verfassungsrechtliches Ergebnis zur Abschaffung der ordre-public-Kontrolle

Durch die Formulierung des Art. 23 GG hat der deutsche Gesetzgeber entschieden, dass das Vereinte Europa ein Staatsziel ist und bei einer Abwägung mit privaten Interessen den Vorrang haben kann. Damit geht einher, dass die Bundesrepublik Deutschland den Schutz seiner Bürger einschränkt, wenn diesem höherrangige Interessen, die den europäischen Integrationsprozess fördern, gegenüberstehen. Dies gilt insbesondere, wenn es um die Verwirklichung eines einheitlichen Raumes des Rechts nach Art. 61 lit. c EG geht. Das Bundesverfassungsgericht hat im Lichte dieser Politik entschieden, dass der EuGH dadurch die deutschen Grundrechte schützt, indem er über die europäische Grundrechtsordnung wacht. Da der EuGH „nur" über die Grenzen des europäischen ordre public wacht, hält das Bundesverfassungsgericht daher die Kontrolle des kompletten deutschen ordre public bei der Anwendung von Gemeinschaftsrecht zugunsten der Förderung des freien EG-weiten Urteilsverkehrs nicht für erforderlich. Von diesem Grundsatz will das Bundesverfassungsgericht nur abweichen, wenn

---

935 Siehe das Maßnahmenprogramm von Tampere; *Stadler*, Das Europäische Zivilprozessrecht – Wie viel Bescheunigung verträgt Europa?, IPRax 2004, 2, 6.

936 Stellungnahme des Wirtschafts- und Sozialausschuss vom 8. April 2003 zu KOM (2002) 159 endgültig (C 85), S. 3; *Stadler*, Das Europäische Zivilprozessrecht – Wie viel Bescheunigung verträgt Europa?, IPRax 2004, 2, 6; *Kropholler*, Europäisches Zivilprozessrecht, 8. Auflage, Art. 1 EuVTVO Rn. 6.

937 Vgl. *Rauscher*, Der Europäische Vollstreckungstitel für unbestrittene Forderungen, Rn. 16; sogar *Stein* (Der Europäische Vollstreckungstitel für unbestrittene Forderungen tritt in Kraft – Aufruf zu einer nüchternen Betrachtung, IPRax 2004, 181, 183), der grundsätzlich der Abschaffung der ordre-public-Kontrolle positiv gegenübersteht, weist die Einhaltung politischer Vorgaben als „Totschlagargument" zurück.

die Voraussetzungen der „Solange II-Entscheidung" vorliegen bzw. unterlaufen werden, also wenn dem vom Grundgesetz unabdingbar gebotenen Grundrechtsschutz nicht mehr „im wesentlichen" entsprochen würde und der Wesensgehalt der Grundrechte generell nicht mehr verbürgt wäre. Alle anderen Grundrechtsverletzungen müssen hingenommen werden. Konsequenz dieser Rechtsprechung ist also, dass das Bundesverfassungsgericht es für ausreichend hält, den Vollstreckungsschuldner auf den Rechtsbehelf der Verfassungsbeschwerde zu verweisen, wenn der EuGH durch eine Reihe von Entscheidungen gezeigt hat, den deutschen Grundrechtestandard nicht mehr zu sichern.

V Abschließende Überlegungen

Die ordre-public-Kontrolle stellt kein Hindernis für Schaffung eines gemeinsamen Rechtsraumes dar. Der Vorbehalt bei der Anerkennung und Vollstreckung von gerichtlichen Entscheidungen ist – auch mit Verweis auf die Praxis innerhalb der USA - nicht zwangsläufig ein Ausdruck von grundsätzlichem Misstrauen gegenüber den anderen Mitgliedstaaten[938]. Vielmehr würde eine verweigerte Vollstreckung nach wie vor den Ausnahmefall darstellen. Dass ein Staat den Wesensgehalt seiner verbürgten Grundrechte und die staatstragenden Strukturen durchsetzen möchte, solange der einheitliche europäische Rechtsraum noch wächst, aber nicht vollendet ist, spricht nicht gegen eine ansonsten integrationsfreundliche Politik. Das Vorliegen einer Wertegemeinschaft ist zudem durch die geringe Akzeptanz der Europäischen Verfassung erneut in Frage gestellt worden.

Die Idee der EuVTVO und die Abschaffung des Vollstreckbarerklärungsverfahrens ist durchaus zu begrüßen, nur ist der Zeitpunkt ihrer Einführung deutlich verfrüht.

[938] Zu diesem Ergebnis kommt auch *Stadler* (Das Europäische Zivilprozessrecht – Wie viel Bescheunigung verträgt Europa?, IPRax 2004, 2, 7).

VI Thesen

Im Folgenden werden die gefundenen Ergebnisse zusammengefasst:

(1) Für die Zwangsvollstreckung ausländischer Entscheidungen in Deutschland ohne Berücksichtigung internationaler Übereinkommen ist mangels einer ausreichenden Vertrauensgrundlage ein Vollstreckungsurteil erforderlich. Nach dem EuGVÜ kann die Vollstreckung in Form einer Vollstreckbarerklärung nur auf der Grundlage der Art. 27, 28 EuGVÜ vom Zweitrichter versagt werden. Die Prüfung der Anerkennungsversagungsgründe wurde mit der Einführung der EuGVVO in die Rechtsbehelfsphase verlegt, wodurch der Schuldnerschutz beschränkt und das Gläubigerinteresse an einem schnellen Vollstreckungszugriff unterstützt wurde. Im Rahmen der EuVTVO bedarf es keiner Vollstreckbarerklärung im Vollstreckungsstaat mehr.

(2) Die Bestätigung über den eingeführten Europäischen Vollstreckungstitel über unbestrittene Forderungen entspricht nunmehr funktional der mit der Vollstreckungsklausel versehenen vollstreckbaren Ausfertigung gemäß §§ 724 ff. ZPO bei deutschen Endurteilen und bei ausländischen Entscheidungen dem Vollstreckungsurteil gemäß § 722 Absatz 1 ZPO bzw. der Vollstreckbarerklärung nach Gemeinschaftsrecht i.V.m. dem AVAG. Es bedarf keines weiteren hoheitlichen Aktes in Deutschland vor dem Vollstreckungszugriff.

(3) Zweck der Zuständigkeitsvorschriften der EuGVVO ist der Schutz der EU-Bürger vor unangemessener Ausdehnung staatlicher Zuständigkeitspolitik durch eine Ober- und Untergrenze. Es ist ihnen aufgrund der Verschiedenheit der europäischen Rechtssysteme grundsätzlich nicht zuzumuten, dass der Gerichtsstand unter Missachtung dieses wohl gewichteten Systems gewählt wird. Trotzdem sind vor Anerkennung und Vollstreckung auch im Rahmen der EuGVVO und des EuGVÜ nur bestimmte Vorschriften der internationalen Zuständigkeit überprüfbar. An dieser gläubigergünstigen Situation hat sich durch die Einführung der EuVTVO trotz weiterer Einschränkungen des Schuldnerschutzes nichts geändert. Wenn es jedoch dem Vollstreckungsschuldner bzw. Beklagten zumutbar wäre, sich vor jedem beliebigen Gericht innerhalb der Europäischen Gemeinschaft zu verteidigen, würden die europäischen Zuständigkeitsvorschriften genauso wie das Vollstreckbarerklärungsverfahren abgeschafft.

(4) Durch die Art. 5, 6 Absatz 1 lit. b EuVTVO ist der deutsche subjektive ordre public verletzt, dessen Maßstab unter anderem Art. 103 Absatz 1 GG sowie Art. 6 EMRK bilden. Es ist nicht auszuschließen, dass der Vollstreckungsschuldner in Deutschland, der nicht Verbraucher im Sinne des Art. 6 Absatz 1 lit. d EuVTVO ist, durch die Vollstreckung mittels eines Europäischen Vollstreckungstitels in seinem Anspruch auf rechtliches Gehör beschränkt wird, weil ein unzuständiges Gericht an einem unzumutbaren Gerichtsstand eine Entscheidung zu seinen Lasten getroffen hat. Selbst wenn man Art. 6 Absatz 1 lit. b EuVTVO wie Art. 35 EuGVVO insofern verfassungskonform auslegt, als dass zumindest die Verteidigung gegen die Inanspruchnahme eines exorbitanten Gerichtsstandes ermöglicht werden muss, besteht immer noch die Gefahr

eines Verstoßes gegen den Anspruch auf rechtliches Gehör wegen eines anderen unzumutbaren Gerichtsstandes mangels Einhaltung der Zuständigkeitsordnung der EuGVVO oder mangels Beachtung einer Zuständigkeitsvereinbarung. Die Rechtspflege innerhalb der Europäischen Gemeinschaft ist nämlich nicht gleichwertig. Es besteht eine Missbrauchsgefahr der Regelungen der EuGVVO durch das *forum shopping* und der daraus folgenden möglichen Gerichtspflichtigkeit des Beklagten vor einem unzumutbaren Gerichtstand. Es kann nicht angehen, dass sich die EU-Bürger in jedem anderen europäischen Mitgliedstaat vor international unzuständigen Gerichten verteidigen müssen, um die Bestätigung der Entscheidung als Europäischer Vollstreckungstitel zu verhindern. Dies kann jedoch auch bei Einhaltung der Voraussetzungen des Art. 6 EuVTVO hinsichtlich der Bestätigung einer Entscheidung als Europäischer Vollstreckungstitel nicht ausgeschlossen werden.

(5) Es besteht selbst bei Einhaltung der Vorschriften des Kapitels III das Risiko, dass dem Schuldner keine zumutbare Möglichkeit verbleibt, sich im Ursprungsstaat in angemessener Form zu verteidigen. Hintergrund dieser Regelungen sind die großen Diskrepanzen zwischen den Zustellungssystemen in den verschiedenen Mitgliedstaaten, die bisher auch nicht mittels internationaler Übereinkommen vereinheitlicht werden konnten („*remise au parquet*"). Die Mitgliedstaaten sind auch nicht gezwungen, ihre nationalen Vorschriften an die des Kapitels III EuVTVO anzupassen. Letztlich muss der Schuldner auf die Vorlagemöglichkeit des Ursprungsgerichts zum EuGH verwiesen werden (Art. 234 EG).

(6) Die Gleichstellung der Zustellung mit und ohne einen Nachweis des Empfangs gemäß Art. 13 und 14 EuVTVO schränkt die Rechte des Schuldner stark sein. Insbesondere ist zu erwähnen, dass bei einer Zustellung an eine minderjährige oder sonst nicht geschäftsfähige Person die nach Art. 14 Absatz 3 lit. b EuVTVO mögliche Empfangsbestätigung unzureichend für den Schutz des Schuldners ist. Zudem ist der Schuldner einem weiteren Risiko ausgesetzt, nämlich dass ihm die Regelungen über die Geschäftsfähigkeit des Ursprungsstaates, nach denen ihm eine Person zugerechnet wird, womöglich unbekannt sind. Der Schuldner kann sich nur mit einem Härtefallantrag nach Art. 19 EuVTVO an das Ursprungsgericht verteidigen, bei dem ihm jedoch obliegt, den Härtefall zu beweisen. Die nationalen Gerichte müssen bei Zweifelsfragen dem EuGH die diesbezügliche Frage des Verschuldensmaßstabes vorlegen.

(7) Hinsichtlich der ordnungsgemäßen Unterrichtung des Schuldners ist festzustellen, dass aufgrund des Wegfalls der verordnungsautonomen Voraussetzungen im Rahmen der EuVTVO der Standard und die Ausführlichkeit der Rechtsbehelfsbelehrung nun in weiten Teilen vom Recht und der Rechtsprechung des Ursprungsstaates abhängen.

(8) Ob Fristenregelungen – insbesondere hinsichtlich der Einlassungsfrist des Beklagten – durch eine einheitliche Handhabung in allen 25 Mitgliedstaaten wirklich entbehrlich sind, wird sich in der Praxis zeigen und muss gegebenenfalls korrigiert werden.

(9) Die Einführung der Möglichkeit der Berichtigung und des Widerrufs nach Art. 10 EuVTVO hat einige Fehlerquellen korrekturfähig gemacht. Es bleibt der Umstand jedoch kritikfähig, dass die Beurteilung, ob die Bestätigung einer Entscheidung als Europäischer Vollstreckungstitel erteilt werden darf, beim Gericht des Erkenntnisverfahrens im Ursprungsstaat verbleibt und daher richterliche Fehler bei der Prüfung des Art. 6 EuVTVO leichter übersehen werden können. Diese können wegen Art. 10 Absatz 4 EuVTVO nicht korrigiert werden. Diese Situation liegt nunmehr durch die Einführung der §§ 1079 ff. ZPO auch in Deutschland vor. Indes kann mit dem Widerspruch zwar die Zuständigkeit des Ursprungsgerichts gerügt werden, aber nur im Rahmen der Überprüfbarkeit in Art. 6 Absatz lit. b und d EuVTVO. Eine Überprüfung der Bestätigung auf Gemeinschaftsebene ist als unangemessen abzulehnen, weil dies dem Zweck der EuVTVO, nämlich der Beschleunigung des Vollstreckungsverfahrens zuwiderlaufen würde. Eine europäische Kontrollstelle würde zwar dem Schutz vor erstrichterlichen Fehlern im Rahmen des Art. 6 EuVTVO dienen, sie könnte jedoch ebenso wenig wie das Erkenntnisgericht den nationalen ordre public des Vollstreckungsstaates kontrollieren.

(10) Die Einführung der EuVTVO hat zur Folge, dass die Vollstreckbarkeitswirkung nicht mehr im Vollstreckungsstaat, sondern im Ursprungsstaat verliehen wird. Man unterscheidet jedoch nach wie vor zwischen Anerkennungs- und Vollstreckungswirkungen, weil eine Entscheidung nicht automatisch ohne Verfahren vollstreckbar ist. Vielmehr ist der Akt der Vollstreckbarkeitsverleihung entgegen dem Territorialitätsprinzip in das Ursprungsland verlegt worden.
Die Anerkennungs- und Vollstreckbarkeitswirkung richtet sich nach der EuVTVO. Dies ergibt die grammatische und teleologische Auslegung des Art. 5 EuVTVO.

(11) Eine Nachprüfung der Entscheidung in der Sache im Vollstreckungsstaat und somit auch die Überprüfbarkeit des deutschen ordre public ist dem Vollstreckungsschuldner nach Art. 21 Absatz 2 EuVTVO versagt. Ihm stehen also im Rahmen eines Europäischen Vollstreckungstitels nicht die gleichen Rechtsbehelfsmöglichkeiten zu, wie bei der Ausstellung eines deutschen Vollstreckungstitels aufgrund einer deutschen Gerichtsentscheidung.

(12) Nach Auslegung des Art. 21 Absatz 2 EuVTVO sind Einwendungen, welche die Sache selbst betreffen, im Rahmen der Vollstreckungsgegenklage zulässig. Dies bestätigt nunmehr auch die Einführung des § 1086 ZPO in Verbindung mit den Gesetzesbegründungen. Eine Vollstreckungsgegenklage darf vom Vollstreckungsschuldner nur unter Berücksichtigung der Präklusionsvorschrift des § 767 Absatz 2 ZPO bzw. einer ausländischen Parallelnorm (Kumulation zugunsten des schwächeren Rechts) vorgebracht werden. Die Begründetheit dieser Einwendungen richtet sich nach dem Sachrecht, welches das Erstgericht nach seinem Internationalen Privatrecht ermittelt und angewandt hat.

(13) Es stehen dem Vollstreckungsschuldner abgesehen von der Vollstreckungsgegenklage weder ein weiterer effektiver Rechtsbehelf vor deutschen Gerichten noch ein

Rechtsbehelf zum EuGH zur Verfügung, mit denen er die Entscheidung des Ursprungsgerichts in der Sache nachprüfen kann.

(14) Eine Verfassungsbeschwerde vor dem Bundesverfassungsgericht hätte keinen Erfolg, weil die Voraussetzungen der „Solange II-Entscheidung“ nicht vorliegen. Das Bundesverfassungsgericht hat in dieser Entscheidung dem EuGH die Aufgabe übertragen, den deutschen Grundrechtsstandard zu sichern. Alle Abweichungen vom deutschen Recht und dessen Grundlagen, welche die „Solange II“-Voraussetzungen mangels „Wesentlichkeit“ nicht unterlaufen, müssen zugunsten des europäischen Integrationsprozesses hingenommen werden. Das heißt, der Schuldner muss bei einem Verstoß gegen den deutschen ordre public nachweisen, dass der deutsche Grundrechtsstandard durch den EuGH nicht gesichert wird. Dazu reicht es allerdings nicht, dass die EuVT-VO den Grundrechtsstandard unterschreitet, sondern die Rechtsprechung des EuGH muss generell, dass heißt in mehreren Entscheidungen den Schutz deutscher Grundrechte nicht mehr gewährleisten. Eine solche Situation liegt nicht vor.

(15) Der EuGMR würde über eine Individualbeschwerde nur unter den Voraussetzungen der „Matthews-Entscheidung“ entscheiden, nämlich, wenn die Durchsetzung der Rechte aus der EMRK vereitelt wird, weil Deutschland Hoheitsrechte auf eine supranationale Ebene überträgt, ohne die Beachtung der EMRK zu gewährleisten. Über diese Fragen kann ein Vorabentscheidungsverfahren vor dem EuGH Aufschluss geben.

(16) Bevor ein amerikanischer Staat eine in einem Bundesstaat getroffene gerichtliche Entscheidung - ohne Rückgriff auf den *Uniform Enforcement of Foreign Judgments Act* - anerkennt, kann das Gericht prüfen, ob verfahrensrechtliche oder materiellrechtliche Versagungsgründe dagegen sprechen. Prüfungsmaßstab sind die Einhaltung der Bundesverfassung und in engen Grenzen die einzelstaatliche öffentliche Ordnung.

(17) Ein gemeineuropäischer ordre public kann die nationalen ordre-public-Maßstäbe nicht ersetzen. Bereits im „Krombach“-Urteil des EuGH befand dieser, dass er nur über die Grenzen des europäischen ordre public, also über die europäische Schnittmenge der inländischen ordre-public-Maßstäbe wache. Dabei handelt es sich „nur“ um den europäischen ordre public, der jedoch von einem gemeineuropäischen ordre public zu unterscheiden ist. Auch unter Berücksichtigung der Entstehungsvoraussetzungen einheitlicher deckungsgleicher Wertvorstellungen kommt man zu dem Ergebnis, dass die Entwicklung der mitgliedstaatlichen ordre-public-Maßstäbe zu einem solchen einheitlichen gemeineuropäischen ordre public nicht absehbar ist, weil erstens durch den Beitritt zehn weiterer Mitgliedstaaten nicht nur die rechtskulturellen Unterschiede eine solche Entwicklung zunächst bremsen und zweitens die erforderliche Harmonisierung des Rechts nicht genügend vorangetrieben wird, um die Einführung eines Europäischen Vollstreckungstitels zu rechtfertigen. Solange die Europäische Verfassung als Zusatz neben den nationalen Verfassungen stehen würde, kann auch die Beachtung eines nationalen ordre public nicht entbehrlich sein. Die Tatsache,

dass das Inkrafttreten der Europäischen Verfassung zurzeit ohnehin unabsehbar ist, bestätigt dieses Ergebnis.

(18) Die vom Bundesverfassungsgericht aufgestellten Grundsätze zur Verfahrensgerechtigkeit, der sachliche Anwendungsbereich des Art. 6 EMRK und des Art. 47 Europäische Grundrechtecharta stimmen weitgehend überein. Allerdings macht nicht nur die Entscheidung „Krombach" des EuGH deutlich, dass die Einhaltung der nationalen Vorschriften in den einzelnen Mitgliedstaaten nicht zwangsläufig die Beachtung der europäischen Verfahrensgrundrechte und -prinzipien, insbesondere des Anspruchs auf rechtliches Gehör zur Konsequenz hat. In diesem Zusammenhang stellte der EuGH auch fest, dass die Vereinfachung der Förmlichkeiten bei der Anerkennung und Vollstreckung von Entscheidungen innerhalb der Europäischen Gemeinschaften nicht dazu führen darf, dass der Anspruch auf rechtliches Gehör vernachlässigt wird[939]. Im Ergebnis gibt es einen Teil des prozessualen deutschen ordre public, den der Vollstreckungsschuldner, zu dessen Lasten eine Bestätigung eines Europäischen Vollstreckungstitels ausgestellt wurde, nicht geltend machen kann.

(19) Es gibt auch einen materiellen Teil des deutschen ordre public, der sich von dem europäischen ordre public unterscheidet: Um die Einhaltung des materiellrechtlichen ordre public zu garantieren, wird für die Zivilgerichte aus der allgemeinen Handlungsfreiheit (Art. 2 Absatz 1 GG) und dem Sozialstaatsprinzip (Art. 20 Absatz 1, 28 Absatz 1 GG) unter anderem die Pflicht hergeleitet, bei der Anwendung und Auslegung der Generalklauseln §§ 138 und 242 BGB darauf zu achten, dass Verträge nicht als Mittel der Fremdbestimmung dienen. Die Generalklauseln sind umso mehr im Exequaturverfahren zu berücksichtigten, je stärker der Inlandsbezug des Sachverhalts ist. Zudem gehört der Haftungsausschluss nach §§ 636 ff. RVO nach Ansicht des BGH zum Inhalt des deutschen materiellen ordre public, weil er ein wesentliches Element des Gesamtsystems der gesetzlichen Unfallversicherung darstelle. Diesen kann der Vollstreckungsschuldner weder im Erststaat, noch in Deutschland als Vollstreckungsstaat geltend machen kann. Der Richter im Erststaat kennt diesen Teil des deutschen ordre public nicht, und Art. 21 Absatz 2 EuVTVO verbietet die Nachprüfung im Vollstreckungsstaat. Allerdings wird der Verstoß gegen den materiellen ordre public nur selten von den Gerichten festgestellt.

(20) Der Vollstreckungsschuldner kann sich im Erststaat nicht auf den Teil des inländischen ordre public berufen, der nicht europäischer ordre public im Sinne der „Krombach-Entscheidung" ist. Nach höchstrichterlicher europäischer Rechtsprechung kann der europäische ordre public die nationalen Maßstäbe jedoch nicht ersetzen. Daher besteht weiterhin ein grundsätzliches Bedürfnis nach der Kontrolle des ordre public des Vollstreckungsstaates, bevor dort in Grundrechtspositionen eingegriffen wird.

---

[939] EuGHE 2000 I-1935, vom 28. März 2000, Rs. C-7/98 – *Krombach/Bamberski* = IPRax 2000, 406, 409; EuGH, Urteil vom 11. Juni 1985, Slg. 1985, 1779, Rn. 10 - *Debaecker und Plouvier.*

(21) Unter Berücksichtigung des Rahmenbeschlusses über den Europäischen Haftbefehl ist festzustellen, dass sich die Mitgliedstaaten der Europäischen Union im Bereich der strafrechtlichen Auslieferung kein uneingeschränktes gegenseitiges Vertrauen gewähren. Die Entscheidung des Bundesverfassungsgerichts zur Nichtigkeit des Europäischen Haftbefehlsgesetzes bestätigt die Erforderlichkeit einer Einzelfallprüfung am Maßstab der einzelstaatlichen Grundrechte.

(22) Eine Gegenüberstellung der Situation für deutsche Vollstreckungsschuldner vor und nach Einführung der EuVTVO ergibt, dass zwar die Abschaffung des Exequaturverfahrens erforderlich und das Vollstreckbarerklärungsverfahren nach der EuGVVO kein gleich geeignetes, milderes Mittel ist, um die Hindernisse bei der Vollstreckung durch die Ausfertigung im Zweitstaat zu beseitigen. Durch die Einführung der EuVT-VO werden die Schuldnerinteressen jedoch nicht angemessen berücksichtigt. Erstens sind die zeitlichen Vorteile des Gläubigers und die Förderung des internationalen Rechtsverkehrs durch die EuVTVO im Vergleich zu den Nachteilen des Schuldners durch die Rechtsschutzverkürzung, welche durch die Abschaffung der ordre-public-Kontrolle entsteht, geringer einzustufen. Das Abwägungsergebnis wird auch vor allem dadurch getragen, dass die Prüfung des ordre public mangels Harmonisierung der nationalen Verfahrensvorschriften und mangels Rechtsbehelfs im Vollstreckungsstaat letztlich auf den EuGH übertragen ist, der aber nur von den Gerichten im Rahmen des Vorabentscheidungsverfahrens angerufen werden kann und nur über die Grenzen des ordre public im Sinne des europäischen ordre public wacht. Ein weiterer Grund für die kritische Betrachtung des Rechtsschutzes des Schuldners sind die Pläne der EG, das Vollstreckbarerklärungsverfahren für den gesamten Anwendungsbereich der EuGVVO zu streichen, also nicht „nur" hinsichtlich unbestrittener Forderungen. Diese unterschiedliche Geschwindigkeit der Harmonisierung führt zu einem Rechtsschutzdefizit beim Schuldner.

(23) Weder auf EG- noch auf zivil- oder verfassungsrechtlicher Ebene gibt es Möglichkeit, sich gegen die Rechtsschutzlücke zur Wehr zu setzen: Die Schaffung eines einheitlichen Rechtsraums im Sinne des Art. 61 EG durch die Harmonisierung zunächst des Kollisionsrechts bzw. durch die Schaffung eines künstlichen kollisionsrechtlichen gemeineuropäischen oder public ist vom europäischen Gesetzgeber zurzeit nicht beabsichtigt. Weiterhin steht dem Vorschlag, Art. 21 durch einen Absatz 3 zu ergänzen, der einen nationalen Rechtsbehelf gegen einen ordre-public-Verstoß gewährt, die ausdrückliche Intention des europäischen Verordnungsgebers entgegen. Durch die Einfügung eines deutschen Rechtsbehelfs für die Geltendmachung eines Verstoßes gegen den deutschen ordre public, würde sich die Bundesrepublik Deutschland der Gefahr eines Vertragsverletzungsverfahrens aussetzen. Zudem ist nunmehr durch die Einführung der §§ 1079 ZPO geklärt, dass in Deutschland gegen die Bestätigung als Europäischer Vollstreckungstitel nur die Berichtigung und der Widerruf sowie die Vollstreckungsgegenklage im Sinne des § 767 ZPO erhoben werden können. Die Prüfung von § 826 BGB als Schadensersatzklage wegen Titelerschleichung oder Urteilsmissbrauchs ergibt keinen angemessenen Schutz für den Schuldner.

STUDIEN ZUM VERGLEICHENDEN UND INTERNATIONALEN RECHT

Herausgeber: Bernd von Hoffmann, Erik Jayme und Heinz-Peter Mansel

Band 1 Ferdinand Henke: Die Datenschutzkonvention des Europarates. 1986.

Band 2 Peter Czermak: Der express trust im internationalen Privatrecht. 1986.

Band 3 Peter Kindler: Der Ausgleichsanspruch des Handelsvertreters im deutsch-italienischen Warenverkehr. Eine rechtsvergleichende und kollisionsrechtliche Untersuchung. 1987.

Band 4 Wilhelm Denzer: Stellung und Bedeutung des Engineers in den FIDIC-Bauvertragsbedingungen. 1988.

Band 5 Marijan-Maximilian Lederer: Die internationale Enteignung von Mitgliedschaftsrechten unter besonderer Berücksichtigung der französischen Enteignungen 1982. 1989.

Band 6 Rainer Esser: Klagen gegen ausländische Staaten. 1990.

Band 7 Chang Jae-Ok: Auf dem Weg zu einer Materialisierung des Immateriellen? Personen-, Persönlichkeitsschutz und Geldersatz des immateriellen Schadens in rechtsvergleichender Hinsicht am Beispiel des koreanischen und japanischen Zivilrechts unter besonderer Berücksichtigung des deutschen Rechts. 1990.

Band 8 Paul-Frank Weise: Lex mercatoria. Materielles Recht vor der internationalen Handelsschiedsgerichtbarkeit.1990.

Band 9 Werner Born: Der Auftrittsvertrag für Musikgruppen im Bereich der Rock- und Popmusik. 1990.

Band 10 Ralf Erich Jürgens: IPR und Verfassung in Italien und in der Bundesrepublik Deutschland. 1990.

Band 11 Rainer Gildeggen: Internationale Schieds- und Schiedsverfahrensvereinbarungen in Allgemeinen Geschäftsbedingungen vor deutschen Gerichten. 1991.

Band 12 Klaus Grabinski: Die kollisionsrechtliche Behandlung des Durchgriffs bei rechtlich verselbständigten Unternehmen in privater oder öffentlicher Hand. 1991.

Band 13 Dieter Stummel: Konkurs und Integration. Konventionsrechtliche Wege zur Bewältigung grenzüberschreitender Insolvenzverfahren. 1991.

Band 14 Joachim Güntzer: Die Rechtsstellung des Geschäftsführers im spanischen Aktienrecht. Die Neuregelung des spanischen Aktienrechts nach dem Beitritt Spaniens zur EG. 1991.

Band 15 Sabine Isenburg-Epple: Die Berücksichtigung ausländischer Rechtshängigkeit nach dem Europäischen Gerichtsstands- und Vollstreckungsübereinkommen vom 27.9.1968. Untersuchungen zum Anwendungsbereich von Art. 21 EuGVÜ unter schwerpunktmäßiger Behandlung der Frage nach der Bestimmung eines europäischen Streitgegenstandsbegriffs. 1992.

Band 16 Ulrich Nickl: Die Qualifikation der culpa in contrahendo im Internationalen Privatrecht. 1992.

Band 17 Theo Rauh: Leistungserschwerungen im Schuldvertrag. Eine rechtsvergleichende Untersuchung des englischen, US-amerikanischen, französischen und deutschen Rechts unter besonderer Berücksichtigung der gerichtlichen Praxis. 1992.

Band 18 Bernadette Chaussade-Klein: Vorvertragliche "obligation de renseignements" im französichen Recht. 1992.

Band 19 Josef Sievers: Verbraucherschutz gegen unlautere Vertragsbedingungen im französischen Recht. Vom Code civil zum "Code de la consommation" – die Entstehung eines Sonderprivatrechts für Verbraucher. 1993.

Band 20 Achim Schäfer: Grenzüberschreitende Kreditsicherung an Grundstücken, unter besonderer Berücksichtigung des deutschen und italienischen Rechts. 1993.

Band 21 Eugenio Hernández-Breton: Internationale Gerichtsstandsklauseln in Allgemeinen Geschäftsbedingungen. Unter besonderer Berücksichtigung des deutsch-südamerikanischen Rechtsverkehrs (dargestellt am Beispiel Argentinien, Brasilien und Venezuela). 1993.

Band 22 Ingo Reng: Unterhaltsansprüche aufgrund nichtehelicher Lebensgemeinschaft – Internationales Privatrecht und ausländisches materielles Recht. 1994.

Band 23 Stefanie Roloff: Die Geltendmachung ausländischer öffentlicher Ansprüche im Inland. 1994.

Band 24 Katharina Ludwig: Der Vertragsschluß nach UN-Kaufrecht im Spannungsverhältnis von Common Law und Civil Law. Dargestellt auf der Grundlage der Rechtsordnungen Englands und Deutschlands. 1994.

Band 25 Malte Diesselhorst: Mehrparteienschiedsverfahren. Internationale Schiedsverfahren unter Beteiligung von mehr als zwei Parteien. 1994.

Band 26 Manfred Kost: Konsensprobleme im internationalen Schuldvertragsrecht. 1995.

Band 27 Wolff-Heinrich Fleischer: Das italienische Wettbewerbsrecht und die Probleme des selektiven Parfümvertriebs unter Berücksichtigung der Rechtslage in Frankreich und Deutschland. 1995.

Band 28 Angelika Fuchs: Lateinamerikanische Devisenkontrollen in der internationalen Schuldenkrise und Art. VIII Abschn. 2 b) IWF-Abkommen. 1995.

Band 29 Jacques Matthias Aull: Der Geltungsanspruch des EuGVÜ: "Binnensachverhalte" und Internationales Zivilverfahrensrecht in der Europäischen Union. Zur Auslegung von Art. 17 Abs. 1 S. 1 EuGVÜ. 1996.

Band 30 Hartmut Ost: EVÜ und fact doctrine. Konflikte zwischen europäischer IPR-Vereinheitlichung und der Stellung ausländischen Rechts im angelsächsischen Zivilprozeß. 1996.

Band 31 Stefan Wagner: Die Testierfähigkeit im Internationalen Privatrecht. 1996.

Band 32 Wolfgang Jakob Hau: Positive Kompetenzkonflikte im Internationalen Zivilprozeßrecht. Überlegungen zur Bewältigung von *multi-fora disputes*. 1996.

Band 33 Markus Schütz: UN-Kaufrecht und *Culpa in contrahendo*. 1996.

Band 34 Volker Geyrhalter: Das Lösungsrecht des gutgläubigen Erwerbers. Ein "vergessener" Kompromiß und die Auswirkungen auf das heutige deutsche Recht unter besonderer Berücksichtigung des internationalen Sachenrechts. 1996.

Band 35 Andreas Kramer: Abwicklungsstörungen bei Kaufverträgen. Die Lieferung vertragswidriger Sachen im deutschen und italienischen Recht. 1996.

Band 36 Petra Krings: Erfüllungsmodalitäten im internationalen Schuldvertragsrecht. 1997.

Band 37 Tonja Gaibler: Der rechtsgeschäftliche Irrtum im französischen Recht. 1997.

Band 38 Dirk Otto: Rechtsspaltung im indischen Erbrecht. Bedeutung und Auswirkungen auf deutsch-indische Nachlaßfälle. 1997.

Band 39 Gregor W. Decku: Zwischen Vertrag und Delikt. Grenzfälle vertraglicher und deliktischer Haftung dargestellt am Beispiel der Berufs- und Expertenhaftung zum Schutze des Vermögens Dritter im deutschen und englischen Recht. 1997.

Band 40 Ulrike Höpping: Auswirkungen der Warenverkehrsfreiheit auf das IPR unter besonderer Berücksichtigung des Internationalen Produkthaftungsrechts und des Internationalen Vertragsrechts. 1997.

Band 41 Andreas Bartosch: Die vermögensrechtlichen Beziehungen der Ehegatten bei bestehender Ehe im englischen Recht – Eigentum, Besitz, Schuldvertrag. 1997.

Band 42 Helene Boriths Müller: Die Umsetzung der europäischen Übereinkommen von Rom und Brüssel in das Recht der Mitgliedstaaten. Dargestellt am Beispiel Deutschlands und Dänemarks. 1997.

Band 43 Bernd von Hoffmann / Myong-Chang Hwang (eds.): The Public Concept of Land Ownership. Reports and Discussions of a German-Korean Symposium held in Seoul on October 7-9, 1996. 1997.

Band 44 Oliver Heeder: Fraus legis. Eine rechtsvergleichende Untersuchung über den Vorbehalt der Gesetzesumgehung in Deutschland, Österreich, der Schweiz, Frankreich und Belgien unter besonderer Berücksichtigung des Internationalen Privatrechts. 1998.

Band 45 Heinrich Schütt: Deliktstyp und Internationales Privatrecht. Dargestellt an grenzüberschreitenden Problemen der Arzthaftung. 1998.

Band 46 Axel Steiner: Die stillschweigende Rechtswahl im Prozeß im System der subjektiven Anknüpfungen im deutschen Internationalen Privatrecht. 1998.

Band 47 Martina Schulz: Der Eigentumsvorbehalt in europäischen Rechtsordnungen. Rechtsvergleichende Untersuchung des deutschen, englischen und französischen Rechts unter besonderer Berücksichtigung von Erweiterungen und Verlängerungen. 1998.

Band 48 Karin Dreher: Die Rechtswahl im internationalen Erbrecht. Unter besonderer Berücksichtigung des italienischen IPR-Reformgesetzes N. 218 vom 31. Mai 1995. 1999.

Band 49 Giuliano Gabrielli: Das Verhältnis zwischen der Anfechtung wegen Eigenschaftsirrtums und den Gewährleistungsansprüchen im deutschen, österreichischen und italienischen Recht. 1999.

Band 50 Bernd von Hoffmann / Myong-Chan Hwang (eds.): Developments in Land Law. Reports and Discussions of a German-Korean Symposium held in Berlin and Trier on July 21-24, 1997. 1999.

Band 51 Volker Heidbüchel: Das UNCITRAL-Übereinkommen über unabhängige Garantien und Standby Letters of Credit. Vergleiche mit den Richtlinien der Internationalen Handelskammer, dem deutschen, englischen und US-amerikanischen Recht. 1999.

Band 52 Jan Christoph Nordmeyer: Pflichtteilsansprüche und Wiedervereinigung. Eine systematische Analyse der Ausgleichsansprüche nach BGB-Pflichtteilsrecht unter besonderer Berücksichtigung der durch den Wiedervereinigungsprozeß eingetretenen Wertveränderungen. 1999.

Band 53 Bettina Linder: Vertragsabschluß beim grenzüberschreitenden Verbraucherleasing. 1999.

Band 54 Almontasser Fetih: Die zivilrechtliche Haftung bei Vertragsverhandlungen. Eine rechtsvergleichende Studie zum deutschen, französischen, ägyptischen und islamischen Recht. 2000.

Band 55 Sona Rajani: Die Geltung und Anwendung des Gemeinschaftsrechts im Vereinigten Königreich von Großbritannien und Nordirland. Der Grundsatz der Parlamentssouveränität im Wandel. 2000.

Band 56 Joachim Kayser: Gegenmaßnahmen im Außenwirtschaftsrecht und das System des europäischen Kollisionsrechts. Eine Analyse der EU-Abwehrverordnung gegen die Auswirkungen extraterritorialer Rechtserstreckung eines Drittlandes. 2001.

Band 57 Albrecht Conrad: Qualifikationsfragen des Trust im Europäischen Zivilprozeßrecht. 2001.

Band 58 Bernd Borgmann: Die Entsendung von Arbeitnehmern in der Europäischen Gemeinschaft. Wechselwirkungen zwischen Kollisionsrecht, Grundfreiheiten und Spezialgesetzen. 2001.

Band 59 Aleksandar Jaksic: Arbitration and Human Rights. 2002.

Band 60 Islamisches und arabisches Recht als Problem der Rechtsanwendung. Symposium zu Ehren von Professor Emeritus Dr. iur. Omaia Elwan. Veranstaltet vom Institut für ausländisches und internationales Privat- und Wirtschaftsrecht der Universität Heidelberg und der Gesellschaft für Arabisches und Islamisches Recht e.V. Herausgegeben von Herbert Kronke, Gert Reinhart und Nika Witteborg. 2001.

Band 61 Patrick Fiedler: Stabilisierungsklauseln und materielle Verweisung im internationalen Vertragsrecht. 2001.

Band 62 Werner Mangold: Die Abtretung im Europäischen Kollisionsrecht. Unter besonderer Berücksichtigung des spanischen Rechts. 2001.

Band 63 Eike Dirk Eschenfelder: Beweiserhebung im Ausland und ihre Verwertung im inländischen Zivilprozess. Zur Bedeutung des US-amerikanischen discovery-Verfahrens für das deutsche Erkenntnisverfahren. 2002.

Band 64 Bernd Ehle: Wege zu einer Kohärenz der Rechtsquellen im Europäischen Kollisionsrecht der Verbraucherverträge. 2002.

Band 65 Heiko Lehmkuhl: Das Nacherfüllungsrecht des Verkäufers im UN-Kaufrecht. 2002.

Band 66 Jochen Nikolaus Schlotter: Erbrechtliche Probleme in der Société Privée Européenne. IPR-Harmonisierung im einheitlichen Europäischen Rechtsraum. 2002.

Band 67 Konrad Ost: Doppelrelevante Tatsachen im Internationalen Zivilverfahrensrecht. Zur Prüfung der internationalen Zuständigkeit bei den Gerichtsständen des Erfüllungsortes und der unerlaubten Handlung. 2002.

Band 68 Tobias Bosch: Die Durchbrechungen des Gesamtstatuts im internationalen Ehegüterrecht. Unter besonderer Berücksichtigung deutsch-französischer Rechtsfälle. 2002.

Band 69 Ursula Philipp: Form im amerikanischen Erbrecht. Zwischen Formalismus und harmless error. 2002.

Band 70 Christian Stefan Wolf: Der Begriff der wesentlich engeren Verbindung im Internationalen Sachenrecht. 2002.

Band 71 André Fomferek: Der Schutz des Vermögens Minderjähriger. Ein Vergleich des deutschen und des englischen Rechts unter Berücksichtigung des schottischen und irischen Rechts. 2002.

Band 72 nicht erschienen

Band 73 Markus Dreißigacker: Sprachenfreiheit im Verbrauchervertragsrecht. Der Verbraucher im Spannungsfeld zwischen kultureller Identität und Privatautonomie. 2002.

Band 74 Vassiliki Myller-Igknay: Auskunftsansprüche im griechischen Zivilrecht. Auswirkungen im deutsch-griechischen Rechtsverkehr sowie im deutschen internationalen Privat- und Verfahrensrecht. 2003

Band 75 Stefan Bruinier: Der Einfluss der Grundfreiheiten auf das Internationale Privatrecht. 2003.

Band 76 Nika Witteborg: Das gemeinsame Sorgerecht nichtverheirateter Eltern. Eine Untersuchung im soziologischen, rechtsgeschichtlichen, verfassungsrechtlichen, rechtsvergleichenden und internationalen Kontext. 2003.

Band 77 Peter Stankewitsch: Entscheidungsnormen im IPR als Wirksamkeitsvoraussetzungen der Rechtswahl. 2003.

Band 78 Jan Wilhelm Ritter: Euro-Einführung und IPR unter besonderer Berücksichtigung nachehelicher Unterhaltsverträge. Eine Untersuchung mit Blick auf das deutsche, französische und schweizerische Recht. 2003.

Band 79 Wolf Richard Herkner: Die Grenzen der Rechtswahl im internationalen Deliktsrecht. 2003.

Band 80 Ira Ditandy: Internationale Zuständigkeit. Neuregelung durch die LOPJ 1985. Vergleich mit dem europäischen Vorbild und Auswirkungen auf das spanische internationale Zivilverfahrensrecht. 2003.

Band 81 Andrea Verena Schefold: Werbung im Internet und das deutsche Internationale Privatrecht. 2004.

Band 82 Klaus Herkenrath: Die Umsetzung der Richtlinie 93/13/EWG über missbräuliche Klauseln in Verbraucherverträgen in Deutschland, dem Vereinigten Königreich, Frankreich und Italien. Auswirkungen nationaler Umsetzungstechniken auf dem Harmonisierungserfolg. 2003.

Band 83 Alexander Thünken: Das kollisionsrechtliche Herkunftslandprinzip. 2003.

Band 84 Barbara v. Daumiller: Die Rechtswahl im italienischen internationalen Erbrecht: und ihre Auswirkungen im deutsch-italienischen Rechtsverkehr. 2003.

Band 85 Robert Mödl: Macht, Verantwortlichkeit und Zurechnung im Konzern. Eine rechtsvergleichende Untersuchung auf der Grundlage des deutschen, spanischen und US-amerikanischen Rechts. 2003.

Band 86 Ursula Kerpen: Das Internationale Privatrecht der Persönlichkeitsrechtsverletzungen. Eine Untersuchung auf rechtsvergleichender Grundlage. 2003.

Band 87 Barbara Ploeckl: Umgangsrechtsstreitigkeiten im deutsch-französischen Rechtsverkehr. Bestehende internationale und nationale Regelungen und der geplante *europäische Besuchstitel*. 2003.

Band 88 Katrin Wannemacher: Die Außenkompetenzen der EG im Bereich des Internationalen Zivilverfahrensrechts. Der räumliche Anwendungsbereich des Art. 65 EGV am Beispiel der EuGVO und der EheVO. 2003.

Band 89 Maren B. Eilinghoff: Das Kollisionsrecht der ungerechtfertigten Bereicherung nach dem IPR-Reformgesetz von 1999. 2004.

Band 90 Patrick Niehr: Die zivilprozessuale Dokumentenvorlegung im deutsch-englischen Rechtshilfeverkehr nach der deutschen und der englischen Prozessrechtsreform. 2004.

Band 91 Anna Christina Gördes: Internationale Zuständigkeit, Anerkennung und Vollstreckung von Entscheidungen über die elterliche Verantwortung. Die VO(EG) Nr. 1347/2000, ihre geplanten Änderungen und das Verhältnis beider zum Minderjährigen- und Kinderschutzabkommen. 2004.

Band 92 Martin Rädler: Rechtsbehelfe des Käufers eines Unternehmens oder einer unternehmerischen Beteiligung gegen den Verkäufer im deutschen und französischen Recht. 2004.

Band 93 Marc-Yngve Dietrich: Rechtsstellung und Beteiligung der Gläubiger im französischen Insolvenzverfahren. 2004.

Band 94 Katia Niemann: Die rechtsgeschäftliche und organschaftliche Stellvertretung und deren kollisionsrechtliche Einordnung. Deutschland und England im Vergleich. 2004.

Band 95 Daniel Ludwig: Neuregelungen des deutschen Internationalen Insolvenzverfahrensrechts. Eine Untersuchung unter vergleichender Heranziehung der Europäischen Insolvenzverordnung. 2004.

Band 96 Cordelia Faulenbach: Der gemeinschaftsrechtliche Vorbehalt im europäischen Wettbewerbsrecht. Die Herkunftslandanknüpfung der E-Commerce-Richtlinie unter dem Einfluss der Grundfreiheiten. 2004.

Band 97 Ulf Dörner: Der Vertragsgerichtsstand nach dem Protokoll von Buenos Aires. 2004.

Band 98 Martin Schmidhuber: Verhaltenskodizes im nationalen und grenzüberschreitenden elektronischen Geschäftsverkehr. Zur Frage der Integration der Selbstregulierung durch Private in die staatliche Rechtsordnung. 2004.

Band 99 Florian Kienle: Die fehlerhafte Banküberweisung im internationalen Rechtsverkehr. Unter besonderer Berücksichtigung des Artikels 4A US Uniform Commercial Code. 2004.

Band 100 Thomas Alexander Brandt: Die Adoption durch eingetragene Lebenspartner im internationalen Privat- und Verfahrensrecht. 2004.

Band 101 Florian Pulkowski: Subunternehmer und Internationales Privatrecht. Der Subunternehmer als Quasi-Verbraucher im Europäischen Kollisionsrecht. 2004.

Band 102 Ulrich Becker: Grundrechtsschutz bei der Anerkennung und Vollstreckbarerklärung im europäischen Zivilverfahrensrecht. Bestimmung der Grenzen für die Einführung eines europäischen Vollstreckungstitels. 2004.

Band 103 Thomas Badelt: Aufrechnung und internationale Zuständigkeit unter besonderer Berücksichtigung des deutsch-spanischen Rechtsverkehrs. 2005.

Band 104 Florian D. Wagner: Vorvertragliche Aufklärungspflichten im internationalen Franchising. Zur Harmonisierung von Delikts- und Vertragsstatut im internationalen Privatrecht unter besonderer Berücksichtigung der Franchise-Gesetzgebung des US-Bundesstaates Kalifornien. 2005.

Band 105 Vera Heine: Die Umsetzung der *EG-Richtlinie über missbräuchliche Klauseln in Verbraucherverträgen* im englischen und deutschen Recht. 2005.

Band 106 Alexander Franz: Überregionale Effektentransaktionen und anwendbares Recht. Eine kollisionsrechtliche Untersuchung unter besonderer Berücksichtigung der Vorschrift des § 17 a DepotG. 2005.

Band 107 Hanna-Maria Uhlenbrock: Gesetzliche Regelungen für nichteheliche Lebensgemeinschaften in Deutschland und Frankreich. Ein Vergleich des Unterhaltsrechts bei der eingetragenen Lebenspartnerschaft und beim Pacte civil de Solidarité. 2005.

Band 108 Katrin Stieß: Anknüpfungen im internationalen Urheberrecht unter Berücksichtigung der neuen Informationstechnologien. 2005.

Band 109 Hendrik Otto: Der gesetzliche Abschlussprüfer im italienischen Recht. Eine rechtsvergleichende Untersuchung unter besonderer Berücksichtigung der zivilrechtlichen Haftung. 2005.

Band 110 Frauke Stuphorn: Bankhaftung für Kreditauskünfte im deutschen und französischen Recht. 2005.

Band 111 Nina Fürer: Die zivilrechtliche Haftung für Raucherschäden. 2005.

Band 112 Giovanni B. Barillà: *Contratto autonomo di garanzia* e *Garantievertrag*. Categorie civilistiche e prassi del commercio. 2005.

Band 113 Timo Torz: Gerichtsstände im Internationalen Insolvenzrecht zur Eröffnung von Partikularinsolvenzverfahren. 2005.

Band 114 Martina Schmid: Die Grenzen der Auslegungskompetenz des EuGH im Vorabentscheidungsverfahren nach Art. 234 EG. Dargestellt am Beispiel der überschießenden Richtlinienumsetzung. 2005.

Band 115 Stephan Lesage-Mathieu: Dispositives Kollisionsrecht im prozessualen Kontext. 2005.

Band 116 Jürgen Görtz: Die subjektiven Grenzen der Rechtskraft US-amerikanischer Urteile. 2005.

Band 117 Vera Hoppe: Die Einbeziehung ausländischer Beteiligter in US-amerikanische class actions. Unter Berücksichtigung des Class Action Fairness Act 2005. 2005.

Band 118 Silke Pütz: Parteiautonomie im internationalen Urhebervertragsrecht – Eine rechtsdogmatische und rechtspolitische Betrachtung der Grenzen freier Rechtswahl im internationalen Urhebervertragsrecht unter besonderer Berücksichtigung des neuen deutschen Urhebervertragsrechts. 2005.

Band 119 Alice Nieroba: Die europäische Rechtshängigkeit nach der EuGVVO (Verordnung (EG) Nr. 44/2001) an der Schnittstelle zum nationalen Zivilprozessrecht. 2006.

Band 120 Jan Kayser: Alternative Formen gerichtlicher und außergerichtlicher Streitbeilegung im deutschen und französischen Zivilprozess. Les modes alternatifs judiciaires et extrajudiciaires de résolution des conflits en procédure civile allemande et française. 2006

Band 121 Mirko Ehrich: Der internationale Anwendungsbereich des deutschen und französischen Rechts gegen irreführende Werbung. Freie Wahl von Form und Mittel, Rom II und Herkunftslandprinzip. 2006.

Band 122 Daniel Thelen: Die Haftung des Sekundärschädigers für Gewalttaten anderer im US-amerikanischen Deliktsrecht. Ausgehend von dem Problem rechtsextremistisch motivierter Gewalttaten. 2006.

Band 123 Anne Winterling: Die Entscheidungszuständigkeit in Arbeitssachen im europäischen Zivilverfahrensrecht. 2006.

Band 124 Sarah Gerling: Die Gleichstellung ausländischer mit inländischen Vollstreckungstiteln durch die Verordnung zur Einführung eines Europäischen Vollstreckungstitels für unbestrittene Forderungen. Im Vergleich zum bisherigen Recht und zur Rechtslage in den USA. 2006.

Band 125 Christian Bank: Präventivmaßnahmen börsennotierter Gesellschaften zur Abwehr feindlicher Übernahmeversuche in Deutschland. Eine rechtsvergleichende Untersuchung des deutschen und britischen Rechts unter Berücksichtigung der Europäischen Übernahmerichtlinie. 2006.

www.peterlang.de

Ulrich Becker

Grundrechtsschutz bei der Anerkennung und Vollstreckbarerklärung im europäischen Zivilverfahrensrecht

Bestimmung der Grenzen für die Einführung eines europäischen Vollstreckungstitels

Frankfurt am Main, Berlin, Bern, Bruxelles, New York, Oxford, Wien, 2004.
306 S.
Studien zum vergleichenden und internationalen Recht.
Herausgegeben von Bernd von Hoffmann, Erik Jayme und Heinz-Peter Mansel.
Bd. 102
ISBN 3-631-53087-0 · br. € 51.50*

Vor dem Hintergrund der Einführung des europäischen Vollstreckungstitels wird der Einfluss der europäischen Grundrechte auf die Anerkennung und Vollstreckbarerklärung ausländischer Entscheidungen im europäischen Zivilverfahrensrecht untersucht. Als Grundlage für die weitere Arbeit werden die Verfahrensgrundrechte in der europäischen Grundrechtsordnung herausgearbeitet. Anhand der gewonnenen Erkenntnisse werden dann die Anerkennungshindernisse im Exequaturverfahren auf ihren grundrechtlichen Gehalt hin durchleuchtet. Insbesondere werden die Verzichtbarkeit des verfahrensrechtlichen *ordre-public*-Vorbehalts und die Gewährleistung des rechtlichen Gehörs des Vollstreckungsschuldners bei der Zustellung des verfahrenseinleitenden Schriftstücks diskutiert. Schließlich wird auf die erst vor kurzem erlassene *Verordnung über den Europäischen Vollstreckungstitel für unbestrittene Forderungen* eingegangen.

Aus dem Inhalt: Ordre-public-Vorbehalt und effektiver Schutz der Grundrechte des Vollstreckungsschuldners · Gewährleistung des rechtlichen Gehörs im Stadium der Verfahrenseinleitung · Nachprüfung der internationalen Zuständigkeit · Europäischer Vollstreckungstitel für unbestrittene Forderungen

FSC
www.fsc.org
MIX
Papier | Fördert
gute Waldnutzung
FSC® C083411

Kolibri 360 GmbH
Ferdinand-Jühlke-Straße 7
99095 Erfurt, Deutschland
produktsicherheit@kolibri360.de

Druck:
CPI Druckdienstleistungen GmbH
im Auftrag der
Kolibri 360 GmbH
Ferdinand-Jühlke-Str. 7
99095 Erfurt